ヨーロッパ人間学の歴史

ヨーロッパ人間学の歴史

心身論の展開による研究

金子晴勇 著

知泉書館

目　次

序論　心身論（人間学的区分法）から見たヨーロッパ人間学の歩み

　はじめに　　3
　1　人間学における伝統的な三分法　　4
　2　伝統的な哲学的三分法　　6
　3　キリスト教的人間学の三分法（霊性・理性・感性）　　8
　4　神関係の破綻から生じる三分法の破壊　　10

第Ⅰ部　古代ヨーロッパの心身論

第1章　古代ギリシア人における魂と身体
　1　ギリシア宗教の発展段階　　17
　2　神話時代の人間観　ホメロス　　19
　3　悲劇時代の人間観　ソポクレス　　24

第2章　ギリシア哲学の心身論
　1　プラトンの心身二元論　　31
　2　アリストテレスの心身論　　38
　3　プロティノスのプシュケー論　　42

第3章　ヘブライズムの心身論
　1　旧約聖書における身体・魂・霊　　52
　2　新約聖書における身体・魂・霊　　56
　3　聖書における霊性　　60
　4　フィロンの心身論　　63

第4章　キリスト教教父哲学の心身論
1　ギリシア思想とキリスト教の出会い　70
2　テルトリアヌスの霊魂論　73
3　クレメンスの心身論　76
4　ラクタンティウスの心身論　79
5　オリゲネスの三分法　82
6　カッパドキア神学者たちの心身論　89

第5章　アウグスティヌスの心身論
1　二分法と三分法　94
2　内的人間と外的人間の区別による霊と肉　97
3　神秘的な霊性の理解　102

第Ⅱ部　中世における心身論の展開

はじめに　110
1　信仰と理性　111
2　スコラ哲学と神秘主義　115

第1章　スコトゥス・エリウゲナにおける人間の地位
1　エリウゲナの人間論　120
2　イデア的人間と現世的人間　121
3　神の像としての人間＝霊的人間　123
4　知性・理性・感性の三分法　124

第2章　アンセルムスとベルナールの心身論
1　アンセルムスのラティオ論　129
2　クレルヴォーのベルナールにおける霊性　132

第3章　トマス・アクィナスとボナヴェントゥラの心身論
1　トマス・アクィナスの心身論　140
2　ボナヴェントゥラの心身論　151

第4章　スコトゥスとオッカムの心身論
 1　ドゥンス・スコトゥス　　　　　　　　　　　　　159
 2　オッカムの場合　　　　　　　　　　　　　　　　166

第5章　ドイツ神秘主義の心身論
 1　エックハルトの心身論　　　　　　　　　　　　　171
 2　タウラーにおける「魂の根底」と霊性　　　　　　177

第Ⅲ部　近代ヨーロッパの人間学と心身論

はじめに　　　　　　　　　　　　　　　　　　　　　　182
 1　ヨーロッパ近代文化における世俗化　　　　　　　183
 2　近代の成立とその問題性　　　　　　　　　　　　184
 3　伝統的な三分法の消滅と復権　　　　　　　　　　189

第1章　エラスムスとルターの人間学的三分法
 1　エラスムスの人間学的区分法　　　　　　　　　　193
 2　ルターの人間学的三分法　　　　　　　　　　　　199

第2章　デカルト学派の心身論とその批判
 1　デカルトの心身二元論とその問題　　　　　　　　207
 2　パスカルにおける人間学的三分法　　　　　　　　215
 3　マルブランシュと機会因論　　　　　　　　　　　219
 4　ライプニッツの心身併起説　　　　　　　　　　　224

第3章　敬虔主義における霊性
 1　ルターから敬虔主義へ　ヴァイゲルの認識論　　　232
 2　シュペーナーとドイツ敬虔主義の霊性　　　　　　243
 3　ウェスレーとイギリス敬虔主義の人間観　　　　　254

第4章　啓蒙主義の人間観
 1　宗教改革から啓蒙時代への時代の変化　　　　　　264
 2　ホッブズ・ロック・ヒューム　イギリスの啓蒙思想の人間論　270

3　ルソー・ヴォルテール・ディドロ　フランス啓蒙主義の人間観　292
　　4　ライマールスとレッシング　ドイツ啓蒙主義の人間観　305

第5章　カントとヘルダーの人間学
　はじめに　カント哲学の一般的特徴　325
　1　哲学的人間学の三分法　327
　2　カントの道徳的（実践的）人間観　331
　3　『実用的見地における人間学』　334
　4　三つの人間の素質　338
　5　心情（Gesinnung）の機能と伝統的な霊性　339
　6　理性の統制作用と霊性の機能　343
　7　同時代人ハーマンのカント批判　345
　8　ヘルダーの人間学　348

第6章　近代哲学における霊性の復権
　はじめに　357
　1　シュライアーマッハーの心情論と信仰論　359
　2　シェリングとヘーゲルの三分法　374
　3　メーヌ・ド・ビランの人間学　389
　4　キルケゴールの実存の三段階説　395
　5　イマヌエル・ヘルマン・フィヒテの人間学　406

あとがき　415
参考文献　417
索　　引　431

ヨーロッパ人間学の歴史
―― 心身論の展開による研究 ――

序　論

――心身論（人間学的区分法）から見たヨーロッパ人間学の歩み――

はじめに

　ヨーロッパの人間学は学問としては18世紀の後半にカントによって構想され，20世紀の初めにシェーラーによって組織的に構築された。もちろんシェーラーの後にもそれを批判する形で人間学は発展して，今日では広い学問分野にわたって展開しているが，基本的には彼によって一応確立されたといえよう。しかし，その歩みは人間の思索とともに開始されており，古代ギリシアにまでさかのぼることができる。この歩みは中世をとおして展開し，16世紀にはじまる近代においては特徴ある形態を生みだし，現代に及んでいる。そこにはヨーロッパの人間学に独自な優れた思想が形成されており，それは歴史の全体的な考察によって初めてその卓越した特質を把握できる。したがって，それは歴史の歩みから離れた，いくつかの特定の思想体系によって解明することはできない。たとえばトマス・アクイナスやカントのような壮大な規模のもとに人間学が体系的に構成されていたとしても，それだけでヨーロッパの人間学の特質とその全体像を把握することはできないといえよう。それゆえ古代の初めより現代に至る歴史経過の中から構築されてきた人間学の形成と解体および再形成の歩みの跡を視野に収めた研究が要請される。

　そのさい，わたしたちはこの人間学のかたちをヨーロッパ文化がもっている最大の特徴と思想内容から考察してみなければならない。この文化はそれを全体としてみるならば，キリスト教とギリシア文化の総合として生

まれてきており，それを実現した主体はゲルマン民族であった[*1]。そのさいヨーロッパ文化がギリシア的な理性とキリスト教的な霊性との総合から成立していることは自明のことに思われるとしても，きわめて重要な契機である。しかも，この理性の働きは真・善・美という精神価値に向かい，霊性の作用は宗教的な価値である聖なるものをめざしている。ここで言う霊性とは宗教心とも信仰とも言い換えることができるが，聖なるものを把握する認識能力である。実際，この宗教的な霊性が哲学的な理性と統合されながら展開するところに，ヨーロッパ文化の特質が認められる。ここにヨーロッパで実現した文化総合の核心があるからである。

　この総合の試みは古代末期にはじまり，中世をとおして次第に実現していった。近代に入っても初期の段階においては，つまりルネサンスと宗教改革の時代では，キリスト教信仰は世俗社会にいっそう深く浸透していった。この世俗に積極的に関わる態度は，実はキリスト教信仰から生じたのである。ところが，この世俗にかかわる積極的な行為であった「世俗化」はいつしか俗物根性に染まった「世俗主義」に転落し，世俗化そのものの特質を全く変質させてしまった。ここからヨーロッパ社会にみられるキリスト教に対する肯定と否定との反対感情が併存するという事態が今日生まれてきた[*2]。

1　人間学における伝統的な三分法

このようなヨーロッパの思想史の流れを考察した上で，それぞれの時代に形成された人間学の歴史を全体的に考察することはきわめて困難である。そこで人間学における主題の一つとなっている心身論に着目してみよう。この心身論はプラトンやデカルトの影響のもとに二元論的に把握されたり，その批判として一元論がアリストテレスの影響によって説かれたし，

---

　　1)　歴史家ドーソン（C. H. Dawson, 1889-1970）は，『ヨーロッパの形成』の中でギリシア・ローマの古典文化，キリスト教，ゲルマン民族という三つの要素の融合によりヨーロッパが文化的生命体として形成されたことを強調している。
　　2)　ヨーロッパ文化における世俗化の意義に関しては金子晴勇『近代人の宿命とキリスト教』聖学院大学出版会，2001年を参照。

今日においても現象学の観点から支持されている。しかしヨーロッパの人間学ではキリスト教の介入によって心身の総合としての「霊」が強調され，「霊・魂・身体」という三分法の伝統が形成された。この三分法はパウロの言葉「あなたがたの霊も魂も体も何一つ欠けることのないように」（第Ⅰテサロニケ5・21）に由来しており[3]，心身の二区分とは別にオリゲネス以来説かれてきた。またプラトン主義の影響を受けたアウグスティヌスも心身の二元論とは別に霊性を説いた。この三分法は16世紀の人文主義者エラスムスに伝わり，聖書学者でもあったルターによっても聖書から直接受容することによって継承された。さらにキルケゴールもこれを独自の視点から発展させた。

　ここで注意すべきことは心身の区分，つまり「魂と身体」が宗教的な「霊と肉」とは内容的に異質であるという点である。同じく二分法といっても，前者は人間の本性的な考察であり，後者は神に対する関係を言い表した宗教的な考察である。この両者は厳密に区別されなければならない。それに対して「魂と身体」の二区分はこれに「霊」を加えた三区分と元来対立するものではなく，日本語の「霊魂」が「霊」と「魂」の合成語であるように，「魂」という実体には「霊」の働きも含まれると考えられる。ところがヨーロッパ文化はギリシア文化とキリスト教との総合として形成されたがゆえに，本性的な「霊・魂・身体」の三区分の中に宗教的な神関係に立つ「霊」が大きく関与し，「霊」の意味内容が一般的な意味での「精神」と区別された独自の内容をもつものとなった。そこで三区分を心の機能という観点から表現すると，それは「霊性・理性・感性」という心の三つの基本的作用として採用された。

　なお，現代精神医学も，一致して，はっきり人間の三元的構成の立場をとっている。したがって，現代の精神療法では，身体的生命としての人間，心的存在としての人間，および霊的生命としての人間について論じている。この「として」という短い言葉で表現されているのは，ここでは，三つの部分を分離すること自体に意味があるのではなく，いずれの場合にも，全体としての人間が考えられており，ただいつでも人間の本質が新しい三つ

3）聖書の文章の全文を参考までにあげておく。「どうか平和の神ご自身が，あなたがたを全くきよめて下さるように。また，あなたがたの霊と心とからだとを完全に守って，責められるところのない者にして下さるように」。

の側面から解釈され理解されている。身体的生命には体質，発育，遺伝的素質，血液や神経に関係するいっさいのものが属している。心的生命には夢，空想，情緒，内面性，憧憬，激情などの豊かな世界，さらに無意識の大海をも加えることができる。霊的生命は，思考や意欲，認識や判断，記憶，責任，決断などに現われる[*4]。

　そこで本性的な区分を哲学的人間学の区分として考え，次いで宗教的なキリスト教的な区分を考察してみよう。

2　伝統的な哲学的三分法

人間の自然本性にもとづく哲学的な三区分は古代哲学から知られていた。たとえばプラトンの伝統にしたがうと，理性が悟性と理性とに分けられており，理性・悟性・感性の三つの機能が認識の重要な機能として解明されていた。カントの『純粋理性批判』がこの典型であり，心は次の三つの部分に分けて批判的に検討された。

	作用	対象界	認識の形式	認識の種類	先験的
心の認識能力	感性	感覚的世界	空間と時間	事物の印象＝表象知	感性論
	悟性	科学的世界	12の範疇	学問的認識＝科学知	分析論
	理性	思想的世界	3つの理念	体系的知識＝観念知	弁証論

　この区分を見ても分かるように，これまでの近代社会においては科学的な精神によって目に見える世界にかかわる科学知が悟性知として尊重され

---

4) 1984年第37回WHO総会での議決文には「スピリチュアルな側面は，物質的な性格のものではなく，人間の心と良心に現われた思想・信念・価値及び倫理，特に，高邁な思想の範疇に属する現象」と規定され，健康の定義が改正される動議がだされた。以前の定義では「健康とは，肉体的，精神的及び社会的に完全に幸福な状態であり，単に疾病や病弱がないということではない」であったが，これに対し改正案では「健康とは，肉体的，精神的，霊的及び社会的に（physical, mental, spiritual and social）完全に幸福な動的状態であり，単に疾病や病弱がないということではない」となっている。

てきた。一般的にいって悟性的な人間はさまざまなデータを巧みに処理し，かつ合理的に行動する人であり，しかも利潤を追求するに当たっては目的合理的に活動する人を意味する。これに対し感性の復権が今日説かれているのは当然であるが，魂が単にその作用にもとづいて感性・悟性・理性に分類されている近代的観点だけでなく，ヨーロッパの人間学で「霊性」が重んじられてきた伝統も省みられなければならない。つまり感性・理性・霊性の三区分からなる人間の全体的理解が再考されるべきであろう。

　シェーラーによってこの三区分が現代的視点から組織的に考察されているので，これを参照してみよう。彼によると人間は生命体がもっている五段階を成す秩序の頂点に立ち，自己の下に心的本性の四段階をもつ存在であると明快に位置づけられる。これは次のように図解される[*5]。

① 感受衝動	無意識・無感覚・植物的生	心的生の中核＝自我
② 本　能	低次の動物の生	
③ 連合的記憶	条件反射的行動の生	
④ 実践的知能	環境の変化に適応できる動物の生	
⑤ 精　神	人格的・本質認識的生	精神の中核＝人格

　人間は心的生の四段階のすべてに関わっている[*6]。この区別は新しい科学的な発見にもとづいて作られており，伝統的な心身論とは相違しても，4段階から精神を分離させている点に特徴があるが，それによって心身の二元論となっている。しかし，この「精神」(Geist)は「霊」とも訳すことができるがゆえに，霊・魂・身体の三分法の中に入れることも可能である。だがシェーラーには「精神」と「霊」との厳密な区別が欠けている[*7]。

---

　5)　詳しくは金子晴勇『マックス・シェーラーの人間学』創文社，58-73頁参照。
　6)　この段階の生は実験心理学の対象となっている。この心的生の中心である複合体は「自我」と名づけられ，その活動は人間の本性に備わっている「機能」(Funktion)と呼ばれる。この機能には五感や感情の働き，また身体的領域に関連する諸機能，たとえば共歓・共苦といった共同感情も入っている。このような自我の特質は，目に見えない人格の非対象性と相違して，「対象」となりうることに求められる。これに対して人格とその作用は決して目に見える対象ではなく，実験科学的に実証される性質のものではない。

3 キリスト教的人間学の三分法（霊性・理性・感性）

次に先に述べたキリスト教に由来する伝統的な霊・魂・身体の三分法が近代ヨーロッパにおいてどのように理解されてきたかを考察してみよう。

まず、近代の初頭に活躍した宗教改革者ルターが「霊と肉」という宗教的な区分法と明瞭に区別して、霊・魂・身体をその自然本性にもとづいて考察している点を参照してみよう。彼は『マグニフィカト』（マリアの讃歌）において人間の自然本性を「霊・魂・身体」に区分し、宗教的な「霊・肉」の区分から分けて次のように語っている。

「聖書は人間を三つの部分に分けている。……この〔霊・魂・身体という〕三つの部分の各はすべて人間の全体について別の仕方で二つの部分に分けられる。それは霊と肉（geist un fleisch）と呼ばれる区分であり、自然本性（natur）の区分ではなく、性質（eygenschaff）の区分である。すなわち自然本性は霊・魂・身体（geist, seele, leip）の三部をもち、これらすべてが善くあるか悪くあるかが可能である。つまり霊と肉でありうる」[*8]。

このように二つの区分を明瞭に分けたことは哲学的人間学と神学的人間学の視点の相違を示すものとして重要であるが、一般にはキリスト教的人間学の三分法が「霊・魂・身体」としてルターによっても使われた。同様にエラスムスも人間学的な区分を二区分と三区分に分けてはいるが、彼は自然本性と宗教的な性質とに両者を明確に分けないで、キリスト教的な三区分として用いた[*9]。17世紀の思想家パスカルはエラスムスの観点から人間学的な区分法を定式化した。人間は被造物の中間にたち、野獣でもなければ天使でもない。野獣がもっぱら自然界に繋がれ、天使が純然たる霊的存在であり続けるのに対して、人間は二つの世界の住民として同時に二つの領域に結びつけられる。それこそ人間の偉大さであり、栄誉である。しかし、わたしたちはこの宇宙における特殊的地位が動的発展と冒険の危険

---

7) 金子晴勇前掲書、399-400頁参照。
8) M. Luther, WA.7, 550, 20-27.
9) 詳しくは金子晴勇『近代自由思想の源流』創文社、281-89頁参照。

を含んでおり，さまざまの緊張と危険とをはらんでいることをも予感する。
なお，フランス大革命時代に活躍したメーヌ・ド・ビラン（Maine de Biran, 1766-1824）は『人間学新論』において「動物的生活」「人間的生活」「霊的生活」からなる三区分にもとづいて人間学を構成した。この区分法も「人間が神と自然との中間に存在する」という観点から捉えられた。それゆえ人間は自己の自我を動物的生活の衝動にしたがわせ自然と一体となることができるが，その霊性によって神と一体となることもできる。人間の生活は行動と自由に立った人格性にこそその核心をもっているにしても，霊的生活において神を求め，神と一つになって生きる。このような三区分の立て方はアウグスティヌスやパスカルと同じであり，彼自身はマルブランシュの影響によって三区分構成を確立した。わたしたちはここにヨーロッパの人間学的伝統が受け継がれていることを見いだす。

さらに，19世紀の哲学者キルケゴールの『死にいたる病』における三分法についても付言しておきたい。彼は言う，「人間はだれでも，精神たるべき素質をもって造られた心身の総合である。これが人間という家の構造なのである。しかるに，とかく人間は地下室に住むことを，すなわち，感性の規定のうちに住むことを，好むのである」[10]と。精神を心身の総合として把握するこの視点はきわめて重要であって，ルターが分けた自然本性における三分法と性質における二区分を統合する試みであるといえよう。

これらの思想家の見解から明らかになることは，人が神および神の言葉と出会いうる場所が「霊」と言われていることである[11]。旧約聖書では「霊」と「息」とは同義と解されており，霊は「命を与える霊」として同時に生命原理を意味した。しかし人を生かす霊の働きは神から来る霊として人間を神に向けて超越させ，神と人とを一つの霊とさせる[12]。このよ

---

10) キルケゴール『死にいたる病』桝田啓三郎訳，世界の名著，474頁。
11) 創世記では人間が神の像に似せて造られた高貴な存在であって，神に対しては謙虚と信仰が求められ，永遠の愛に寄り縋る者である。しかし，この世に対しては，命令を発する支配者であり，形成者である。人間はあらゆるものを配列し，それに命名しなければならない。しかし，この世に対する課題を人間は神に対する子どもであり続ける場合にのみ，よく完うすることができる。
12) トレモンタンは『ヘブル思想の特質』においてこの霊に関し次のように述べている。「人間の霊，彼のプニューマは，人間の中にあって神のプニューマとの出会いが可能なとこ

うな神との出会いの場としての「霊」の理解は，ドイツ神秘主義の「魂の根底」(Seelengrund) においてとくに強調された。魂の根底というのは通常の魂よりも高次の作用を指しており，人間の魂の「深み」において，つまり魂の淵において人は神と出会い，新しい生命を受けて神の子として誕生すると説かれた[*13]。

この「霊」および「霊性」はヨーロッパの伝統においては人間の内なる作用，しかも永遠者である神を捉える「機能」として理解されてきたが，同時に霊なる神が人間に働きかけて信じるようになして初めて発動するとも説かれてきた。その意味で「霊性」は「信仰」と同義であった[*14]。しかし，このような霊性も理性を重んじる啓蒙主義によって次第に軽視されるにいたり，今日では無神論とニヒリズムの時代となった。このような変化によって人間学的な三区分も崩壊に瀕しており，人間性の危機を醸成するにいたった。

4 神関係の破綻から生じる三分法の破壊

人間が神から分離して神関係が破綻した場合には，霊・魂・身体の全体的な構成は致命的な打撃を受け，「霊」が肉化によって腐敗し，心の無政府状況が発生する。それはあたかもがん細胞のように，三者のうちの一つが他の二者を食い尽くし消滅させる。したがって人間の三次元構成に対応して，次の三つの破壊活動が醸成され，生命の混乱と変質とが生じる。

第一の破壊　破壊の中でもっとも顕著なのは，人間がたんなる動植物的存在に優るものになろうとしない場合に発生する。人間は自らの高貴な生まれを忘れ，その尊厳や神との関係を見失い，官能的生活を享楽することで満足しようとする。たしかに，わたしたちは大地によって養われ，そ

───────
ろのものである。それは人間の中にある部分であって，この部分のお陰で神の〈霊〉の内住ということが異質な侵入とはならないで，異邦の地における大使館のように，準備され，欲っせられているものとなっている」（トレモンタン『ヘブル思想の特質』西村俊昭訳，創文社，179頁）。
13) 金子晴勇『ルターとドイツ神秘主義』創文社，12-17頁参照。
14) 金子晴勇前掲書，180-96頁参照。

序　論

の力に依存している。そこで人間が飲食，享楽，睡眠，消化によって満足し，動物的生の次元に転落することが起こりうる。そうすると人間の尊厳は傷つけられ，満腹した者に心の充実はなく，必然的に不満が感じられる。この道を突き進むときには心の飢餓と空しい霊の貧困による絶望しか残されていない。官能の泥沼を跋渉する生き方は原始的な力に満ちているように見えるが，霊的な不満を孕んでいる[*15]。

第二の破壊　次に，感性とは対極の霊性から来る危険もきわめて大きい。この霊性の危機はすでに明治の頃から気づかれていた。植村正久の『霊性の危機』はすでにこの点を洞察しており，近代人の主我性が陥る危機を把握していた。このことは現代人の人間的特質とも関連している[*16]。現代においては一般的に，自我が肥大化することによって神の姿を見失い，超越的な力が感じられず，霊性が消失する場合と，悪魔的な勢力によって霊が支配され，過激で悪質なカルト集団に転落することが起こっている[*17]。

この霊的な危険は一般的には洗練された外観をもち，人間の官能の力から生まれる誘惑よりも看破することがきわめて困難である。ここでは理想主義的志向をもった人間が陥りやすい危険を考えてみよう。この種の人はその精神的な尊厳と志向において官能を退け，高尚で崇高のように思われる。しかし身体的な生活の地盤から離れ，上昇気流に乗って飛翔するとき，視界を見失って空想的な夢幻の生活に入ることが生じる。たとえばドイツ

---

15)　この点は快楽主義者を観察すれば直ちに明瞭となる。彼は欲望の充足を唯一の価値とみなすため，他者を身体的満足を与えるものと考え，他者のより高い価値や個性を無視し，相互の差異性に気づかない。そして他者の異質性を無視して，欲望における合一と一致のみを求める。しかしこの一致は感覚的な刹那の一瞬にすぎず，それが過ぎ去ると，隠れていた他者の異質性が現われてきて，合一の歓喜は一転して絶望に，愛は憎しみに急変する。したがって身体的な感覚的愛は持続性がきわめて短く，その価値も低くなる。なぜなら「価値は持続的であればあるほど高い」（シェーラー）からである。また，それが与える満足度もきわめて低いゆえに，価値も一段と低下する。

16)　植村は近代人の自我の肥大化を「為我的生活」に見ており，ミルとフランチェスコを例にして生活の挫折から「霊性の飢渇」を論じる（『霊性の危機』明治32年，警醒社，2-3頁）。また死生学の立場から「祈禱会は霊性界の実在を証明する」（同145頁）とも言う。

17)　宗教改革時代の霊性主義者ミュンツァーがその代表であり，日本のオウム真理教もこれに属する。

観念論はロマンティックな空想の産物である。そこでは精神的なものが異常なまでに肥大化し，自然と精神の調和が破壊された。しかも，この種の観念が過度に昂進すると，通常，粗野な官能性への転落がともなわれることが生じやすい。

　　第三の破壊　　霊と身体との中間に位置する心的生活からも，特殊な性質の誘惑が襲ってくる。心の作用は情緒や感情，気質，想像力や情熱の力によって高揚する。愛の現象の基礎にある共同感情などもこの種の現象である。また，さまざまなデータを処理する悟性の作用も心の自然的な能力である。しかし，これらの人間的な心の作用も過度に追求されて肥大化すると，人間らしい充実と満足とが失われる危機を孕んでくる[*18]。

　とくに心情的な人間は，感情の赴くままにあまりにも過度にその力を燃焼させる場合が多い。しかし無軌道な力の費消は，必然的に心的な疲労と虚脱をともなっている。そこから生まれる心の損傷は一般に精神の病としてあらわれる。シュワーベンの牧師ブルームハルトは，かつて「壊れた神経と弱りきった心のなかで，悪魔がピアノを弾奏する」と言ったことがある。わたしたちの心にはたえず巨大な圧力がかけられており，さまざまの思想・風評・憂慮・不安・抑圧・権力などが日々襲撃してくる。それに対し過度に反応し，心労のあまり力尽きた心は，これらの力の侵入を防御できず，それに全く捕われてしまう。そこには抑鬱や憂鬱しか残らないとしても，不思議ではない。

　　荒野の誘惑物語　　こうした人間存在の三様の試練はイエスの誘惑物語にも反映している（マタイ4・1-11参照）。イエスは身体的・心的・霊的な三つの試練に襲われた。サタンによる第一の誘惑は石を変えてパンとなせというもので，それは感性における試練である。ここから先の第一の破壊が起こる。第二の誘惑は宮の頂きから身を投じ，民衆を魅了する奇跡を行

18）　たとえば精神的な思想による主義や主張の一致は人間を結びつける強力なきずなである。しかし主義（ism）は人間的なものであって，主観的生き方をぬけきれないものである。それは自己主張となり他者を排撃するものに変わりやすい。すると同じ思想圏内にあった者同士の戦いは一段と過激な内紛にまで発展する。結びつける強力な絆であるべき思想はひとたび破綻をきたすと血生ぐさい殺戮にまで転落することがある。実際，精神の媒介といえども有限であり，永続的ではない。ここから持続性にも限界があり，満足度も低下する。

えというもので，心的陶酔への試練である。ここから先の第三の破壊が起こる。第三の誘惑は悪魔にひれ伏して礼拝するなら，全世界の支配権を与えるというもので，それは霊における試練である。ここから第二の破壊が起こる。この霊的試練は，霊的なカリスマ（賜物）を授けられた人に襲いかかっている。イエスはこれら三つの誘惑を決然として退けた。ただ，霊的に神を礼拝することこそ人間の存在を秩序づけ，平安をもたらす。

　本書は心身論の観点からヨーロッパ人間学の歴史を考察するものであるが，そこで形成された「霊・魂・身体」という人間学的三分法によってその全体像を把握しようとする試みである。そのさい，これら三者をその作用において解明し，霊性・理性・感性がどのように相互に関係しながら秩序を形成したかを歴史的展開にもとづいて考察してみたい。

第Ⅰ部

古代ヨーロッパの心身論

第1章

古代ギリシア人における魂と身体

――――――

　一般的に言って古代ギリシア人の人間観は初めから心身の二元論を採り入れてはいなかった。この二元論はプラトン哲学から明瞭に説かれはじめ，その後の歴史に大きな影響を及ぼしたのである。紀元前6世紀の初めから5世紀の前半の時期はアルカイック時代と呼ばれる。この時期には思想においても芸術においても心身は一如として捉えられており，魂と身体は相互に隔てられて説かれてはいなかった[*1]。

1　ギリシア宗教の発展段階

　そこでまずギリシア宗教の諸段階について考えてみたい。ホメロスが描いた神話的なオリュンポスの神々をギリシア宗教の出発点におくことは，一般に広く流布してはいても，間違っている。それ以前に原始的な呪術段階があり，そこに宗教以前の特質が認められるからである。こうした段階を通って人間観は発展したといえよう。ここではギルバート・マレーの学説を典型的なものとしてあげてみたい[*2]。それによると ① 第一段階はゼウス以前の「原始的無知の時代」である。これは未開社会において世界のいたるところに並行現象が見られ，一般に「原蒙昧」(Urdummheit) と呼ば

---

1)　心身の二元論は魂と身体の分離として説かれるが，それは形而上学的には形相と質料によっても表現された事態である。しかしアリストテレスが説いたようにこの形相が潜勢的に質料の中に埋め込まれている場合には二元論とはならない。
2)　ギルバート・マレー『ギリシア宗教発展の五段階』藤田健治訳，岩波文庫，16-19頁。

れる*3。② 第二段階は「オリュンポス的，あるいは古典的段階」と呼ばれる。それはオリュンポスの神々によって世界秩序が形成された時代であって，ホメロスとヘシオドスによって語られた神話の世界である。神々は山頂の世界に住み，そのペルソナは仮面にすぎず，人となることがないため個人性をもたないで，たんなるエイドス（視像）にすぎない。これにつづく時代がイオニアの哲学である。③ 第三段階はプラトンから新約聖書の時代にいたる「ヘレニズムの時期」であって，オリュンポス的な宗教の破産とポリスの崩壊とに直面して構想された思想が開花した。④ 第四段階はヘレニズム後期の大衆的な運動の時期である。これはヘレニズム世界の崩壊によって内面性が深まった時期で，プロティノスの思想によってその典型が示される。終わりの ⑤ 第五段階は背教者ユリアヌスのようにキリスト教に対する最後の精神的抗議をした時期である。

このような宗教の発展にともなって哲学は次第に芽生えてきており，タレスに見られるように紀元前6世紀のころ合理的探求という新しい精神として伝統的な宗教に対決しながら確立された。とはいえ哲学の精神は宗教とまったく断絶したのではなく，神・魂・運命・法といった観念を宗教から受け継いでおり，宗教が詩的で神話的なシンボルで表現したことを，言論活動をとおして実体・原因・物質などの本質を探求した。したがって神話の中で感覚的な直観によって把握されていた事態が概念的な思考によって定義されるようになり，明確な表現へともたらされた。こうした神話的世界の象徴が信仰を要請したのに対して，新しい合理的思考は，神話的表象を概念に移し，理性の活動によって優れた体系的な学説を生みだした。

神話から哲学への移行にともなって心身論が表明されるようになった。それゆえ，わたしたちはこうした発展を考慮して，まずは神話時代の人間観（ホメロス）と悲劇時代の人間観（ソフォクレス）に目を向け，その心身論を考察してみたい*4。

---

3) このギリシア人の間にはすぐれた特質と美的な精神の向上が認められる。事実，古代社会では人は絶え間のない死の不安に曝され，野獣・洪水・疫病・飢饉・他民族の侵略に脅かされていた。そこから呪術による禁忌や贖罪，さらに祈祷や犠牲（人身御供）などの行事の必然性が理解される。

4) とはいえギリシア哲学史では合理性が科学性と結びつき，タレスの自然哲学から二百年後のデモクリトスの原子論にいたると，科学的精神が宗教的な価値や意義を排斥するに応じて神々の姿が消え，魂は物質的な粒子となり，生命は自然から締め出されてしまった。

2　神話時代の人間観　ホメロス

ギリシア世界には旧約聖書の創世記に見られるような統一的な人間観は見あたらない。ヘブライ人が成し遂げた民族の統一性に比べると，ギリシア人たちはいつも小規模で競争的な多数の種族集合体に別れており，それぞれの種族は自分たちこそ最も古いものであり，その土地を所有する権利をもっていると主張した。そこで彼らはそれぞれ異なった始祖の英雄を立てて種族の統合を企て，こういう人物こそ彼らの「土から生まれた」（アウトクトネス）とみなした。この言葉は「土着の」という意味であるが，それ以上に自分らのポリスは祖国のみならず同時に「母にして乳母」であることを暗示する[*5]。

神話時代の人間観　人間は大地から自然に発生したというのが，一般的な見方であった。しかし，それとは別の見方もあって，神々が泥や粘土から人間を形造ったとも言われた。たとえばプロメテウスが土塊から人間を造り，人間のために天からゼウスの火を盗み与えたとも言われた。後代のオヴィディウスがこの点に関して次のように伝えている。

「野獣より神々しい生物，残りの全自然を支配すべき生物はまだ存在しなかった。それから人間が生まれた。その誕生の次第は次の二つの場合のどちらかだと思われる。すなわち，造物神が神々の種子から人間を造ったか，それとも，大地が，高邁なアイテール〔大空〕から引

これがイオニア学派がもたらした結果であった。それに対しイタリアではピュタゴラス学派が台頭し，その影響によって神的なものの本性と人間の魂の運命について論じられ，そこから自然哲学をも確立した。それゆえパルメニデス，エンペドクレス，プラトンの三人は同様に合理的に思考しながらも，神と魂に最大の関心を寄せた。こうして宗教思想が哲学のなかに吸収されて保存された。

5)　プラトンの『メネクセノス』でソクラテスは当時の人々の考えを寄せ集めてアテナイを次のように称賛している。「かつて，全大地が動物と植物の両域にわたりあらゆる種類の生物を送り出し生み出していたときに，わが国土は野獣を生まず汚れを知らなかった。彼女は諸動物のなかから自分のために選択をなし，知において諸他の動物を凌駕し，ひとり正義と神々を信奉する人間を生み出したのであった」（ガスリー『ギリシア人の人間観』岩田靖夫訳，白水社，40-41頁）。

き離されたばかりでまだ瑞々(みずみず)しく，親しい大空の種子をいくらか宿していたときに，プロメテウスがそれを降雨と混ぜ合わせ，万物を支配する神々の似姿へと造形したのか，そのいずれかであろう」*6。

　こうした人間の高貴な性質をオルペウスの密儀宗教も説いた．すなわち，ゼウスはその子ザグレウス〔ディオニュソス〕に世界の支配権を授けておいたのに，ティタンがこれを殺して食べてしまった．ゼウスは怒ってティタンを滅ぼし，その灰から人間を造った．だから人間はティタンの灰のゆえに神への反抗心を，灰のなかの神の子のゆえに神的性質を具えていることになる*7。

　しかし，ギリシア人のあいだにプロメテウス像も定着してくるに及んで，知性による進歩の観念が芽生えてきた．この神話化された人物のもっている意味は「前から知恵を働かす者」つまり「あらかじめ考える者」であり，そこから「先立つ思考」が人間にとり大切である点が示された．だから彼のもたらした恵みとは人間の理性活動の成果であり，千慮の神に助けられて人は知性の働きによって進歩することができる．

　魂の自覚　ホメロスの作品では，魂と身体とは相互に相手が知られるようになって初めて，心身の存在は明らかに意識されるようになった．つまり身体の死にさいして魂がそれとして自覚されるようになった．人間は自分が身体であることをその死によって経験するとき初めて，同時に自分が魂であるとの認識に達する．たとえば身体から魂が抜ける死の経験において魂と身体が対置されることによって心身の関係が示されるようになった．

　ギリシア語の「魂」はプシュケーである．ホメロスにおいてこの言葉が多用されてはいても，いまだ人間の精神的中核の意味では用いられていない．それは死後にも存続するものではなく，死にさいして無力となって消滅する．むしろ人間を写した幻のようである．オデッセウスは冥界に降り

　6）　ガスリー上掲訳書，45頁．
　7）　このような高貴で神的な性質と現実の邪悪な性質とを合わせもっている矛盾は，過去の「黄金時代」を想定することによって解かれている．ヘシオドスの『仕事と日』によれば神々が人間の五種族を相次いで造り，そのはじめに黄金時代があった．それゆえ黄金時代は過去の高貴な姿を人のうちにとどめていることになる．

ていって母の霊（プシュケー）を抱きたいと駆け寄ると，母は影か夢にも似て，ふわりと手を抜けてしまう。ホメロス作『オデュッセイヤ』で母は彼に言う。

　「人間は一たび死ねば，こうなるのが定法なのです。もはや肉と骨とを繋ぎとめる筋もなく，命の力（テュモス）が白い骨を離れるやいなや，これらのものは燃えさかる火に焼き尽くされ，魂（プシュケー）は夢のごとく飛び去って，ひらひらと虚空を舞うばかり」[*8]。

『イリアス』でも死んだパトロクロスが埋葬してくれるように哀願するのを聞いたアキレウスが，彼を抱こうとすると「霊魂はなにやら弱々しくつぶやきながら地下に消えた」とある。彼は言う，「ああ，なんとしたことか，冥王の館にもなにか魂（プシュケー）や幻（エイドーロン）のようなものがあるのだな，だが生気はまるでない」[*9]と。

これによっても明らかなようにプシュケーはこの時代の用法では「息」や「泡」の意味であって，死者から出ていく「息＝霊」を言う。それは人が生きている間にある役割を演じている生命力の意味である[*10]。したがって死者の霊に生命力である血が注がれると，記憶が戻ってくる。それはあたかも生命の霊である意識，まさしくテュモス（情動）を得たようである[*11]。

それゆえプシュケーは人間に生気を与えるかぎり，つまり生命を保っている場合にのみ魂を意味する。この魂を表現する言葉はプシュケー・テュモス・ヌースであるが，ホメロスの場合にはテュモスは興奮や運動を引き起こし，情緒的な内容を含み，ヌースは諸々の観念をもたらすもので，知的な内容を含んでいる[*12]。

　8）　ホメロス『オデュッセイヤ』（上）松平千秋訳，岩波文庫，287頁。このような亡霊的で影のようなプシュケーについて出隆『ギリシャ人の霊魂観と人間学』勁草書房，1967年，470-83頁参照。

　9）　ホメロス『イリアス』（下）松平千秋訳，339頁。R. B. Onians, The Origins of European Thought, About the Body, the Mind, the Soul, the World Time, and Fate, 1954, p. 59-60参照。

　10）　「それは生命力と生霊とのあいだを揺れ動いている。生命力にもっとも近づいているのがプシュケーであり，これはかつては〈息〉を意味していたにちがいないが，〈霊〉を示すようになった」（ニルソン『ギリシャ宗教史』小山宙丸・丸野稔・兼利琢也訳，創文社，94頁）。

　11）　ニルソン前掲訳書，132頁。

　12）　スネル『精神の発見』新井靖一訳，創文社，28, 32頁。しかし，これらは後にプ

ヌースの作用　この知的な魂であるヌース（理性・悟性）はどのように理解されていたか。ヌースは動物にはない人間の特性であるが，ホメロスにおいては感性的な要素を伴って表現された。それは眼との類推から把握された。つまり「知ること」（エイデナイ）は「見ること」（エイデイン）に属し，「見てしまっていること」を意味しており，眼によって経験が採り入れられる。したがって知識は見るとか聞くとかいう感覚的知覚と一つになっており，受動的であって，能動的な作用ではない。したがって知るということは人間的な行動というよりも事物が人間のなかに入り込んでいることである。たとえば「あるものを〈眼を使って〉見るとは言わないで，眼〈の中に〉，あるいは〈眼の前に〉見る，ということが言われる。〈認識する〉や〈了解する〉もまた，まだかなりの程度，感覚的な統覚との類推に基づいて解釈されている」[*13]。

とはいえこのヌースの力によってギリシアの宗教思想は先に述べた第1段階から第2段階に移行している。ホメロスはヌースによって原始的なアニミズムの蒙昧から脱し，魂はオリュンポスの神々の世界という超越界との関わりをもった。この点は『イリアス』第16歌におけるグラウコスの祈りを参照すると明らかになる。トロイヤ軍の勇士サルペドンが戦死したとき，彼はグラウコスの弓で傷ついて倒れていたが，その屍を守るためアポロンの神に深傷を癒し，痛みを眠らせてくれるように祈る。「祈ってこういうと，ポイボス・アポロンはその願いを聴き届け，直ちに痛みを止め，無残な傷口から流れる黒い血を乾かし，その胸中（テュモス）に気力を吹き込んでやった」[*14]。この場合，力の源泉は自己の意志力ではなく，超自然的な神に由来する。このことは神の関与によって起こった。この神の力はダイモーンとして人に臨み，髪の毛が逆立つような恐れを引き起こした。この神的な力の関与によって幸福と不幸とが感じられる。人間が自己の力を超えることを成し遂げるのは，神が力を授けてくれるからである，とホメロスは信じていた。たとえば『イリアス』第1巻にはアガメムノンとアキレウスの口論が記されているが，それが両者の殺し合いに発展しないよ

ラトンが『国家』第4巻で明確に説いたようには未だ魂の部分ではなく，それぞれ独自の機能をもつ単独の器官であった。

13)　スネル前掲訳書，548-49頁。
14)　ホメロス『イリアス』（下）松平千秋訳，138頁。

うに，アテナ女神が介入してきている[*15]。それゆえテュモスとヌースという精神器官は身体に余りにも近いので，情動力の源泉とは考えられていない。むしろ精神や魂の作用は外部から作用を及ぼす諸力の影響によって起こる[*16]。このように神や他者の外的な関与が重要な意味をもっていたため，ホメロスでは未だ個人的な魂の観念は目覚めていない[*17]。

　身体を表現する言葉　身体（ソーマ）に関して言うならば，ホメロスではそれはそれ自体としては未だ経験されていない。ソーマはホメロスにおいては前に述べたようにプシュケーが幻影であったように，屍を意味しており，魂が宿っている場合にはやっと「姿」や「四肢・五体」として表現されているに過ぎない。「彼らは身体を身体として知っていたのではなく，四肢の総計として知っていたにすぎない」[*18]。この四肢というのはその一つ一つがはっきりと互いに際立っており，関節が細く肉の部分が厚く描かれ，関節連結によって結ばれることによって可動性が強調された。

　後になるとプシュケーがテュモスの機能よりも次第に優勢となり，紀元前5世紀に活躍したヘラクレイトスになるとプシュケーの無限性と深淵性の自覚に到達する。彼の考えでは人間は肉体と魂とから構成されている。この魂には身体と根本的に区別された性質が与えられている。「魂の際限を，君は歩いていって発見することはできないであろう。どんな道を進んでいったとしてもだ。そんなに深いロゴスをそれはもっている」[*19]。この魂の深さには身体の作用とは異質の働きが潜んでいる。ここには霊魂的な次元が自覚されはじめている。こうしてギリシア人たちは自己理解が進むに応じて先に述べた神々の働きをますます人間の精神のなかに採り入れて

---

　15)　ホメロス『イリアス』（上）松平千秋訳，20-21頁。
　16)　「ホメロスの人間たちは，自分の魂のうちに自分の力の源泉をもっているのだという意識にまだ目覚めていない。しかし，彼らは，なんらかの魔術的な手段によって諸々の力を引き寄せるのではなく，神々の自然な贈物としてこれを受け取るのである」（スネル『精神の発見』新井靖一訳，創文社，45頁）。
　17)　つまり我と我でないものとが分離していないがゆえに，上に向かって開かれた力の領域だけが認められる。そこから聖なる世界と俗なる世界とがパラレルに構成され，天上の神々の世界と地上の英雄の世界とが対置された。これに対し後にオルフィックの宗教思想が大きな影響を与えたといえよう。
　18)　スネル前掲訳書，25頁。
　19)　山本光雄訳編『初期ギリシア哲学者断片集』岩波書店，35頁。

いった。

オルペウス教と心身二元論の起源　先に指摘したようにホメロスにおいては生気を与えるプシュケーと身体的機能と結びつくテュモスが区別されていなかった。こうした前提ではプシュケーが身体に依存しながらもそれを超えていって精神的になることは不可能であった。したがって「精神的にして倫理的な人格的自我の意味における霊魂の転生は，動物的な生命の基礎が，身体と分離しうると同時に，それ自身できるかぎり非身体的であるときにのみ可能であった」[20]。この転生の教えこそ密儀宗教オルペウス教が説いた「輪廻転生」の神話であった。オルペウスはもとギリシア神話の英雄で天才的な楽人であったが，その妻エウリュディケの死後，竪琴をもって冥府に降り，そこでの経験によって死後の世界の秘密を入信者に伝授する密儀宗教を創設したと言われる[21]。そこで説かれた輪廻転生の教えには生前生後における魂の統一という考えがあって，自分の運命にしたがって行動する責任ある主体の自覚が芽生えており，身体と分離した意識的な存在としてのプシュケーが説かれるようになった。

　この心身の分離はギリシア宗教のディオニソス祭祀におけるエクスタシーにも一般に見られる現象といえよう。この祭祀ではギリシア悲劇が上演され，ギリシア精神の発展が示されるが，オルペウス教を受容したプラトンによって心身二元論が定着するようになった。

　次にギリシア人の人間観を悲劇作家を通して考えてみたい。

3　悲劇時代の人間観　ソポクレス

紀元前5世紀ごろのギリシアはペルシア戦争に勝利し，国家的にも隆盛期を迎え繁栄した。アテナイのようなポリスは民主政体をとるようになり，ソフィストたちの啓蒙運動もゆきわたって，人々の関心は自然から人間自

　20）　イエーガー『ギリシャ哲学者の神学』神沢惣一郎訳，早稲田大学出版部，1960年，114頁。
　21）　オヴィディウス『変身物語』（下）中村善也訳，岩波文庫，1984年，59-60頁。なお，オルペウスに関する詳しい研究は W. K. C. Guthrie, Orpheus and Greek Religion, 1966参照。

身へ向けられるようになった。この時代の国家的行事として大ディオニュシア祭が行われ、ディオニュソス神への捧げものとして悲劇が上演され、三大悲劇詩人もこの舞台で活躍した。

　悲劇詩人は神話的な人物の生涯を好んで描いた。彼らは神話的な世界によって根源的な生命をその直接的な印象において、つまり嵐が吹き、稲妻のきらめく恐ろしい自然現象においてとらえた。したがって神々が支配を確立したよりも前の世界は混沌であり、必然性と宿命（アナンケとモイラ）が勢力をふるっており、人びとは破滅の予感をダイモーンの襲撃から感じとった。ホメロスもこのダイモーンについて語っていたが、ここではソポクレスの『オイディプス王』から学んでみよう。

　人間の宿命　　オイディプスは人びとがこぞって羨む知力と権力、富と名誉からなる幸福を一身にそなえたテバイの王である。すべての人が幸福であると考えていた、このオイディプスという人間の根底に、彼を破滅に追いやる悪しき宿命のダイモーンが突如としてあらわになる[*22]。この宿命が次第に明らかになってくるときの状況について、オイディプスは王妃イオカステとの会話のなかで次のように語っている。「その話を聞いて、たった今、妃よ、何とわが心はゆらぎ、わが胸は騒ぐことであろう」[*23]。彼は破滅をこのように予感し、それを悪霊たるダイモーンの仕業に帰した。オイディプスが両眼をくりぬいて舞台にあらわれたとき、合唱隊は嘆きの歌を、次のようにうたってダイモーンの仕業を物語っている。

　　おおおそろしや、見るにも堪えぬ苦難のお姿
　　わが目はかつてこれほどまでむごたらしい
　　観物をしらぬ。いたましや、どんな狂気があなたを襲ったのか。
　　どんな悪意のダイモーンが
　　めくるめくかなたの高みより跳びかかり

---

22) 予言者ティレシアスはこの恐るべき宿命を知っているが、人間の力をこえているゆえに、どうにもならない。「ああ、知っているということは、なんとおそろしいことであろうか——知っても何の益もないときには」（ソポクレス『オイディプス』藤沢令夫訳、岩波文庫、35頁）と彼は嘆く。

23) ソポクレス前掲訳書61頁。続けて次のように言われる。「おそろしい不安が、わたしの心をとらえる」。さらに「ああ人もこれをしも、むごい悪霊のなせる仕業と言わなければ、このオイディプスの身の上を、ほかに何と正しく言うすべがあろう」。

幸うすきあなたの運命を苛んだのか*24。

オイディプスの日常生活はこのダイモーンの力によって破壊され，幸福な生と思いなしていた自己の存在がいかなる霊力の玩弄物にすぎなかったかを彼は悟る。この明朗な知性の人にしのびよる破滅の予感はギリシア的憂愁の情念をよくあらわしている。この世界は秩序ある美しいものであるが，その根源は秩序以前のカオス（混沌）であり，そこに破滅と宿命のダイモーンが荒れ狂っている。生の現実はこのようなカオスであることをギリシア人は知っていた。

それゆえ人間はこのカオスから逃れて新しい神々の支配に服すことを願わざるをえない。この神々に名前をつけることと言語の発生とは関連をもち*25，神々の名は名称の世界を導きだし，そこから言語による世界の統一的秩序が発生し，これによって人間は文化を形成してゆくことになる。さらに人間は技術を身につけ，生活のなかに形をつくりだす。

人間の不思議　次に人間の基本的な営みである言論においても生じる悲劇をソポクレスの作品『アンティゴネー』によって考えてみよう。この悲劇の作品の初めのところに，不思議な人間存在についての詩歌があり，そこにはギリシアに伝わる人間観が見事に表出されている。

　「不思議なものは数あるうちに，人間以上の不思議はない，波白ぐ海原をさえ，吹き荒れる南風（はえ）を凌いで渡ってゆくもの，四辺（あたり）に轟（とう）ろく高いうねりも乗り越えて。神々のうちわけても畏い，朽ちせずたゆみを知らぬ大地まで攻め悩まして，来る年ごとに，鋤き返しては，馬のやからで耕しつける。……

　あるいは言語，あるいはまた風より早い考えごと，国を治める分別をも，自ら覚る，または野天に眠り，大空の厳しい霜や，烈しい雨の矢の攻撃の避けおおせようも心得てから，万事を巧みにこなし，何事がさし迫ろうと，必ず術策をもって迎える。ただひとつ，求め得ないのは，死を遁れる道，難病を癒やす手段は工夫し出したが。

　その方策の巧みさは，まったく思いも寄らないほど，時には悪へ，

---

24)　ソポクレス前掲訳書，98頁。
25)　カッシーラー『言語と神話』岡三郎・岡富美子訳，国文社，58-62頁参照。

時には善へと。国の掟をあがめ尊び，神々に誓った正義を遵(まも)って
ゆくのは，栄える国民。また向う見ずにも，よからぬ企みに与すると
きは，国を亡ぼす。かようなことを働く者がけっして私の仲間にない
よう，その考えにも牽かされないよう」*26。

　この人間賛歌は人間の優れたる能力を説きながらも，傲慢になって神々
の掟を破るならば，国を滅ぼすと言う。したがって「人間の偉大さ」がさ
まざまな技術・言語・理性・分別・政治にわたって讃美されているが，同
時に人間の有限性を死によって説いている。一般には海，大地，動物は不
思議なものと考えられてはいても*27，人間はそれよりもはるかに恐るべ
きものであって，まことに「人間は不思議な存在である」と歌われる。ホ
メロスにおいて人間の生と死は神々によって定められていたが，ここでも
死が人間の有限性を提示する。したがって人間の偉大さが示されるところ
に，いつも人間の危険な有様が同時に語られており，人間の高さとともに
ソポクレスは人間の問題性を見ており，自らの限界を知って，神々の掟に
服するように警告する。ここに「汝自身を知れ」というデルフォイの碑銘
の意味がある。

　ソポクレスはアンティゴネーの物語をとおして人間的な知恵のあり方を
説いた。それは自己の考えに固執し，謙虚に他者に聞く対話を拒否したク
レオンの悲劇によって説かれた。真の知恵は劇の最後に合唱隊によって次
のように歌われる。「慮りをもつというのは，仕合せの何よりも大切な基，
また神々に対する務めは，けしてなおざりにしてはならない，傲りたかぶ
る人々の大言壮語は，やがてはひどい打撃を身に受け，その罪を償いおえ
て，年老いてから慮りを学ぶが習いと」*28。ここに語られている「慮り」
とは，すなわち思慮分別であり，それはまたギリシア人が求めた知恵にほ
かならない。

神話（ミュートス）から言論（ロゴス）へ　　神話は物語の世界であり，

　26）ソポクレス『アンティゴネー』呉茂一訳，岩波文庫，28-30頁。
　27）古代人にとって海や大地は始原の原勢力であり，新しい神々が対抗して秩序ある
世界を創り出した相手であった。この原勢力に対し人間は航海術と農耕術によって征服し，
文化の世界を形成している。この二つの技術こそ原始時代と未開時代から文明時代を分けて
いる特質といえよう。
　28）ソポクレス前掲訳書，90頁。

形象と文字によって成立するが，この形象を言論によって概念にまで高めたのがソクラテスやプラトンの哲学的営みであった。神話は具象的であり感覚的である。しかしソクラテスは神話や感覚的形がいかに人をまどわすものであるかを経験し，「言論」（ロゴス）によって世界を新たにとらえようと試み，問答法という対話形式の思考によって世界の真実を探求しようとした。『パイドン』で彼はいままでの哲学の方法に挫折し，新しい方法に到達したことを，その体験から次のように語っている。

　「事物を直接に目で見たり，あるいはそれぞれの感覚で，それに触れたりしようとすると，魂を全く盲目にしてしまいはしないかと恐れたのだ。こうして僕はロゴス（言論）の中に逃れて，そこに事物の真相をさぐるべきだと考えた」[*29]。

　こうしてソクラテス的言論といわれる問答法が生まれた。この方法を受け継いだのがプラトンであり，彼はそれによってイデア論を完成させたが，このイデアの世界の想定こそ神話に代わるもので，存在の究極の意味を示すものであり，『パイドロス』ではオルペウスの教えにしたがって魂のイデア界における先在を神話的表象を用いて語った。ここに心身論の新しい学説が誕生し，イデア世界への脱出と帰還が説かれた[*30]。

　人間についての神話　プラトンの心身論と関係の深い二つの神話を最後に問題としてみたい。プラトンの作品『饗宴』に第四番目の演説者としてアリストパネス（Aristophanes, BC.445頃-385頃）が登場し，人間についての神話を語った。そこでは太古の人間の姿によって人間の本質が見事にとらえられている。人間にはもと三種族があって，男性女性の二種族のほかに両性をそなえた第三の種族「男女両性者」がいた。三種族とも充足した一つの全体をなし，四本の手と足，二つの似た顔，耳は四つ，隠しどころは二つもっていた。歩くこともできたが，急ぐときは八肢で体をささえ

---

　29)　プラトーン『パイドーン』池田美恵訳，新潮文庫，194頁。
　30)　これは実に哲学的冒険ともいうべき観念的想定であったといえるであろう。彼自身『パイドン』で哲学を一種の冒険とみなして次のようにいう。「人間のなし得る最善の，最も論破し難いロゴス（言論）を捉えて，それに身をゆだね，ちょうど筏に乗って大海を渡るように，危険を冒して人生を乗りきらねばならない」と。ここに形象の世界への脱出が言論をとおして敢行されており，イデアという概念の国が形づくられ，哲学がそこに新しい地盤を獲得しているわけである。

軽業師のとんぼ返りのように回転した。力が強くおそるべきもので，驕傲なる志をもち，神々に謀叛をくわだてた。ゼウス神は人間たちの始末に困り，考えぬいたあげく，人間を真っ二つに両断し，二本足で歩行するようにし，もしなおも驕傲に走る気配が見えたら再び両断しようと決意した。この神話の意味をプラトンは「昔の僕たちが，完全なる全体をなしていたからなのだ。そして，その完全なる全体への欲求，その追求にこそ，愛という名がさずけられている」と説明した[*31]。人間の愛の本質は永遠に達せられることなき完全性，全体性への欲求と熱望である。人間についての神話はエロースの満たされることなき追求の表現であり，形而上学的憧憬をよく物語っている。プラトン自身はアリストパネスの考えを批判し，エロースの欲求するものは半身ではなく，同時に「善」なるものでなければならないと言う。だが，この神話のなかに人間が二つに分けられたとしても，そこには心身の二元論はなく，他者との交わりと愛によって人間が完成されると考えられた。

エロース生誕の神話　　次にプラトンの『饗宴』での最後の演説者ディオティマはエロース生誕の神話によって愛の本質を語っている。その神話はこういう筋書きである。美の女神アフロディテが生まれたとき，神々の宴(うたげ)がもよおされ，多くの神々にまじり知恵の女神メーティスの息子にあたる策知の神ポロスも同席していた。宴が終わったころ，ご馳走もでたので，貧窮の女神ペニアが物乞いに来り，酔いつぶれたポロスを見て，わが身の貧しさを思い，豊かなる策知の神ポロスの子を宿そうとたくらんだ。こうして彼女は愛の神エロースを宿した。時は美の女神アフロディテ誕生祝賀の宴であったので，エロースはその性美(さが)を好み追求する[*32]。このエ

---

31)　プラトン『饗宴』森進一訳，新潮文庫，51頁。「さて，こういうわけで，人間相互の間の愛というものは，まことにかくも大昔から，人間のなかに本来そなわっていたわけです。つまり，それは，太古本来の姿を一つに集めるものでもあれば，また二つの半身から一つの完全体をつくり，人間本来の姿を癒さんと努めるものなのです。……それは愛するものと一緒になり，一つに溶け合わされ，二人でありつつ一人になるということです。思うに，両人が，そういう気持になるというのも，じつに，僕たち人間の太古本来の姿が，そこにあるからなのだ」。

32)　プラトン前掲訳書，82-84頁。「こうして愛の神（エロース）は，策知の神ポロス，貧窮の女神ペニアの間に生まれた息子でありますから，たまたまつぎのような天賦の者となりました。まず一方では，いつも貧しい。そして，多くの人が考えているように，たおやか

ロース生誕の神話をプラトンは説明して，エロースは美と醜，富裕と貧窮，知恵と無知，神と人との中間に位置し，両極の間を運動し，価値のあるものを求める追求心であると言う。それは知恵に対する愛好心としての哲学の精神にほかならない。プラトンはこの人間の愛を次第に高めていって，美のイデアの観照にまで至らせた。愛欲の究極目的が，出産に見られるように，類としての人間の不死である。この不死の概念を彼はまず自然哲学的見地から，つぎに倫理的見地から，さらに形而上学的見地から考察し，エロースを次第に昇華して哲学のもっとも深い洞察にまで導いた。しかし彼は身体的な愛欲を低次の愛とし，精神的な探求心を高次な愛とすることによって，心身二元論への道を拓くことになった。

で美しい，などとは思いもよらぬことで，むしろ粗野な，ひからびた，靴もなければ家もなく，いつも臥床を持たぬまま大地に横たわり，門や道路のそばで，大空をいただいて眠るのです。それというのも，母の性を享け，つねに貧窮を友としているからなのです。ところが他方，父の性に従い，善美なるかぎりのものに狙いを定めてやみません。勇気，進取，熱情の者，腕も冴えた狩人なのです。生涯を通じて知を愛する者，腕もたしかな魔術師，魔法使い，またかの知者。……さらにまた，知と無知との中間に位しております。……なぜなら，知とは，もっとも美しいものの一つに属していますが，しかも愛の神とは，その美しいものへの愛なのですから，当然愛の神は，知を愛するものとなりましょう。そして知を愛する者である以上，当然，知者と無知者の中間にも位しましょう。こうした性質が，愛の神に備わっていることの理由は，ほかならぬその誕生にあるのです。つまり，知者で策士を父となし，無知で，貧困なる者を，母としているためなのです」。

第 2 章

ギリシア哲学の心身論

───────

ソポクレスとほぼ同時代にソクラテスが登場し，悲劇作家たちが描いた悲惨な現実を対話による言論の道によって克服することがめざされた。この対話活動とともに哲学は新しい段階に入り，自然哲学から人間哲学への大いなる転換が起こった。プラトンの心身の二元論はオルペウス教の影響によって説かれはじめ，「魂は墓のごとし」というソーマ＝セーマ学説が誕生した。ここから形相と質料の二元論として形而上学的世界観が発生し，感性界と知性界の二世界説が生まれた。この二元論に反対したアリストテレスは魂を身体の生命原理と見るばかりか，人間を両者の合成された実体として捉え，「実体形相の一元性」を説いた。さらにプロティノスは存在の全体を一者・ヌース・プシュケー・身体・物体の5段階に分けながら生命の流れにおいて統一的に心身を把握するにいたった。

1　プラトンの心身二元論

プラトンは自然世界や国家社会といった外的な存在から人間を理解するのではなく，人間の内面である「魂の発見」をもって「哲学」を新たに確立した。それは『ソクラテスの弁明』で語られているように，「精神をできるだけすぐれたものにする」ことを目的とした[*1]。ソクラテスによる愛知

1）「世にもすぐれた人よ，君はアテナイという，知力においても，武力においても，最も評判の高い，偉大な国都の人でありながら，ただ金銭を，できるだけ多く自分のものにしたいというようなことにだけ気をつかっていて，恥ずかしくはないのか。評判や地位のこ

活動，つまり哲学は，精神もしくは魂とその所有物とを区別し，金銭・評判・地位といった世俗的・偶然的なものに振り回されず，魂自身を気づかい配慮する営みであった。

プラトンは師ソクラテスが体現していた，このような倫理的善としての徳を理論的に探究していった。人間に関してもその全体的な本質を理論的に明らかにし，倫理的価値である善の本質を「イデア」(idea 観られた姿＝本質，概念)として先ず理論的に把握し，この永遠の理想もしくは模範にしたがって現実を改善すべきことが説かれた*2。

心身二元論とソーマ＝セーマ学説　　プラトンの人間学にも同様な傾向が顕著である。それはイタリアに旅行したとき接触したピタゴラス学派，とりわけそこで支持されていたオルペウス教が説く魂の先在説に由来する*3。この先在説から身体を墓とみなすソーマ(身体)＝セーマ(墓)学説が生まれ*4，現実の魂の状態を天上界からの疎外とみなすがゆえに，それは人間を全体的に考察する人間学にとって不適切な思想となった。この思想は『プロタゴラス』で最初にあらわれ，晩年の『ティマイオス』では天上界から魂がどのようにして落ち，肉体に宿るようになったかが神話的に詳述され，肉体をもっている人間は魂の本来のあり方から転落した自己疎外の状態にあると説かれた。

ところで当時の知識人の代表であるプロタゴラスは人間を身体と魂の統一と考え，心身が内的必然性をもって結びついていると考えた。それに対しプラトンは人間を本質的に魂とみなし，魂と身体との結合が問題視され，

とは気にしても，思慮や真実のことは気にかけず，精神をできるだけすぐれたものにするということにも，気をつかわず，心配もしていないというのは」(プラトン『ソクラテスの弁明』29D-E, 田中美知太郎訳，新潮文庫，39頁)。この「精神をできるだけすぐれたものにする」という配慮による魂の卓越性が「徳」(アレテー)と呼ばれた。

2)　それゆえ，わたしたちは想起によってイデアを認識し，この認識にしたがって行為すべきであると力説された。こうして行為は認識に従うことになり，自己の創意によって現実に関わり積極的に創造していく代わりに，本質を直観的に認識する傾向が支配的になり，理想主義的な特徴をもつようになった。

3)　その説によると，魂は肉体に結合する以前には天上界にいてイデアを観照していたが，肉体に落ちるやイデアを忘却してしまった。そこで，できる限り肉体を離れ，魂だけになってイデアを想起し，不滅の生に立ち返らねばならないと説かれていた。

4)　プラトン『ゴルギアス』493A, 加来彰俊訳，岩波文庫，145頁。その他では『クラテュロス』400C,『パイドン』62B,『パイドロス』250参照。

身体が軽視された。こうして人間は内的人間と外的人間とに分裂し、イデア界と感覚界との形而上学的分裂が人間学的分裂として現われた。

したがって死に臨んだソクラテスは死によって肉体から自由になり、魂に禍をもたらす恋情・欲望・恐怖・あらゆる種類の空想・戯言から離れて、「魂そのものとなって、物そのものを見なければならない」と教えた*5。こうした意味で哲学は「死の訓練」にほかならないとみなされた。

それゆえ人間は内的人間である魂と外的人間である身体との二重性へと分裂する。プラトンの理念と現実との形而上学的分裂が、魂と身体との人間学的分裂となった。ここからプラトンは人間の本性について次のように述べている。

「ソクラテス では人間とはいったい何か。/アルキビアデス 答えられませんが。/ソクラテス しかしとにかく、身体を使用する者だということだけは言えるはずだが。/アルキビアデス はい。/ソクラテス ところで、そもそもそれを使用する者は、心のほかに何かあるかね。/アルキビアデス ほかにありません。/ソクラテス そしてそれは、身体を支配することによってではないのか。/アルキビアデス ええ、そうです」*6。

このような心身二元論では魂と身体との敵対的な緊張関係は上下の支配によって秩序が保たれる。この心身の関係は魂自身の機能においても支配する。プラトンは魂を三つの部分に分け、欲望・気概・理性とし、魂の中でこのいずれかが指導的地位を占めるかに応じて、三つの人間類型「利益を愛する者」「勝利を愛する者」「知恵を愛する者」を導き出し、それぞれ労働階級、防衛階級、支配階級を構成すると説いた*7。この三つの部分の正しい関係は理性が他の二つを支配するときだけである。理性は人間における「神的部分」であり、魂は理性によってのみ生きる。それは「自分自身の最も神的な部分を、最も神的でなく最も汚れた部分のもとに隷属せしめ」ないためである。理性はイデアに向かい、欲望は物質に傾くので魂の部分の間の戦闘が生じるのがつねである。そこで全力を傾けて低い部分が

---

5) プラトーン『パイドーン』66E, 池田美恵訳, 新潮文庫, 124頁。
6) プラトーン『アルキビアデス』世界文学大系「プラトーン」田中美知太郎訳, 筑摩書房, 1972年, 292頁。
7) プラトン『国家』440E-441A, 藤沢令夫訳, 上巻, 岩波文庫, 321頁。

高い部分によって治められるようにすべきである。これが「魂の全面的転換」であって,『国家』第6巻で有名な洞窟の比喩によって見事に説かれた。

認識能力の分類　この転換は認識能力を四種類に分けて考察している『国家』第6巻の終わりにおいて叙述されている。それは「思惑」(ドクサ)から「認識」(エピステメ)への発展的なプロセスとして説明される。この分類を表記すると次のようになる[8]。

思惑(ドクサ)………生成するもの	エイカシア(映像) ── 間接知覚
	ピスティス(確信) ── 直接知覚
認識(エピステメ)……実在するもの	ノエシス(理性) ── 直接知
	ディアノイア(悟性) ── 間接知

学問的な認識であるノエシスは単なる対象についての知に優っており,それは知の対象との合一や知の対象の分有を意味する。真の知は単なる知的な認識以上なものであって,認識する者の内にイデアの分有を得しめるものである。それに反し「信仰」(ピスティス)は主観的な「確信」にすぎないとみなされた。こうして信仰は理性的な認識にいたる低次の段階に位置づけられるがゆえに,ここから本質的には知的な性格をもつ救済論が成立する。このようにしてプラトンの人間学には,理性の世界と感覚の世界からなる二世界説と心身の二元論が存在することになった[9]。

プラトンの思索は真実在を求める探求の途上において展開しており,対話という言論活動によって善のイデアを目がけながら現実の混沌たる状態に秩序を与えてゆくことに集中する。この意味でプラトンの哲学は対話的な共同のロゴスによる秩序の探求に終始しており,この探求の原動力はホメロス時代の神の力よりも人間の愛(エロース)である。つまり言論活動である理性の働きによって欲望や情念を秩序づけ,人間の魂の状態を全体としてイデアに向けて超越させ,「コスモス」としての世界秩序の中に人間を位置づけ,恒常不変な「真実在」を観照し,それと似た神的なものと成ることが説かれた[10]。

---

8)　プラトン『国家』511D-E,前掲訳書下巻,91頁。

9)　この図式および洞窟の比喩に関して C. A. Van Peursen, Leib Seele Geist Einführung in eine phänomenologische Anthropologie , 1959, S.48-49参照。

こうして神のような善のイデアに照らされてプシュケーは認識活動を起こしている。それゆえ、そこに超自然的な作用の関与が説かれたとみなすことができる。この説はさらにアウグスティヌスの照明説にまで発展し、ヨーロッパ的な霊性の一つの源泉ともなった。

　このような霊性の動態はプラトンの『饗宴』に叙述されている美のイデアを探求する方法に酷似している。彼は美を目に見えるものから探求し始めて次第に超越し、美の本体、つまり美のイデアにまで達しようと試みた。このイデアの直観は、探求の途上において「突如として」[11]生じる、形而上学的体験となっている[12]。イデアは形而上学的対象であり、美のイデアは永遠不変、時空を超越し、純粋に自体的な存在である。美の探求を導いていたものは実はこの美であり、形而上学的体験はこの美である絶対美によって捉えられ満されているところに成立し、この体験の突如性は美の探求の途上に生じていても、探求の結果ではない[13]。したがって人

　10）この点を善のイデアによって考えてみよう。感覚器官である視覚は活動するためには視覚と対象とに太陽の光が注がれなければならない。この点は魂の知的な認識にも当てはまり、光の作用が太陽の比喩によって説明される。「思惟によって知られる世界において、〈善〉が〈知るもの〉と〈知られるもの〉に対してもつ関係は、見られる世界において、太陽が〈見るもの〉と〈見られるもの〉に対してもつ関係とちょうど同じなのだ」。したがって「魂が、〈真〉と〈有〉が照らしているものへと向けられてそこに落ち着くときには、知が目覚めてそのものを認識し、その魂は知性をもっていると見られる」。これに反して生成し消滅するものに向かうと魂は「思惑」するばかりで、知性をもたなくなる。この魂を常に存在するものへ向わせるものこそ太陽の比喩で示されている「善のイデア」である。「それでは、このように、認識される対象には真理性を提供し、認識する主体には認識機能を提供するものこそが、〈善〉の実相（イデア）にほかならないのだと、確信してくれたまえ」プラトン『国家』508C-E、前掲訳書下巻、82-83頁。

　11）この突如性は「魂にふりかかるもの、魂に開示されるものである」と考えられ、そこには陶酔や忘我がみられ、「突然魂に触れる」経験とも考えられる（ラウス『キリスト教神秘思想の源流』水落健治訳、教文館、38頁）。

　12）「愛の修業にのぞんで、いま語られたところまで導かれてきた人は、さまざまの美しいものを、順序を守り、しかるべき仕方で見ながら、愛の道程もいまや終りに近づいた頃、突如として、彼は、げにも驚嘆すべき性質の美を、まざまざと目にするでありましょう。ソクラテスよ、その美こそは、まず永遠に存在し、生成、消滅、増大減少をまぬがれたものなのです。次に、ある面では美しく、他の面では醜い、というようなものではない。むしろ、その美は、それ自身が、それ自身において、それ自身だけで、一なる姿をとってつねに存在しているのです。これに対し、他の美しいものは一切、その彼方にある美にあずかっているのです」（プラトン『饗宴』森進一訳、新潮文庫、100頁）。

　13）しかし、形而上学と宗教とでは本質的相違がある。プラトンはイデアの国に帰還することを形而上学的認識において実践しようと試みている。形而上学は存在しているものの超越的な実体や本質を探求する。しかし宗教は超越的な聖なるものの自己啓示によって人

間の霊的な感得能力としての知性は美のイデアの照明によって起こるため，宗教的直観と似た特質をもっており，知性（ヌース）の哲学的な能力を用いるとしても，魂（プシュケー）の受動性によって根本的に規定されている。

　　二元論的世界観　プラトンの学説は魂を感覚や思惟の機能のすべてを統一するものと説いているが，同時にそれが肉体と対立するとも語っている。しかもオルペウスの神話的世界観の導入により，一般の人々にも理解できるような神話を使って形象化することになり，二元論的世界観として後代に影響するようになった。この点を晩年の作品である『ティマイオス』によって考察してみたい。

　　プラトンはピタゴラス派のティマイオスをとおして「常に存在していて生成をもたないものと，常に生成しているが決して存在しないもの」とを区別し，前者は理性的言論にしたがい思惟によって把握され，後者は理性の働かない感覚作用によって捉えられると説いた。この生成するものはすべて必然的に或る原因から生成しなければならないが，そのさい「或る物の製作者が，常に同一に存続しているものを模範として観て，それの形姿と性能とを模写するならば，すべてのものを美しく完成するにちがいない」と考えて世界制作神デミウルゴスがイデアを観て，世界を造ったと言う[14]。

　　彼は永遠なる原像と生成した模像のほかに，原像にかたどって模像を造った第三者なる神について語る。この神はギリシアの神々には属さない[15]。彼はロゴスによって論証できないときには，しばしばミュートス（神話）を創作する。事情はここでも同じである。それゆえデミウルゴスはそれとは別のことを比喩的に示唆しているといえよう。この神話が創作

間の霊性を呼び覚まし，感得させている。

　14)　「彼が永遠なるものを観ていたことは誰にも明らかである。なぜなら，この世界は生成したもののなかで最も美しいし，彼〔世界形成者〕はあらゆる原因のなかで最善のものだからである。このようにして調和的世界は，理性と思惟とでもって把握され，常に自己同一に留まるものに形どって形作られて，生成したのである」（プラトン『ティマイオス』27d-29a，種山恭子訳「プラトン全集12」岩波書店，27頁参照）。

　15)　プラトン以前のギリシア人が世界の創造者というような思想を述べたことはなかったように思われる。したがってキリスト教教父たちが，旧約聖書の創造神にもっとも近い者としてプラトンを持ち出しても少しも不思議ではない。

されたのは時間を超えたイデアの世界を時間の継起によって説明するためであると考えられる。この神は「静止することなく多様な運動をしている可視的なるものすべてを引き取り，無秩序から秩序へと導いたのであるが，それは秩序があらゆる点において無秩序に優ると判断したからである」*16 と彼は言う。したがって世界には神的理性の秩序と盲目なる必然性の偶然との二原理が作用しており，前者が後者を説得して秩序に服させているという理性的な解釈こそプラトンの根本思想にほかならない。

　この晩年の作品において世界創成をデミウルゴス神話で物語ったことは，人間の場合に妥当すると言えよう。世界形成の三つの要素であるイデアの範型，制作者なる知性，素材としての質料は人間が創作するときに不可欠なものである。デミウルゴスが不死なる魂を可死的身体に結びつけると，それは最初は無理性（アヌース）であったが，教育によってこれを克服し健康となることができる。そのさい神は魂を天体の運動の球形に模して球形の身体に結びつけた*17。また人間は神の類似像であるから，自らも世界を造るように活動しなければならない。とくに身体の構造においても「頭」を最上位に置いて四肢の援助によって活動する姿は神を模倣するといわれるし，視覚という身体的な感覚も天体の運行を観察することによって理性の思考運動を秩序づけると説かれた*18。もちろん一般的に言ってプラトンは魂を身体よりも先にイデア界にもっとも近いものとして造られたとみなし，魂の身体に対する優越性を強調した。しかし身体をとおして魂は天上界に向かうのであるから，厳密な二元論は退けられ，心身は内的に関連づけられているといえよう。この緩和された心身の二元論は，キリスト教中世をへて近代にいたるまで西洋の全体を支配するようになり，デカルトの思惟と延長，カントの感性と理性の二元論にもつながっている。

　16）　プラトン『ティマイオス』30a，前掲訳書，32頁参照。また「なぜならこの調和的世界の生成は必然性と理性との共同作用により混り合った結果であった。理性は必然性を説得することによって支配し，生成する事物の大部分を最善へと導いた。そして必然性が理性的説得に服することによってこの万有は初めて生成したのである」(47e-48a，前掲訳書，72頁参照)。

　17）　続けてプラトンは言う，「これこそわれわれが今〈頭〉と名づけているもので，最も神的なものであり，またわれわれの内の一切のものに君臨するところのものなのです。そして神々は，その頭に奉仕するものとしてまた，身体の全体をひとまとめにして与えました」と（プラトン『ティマイオス』44D，前掲訳書，64頁）。

　18）　プラトン『ティマイオス』44D, 46B-C, 前掲訳書，71頁参照。

プラトンはこのような人間学の創始者であるのみならず，人間学をも放棄しているのではなかろうか[19]。なぜなら魂についての問いは身体をもつ現実の人間についての問いではなくなっており，人間の本性から出発していても，魂の救済論・心理学・倫理学となっているからである。魂と身体とはもはや結びつかず，オルペウスの教えにしたがって，魂は天上界から堕ちて諸々の欲望の巣くう身体なる牢獄に宿ったとみなし，牢獄の格子を通して魂が眺めているような生き方からできるだけ早く解放されて，純粋な生活をあこがれている。それは「船の鎖ともいうべきものを解いて，魂を自由に解放してやる」[20]ことによって実現する。人間としてあることは魂の墜落以前と以後との二つの天上的あり方の中間の過渡的段階にすぎない。それゆえ現実の人間は魂の自己疎外にほかならないことになる。

2　アリストテレスの心身論

アリストテレスはプラトンに師事したが，師のイデア論を批判し，変化し生成する現実の過程にイデアが実現されつつあると説いた。したがってプラトンが内向的な理想主義者であったのに対し，アリストテレスは経験的事実の研究を重んずる現実的性格の持ち主であった。このような資質の相違のみならず，両者を隔てる時代の急激な変化にも注目すべきであって，プラトンがポリスの危機に際して高き理想を提示した上でそれの実現をめざしたのに対し，アリストテレスは目前に迫ったポリスの危機を直視すべく迫られていた。

感覚＝視覚の重視　アリストテレスは冷静な科学者として世界そのものを観察し，感覚によって示される自然に目を向け，その事実を正しく秩序づけ，理性によって世界全体の解明に立ち向かった。またタレス以来

---

19) M. Landmann, De homine, Der Menschi in Spiegel seines Gedanken, 1962, S.73. ここにも同じ主張がなされている。

20) プラトン『ティマイオス』86E，前掲訳書，164頁。なお，参照した『ティマイオス』の研究書として F. M. Cornford, Plato's Cosmology. The Timaeus of Plato, translated with a running commentary, 1952 と金森賢諒『プラトンの神学と宇宙論』法蔵館，1976年をあげておく。

の全ギリシア哲学史を資料として絶えず利用し，部分的に探究されてきた真理を総合し，真理を全体として究明した。『形而上学』の冒頭のことばは彼の思想の特質をよく示している[21]。彼は人間が生来知ることを欲し，真理に対し備えていて，感覚による知を愛好する事実を指摘する。このような感覚に対する愛好と讃美はプラトンにはなかったし，感覚と理性を峻別しようとするプラトンに対し，感覚は記憶に，記憶は経験に，経験は技術に，技術は知恵にまで発展すると彼は説いた。この知恵は認識の最高段階たる学問的認識であり，その特色は事物の究極的な諸原因や原理を扱うことである。この原因や原理の探究方法として彼は「四原因説」をまとめているが，質料因・形相因・生成因・目的因の四つを枚挙したのみでなく，それを統一的に把握する概念をも作っている。つまり「可能態」（デュナミス）と「現実態」（エネルゲイア）において四原因は全体として総合的に統一された。その特色は質料の中に潜勢的に隠された形相が生成する過程をとおって自己を実現するという目的論的な思惟にある。

魂は身体の形相である　それゆえアリストテレスはプラトンの心身二元論に対して批判的となり，動物学の研究から「魂は，本来，生きた身体に属している」と考え，「魂は生きた身体の形相ないし現実態である」と説いた[22]。『デ・アニマ』によると「魂」は生命力の働きで，生物に応じてその生命機能が異なっており，生物界はその機能によって階層秩序をなし，その頂点には知性のみをもつ神々が位置し，人間は知性のみならずいっそう低次の諸機能（生殖機能・栄養摂取・感覚能力・欲求能力・運動能力・表象能力）を合わせもっている。彼の理論の独創性は生物を一つの複合的全体と捉えた点に求められる。魂とは生物が生きている期間だけその体内にとどまりうるもので，身体から離在可能なものではない。それは生

---

21)　「すべての人間は，生まれつき，知ることを欲する。その証拠としては感覚知覚〔感覚〕への愛好があげられる。……ことにそのうちでも最も愛好されるのは，眼によるそれ〔すなわち視覚〕である」（アリストテレス『形而上学』980a. 出隆訳，岩波文庫，上，21頁）。アリストテレスは感覚の中でも視覚をとくに重視している。見ることは行うことや作ることとともに三つの基本的行為であり，見る観照（テオリア）から理論学が，行う行為（プラクシス）から実践学が，作る生産（ポイエーシス）から制作学が導きだされる。

22)　このことはアリストテレスが『デ・アニマ』に先立つ『自然学小論集』や『動物部分論』において研究したことの成果である。

物を生物たらしめるものであって,身体の「完全現実態」(エンテレケイア)と呼ばれる。それゆえプシュケーは次のように定義される。

「さて,この自然的な物体は物体であるとともに,このような条件をそなえもったもの,つまり,生命をもつものであるわけだから,プシュケーは物体ではないということになるだろう。すなわち,物体は基体に述べられるもの(=術語となるもの)に属するのではなく,むしろ,基体,つまり質料ということになるだろう。すると必然的に,プシュケーとは〈可能的に生命をもつ自然的物体のいわば形相〉ということになるだろう。だが実体は終局態(エンテレケイア 完全実現態)である。したがって,プシュケーはそのような物体の終局態である」[*23]。

この主張は生物に形相と質料の区分を適用することによってなされている。生命体というのは形相と質料をもった一つの複合的全体であり,プシュケーは身体が質料であるものに形相を付与している。そのさい彼は質料は可能態であり,形相こそ現実態であるとの目的論的な形成説をもって生命の全体を動態的に考察している。たとえば「目」の例で次のように説明されている。「たとえば目が動物であったとしたら,プシュケーとはその視力ということになるだろう。なぜならそれが目の定義によって与えられる本質だからである。そして目は視力の質料であり,視力がなくなってしまうと,ただ名前だけは〈目〉と呼ばれても,もはや目ではない」[*24]。目という身体は素材であるが,目の本質である視力は素材である身体的器官の目から切り離すことはできない。したがって魂と身体とは別々の実体ではなく,一つの複合的全体をなしているものの異なった面であると説かれた。こうしてプラトンが超越的なイデアから事物を説明し,二元論的な心身論の創始者となったのに対し,アリストテレスは事物に内在する質料と形相という両要素の結合から考察していって,一元論的見解の最初の代表者となった。

「作用する理性」の意義　ところが彼は後にこの理論に重要な修正を加え,プシュケーの一つの能力である理性の場合に例外を設け,理性には

---

23) アリストテレス『デ・アニマ』412a16-21,桑子敏雄訳,講談社学術文庫,1999年,70頁。訳語一部変更,以下同じ。
24) アリストテレス『デ・アニマ』412b20,前掲訳書,73頁。

第2章 ギリシア哲学の心身論　　41

受動的な感覚とは相違した能動的で身体とは独立した思惟があると考えた。これが後に言われる「能動理性」の作用である。『デ・アニマ』第3巻第5章にはこの「作用する理性」(nous poietikos, intellectus agens 能動理性) について論じられている。「作用する」というのは技術が質料に関わるときに起こっている運動である。「すべてのものに作用すること (poiein) によって、原因であり作用するもの (poietikon) である」。ここから「プシュケーにもそれらの差異がなければならない」と言われる。この作用は理性に求められ、「作用を受ける理性」(ho pathetikos nous) とは別に能動的な理性が想定される。この後者は「いわば光 (phos) のように、ある種の状態*25である。というのは、ある意味で光もまた、可能態にある色を実現態にある色にするからである。この理性は、本質において実現態であって、分離されうるものであり、作用を受けないもので、純粋である。というのは、作用するものは、作用を受けるものよりつねに貴く、また、作用する原理は質量よりも貴いからである」*26と説かれた。このように分離された理性は「ただまさにそれであるところのものであり、それだけが不死で永遠である。しかし、わたしたちに、その記憶がないのは、そちらは作用を受けることのないものだからであり、作用を受ける理性のほうは滅びるものだからである。そして、この理性がなくては、何ものも思惟しない」*27。ここには「作用を受ける理性」と言われていても、「作用する理性」という明示的な表現はない。これは一般には「能動的理性」と訳されているが、能動のような運動の意味が含まれていないため、適切な訳語とは言えない*28。感覚の場合には対象が感覚機能に作用しているが、これは感覚器官の外部に対象があるからである。

　このように理性はプシュケーのうちでも特別な性質をもっているように考えられた。そして永遠なるものが可滅的なものから分離しているように、身体から離在できると説かれた。感覚が先の視覚の場合のように目という身体の器官に依存しているのに対し、脳を心的活動の座とする見方が当時なかったため、理性の働きである思惟は身体とは独立して行われると考え

---

25) 「状態」(hexis) とは「もっていること」を意味する可能態を言う。
26) アリストテレス『デ・アニマ』430a16-19, 前掲訳書, 164頁。
27) アリストテレス『デ・アニマ』430a10-16, 前掲訳書, 163-64頁。
28) アリストテレス『デ・アニマ』前掲訳書, 165頁の注参照。

られ，理性は身体の一つの器官ではないと説かれた[*29]。しかし，「プシュケーは形相の場所である」[*30]から，思惟対象はすでにプシュケーのなかにある。作用する理性は感覚における「光」のようなものであり，これによって色が見えるように，思惟に作用している。この点でそれはプラトンの善のイデアと同じ作用をしているといえよう。したがってこの理性作用はアリストテレスの神である「不動の運動者」と似ている。つまり，この神が宇宙全体に働いている運動を与えているのに類似した作用がここでは説かれた[*31]。この「作用する理性」は後にアウグスティヌスやトマス・アクィナスに影響を及ぼしている[*32]。

3　プロティノスのプシュケー論

3世紀に活躍した新プラトン主義の代表者プロティノス（250頃-270頃）はアリストテレスのプシュケーやヌースの説をプラトンにもとづいて神秘主義の観点から新たに考察し，後代に大きな影響を与えた。彼はプラトンの超越の思想を継承し，それをアリストテレスの経験的な内在主義とポセイドニオスの神秘主義と結びつけ独自の思想を確立した。

存在の五段階説　プラトンの学説の中心はイデア論であったが，このイデアに向かうプシュケーの超越は人間のうちにある神的エロースの働きであると考えられた。この超越は行為よりも認識に，身体よりもプシュケーに優位をおく人間学を形成したし，ここから形成された身体と魂の二元論は感性的世界と知性的世界から成る二世界説を生みだした。しかし，このような二元論を神的なエロースの超越作用によって克服することがプラ

---

29) ロイド『アリストテレス』川田殖訳，みすず書房，1973年，153頁以下参照。
30) アリストテレス『デ・アニマ』429a27，前掲訳書，158頁。
31) 『デ・アニマ』における「作用する理性」に関する詳しい研究書ではF. Brentano, The psychology of Aristotle in particular operative intellect, trans. by R. George, 1977. を参照した。また角田幸彦『アリストテレスにおける神と理性』東信堂，1994年，191-206頁の次の論点は優れている。「能動的理性の主張は，人間が人間であることが同時に神的原理の支えなしには不可能であることの宣言にほかならない」（同書206頁）。
32) Grabmann, M., Mittelalterliche Deutung und Umbildung der aristotelischen Lehre von Nous poietikos, 1936.

第2章　ギリシア哲学の心身論

トンの究極目標であったといえよう。

　このようなプラトン的超越はプロティノスによって神秘的階梯（scala mystica）として確立され，存在の五段階説によって説かれた。それは一者（ト・ヘン）・知性（ヌース）・魂（プシュケー）・身体（ソーマ）・質料（ヒュレー）の五段階であって，上から下へ降る梯子のような段階をなしており，しかも「あふれ出る泉の不断の流れ」とか「瀑布」の比喩によって示されるような生命の流出として主張された。

　ここにプロティノスの人間学的三区分が明らかになってくる。それは知性（ヌース）・魂（プシュケー）・身体（ソーマ）の三段階説によって示される。人間もしくは人間の魂はこの階梯の中間に位置し，半身をあたかも「水中に没しながら，他の半身でそこから抜き出ている」[33]。またアフロディテと同じく天上の清らかさを保ちながらも，情念の促すままに娼婦的になる二面性がある[34]。だが魂の高い方の促しにもとづき，ヌースによって精神的に覚醒され，一者に帰還することが求められ[35]，そのためには身体の牢獄から逃走しなければならない，と説かれた。この人間の三区分は存在の五段階の中に位置づけられ，高低から成る生命の連続によって結びつけられているので，より高い段階に向かって高揚することが絶えず求められた。こうして物質的で身体的な段階から知性を経て一者に向かう高揚と超越こそプロティノスの全思想の基礎となった。この高揚の反対が物質と身体への転落であり，これが罪悪である。ここから罪と身体との因果的関連が説かれ，存在や善性が欠けていくことに悪の根源が求められた。

　33）　Plotinos, Enneades, VI, 9, 8.
　34）　Plotinos, ibid., IV, 9, 9. 魂と身体との間に分離がなければならないが，そのために身体と情念とから自己を解放しなければならない。
　35）　Plotinos, ibid., IV, 8, 4. ヌースは，一般に「精神」（mind）や「知性」（intellect）と訳されるが，これは人間の思考作用を意味しても，単なる主観的な作用ではなく，例えばプラトンが考えたようにイデアという思惟対象に伴われた思考作用である。それはこの世界よりもいっそう高い，いっそう真実な世界に実在する対象に関わっており，単なる主観的な推論でも思惟でもなく，ほぼ直観的な実在把握を意味する。フェステュジエールによるとそれはパスカルの「心情」のごときものであって，「（ヌースによって魂が）慕い求めるのは，直接的接触としての知である。それは，〈感覚〉であり，触れあいであり，何か観られるものである。魂は，二つの生けるものを完全に溶解せしめ融合せしめてしまうような合一を慕い求める」（ラウス『キリスト教神秘思想の源流』水落健治訳，教文館，1988年，15頁からの引用）。したがってヌースとは，「精神」とか「知性」とかいう語で連想されるものというよりも，心情や霊性のような神秘的合一の器官であるといえよう。

エロースの働き，ダイモーンと諸霊　プロティノスはエロースに関してプラトンの教説に忠実に従っている。そのさいプラトンのエロースは万物が善なる一者に向かう普遍への傾向性を意味し，存在するものをして自己の善を求めるべく促す普遍的な力として説かれた。こうして諸々の存在は物質から善なる一者にいたるまでその完全性の度合いに応じて先の実在の五段階が形成された。そして身体の善が魂にあり，魂の善が知性にあるといった具合に上位をめざして下位のものが自己を超越し，より高次の存在に結びつくのはエロースの働きに帰せられた。このエロースは諸々の存在の中にあってその存在の性質が不完全である側面と，この不完全性を超越して高次の存在との合一によって補完しうる可能性との双方を提示し，諸実在の間に連続性を樹立しようとする[36]。この超越の道をとおって善なる一者に達する方法が，愛する者を愛される対象にできるかぎり似たものとなす「魂の準備」であって，それは魂の「内的秩序づけ」を意味する[37]。さらに彼はプラトンの神話をキリスト教の救済への希望と結合させて，独自の思想を形成したといえよう。

　このようなエロースの思想には魂についての人間学的な発想が明らかに認められる。プロティノスは魂を三種類に分け，「高度の魂」・「宇宙霊」・「個霊」とし，その各々においてエロースの働きが異なると説いた。すなわち高度の魂は知性界にとどまり，感性界との交渉をもたない。次の宇宙霊は万有を支配する魂のことで，この霊と共にあるエロースは霊に協力して生殖への欲求を目覚めさせ，結婚を司る。第三の個霊というのは個々人を支配しており，これとともにいるエロースこそ魂を善へと導くダイモーン（神霊）である。このダイモーンの働きによって魂は自己の故郷である知性界に向かう憧憬と欲求および運動を有する[38]。というのは人間の魂は現在この肉体の世界に縛られてはいても，元来は知性界から生まれてきたからである。

---

36) E. Brehier, The Philosophy of Plotinus, p. 150.
37) E. Brehier, op. cit., ibid.
38) プロティノス『エネアデス』3・5・4。『プロティノス全集』（中央公論社）第2巻，田之頭安彦訳による。ダイモーンの働きは善なるものを魂の愛慕の対象となすこと，したがって愛する者を愛される対象に結びつけて見ることができるように作用することである。そのさいエロースは愛する人の眼として力を発揮している。プロティノス前掲訳書3・5・3参照。

ところでエロース自身は，美しい対象から美が流出して来て，美しい光景でもって満たされた眼として生まれる。それゆえ魂はエロースの働きなしには知性界に向かうことはできない。同時に知性界にある存在も自らを美しく，愛すべきものとしないかぎり魂に働きかけることができない。ここに魂の上昇の原動力が認められる*39。ヌース（知性）が「善なるもの」から光を受けて初めて活動するように，魂はこのエロースを受けることによって愛を与えた知性にまで引き上げられる。さらに魂は知性をも超えていって，善なる一者に達しようとする。ここから「善なる一者」・「知性」・「魂」との三位一体的な関連が語られており*40，プロティノスの人間論の基本的な枠組みが示されている。

　人間論と「像」概念　　このようにプシュケーは一者とヌースとの存在論的な関連で把握される。これらの三者はいずれも感覚世界を超えており，プラトンが「内なる人間」として語ったような，人間の内的な世界を構成する。ところで魂は外的な人間のもとにあっては感覚によって欺かれ，情念によって汚されるがゆえに，身体から離れることが困難であっても，次第に善なるものに向かって上昇することができる。この有様はプラトンの『饗宴』と同様であって，わたしたちは魂の美を醜い情念から解放するように求められる*41。魂は心を清めることによって徳を高め，魂が善美となるに応じて神に似たものになる*42。そのさい最大の問題は，どうしたら「はかり知れない美しさ」といわれる，接近しがたい美の直観に達しうるかということである。美は聖域の奥深く鎮座しており，外に姿をあらわ

　39）　「知性界にあるそれぞれのものは自己自身で存在しているのであるが，いわばそれらに麗しさを，そしてそれらを愛慕するものの側には愛を与えるというようにして，善なるものがそれに色づけをすることによって，はじめて愛慕の対象となる。さて，こうして魂は，かしこから流れてくる力を自己自身のなかに受け取ると，刺激され，神につかれたようになり，悩みに満たされて愛（エロース）となる」（プロティノス前掲訳書6・2・22）。

　40）　「存在を彼方に超越するところの一者がまずあるわけで……このようなものを以上の説明においてわれわれは，これらについて明白にすることができるだけは，明らかにしようと意図したのである……次にはこれにつづいて存在と知性があり，三番目にはたましいという自然原理が来るのであるが，これをこのとおりであると認めなければならない理由は，すでに明らかにされたところである」（プロティノス前掲訳書5・1・10）。

　41）　Plotinos, Enneades, I, 6, 5.
　42）　Plotinos, ibid., I, 6, 6.

さないため，神秘に包まれている。そこで肉眼に映る美の影像にすぎないものを捨て，自己の内面に立ち返り，そこにおいて真の美の姿をとらえるべく，愛する祖国へと逃げなければならないと勧められる[*43]。

しかし，美の直観にいたるためには，認識されるものと認識するものとの存在の類同性がなければならない。彼は言う，「人が何かを見ようとする時には，その前に，見るもの（眼）を見られるものと同族のもの，類似するものとする必要がある。つまり眼は太陽のようにならなければ，太陽を見ることはできないし，〔同様に〕魂も美しくならなければ，美を見ることはできない」[*44]。ここには存在の関係が類似の概念によって表明されており，人間における像が問題となる。

『エネアデス』の「像」概念は宇宙創成説や心理学さらにプロティノスに特徴的な哲学体系である神秘主義と分かち難く結び付いている。世界は「一者」と呼ばれる源泉から流出しているが，そこには二つの側面があって流れ出す「流出」(prodos) と再び帰ってくる「帰還」(epistrophe) とがある。前者は一者からの現実的な流出と分離であり，後者はその源泉に向かう帰還と反転である[*45]。したがってこのような遠心性と求心性との動態によって万物は構成されており，それぞれ五段階の存在からなる宇宙に定位される。たとえばヌース（知性）は一者から直ちに流出し，一者の「像」（エイコン，イマーゴ）をもっている。この像は一者の写しもしくは面影であって，一者には劣っているが，ヌースは自分を生んだ一者に再び戻って，それを観照し，それとの完全な類似もしくは似姿にいたろうとする。このようにしてヌースが一者の似姿となると，一者に倣ってプシュケー（魂）を流出する[*46]。このようなプロセスを繰り返して，さらにソーマ（身体）とヒュレー（質料）にいたる。最後に流出されたヒュレーは生み出す根源の像ではあっても，極端に色あせ無力である[*47]。この段階では帰還の運動が欠けており，あっても極めて微弱である。したがって質料はその近い原理である個々人の魂に帰るだけである[*48]。そこには至高者

---

43) Plotinos, ibid., I, 6, 8.
44) Plotinos, ibid., I, 6, 9. この類似性こそ「等しいものは等しいものによって知られる」という命題に示されているギリシア的認識の前提である。
45) Plotinos, ibid., V, 1, 3.
46) Plotinos, ibid., V, 2, 1.
47) Plotinos, ibid., VI, 3, 7.

である神的一者の「痕跡」だけがあって，もはや類似はみられない[*49]。このような思想はアウグスティヌスに影響を与えた[*50]。

一者との神秘的な合一（unio mystica）　魂は一者と知性のもとにあって自然本性を超えた神的性質を帯びてくる。つまり魂が知性の言論活動として誕生すると，それは神のような特質を帯びてくるといわれる[*51]。魂はこの上昇の道をとおって知性界の上にいる究極の一者に向かって脱自的に引き寄せられる。これがエクスターシスと呼ばれる没我の境地である。

　このようなプロティノスの脱自経験はプラトンと同様に「突如として」起こり，魂は自己のうちから神との合一へと拉致される。しかし，この合一は，魂みずからが達成するようなものなのではなくて，何か魂に臨在するものから起こってくる。つまり，この臨在に魂が触れると神なる「一者」との合一によって魂は圧倒され，忘我状態に陥る。それゆえ合一における一者の認識について語るとき，プロティノスが用いる言葉は，「臨在」（parousia）と「接触」（synape）という言葉しかない。その場合，魂は「自己の外側に出る」ことによって他者へと変容して行くのである。だが変容と言っても魂（プシュケー）が知性（ヌース）になるのでもないし，知性が一者になるのでもない。ポルピュリオスの伝記によると，彼はこういう脱自経験を生涯において4回もったといわれる。たとえばこのように言われる。

　　「しばしばわたしは，肉体の外に出て自己のうちへと起きあがり，他者を外に残し，自己の内へと入り込むことによって，驚嘆すべきかくも大いなる美を眺めた。その時わたしは，完全な仕方でかの卓越せる領域のものとなったことを確信し，至高の生命を体験した者となり，

---

　　48)　Plotinos, ibid., II, 4, 15; VI, 3, 7.
　　49)　Plotinos, ibid., I, 6, 8.
　　50)　金子晴勇『愛の思想史』知泉書館，121-23頁参照。
　　51)　「さて，われわれのたましいもまた何か神のごときものであって，……それが完成に達するのは，知性をもつことにおいてである。ただし，知性は推理に何らの肉体的な器官を必要としないで，自己の活動を純粋なままに保つ場合，肉体に混合せずに，これを超絶するから，ひとはこれを知性界の第一におくとしても，間違いにはならないであろう」（プロティノス前掲訳書5・1・10）。

神的なるものと一つとなって、それのうちに座を占めた。わたしは、かのものの働きの内に入り込み、自己を一切の可知的なるものの上に置いたのである」*52。

　一者は知識や言説を超えており、この一者の理解は「知識以上の直接所有の仕方によるのである」*53。これは理性的な認識を超えた超越者との接触であって、霊性による理解としか言いようがないように思われる。ただ魂がそこにまで上昇するためには浄化の道をとり、魂自身が善にして美なるものとならなければならない*54。

　このような知性と一者との関連はやはりプラトンが善のイデアを太陽の比喩によって説いた点と似ており、さらにアリストテレスが「作用する理性」で論じたような、作用を受けないで作用する「光」の特質を備えた「一者」が考えられているように思われる*55。

　しかし一者との神秘的合一の記述は、後代において解釈されたように、キリスト教にも適合していると考えられがちであったが、そこには人格的な神との関係はなく、没入・併合・合体・流入といった非人格的な運動のみが語られていることを看過すべきではない。したがってプロティノスの説く下降する道は、その反対の上昇の道と結びついて回帰するように説かれており、古くはヘラクレイトスの「昇り道と下り道とは同一である」との主張に見られるように、宇宙において不断の運動を構成している循環作用による調和と統一という世界観にもとづいている。またオルペウス教の

---

52) Plotinos, ibid., IV, 8, 1.
53) Plotinos, ibid., VI, 9, 4.
54) この点『美について』という論文では神殿の秘儀に参加する者たちが着ていた衣服を脱ぎ捨てて身を浄め、裸のままで聖域に昇ることが求められるのと似ている。「だが、ここに至るには、われわれが（感性界に）降下して身にまとったものを脱ぎ捨て、上の世界に方向を転じて昇っていかなければならない。……そして、このようにして昇りながら、神に縁のないすべてのものを通過し、純粋な自分にもどるならば、純粋単一で清浄な善をありのままに観ることができるのであって、この善こそ、すべてがこれに依存して、これを眺め、これによって存在し、生き、思惟するところのものなのである。というのも、善は生や思惟や存在の元（アイティオン）だからである」（プロティノス前掲訳書1・6・7）。
55)「ひとつの円光を考うべきである。それはかのものから発するのであるが、しかしそのかのものは不動のまま止まるがごとき円光である。その類例となるものは日光であって、太陽の周囲には、これを馳せめぐる暖かい光が見られるのであるが、しかしその場合太陽は静止したままで、しかもそこから不断にその光が生まれ出ているのである」（プロティノス前掲訳書5・6・1）。

宗教的世界観はこの下降運動を神話的表象をもって語り，人間の根源が現在よりも高次の源泉にあり，魂が堕ちて物質世界に閉じこめられたと説いて，プラトン主義に大きな影響を与えていた。プロティノスはこの堕落が不本意に生じたとはいえ，「内的な傾向により生じた」とみなし，この傾向は本来ならば高次なものが低次のものを秩序づけている方向に転換すべきであり，この宇宙的存在の秩序に人間の魂は本来従うべきであると説いた[56]。

このような思想はプラトンから遠く，キリスト教に近いように見えるが，実はそうではない。プロティノスの神は流出によって宇宙的周行に関与していても，神自らが人間に向かって降ったりはしない。彼の神はプラトンの神々のようにどこまでも自足的であり，人間の運命に直接関与しない。したがって，「魂は，何か〈一者〉それ自体の活動によって，忘我状態の中で〈一者〉にまで引き寄せられるのだ」と言うことはできない。なぜなら一者は決してこの世の罪を負ったり，洗い去ったりしないからである。それはアリストテレスの神である不動の運動者のように，自らは愛し活動することなく，すべての憧憬と熱望の目標なのである。したがって人間の魂は再び上昇するために降ったのであり，だれにも助けられず自分の汚れを脱ぎ捨てる努力によって救済に達するのである[57]。

プラトン主義の伝統においては人間が永遠の真理の世界・神的世界の分有者たりえるのは，彼がプシュケーをもっているからであり，このプシュケーがヌースに導かれているかぎり，「人間が本質的に霊的であり，神と同族である」という確信が行きわたっていた。それに対しヘレニズム時代に登場してきたキリスト教は，人間の被造性にもとづいてコスモスの非神聖化を主張し，人間が神と同族でなく，神によって無から創造された存在，神の意志によって有らしめられている存在にすぎない点を力説した。ここに神と人との絶対的断絶があり，両者の媒介は神の本性と人の本性の結合の体現者であるキリストによってのみ可能であると説かれた。これまで考

---

56) 彼はこの存在の秩序にもとづいて「宇宙の完成を目ざす意志的な下降」について次のように語っている。「これらの経験と活動とは自然の永遠的な法則により定められている。それらは，より高次のものを棄てることにより他のものの必要に奉仕すべく流れ出る，存在の運動から生じている。こうして魂が神から遣わされたという言句に矛盾も虚偽もない」（プロティノス前掲訳書4・8・5）。

57) I. Singer, The Nature of Love. From Plato to Luther. 1966, p.115参照。

察してきたギリシア思想の枠組みのなかでは神を求める歩みは本来的な人間存在への帰還であった。神に向かうとき魂は自己の本来的あり方を自覚する。それに対してプラトン主義の影響を受けたこの時代の思想家たち，つまりキリスト教教父たちは，受肉思想に立って神との合一を再度探究することになったのである。

第3章

ヘブライズムの心身論

　旧約聖書の冒頭には天地創造の物語が記されている[*1]。そこには異教のバビロン神話に対決して創造神による世界創造が説かれた。「初めに，神は天地を創造された。地は混沌であって，闇が深淵の面にあり，神の霊が水の面を動いていた」（創世記1・1）。このように語りだす創造物語にはまず神が存在しており，創造以前の混沌状態に向かった「神の霊が水の面を動いていた」とあって，世界を創造し支配する人格神の働きが強調される[*2]。この創造物語のなかには人間が「神の像」として造られたとあって，人間が神に対向する存在であることが説かれるのみならず，続いて神から人に「命の息（霊）」が吹き込まれて，人は生きるものとなったとあるように（同上2・7），人もまた絶えず神に立ち向かって，その意志に従い自己を形成すべきであると説かれる。こうした人格神による人間観はユダヤ教やキリスト教によって継承され，ヘブライズムの心身論を生み出した。

　1）　創世記第1章から第2章4節までの記事は学問上「祭司資料」と呼ばれている。それに続く第2章の終わりまでの記事は「ヤハウェ資料」と称されており，最古の資料である。祭司資料というのはイスラエルの滅亡のときバビロンに連れていかれた祭司たちが当地の文化に触れ，自分たちの文化的伝統を保存するために古い記録に加えたものである。

　2）　バビロン神話で始原の神であった「水」の上に，それよりも高処にあって力において勝る神が「霊」をもって支配している様が述べられている。ここでの「霊」（ルーアッハ）は「息」を意味している。神の息によって人は生きるものとされたとも語られている（2, 7）。これに対し「水」と「地」は神ではなく，未だ形を与えられていない混沌とした「素材」にすぎない。この素材に神の息が吹き込まれると，それらは生命をもつ被造物となって生まれてくる。

1　旧約聖書における身体・魂・霊

聖書の人間観の特質は魂と身体からなるプラトン的な二元論が全く欠如している点にあり，これまでの哲学において全く知られていなかった「霊」（ruah ルーアッハ）という聖書に独自な次元を人間論に導入したことに求められる。この新しい次元は心身の二元論とは異種の人格的な「霊と肉」という神学的な区分法を生みだした。プラトンの伝統においては心身は分離して把握されていた。それに対してアリストテレスは心身を総合的に理解し，これを「形相」と「質料」という形而上学の概念によって捉え，身体を人間の質料とし，魂をその形相とした。だが聖書の霊肉の区別は人間が神に対し心身の全体をもってどのように関係するかによって捉えられる。この点を明らかにするために，身体・魂・霊の三つの概念がいかなる意味をもって使われているかを検討してみたい。

　旧約聖書の人間学的な区分法は心身の二元論とは全く隔絶しており，それに迷い込むことは許されない。まず注目すべき事実は心・魂・肉・霊といった用語が厳密には区別されない姉妹概念として用いられ，耳や口，手や腕と同じく，相互に置き換えることができる点である。たとえば「主の庭を慕って，わたしの魂は絶え入りそうです。命の神に向かって，わたしの身も心も叫びます」（詩84・3）とあるのを見ても明らかである。

　魂（nephesch）の観念　　人間学の基本的観念ネヘシュは一般的には「魂」と訳されている[3]。だが，この語は魂にだけでなく多様に語られており，たとえばそれは「息」という言葉と似ている。人間の創造の始めに「主なる神は，土（アダマ）の塵で人（アダム）を形づくり，その鼻に命の息を吹き入れられた。人はこうして〈生きる者〉（ネヘシュ）となった」（創世2・7）とあって，人は創造主によって「息」を吹き込まれたネヘシュである[4]。また魂は有機体の生命よりも優れたものであって，情意の座

　3）　この語は旧約聖書には755回現われ，七十人訳では600回プシュケーと訳されている。ヴォルフ『旧約聖書の人間観』大串元亮訳，日本基督教団出版局，33頁参照。
　4）　それゆえ人はネヘシュなのである。それは生命力と同じ意味のゆえに，血と同じで

であり，初期ギリシア思想のテュモスと比較されうる。したがって，それは純粋に精神的ではなく，「非身体的」という意味で捉えられる。だから身体的状態を示す感情も魂に帰せられる[*5]。

魂は心もしくは心臓と腎臓のように生命の中枢である特定の機関によっても表現されるように，魂という言葉は外的な要素を含めた人格の全体を表している。それは困窮し，生命を切に求め，活力あふれる人間を表すが，極端な場合にはその反対に「遺体」や「死体」をも意味する（レビ21・1，民数5・2）。だから墓のなかや地下の魂についても物語られる（詩16・10参照）。それゆえネへシュはギリシア的なテュモスよりも広範囲に使用された。

魂によって人間が統一された全体を意味するがゆえに，身体的なものと心霊的なものとの間には，また生者と死者との間にも，分離はない。魂は見知らぬ外界に対立する内界ではない。だから，ある人の魂を知ることは，ヘブライ人にとって，その父や家柄を知ることでもある。また行動や思考の強度によって魂は自己を示す。さらに考える基準は「忠告・相談」であって，そこに魂が表現される。なお相談というのは内面的な事柄ではなくて，同時に実行であり，これによって魂は自己を表現する[*6]。

「肉」（バザール basar），衰弱した人間　人間は魂であるが，肉でもある[*7]。したがってバザールは人間だけでなく，動物にもある特性である[*8]。旧約聖書は心霊的なものと身体的なものとを分離した上で両者を関連づけたりしない。そうではなく肉も魂である。つまり人間は「魂」とも

あると考えられる。そこからイスラエルには血を流してはならないと命じられる（創世9・2；レビ17・11, 14）。

5）こうして「飢えた魂」（詩107・9）「渇いた魂」（箴言25・25）または食べ物の夢を見た人が目覚めたとき「虚ろ」に感じる魂について語られている（イザヤ29・8）。この魂は憎しみ・喜び・愛・神を慕い求める座でもある（詩35・9, サムⅠ20・17, 詩42・2）。

6）この相談が成立するということは，実現の言い換えである（箴言19・21；イザ14・12；46・10）。

7）バザール（basar）は旧約聖書で273回用いられているなかで104回は動物について使われている（ヴォルフ前掲訳書，67頁参照）。

8）「しかし，見よ，彼らは喜び祝い，牛を殺し，羊を屠り，肉を食らい，酒を飲んで言った。〈食らえ，飲め，明日は死ぬのだから〉」（イザ22・13）。それは牛や羊の肉を意味している。人間のバザールも食用に供される（レビ26・29, イザ49・26参照）。

「肉」とも呼ばれる。たとえば「わたしの身も心も叫びます」（詩84・3）とか，「わたしの魂はあなたを渇き求めます。わたしのからだは乾ききった大地のように衰え，水のない地のように渇き果てています」（詩63・2）とある。

さらに肉という言葉は，弱くもろい人間の命の特質を言い表しており，「神により頼めば恐れはありません。肉にすぎない者がわたしに何をなしえましょう」（詩56・5）とか「生きとし生けるもの（＝バザールはすべて）は直ちに息絶え，人間も塵に帰るだろう」（ヨブ34・15）と言われる。とくにバザールは過ぎ去った人間を言い表している。聖なる神の前では人間はもろいばかりか，罪にも陥りやすい。「すべての肉は草である。草は枯れ，花はしおれる」（イザ40・6, 7）。

人間の身体的な側面ではその被造性における脆弱さが問題となっている。神は決して「肉の」目で見ないし，人間よりも本質に即して見る（ヨブ10・4）。それに反し人間は「肉」であり，すべて生けるものは過ぎ去る。これは人間が神との関係で見られるからである。そこからクムラン文書では「罪ある肉」とか「不義の肉」について語られ[9]，パウロも「わたしの肉の中には善なるものが住んでいない」（ローマ7・5, 18）と告白する。この肉に対立するのが「霊」である。たとえば「エジプト人は人であって，神ではない。その馬は肉なるものにすぎず，霊ではない」（イザ31・3）と言われる。

霊としての人間　旧約聖書では神は霊として語られる。人間もまた霊を所有する。人間は霊そのものではないが，霊は人間を生かす力である。この霊はそれ自体で非物質的な原理をもっていない。「霊」（ruah ルーアッハ）はむしろ「風」や「息」を意味し，神は最初の人間の鼻に命の「息」を吹き込んでいる（創世2・7）[10]。

「息」としてのルーアッハは自然力であり，人間を活かす生命力である。「主である神はこう言われる。神は天を創造して，これを広げ，地とそこ

---

9) ヴォルフ前掲訳書，76頁参照。
10) ルーアッハは総例389のうち113例が自然力である風を意味している。また神に関して136回用いられ，人間と動物また偶像には129回にすぎない。したがってこの概念は神学的・人間学的概念として扱わなければならない（ヴォルフ前掲訳書，79頁参照）。

に生じるものを繰り広げ，その上に住む人々に息（ネサーマ＝息吹）を与え，そこを歩く者に霊（ルーアッハ）を与えられる」（イザ42・5）。したがって「霊が人間を去れば，人間は自分の属する土に帰る」（詩146・4）。そこには神の働きが関与している。だからこう言われる，「もし神がその霊と息吹を御自分に集められるなら，生きとし生けるものは直ちに息絶え，人間も塵に返るであろう」（ヨブ34・14-5）と。

　「霊」という言葉は同時に「知恵の霊」とか「虚言の霊」のように使われても（申命34・9；王上22・22），それは人間の特別な精神的な機能を表現しない。それは生命が生じ，神との関係で見られる力の領域を意味する。たとえば「わたしは高く，聖なる所に住み，打ち砕かれて，へりくだる霊の人と共にあり，へりくだる霊の人に命を得させ，打ち砕かれた心の人に命を得させる」（イザ57・15）とある通りである。この意味で肉は過ぎ去りいく徴として霊に対置される。そのさい人間は同時に被造物として神に対面して立たされていることを知る。そこからしばしば引用される次の表現も理解される。「エジプト人は人間であって神ではない。その馬は肉であって霊ではない」（イザ31・3），また「すべての肉は草である。神の霊が吹き付けると花は萎むから」（同40・6-7）。このように霊と肉という言葉は，魂と同じく，二元論的な人間を表さないで，神と関係する人間を示している。

　このように旧約聖書の人間学的用語を検討することによって，その人間像がきわめて単純であり，哲学的な反省以前の素朴さを特徴としていることが判明する。したがって，そこには哲学的な関心はなく，心身の二元論的な区分が与えられていない。それに対して宗教的な関心が現われており，人間は神との関係のなかで問題になる。たとえば身体（肉）・魂・霊という人間の部位によって特定の精神状態が表現された。肉（バザール）は動物とも共有する人間の有限な生存を，魂（ネヘシュ）は弱く脆いため，神を渇望する有様を，霊（ルーアッハ）は神に由来する生命力を表す。また人間の統一は「魂」で捉えられていても，各人の特徴は神関係を示す「肉」と「霊」で表現される。人間は弱く肉なる被造物にすぎないとしても，それでも神の霊によって強く生きることができる，霊的な存在である。

2 新約聖書における身体・魂・霊

次に新約聖書における心身論を身体・魂・霊の概念によって考察してみよう。

「からだ」(soma) 概念　新約聖書は人間の全体を「からだ」によって表現する。たとえば「自分のからだを生けるいけにえとして献げなさい」（ローマ12・1）と言われる。これは心身を含めた人間の全体を指している。「からだ」(soma) の代わりに「五体」(mele) が用いられる（たとえばロマ6・13）。つまり人間はからだをもっているのではなく、人間はそのからだである[*11]。「魂」が生命体としての人間を表し、「からだ」が社会的な個体としての人間を表し、「肉」が被造物としての人間を言い表していても、そこには人間が全体としてそのように言い表されているのであって、心身は部分的に分けて考えられていない。パウロにおいても「肉」という言葉は、移ろいやすく儚い人間を全体として表しており、それは神的なものと移ろわないものに対立する[*12]。したがって彼は単に身体だけを考えているのではなくて、むしろ第一に広義の全体的な人間の存在を考えている。それゆえ奴隷はその「肉の主人に」（字義的には「肉によるその主人に」）服従すべきである。つまりこの地上的な歴史的にして社会的に規定された状況の内部における主人に服従すべきである（エペ6・5；コロ3・22）。パウロはガラテヤの信徒への手紙で「すべての肉について」（2・16）語り、この言葉で「すべての人間」を考えている[*13]。

---

11) そのときからだは目の前にある所与の構造ではなく、絶えず行動することへの可能性、生を実現する可能性、それによって神への服従か不服従かへの決断がなされる可能性なのである。

12) パウロが活躍していたヘレニズム時代には、からだについてだけでなく、肉 (sarx) についても語られていた。そこでは肉は人間の身体性と結びついた罪深いものを言い表している。この状態からの救済は身体からの解放 (asarkos) と結びついている。パウロも肉という言葉を時折罪深いものと関係させて用いている。「霊の内に歩みなさい。そうすれば肉の思いを実現することはない」（ガラ5・16さらにそれ以下の節をも参照）。しかし、ここには身体と精神との二元論はない。

13) ブルトマンは「身体」（ソーマ）のパウロにおける多様な意味を解明し、それらが

「肉」（sarx）　地上の状況における全体的人間を意味する「からだ」とは相違して「肉」は神の前における人間の状況を表現する。人間の状況は「肉と血」（sarx kai haima）によって包括的に語られる（ガラ1・16；エペ6・12）が，それが神から引き離されていることに気づくのは，人が自己の状況を神から見るときである。「肉と血とは（つまり移りゆくものは）神の国を嗣ぐことができない」（Ⅰコリ15・50）。

　肉が罪との関連で用いられるのは，身体性の状況においてではなく，人間の地上的な存在様式についてである。肉はそれ自体で罪深いのではなく，肉にしたがって歩む生き方が罪となる。だから「肉にしたがって歩むこと」が「霊にしたがって歩むこと」と対置される。ここでは身体的なものそれ自身が問題ではなく，罪であるのは肉が魂と霊に対抗するときである。したがって「言が肉となった」（ヨハ1・14）と言われるように，肉が単独で使われる場合と霊・肉との関係で使われる場合とは意味が異なる*14。

　「霊」（pneuma）　新約聖書における人間存在の本来的な目印となる言葉は「霊」（風・息・精神）である。プネウマという言葉は通常は「神の霊」として使用されるが，時折人間のために用いられる場合，人間の霊や単に人間を意味する*15。それゆえ，それは何か人間自身を超えたもの，その本質を超えたものが言われていると理解すべきではない。また「魂」（psyche）という言葉もこの意味で使われる。それは身体を補足するものでも，心身の対の一方でもなく，ヘブライ語のネヘシュのように全体的な

結局自己自身との関係のなかに立って決断する人格の全体として捉える。だから身体とは神とのある関係をとる可能性，つまり義なる関係であるか罪なる関係であるかのいずれかを選びとる主体となっている。こうしてハイデガー的な本来的自己存在が獲得されるか，それとも喪失するかがそこにおいて問われているとみなす。しかし，ケーゼマンはこれを批判し，パウロの身体論では「最も広い意味での交わりの能力をそなえた人間の本質，つまりそのつど自分に与えられている世界に関係づけられた状態での人間の本質」が語られているとみなしている。したがって単独の個人ではなく，交わりのなかにある人間が身体において語られているという（ケーゼン『パウロ神学の核心』佐竹明・梅本直人訳，ヨルダン社，41頁）。

14）　この点を初めて指摘したのはルターであった（金子晴勇『ルターの人間学』創文社，41, 48頁参照）。

15）　クレマーによると新約聖書ではプネウマは379回用いられているが，風や息という自然学的意味はわずかに3回に過ぎず，人間の霊の場合は47回，悪霊38回，死人や天使の霊9回であって，神の霊が言われているのは278回と圧倒的に多い（『ギリシア語新約聖書釈義事典』教文館，第3巻150頁）。

人間を言い表す*16。

　しかし「霊」という言葉は神の霊を言い表すときには全く別の意味となる。この pneuma は sarx（肉）と対立する概念である。この霊は神の活動と力なのであって，人間に作用する。つまり人間は「肉にしたがって」生きることができるが，「霊にしたがって」生きることもできる（ローマ8・4以下）。この霊がキリストを信じる者を捉えると，その人は「肉的に」ではなく，「霊的に」生きる（同8・9）。彼は自分の生活のなかにいわば新しい次元を獲得する。彼の存在は神の秩序から整えられる*17。したがって「肉的人間」（プシュキコス）は，神との関係をもたない生まれたままの人間をいい，霊（プネウマ）に対立する。こうして人間は神との関係で肉と霊との二つの可能性の間に立つ存在である。この肉と霊という二つの存在の仕方の間には断絶があり，古い人から新しい人への変革が求められており，それは低い肉の段階から高い霊の段階へと上下の段階的な連続性を説いたプラトン主義の人間観とは相違する。

　身体・魂・霊の三部構成　　新約聖書でも命の息は人間のプネウマとして表現される（マタ27・50，ヤコ2・26，黙11・Ⅱ, 13・15）。しかし，それは神との緊密なダイナミックな関係によって，死を超えて続く存在様式や生命力を指すこともある（Ⅰペト3・18, 4・6，Ⅰテモ3・16参照。またローマ1・4，Ⅰコリ5・5?）。とはいえ，これが「魂」（プシュケー）と殆ど区別のないものとして理解されている例はまれである。したがって身体・魂・霊の表現は哲学的な人間を意味しない*18。この三者が全体として神に向かって方向づけられているとき，生まれたままの状態から他の霊的な救済と癒しに達することができる。こうして人間的なるもの（地上的なるもの，移ろいいくもの，罪を纏ったもの）と神的なるものとの間が分けられたが，それでも神の霊は人間に内住することができる。この神の霊は人間の三区分（身体・魂・霊）にもとづいて人間に属しているのではなく，

　16）　たとえばⅡコリ12・15；ローマ2・9「すべての生ける人」は字義的には「人間のすべての魂」となる。
　17）　自分の本性から生きる人間（psychikos「生まれながらの人間」「霊的でない人」），と神から生きる人間（pneumatikos は「霊的な人間」）とが区別される（Ⅰコリ2・14, 15）。
　18）　本書の「序論」第2節「伝統的な哲学的三分法」を参照。

第3章　ヘブライズムの心身論

全体的な人間存在の新しい次元として属している。神の霊は恩恵の賜物であり，本性から人間に属しているのではない。それはキリストから来る生命によって獲得される[19]。

　この人間学の三分法（身体・魂・霊）もテサロニケの信徒への手紙Ⅰ，5・23に一度だけ出ているが，ブルトマンは「儀式的で修辞学的（おそらく伝統的）言い回し」であると推定し，キュンメルもこの「霊」を人間と見る使用例も少なく，「霊」を神に近いものとは考えない[20]。ここでパウロは古代の「霊・魂・体」の三分法の用語を使っているが，これは人間の三つの独立した構成部分を表すのではなく，人間そのものを表すためである。プネウマはそこでは，ヘブ4・12（「精神と霊」。Ⅱコリ7・1参照）におけると同様，霊をもつというばかりでなく，霊でもある人間を指している。しかし，「霊は一切のことを，神の深みさえも究める」（Ⅰコリ2・10）と言われ，さらに「神の知恵」（ソフィア・テェオウ）「知識」（グノーシス）「信仰」（ピスティス）との関連で語られる。ここから宗教史学派はヘレニズム世界に行われた密議宗教の影響を捉え，神の奥義に参与する力を強調した[21]。

　しかし，この「霊」の次元は現実にはいまだ実現しておらず，完全な実現は将来のことであるが，すでに人間はその次元の全体的な実現に向かう途上にある。この将来への期待は再び全体的な人間に当てはまる。そこでは霊による更新によって心身からなる人間の復活が問題であって，いわゆる魂の不滅は問題となっていない[22]。したがって，ここには哲学的な心身の二分法や三分法は後代で説かれたような意味では存在しない。

---

　19)　その場合，「最初の人間が生ける魂となった」という旧約聖書の定式に依存しており，それに「キリストが命を授ける霊である」（Ⅰコリ15・45）が付け加えられる。人間は「霊」であるというのはその本質が非物質的な精神を指すのではなく，生活の新しい方向性にある全体的な人間が神の霊を受けることができることを意味する。

　20)　Bultmann, R., Theology of the New Testament, vol I, trans. by K. Grobel, 1952, p.205-206. キュンメル『新約聖書の人間像』松木真一訳，日本基督教団出版局，1969年，50頁。それゆえギリシア的な意味での三分法はここには妥当しない。ロビンソン『〈からだ〉の神学』山形孝夫訳，日本基督教団出版部，1656年，37-40頁参照。

　21)　佐野勝也『使徒パウロの神秘主義』第一書房，1935年，165-69頁参照。

　22)　この点では旧約聖書においてもすでに二元論は成立していない。この世の生活の後にある生命が告げられているときに，それに全体的な人間が関与している（イザ26・19；66・22, 23；ダニ12・2参照）。同様に新約聖書も語っている。しかももっと明瞭に全体的な人間の復活について語っている。

パウロの身体論　終わりにパウロの身体論をギリシア思想と比較するなら，次のような特徴が数えあげられよう。

(1)　身体は魂と同様に創造者からの賜物であり，ともに神の被造物であるから，身体と魂とのギリシア的二元論を排除する。

(2)　身体は「魂の牢獄」ではなく，「聖霊の宮」である（Ⅰコリント6・19）。

(3)　身体それ自体は罪ではなく，身体と魂とから成る人間の全体がいかに神に関わるかによって善と罪とは規定される。

(4)　罪の払う値が死であり，死は身体からの解放を意味しない。

(5)　プラトンが身体を肯定するのは，身体に宿る美のイデアのゆえであって，身体そのものではなく，その背後に立つイデアを肯定している。それに対しパウロは身体を創造者の意志によって肯定し，恵みによる新しい創造を復活において希望している。

(6)　プラトンの『パイドン』では内的人間と外的人間とは排斥し合うが，パウロの場合，身体の幕屋の上に霊的生命を着ることを願っており，両者は排斥し合う関係に立っていない（Ⅱコリント5・4）。

(7)　ギリシア思想が魂の本性における不滅を説くのに対し，キリスト教は聖霊によって霊的にされた身体を復活体として説く。

(8)　ギリシア思想では肉と霊は人間に内在するものとして考えられているにすぎないが，パウロにおいては両者は外側から人間のうちに入り来たる超自然的力としても捉えられている。「肉」は罪の力として心身の全体を支配し，「霊」は創造の力，もしくは神の愛として心身の全体をとらえる。つまり神の愛は聖霊によって心のなかに注がれる（ローマ5・5）。

このように人間の霊はそれ自身では神的な性質をもっていないが，神の力を受けとる機能と考えられている。この点を次に考察してみよう。

3　聖書における霊性

これまで旧新約聖書の人間学的な三区分を表す用語を検討してきたが，そのなかで最も重要と思われるのは「霊」の概念である。ここにはギリシア思想には存在しなかった新しい意味が含まれている。この「霊」をトレモ

ンタン『ヘブル思想の特質』は「新しい次元」として説明した[23]。そこで彼の主張の要点を述べておきたい。

霊は人間の新しい次元である　彼はまずヘブル語が魂と身体を同一視するがゆえに，心身の二分法を知らないが，「霊」と「魂・肉体」の二分法を知っていると言う。この「霊」（ルーアッハ＝プネウマ）によって哲学的な人間学には存在しない一つの新しい次元が拓かれた。これは聖書に特有な次元であって，聖書の啓示に固有なものである。これは「人間のなかの超自然的部分」であり，「超自然的な秩序への参与」である。それは使徒言行録にあるパウロのアレオパゴスの説教にある神の「息」であり，人はこれによって神を探求し見いだすように定められている[24]。したがって人間には「神の霊の内在」と言うことがありうる。たとえば預言者は「霊の人」と言われる（ホセヤ九・七）とき，この霊は人間のなかにあって神のプネウマとの出会いを可能にする。これによって神の「霊」の内在ということが異質的な侵入とはならないで，異邦の地における大使館のように準備される[25]。

霊は人間を新しい存在に移行させる　霊は創造者の存在に参与させるものであって，自然の秩序を超越した異なる秩序へわたしたちを移行させる。人間の本質はこの「移行のなかに」ある。「移行」とはヘブル語の「過越」（ペシャハー）の意味である。だから人間とは「移行の存在」である。それゆえ人間の本質は「被造物と創造者との連結線（トレデュニオン）」，「無形のきずな」である。この霊は偉大な御わざを完成させるために人間をとおしてこの世に働いている。人間は霊的な動物である。この「移行」は，罪による堕落という出来事がなくとも，生物的な段階を超えて霊的で超自然的な存在へと人を移すのであって，このことは初めから予定されていた（ヨハネ3・6-8参照）。

霊と肉の対立　聖書には霊と肉の特有な弁証法が存在する。これは霊

---

23) トレモンタン『ヘブル思想の特質』西村俊昭訳，創文社，178-92頁。
24) 使徒言行録17・22-34参照。
25) トレモンタン前掲訳書，180頁。

魂と肉体からなるギリシア的な弁証法とは異なる。この両者は2000年にわたってもつれ合ってきたが，両者は何の関連もないので，注意深く分離されなければならない。「肉」とはヘブル語では魂と同義であって，人間の脆さのしるしであり，このことは人間がそこから造られた塵に起因する。「霊」とは人間が関わっている超自然的な秩序であり，「あなたがたは神々である」とあるように神の運命に人を招いている。

それゆえ霊と肉との対立は，心身の二元論的な対立のように，一つの人間的な自然の内部での対立ではなく，自然の秩序と啓示された超自然的秩序との間の対立である。したがって肉体を否定して魂を高揚させる道徳は自然内部の現象にすぎず，聖書的には肉的である。それは「肉の欲」にすぎない（コロサイ2・23）。禁欲主義は快楽主義と同様に肉的である。この「肉の欲」や「肉の思い」は霊の思いと対立する。肉の思いとは「不品行・汚れ・好色」だけではなく，精神的なあり方として「偶像崇拝・まじない・敵意・争い・そねみ・怒り・党派心・分派・ねたみ」を含意する（ガラテヤ5・19-21）[26]。したがって「肉」とはプラトン的な肉体のことではなく，精神を含めた生ける人間の生き方をいう。

神の霊と人の霊　　だが，神の霊と人の霊とを見分けることは困難である。この困難さは意味が深く，人間のなかにある霊は神の霊への参与である。というのは神の霊が人間において内在するのは，人間の霊があって初めて可能となるから。こうして霊は人間存在の構成要素となる[27]。

新約聖書では「人を生かすものは霊であって，肉は何の役にも立たない」（ヨハネ6・63）と言われるように，肉は本性的な無力さを意味し（マタイ26・41，ガラテヤ4・13，ローマ8・3参照），霊は「生命を与えるもの」である。新しい運命に招く霊に参与することなしには，人間は自然のままに死滅する（ローマ8・13，Iコリント15・50-51参照）。

聖書的な二区分とギリシア的二区分の問題　　聖書の伝統に由来する

---

26)　この点に関してアウグスティヌス『神の国』XIV, 2参照。ここから霊的なものと肉的なものとの対立は霊的なものと精神的なものとの対立に等しいことが明らかである。

27)　ヨブは「神の息吹がまだわたしの鼻にあるかぎり」（27・3）と言っている。さらに創世記6・3, 詩編104・29, ヨブ34・14, 15, コヘレト12・7, 民数記16・22, 27・16を参照されたい。

霊・肉の弁証法とプラトン的な心・身の弁証法との混同が次の二つの帰結を歴史的に導いた。

(1) 霊・肉の聖書的弁証法をマニ教的なプラトン主義の二元論に還元する試みが歴史において多様な姿で登場する。ここからキリスト教を道徳主義や禁欲主義へ還元する試みが生じる。この還元はキリスト教の本質に対する重大な誤解である。

(2) 聖書の啓示における霊の厳密に超自然的な特別の意義が無視される。つまり，キリスト教的霊性の理解と独自の次元の喪失が起こった。

ここには元来異質な二つの区分の混同が関連している。キリスト教をマニ教的道徳主義へ還元すること，および超自然的なものについての理解の喪失とは常に異教の歴史において並行して生じた。

聖書の説く徳は霊的であって心理的ではない。それは霊の秩序に属しているのであって，心身（プシュケ・サルクス）の秩序に属しているのではない。それは超自然的であって心理学的分析からは解明できない[*28]。

このようなトレモンタンの主張はキリスト教的霊性の理解にとってきわめて重要である。キリスト教の「霊」はギリシアの「精神」とは異質である。霊は神との関係で霊・肉の弁証法を秘めている，人間の可能性である。それは超自然に参与する人間における自然的基盤である。この霊を心身に加えることによって霊・魂・身体というキリスト教的な三分法が説かれるようになった。このための聖書的根拠は「霊も魂も身体も」（Ⅰテサロニケ5・23）であり，この三分法は厳密な意味ではオリゲネスによって初めて説かれた。

4　フィロンの心身論

新約聖書と同時代に活躍したユダヤ人哲学者アレクサンドレイアのフィロ

---

28)　偉大な霊的なキリスト者はこの点で決して誤らなかった。トレモンタンによると，心理的なものと霊的なものとの区別はキリスト教的な神秘的生全体の原則である。十字架の聖ヨハネは感情的なもの，魂に属するものと，神の「霊」との対話において霊に属するものとを区別していた。それゆえ霊的な信仰とは心理的な信念ではない。トレモンタン前掲訳書，190頁参照。

ン（Philon 前25-後45/50）はギリシア思想に強く影響され，プラトン主義やピタゴラス派の教説を多く採り入れて独自の思想を形成した[*29]。彼はギリシア思想から受容できる要素を聖書の教義と統合しようとし，キリスト教教父たちに強い影響を与えた。

　フィロンはユダヤ的な唯一神に立っており，神が「第一の善，完全なる一である」とするギリシア哲学の神概念を受け入れるが，同時に「慈しみ深い保護者，援助者」であると説いたユダヤ人の神観を保持している。しかしキリスト教思想との関連ではロゴス説が最も重要な学説であって，ロゴスとプラトンのイデア界とを同一視することによって神の創造をロゴス概念によって説明する点に彼の特徴がある。こうして事物の原型であるイデアおよびそれを範型とするプラトン的な世界論がユダヤ教の創造思想と結合され，この両者を統合する思想が後代に多大の影響をもたらした。このことは人間観にも反映しており，創世記1・27に語られている最初の人は天上の像にしたがって刻まれた理想的人間の代表であるが，創世記2・7の人は土の塵から造られた歴史上のアダムであると説かれた。したがってフィロンにとって第一の人間はより高い本性をもち，第二の人間はより低い存在である[*30]。

　「神の像」としての人間はそれにかたどって造られた「原型」を模写するように造られたがゆえに，人間は本性的な必然性をもって「神の像」を実現すべく追求し，この「原型」がプラトン的なイデアの「範型」に置き換えられると，「神に似ること」は，人間の「範型」として内在化された「神のロゴス」を人間が自由な主体的決意にもとづいて具現することにほかならない[*31]。このような思想から心身論が次のように説かれた。

────────

　29）　彼は一般に「ユダヤ人とギリシア人の思想の伝統が完全に融合されている」と評価されているように，ストア主義・プラトン主義・ペリパトス学派の三者を折衷した当時の古典思想の諸潮流を旧約聖書と結び付けた。

　30）　フィロンによると人間の種類は二つあって，天上の人間（創世記1・27）と地上の人間（創世記2・7）に分けられる。「天上の人間は神の像に生まれついているので，朽ちるべき，もしくは地上的な本質を何も分有していない」（フィロン『世界の創造』12, 31）。地上的な人間は塵から朽ちるものとして造られたのであって，生まれた者ではない。天上的な人間は造られたのではなく，生まれたのであり，「神の像」として造られた。だから神が真正な霊を注ぎ込まないと地上的で朽ちるべきものである。この霊を受けて初めて精神は存在し，霊魂も活動的になり，真に英知的に生きるものとなる（同2・7）。

　31）　この意味において「神のロゴス」は，人倫の原理として人間を善へ導く「舵者，

霊・魂・身体　　まず「霊」(プネウマ) に関するフィロンの考えは，彼の創世記2・7についての釈義のなかに見られる。彼の著作『悪者が善者を攻めること』に拠ると創造者が人間を土の塵から創造したとき，命の息をそれに吹き込んだがゆえに，人間は二つの部分から成り立っている。この点ついて彼は次のように語る。

　「一方の部分にはわたしたちがそれによって生きる活かす力が割り当てられ，他方の部分にはそれにもとづいてわたしたちが思考できる推理力が授けられた。……したがって，わたしたちが動物と共通する能力はその本質においては血液であるが，理性的な源泉である形相を注ぎ込まれると，それは霊となり……，神の能力の表現とも特性ともなる。モーセはそれを固有の名によって〈像〉と呼ぶ。これによって神が理性的本性の原型的な範型であることが示される。……また彼は人間の魂を霊と名づけ，人間という名辞によってわたしたちが思考する神のような被造物を表す」[*32]。

　ここで人間の魂は「霊」と言われており，それは神との交わりをとおして神が人間のうちに神的実体の部分を吹き込むことで生まれた力であって，人間における心の最高部分を指す。これはプラトン主義者のいうヌース (知性)，あるいはストア派のいう「指導的部分」(to hegemonikon) に当たる。このように吹き込まれた神の霊は，この引用文にあるように人間のうちなる神の像である。こういう思想は人間における心の最高部分を神的実体の一部とみなす汎神論的な発想であって，当時のギリシア哲学に行き渡っていたプラトン主義やストア主義に共通する特徴的な考え方であるが，フィロンでは「神の息」(神霊) というユダヤ的な教説によってそれを説明する。しかしフィロンによって代表されるユダヤ・アレクサンドレイア的な教説は，二つの点でギリシア的思想と相違している。まず①神は人格的な自由をもって人間に対し創造的に関与し，息を吹き込んでいる。さらに②心の最高部分である「霊」(プネウマ) を「神の像」とみなす点

あるいは案内者」，あるいはそのために人間を保護したり，訓戒を与えたり，教育したりする「保護者」や「救助者」また「仲保者」などとして規定された。このようにして，人間は神の栄光をあらわす最も有効な存在として神に属するものとなる。

　32)　Quod Deterius Potiori Insidia Soleat, 12, 80-84. in: The Works of Philo. Complete and Unabridged. Trans. by C. D. Yonge, 1995, p.121.

である。このプネウマ（霊）はプシュケーよりも優っている。これはパウロに由来する伝統と奇しくも一致しており，人間のうちにある「プネウマ」は神的実体の活動的な部分であり，これによって先に指摘した霊・魂・身体の三分法が構成されている[33]。

心身の混合と分離　この世の存在において人間は心身の混合体であり，魂は身体と結合している。魂の本性はきわめて微細であるため，身体によって捉えられる手がかりを与えない。だから魂はわたしたちを知っていても，わたしたちは魂を知らない。フィロンは自我と魂との同一性を否定しようとしており，そのためときには自我と身体をほとんど混同している。これを分離すれば魂は高次の精神と呼ばれるものの総称となる。死後に存続する人間は質料的なものをもたず，非質料的なものと結びついて新たな誕生となる。この新生の体験は生存中にも可能であると彼は考えた。

フィロンの基本的な人間観によれば人間は高次の部分である精神とそれに付属する身体的部分からなる混合体である。低次の部分の理解はプラトンやアリストテレスさらにストア派にしたがっているが，高次の部分の理解は彼らから離れている。しかし精神が感覚の傀儡となっている場合もあって，それは感覚に依存し，記憶をもち，衝動を生じさせるがゆえに，単に臆見を生みだし，知識を生まない。それに対し精神は神あるいはロゴスの伸長（apospasma）である場合もある。精神は神的放射の流れである光線そのものである[34]。そして精神は神と一体になることによって本来的な自己を回復することができる。

こうしたフィロンの神秘的な体験はキリスト教的な新生体験と類似しており，初期のキリスト教哲学に大きな影響を与えた。

---

33)　この三区分についてフィロンは次のように語っている。「わたしは魂と身体とからなり，精神と理性（あるいは言葉）と感覚をもっているように思われる。だが，これらの内のどれもわたし自身のものではないことをわたしは見いだす。わたしが生まれる以前，わたしの身体はどこにあったのか。そしてわたしが死んだなら，どこへ行くのだろうか。……魂はどこからやって来てどこへ行くのか，まだどのくらい長く〈われわれ〉とともに生きるのか。何が魂の本質であると言えるのか。……だがそのとき，身体と結びついた混合であり諸性質をもつわたしたちは，存在しなくなるであろう。わたしたちは再生へと進み行き，非質料的なものと結びつくことによって，混じりけのない性質のものとなるであろう」（De Cherubim, 32, 113）。

34)　Quis Rerum Divinarum Heres, 48, 235, p.296.

精神と霊の関係　　人間の諸要素のうち高次の精神だけが心身の正しい秩序をもたらす。それはまた法や統治権を生み出す力をもっており，フィロンはそれに「霊」（プネウマ）という名称を与えた。この「霊」は創造の始めに人間に吹き込まれた神の「息」に等しいがゆえに，高次の精神は霊として人間の内にとどまっている。それはパウロが「肉の思いは死であり，霊の思いは命と平和である」（ローマ8・6）と語っていることに等しい。人間に注がれた神の霊は低次の精神を含めた生き方に対立し，両者は互いに衝突する。それゆえ高次の精神が低次の生き方を征服し，服従させるほかに真の解決は見いだされない。身体をもっているかぎり，人は永続的な解決に到達することができない。そこには完全な再生がなければならないが，そのためにはパウロの言う「体の贖い」が必要となる。

　この精神と霊の関係について『創世記問答』にある「イサクの結婚」を論じた部分を取り上げてみよう。イサクの妻であるリベカが井戸の傍らでイサクに近づくとき，フィロンは次のように語っている。「精神よ，おまえの霊の目を開けなさい。そしておまえの手本であるイサクを，悲しみを知らない〈笑い〉を見るがいい。彼は神に造られたあらゆるものを超えて，いつも絶え間ない喜びのうちにある。なぜなら彼は，おまえも目にするように，乱れて荒れすさんだ思いから守られ，無知と無秩序という大きな災厄のない知恵への道を，確かな足取りで歩んでいるからである。見よ，彼が井戸のところで真実の仕方で，知恵と親交を結ぶ様を。そこは直視の泉と呼ばれる，驚くべき，神的な泉なのだ」[*35]。

　ここではリベカは女性原理である知恵を表す。彼女は瞑想するために荒野に出ていたイサクに近づく。つまり知恵が神秘家のもとへ近づくように思われる。二人は婚礼の閨で結ばれる。イサクはここで永遠の処女と一つになる。このときフィロンは「彼女の愛からわたしは決して離れ去らないように」と祈っている。リベカの内にエジプト人が何千年もの間夢見てきた偉大なる神の救いが実現する。魂はこの合一によって新生する。この体験においてイサクは神を担うものとなった。それは神性の実現である。「そして同時に精神の手本である」と説かれる。こうして精神はその霊に

---

35) Quaestiones et Solutiones in Genesin, IV,138, グッドイナフ『アレクサンドリアのフィロン入門』野町啓他訳，教文館，226頁の訳による。

おいて神に触れる。

フィロンの神秘主義的傾向　　フィロンは，ヘレニズム時代のキリスト教徒でなかった当時の著作家たちの間で，このような神秘的な体験をもっており，真正な神秘的な教説を説いていた点で注目に値する。彼は，人間の霊や知性が生きている間に知的観照の状態を超えた神との神秘的な合一の経験によって脱我の境地に達すると説いた。それは神の霊から来る霊感によって生じる「忘我」（トランス）や「天から加えられた狂気」の状態として述べられた[36]。これは古代ギリシア思想と明らかに関係していても，深い根はヘブライの預言者たちの伝統のなかに見いだされる。それはプロティノスの神秘的な教説に著しく似ていても，ユダヤ的な預言者の思想のゆえに相違する。ここにはユダヤ思想とギリシア思想を総合させて思考する試みが見いだされる。

---

36) Quis Rerum Divinarum Heres, 53, 264-65, p. 299. この狂気について Hans Leisegang, Der heilige Geist. Das Wesen und Werden der mystisch-Intuitiven Erkenntnis in der Philosophie und Religion der Griechen, 1967, S.166-68; 205-12 を参照。また神秘主義の詳しい説明はラウス『キリスト教神秘思想の源流』（前出）61-69頁に論じられているので，それを参照されたい。

第4章

キリスト教教父哲学の心身論

　　キリスト教教父たちは聖書の教えに従いながらも，当時支配的であった世界観の影響を受け，キリスト教の教義を確立しようと努めた。この時代に有力であった哲学思想はプラトン主義であって，彼らはその影響を受けながらキリスト教の独自な聖書的な人間観を継承し，両者の総合によって新しい人間学を創造した。アンドレ・フォン・イヴァンカのことばを引用するなら，「キリスト教神学のはじめ一千年間の思惟全体に特徴的な現象は，プラトン主義の哲学を，神学的内容を哲学的に表現する形式として使用していることである。また啓示の真理を宣教するために世界像の枠組みとしてそれを用いたことである。換言すれば，キリスト教プラトン主義が特徴的だったのである」[*1]。しかも，ここで受容されたプラトン主義はフィロンやポセイドニオスのような中期プラトン主義であって[*2]神秘主義的色彩をもっており，魂と神とが直接的に合一することに第一の関心事があった。プロティノスや新プラトン主義はこうした関心をいっそう強めたのであった。こうしたプラトン主義の中心をなすのは，人間が本質的に霊的存在者であるとの確信である。それゆえ，この時代の教父の著作においては，霊性と理性とが著しい程度にまで統合されるようになり，オリゲネスによって初めて霊・魂・身体という人間学的な三分法が確立するにいたった

---

　　1)　Endre v. Ivánka, Plato Christianus. Übernahme und Umgestaltung des Platonismus durch die Väter, 1964, S. 19.
　　2)　中期プラトン主義というのは紀元前1世紀の初め以後のストア化されたプラトン主義を指す。これは，たとえばフィロンにおけるように，キリスト教の教父たちが魂の神への超越を説くときに，その思想的な枠組みを提供した点で重要な意義をもっている。

が，全体として考察するとギリシア思想の影響によって心身の二元論がやはり底流をなしていた。しかし，わたしたちは心の認識機能の中に三分法を見いだすことができる[*3]。この点を中心にして心身論の展開を解明してみよう。

1 ギリシア思想とキリスト教の出会い

この時代に活躍したキリスト教教父たちは聖書にもとづいて人間を二重に考え，アダムにおいて堕落した人間がキリストによって新しい存在を回復すると説いた。このような古い人間から新しい人間への発展を考えるキリスト教的な人間観は，ギリシア思想の心身二元論を受容しながら，本質的には異質な二つの文化を総合して新しい人間学を創造した。彼らは一方において聖書的な人間観を継承しながらも，他方においてはプラトン主義による心身の二元論をも受容するように導かれた。これは一つの宿命と言うべきものであって，困難な課題に直面しながらも，彼らはそこから同時に優れた可能性をも引き出した。

創造論と心身論　その課題のなかでもとくにオリゲネスが創世記第1章の記事と第2章のそれとの区別にもとづいて説いた二重創造説が重要である。彼の解釈によると最初の創造は神のまわりに集まった純粋な霊の創造であったが，それが遂に堕落したとき，これを救済するために神によって第二の創造がなされ，人間に身体が与えられることによって転落した魂が集められた。この説では身体と魂とが分離され，二元論となっており，両者が真の意味で総合されているとは考えられない。だが，この学説では純粋な霊と魂さらに身体の三者が区別され，前章で論じられた人間学的な三区分が体系的に組み立てられた。もちろんこの説は神の創造を根本的に善とみなした聖書の見解と明らかに矛盾するがゆえに，異端として退けられたが，後代への影響は大きかったし，三分法を明瞭に説いた点で注目に

3）　心身の二元論では一般的に言って魂と身体の二実体が支持されたが，魂の機能において霊性・理性・感性の三区分が次第に自覚されるようになるが，初めの段階ではギリシア哲学の影響によって霊性の位置に知性が置かれる傾向にあった。

値する。

　この時期の思想家ではギリシア化の傾向が目立っていたが，それとは反対に心身の二元論的な分離からダイナミックな統一へ向かった思想家も早くから登場していた。たとえばエイレナイオス（Irenaios 130頃-200頃）がそうであって，彼は人間の心身の二重性をダイナミックな統一において捉え，アダムは創造の始源においては成熟しておらず，彼の能力を完成するように発展させる神的な課題が授けられていると考えた。この発展は堕罪によって中断されたが，罪に堕ちた人間がキリストによって回復されると，そこで新たに与えられた自由によって人間の本来的な像は完成されると説かれた。このような人間観は人類の歴史がキリストにおいて発生し，反復するという学説を形成した[*4]。

　エイレナイオスの心身論　彼によれば神が創造者であり，人はその被造物である。人間の地位は創造者のそれではない。神が人をその実体である土の塵をもって創造し，御手のわざによって造った形を保つことによって，人間は完全なものへと超越することができる[*5]。だが人は信仰によっていっそう善いものに前進し，神の御霊を受け，豊かな実りをもたらすようになる。こうして人は「神の像と似姿にしたがって造られた人間の原初的な本性に達する」[*6]。ここには創造から救済を経て完成に向かう救済史観が展開する。この史観の背景には次のような人間学的な基本姿勢が認められる。「神はその手の業によって誉め讃えられるであろう。神はご自身の御子に一致してかつ御子の像にならって適切にその業をなしたもう。というのは御父の手によって，つまり御子と御霊によって人は神の似姿にしたがって造られたから。だが人間の一部分がそのように造られたのではな

　4）　エイレナイオスは3世紀の護教家のなかで正統神学の形成に大きな役割を果たした。彼は小アジアのスミルナ出身で，後にガリア地方リヨンの長老から監督になり，バレンチノス派のグノーシス説を批判した『異端論駁』全5巻をあらわし，カトリック教会の伝統的教義の基礎を定めた。その要点をあげると次のようである。全世界はグノーシス主義者が説くように超越界からの堕落によって成立した悪しき存在ではなく，創造神の意志によって「無から創造」された被造物である。彼はユスティノスがプラトン的に既存の質料からの世界創造を説いたのに対し，ヘブライ的キリスト教的な創造信仰を説いた。

　5）　「創造することは神の恵みに固有のことであり，造られていることは人間の本性に固有のことである」（エイレナイオス『異端論駁』小林稔訳，教文館，4・39・2）。

　6）　エイレナイオス前掲訳書5・10・1。

い」[*7]。それゆえ人間は魂と身体とから構成されているが，グノーシス派が間違って考えているように，そのどちらかの一部分が人間なのではない。「なぜなら完全な人間は御父の霊を受ける魂と〔身体と〕の混合と結合において，また神の像にならって造られた肉の本性の〔魂との〕混ぜ合わせにおいて構成されているから」[*8]。ところで子どもが成長していくのは際立った特質である。同様に人間も神の像と似姿にしたがって造られていても，未だそれを実現していない。それゆえ人間は神の御子によって自己の完成に達し，その定めと目的が実現される。人間が最初造られたときには，受肉とその恵みとは未だ実現していなかった。したがって人は神の子どもや息子であり，その到達点と目標は成長することによって達せられる。この説では心身の混合にもとづきながらも，霊を認めていないので，三分法は成立していない。このようにオリゲネスとエイレナイオスとは異なった人間学に立っていた。この対立はギリシア的な心身の二元論を受容するか，それとも退けるかによって生じた。

　霊魂起源論　プラトン主義によると人間は身体よりも魂において優っているがゆえに，人間学は魂の学として心理学的に叙述される傾向を帯びていた。そのさい個々人の魂の起源が絶えず問題として提起され，アウグスティヌスの『魂の本性と起源』において詳論されているように，当時三つの説が代表的な学説として提起された。アウグスティヌス自身はそのいずれが正しいかについて判断を控えているが，彼の原罪説がこの問題に密接に関係していたことを見ても，魂の起源についての問題は避けることができなかった[*9]。オリゲネスは魂が物質的な種子の若枝から生じたのか，それとも外から来たのかどうかを問題にし，伝播説・創造説・先在説という三つの立場がありうると示唆した[*10]。またヒエロニムスはそれに流出説と創造説の変種を加えて五つの学説を数えている[*11]。やがて創造説が発生説とくに先在的な理解を批判して統一的な見解に到達する。この時代

---

　7)　エイレナイオス前掲訳書5・6・1。
　8)　前掲訳書，同頁。
　9)　アウグスティヌス『魂の本性と起源』I, 19, 32; II, 13, 18; IV, 2, 2参照。また『創世記逐語講解』第10巻で「伝播説」と「創造説」について詳論している。
　10)　オリゲネス『原理論』小高訳，49-50頁。Origenes, De princ. Praef.5, S. 13, 7 (Koetschau)
　11)　Hieronymus, Ep.126, 1, 2. （CSEL 56, S. 143）

の思想家たちは聖書における魂の理解を熟知していたが、さまざまな見解が展開されうる可能性をとらえ、古代の心身論と聖書の人間学とを総合しながら独自な人間学を形成していった。

　その中で心身論にとって重要と思われる思想は「魂の起源」についての一連の思想展開に求められる。すなわちテルトリアヌスの「伝播説」とクレメンスからラクタンティウスに繋がる「創造説」とオリゲネスの「先在説」がそれである。わたしたちはこの点に焦点を当てて考察してみたい[*12]。

2　テルトリアヌスの霊魂論

テルトリアヌス（Tertullianus, Quintus Septimius FIorens 160頃-222以後）はカルタゴで生まれ、キリスト教に改宗したのち（197頃）、司祭となり、その文才を駆使して布教に努め、教会著述家として活躍し、のちに厳格な道徳的要求からモンタヌス派に接近した[*13]。

　神の像としての人間　彼は『プラクセアス反論』においてギリシア思想を考慮しながら理性とロゴスとの関係を論じている。そこでは神は世界の創造以前には単独であったが、先在する理性であるロゴスによって世界を創造したと説かれた[*14]。彼によると人間の理性は言葉によって働く点で神の像なのであって、人間と神とが類比的に考察される。彼によると理性によって思考が展開する場合、心のあらゆる印象に対して理性は言葉に

12）　魂の起源の問題はこの三つの説によって展開されたが、この点から教父の思想を研究した著作には次のものがある。Heinrich Karpp, Probleme altchristlicher Anthropologie. Biblische Anthropologie und Psychologie bei Kirchenvätern des dritten Jahrhunderts, 1950.

13）　彼は明晰な論理を用いて三位一体説や原罪論に根拠を与え、またイエス・キリストの復活の奇跡も不可能なるがゆえに確実であるとした。著作『護教論』鈴木一郎訳、『プラクセアス反論』土岐正策訳（「キリスト教教父著作集」14、13巻、教文館）。

14）　「この理性をギリシア人はロゴスと言っており、私たちはこのロゴスという語を〈言〉をも意味するものとして用いている。それゆえ、私たちの間でも、単純に翻訳して、〈はじめに言は神のもとにあった〉と言うことがすでに一般化している。だが、むしろここでは先在する理性のことが考えられているとした方がいっそうぴったりする。なぜなら、神はこの世のはじめから言を発する方であったわけではないが、いっぽうこの世がはじまる前ですら理性的な方であったからである」（『プラクセアス反論』土岐正策訳、26-27頁）。

よって答える。その場合思考されたものは言葉であり，感知したものは理性である。人が語るとき，対話の相手から発せられた言葉が経験され，その言葉のなかに理性が把握される。それゆえ言葉を用いて考えるとき，人は理性によって語り，語るときには，言葉をとおして考える。このように人間は言葉をとおして語るとき，言葉は自己とは別のものであるが，それによって思考している。こうして心は言葉を写してその像となった。同じように神の言葉を心中に映すとき，人間が神の像として存在する。それゆえ「あなたも神の像，神の似姿とされているのだから，その神のなかではどれほど豊かにこのことが行なわれていることであろうか」[15]と語られる。

魂の本質　テルトリアヌスは『魂について』のなかで魂の本質について次のように定義している。「わたしたちは魂を神の息から生まれ，不滅的，身体的，造形的，実体的には単一，自力で理解でき，多様に産出的，意志において自由，偶然（偶有性）に晒され，素質的に可変的，理性的であり，支配者にして，予感ができ，唯一の魂から流出してきていると定義する」[16]と。まず魂がその起源を「神の息」にもっている点は『魂の所有調査』（De censu animae）で論究されており，魂は神の息からではなく物質から発しているというヘルモゲネスの主張が退けられる。それにもかかわらずテルトリアヌスは魂を身体として特徴づけ，外観・限定・三次元・自己をかたどらせる形態・色彩をもってその性質とする[17]。とはいえ魂は神から遣わされた霊によって見えるのであって，肉なるものには見えない[18]。この定義では身体的な特性は造形的であると呼ばれているにすぎない。その他の特性は個別的な性質としてのみ現われるが，実体とその力に関しては統一性をもち，さまざまな側面から解明される。つまり魂の実体は「息」として特徴づけられ，「霊・心・精神」（spiritus, animus, mens）であるが，それらは特別な実体をなしているのではなく，魂の活動として理解される[19]。ここでの霊は「息」のほかに神の霊を意味し，

---

15) 以上の出典はテルトリアヌス前掲訳書，26-27頁。
16) Tertullianus, De anima, 22（CSEL 20）
17) Tertullianus, op. cit., 9 初めのところ，9, 5.
18) Tertullianus, op. cit., 8 終わりのところ。
19) Tertullianus, op. cit., 11 の初めのところ。

第4章　キリスト教教父哲学の心身論　　75

神から与えられた霊であって，人間の自然的な所与ではない[20]。さらに先の定義にある「自力で理解でき，理性的」という規定は，魂の特性が精神的な性質であり，しかも理性的な思考を含有することを示す[21]。次の「支配者」の規定は魂がヘゲモニコンを心中にもっていて，多様な発展の可能性と意志の自由が授けられていることを示す。

魂の起源と伝播説　こうした理性的な魂の特性を彼は魂の実体的な単一性の観点から説明し，同時に魂が神に起源をもっていることおよびその身体性について語っている。

彼は魂の起源について伝播説（Traduzianismus）を採用した。これは魂が「ぶどうの蔓」（tradux）のように人祖アダムという一つの根から伸び広がったという説である。それによると身体が魂の前にあったのでも，魂が身体の前にあったのでもなくて，二つの生命は妊娠とともに同時に存在し始める。魂と身体の二実体について「両者は同時に妊娠し，経過し，完成するとわたしたちは主張する」と説かれた[22]。心身の誕生が同時であったように死も同時である。また魂の繁殖は，身体と不可分に結合している「魂の種子」を介して，身体と全く一致して考えられた。それゆえ二つの実体からなる「全人間の種子」（semen totius hominis）について語られた[23]。そのさい性の規定は妊娠とともに直ちにはじまり，心身の統一性も人祖アダムに由来する。

ところで魂は罪によって完全に腐敗したのではなく，創造における根源的な善性が悪行によって曇らされるとき，最初の本性的な善性は保たれているがゆえに，罪過によって生じた腐敗は人間の罪責となる。ところが信仰によって再生し，新しい霊を受けると，魂は曇りがとれて全体が「光」の状態に帰る[24]。

---

20) Tertullianus, op. cit., 35の終わり。霊は魂の最も微細な構成要素ではなく，活動である。
21) Tertullianus, op. cit., 16.
22) 『魂について』第27章では次のように論じられている。身体と魂の妊娠と成長は死における分離と同じく同時的である。聖書の創造の記事が示しているように，身体と魂の実体は最初から「一人の人を構成していた」。それゆえ心身不可分の生殖と誕生が定められており，それが「葡萄の蔓」（tradox）のように成長する。ここから伝播説が生まれている（Tertullianus, op. cit., 27, 36参照）。
23) テルトリアヌス前掲書 27, 5.
24) テルトリアヌス前掲書 41. 終わりの部分。

彼の人間観の特質となっているのは考え方がリアリズムに徹しており，心身を統合的に捉えた点であろう。身体的な特性は活動にもとづく組織体であり，身体は物質ではないから，それは「固有の性質をもった身体また無比の身体」（corpus propriae qualitatis et sui generis）であると規定された[25]。こうした観点から魂の組織が妊娠と誕生によって移植されると説かれた。魂は創造から身体的な種子と結びついた魂的なものによって繁殖したがゆえに，すべて人間の魂は唯一の根源から出た若枝である。彼は心身を分離するグノーシス派と対決して，身体だけが消滅するという二元論の誤謬を徹底的に批判した。彼によると両親の特性はプラトンが証言しているように受け継がれるし，両親と子供の間にはたんに身体的な類似性ばかりか，心の類似性も存在する[26]。

3 クレメンスの心身論

アレクサンドレイアのクレメンス（Ciemens Alexandrinus, Titus Flavius 150頃-211）は，キリスト教思想を組織的な形で表現した神学者であって，初期キリスト教思想家のなかでもヘレニズム文化に対する広い知識をもった人であり，ヘレニズムとヘブライズムという二つの文化的統合を試みた者としてオリゲネスとともに重要な地位を占めている。ここではその主著『ストロマテイス』（Stromateis）全8巻（200-02頃）の叙述にもとづいて彼の心身論を述べてみよう[27]。だが彼は人間の魂について時折断片的に語っているにすぎず，それを主題とする組織的な叙述は見あたらない。彼はプラトン的な意味での魂の先在を拒否する。そして魂の低次の部分の継続的な繁殖を認めているが，高次の理性的部分は身体とは別の起源をもつと説いた。

---

25) テルトリアヌス前掲書 9. 初めの部分。
26) テルトリアヌス前掲書 25. 終わりの部分。
27) 『ストロマテイス』の訳出にさいして第3巻と第4巻は Henry Chadwick の訳（Alexandrian Christianity, The Library of Christian Classics, vol.II）を，第5巻は秋山学訳（中世思想原典集成Ⅰ 平凡社，1995年）をその他の巻は Otto Staehlin の独訳（Bibliothek der Kirchenväter, 1937）および Alexander Roberts の英訳（The Ant-Nicene Fathers, vol. II, 1926）を使用した。

第 4 章　キリスト教教父哲学の心身論　　　　　　　　　77

魂と霊の本質　　クレメンスはプラトンの『パイドロス』と『法律』第10巻によりながら魂の本質をギリシア的な伝統にしたがって「自分自身を動かす能力」とみなした[28]。これは他のすべての生物にも当てはまるが，人間はこの能力のほかに理性をもっている。魂は実体的には繊細で単純な組織体である「霊」（プネウマ）であって，不可視的である[29]。この「霊」は，十戒が二つの石版からなっているように，二つに区分される。それは「指導的な霊」(pneuma hegemonikon) と「従属する霊」(pneuma hupokeimenon) である。次にはモーセの十戒にもとづいて十の能力がそこにあると言う，すなわち五つの感覚，言語，生殖能力，造られたときに伝えられた霊の原理，魂の指導力，信仰によって得られる聖霊の特性である[30]。こうしてキリスト教的な三分法に近づいているのであるが[31]，そこにはクレメンスが哲学的な伝統と聖書の思想とを結びつけて「霊」を捉えていることがよく示されている。

身体組織の起源　　彼は身体組織の起源について次のように示唆的に説いている。

「これら人間の十の部分に律法が加わえられる。それに先だって理性的にはたらく指導力（ヘゲモニコン）は生殖によって造られず，それ

---

28)　クレメンス『ストロマテイス』6, 96, 2.
29)　これらの性質は洪水によっても傷つけられなかった。だが罪によって魂はいっそう粗野となり，こうした倫理的な影響によって物理的な変化を蒙った（クレメンス『ストロマテイス』6, 163, 2)。
30)　クレメンス前掲書 6, 134, 2.
31)　そのさいプネウマの三区分が次のように説かれている。①聖霊は人間の魂に刻印を与えるが，魂の自然的な設備には属さないで，信仰によって加えられる。聖霊は神の一部分とも人間の実体的な豊かさとも理解されず，「精神の美と同様に魂に到来する」（クレメンス前掲書 5, 88, 3)。そして主の言葉によって魂と合一する。②意志し認識する能力をもった理性魂が存在する。一般的に言って人間はこの魂の部分に向けて秩序づけられるので，理性魂によって生きる（同 6, 135, 4)。これが人間の特徴であり，神の像となっている。この理性的な能力は，外的な人間を支配する内的な人間である（同 2, 111, 2)。③プネウマは第三に「肉体的，身体的，造られた」霊であり，「非理性的な」魂の部分である（同 6, 134-36)。それは生命力の担い手であり，したがって成長・栄養・活動の担い手である。それは理性魂と身体との中間に位置している（同 6, 135, 3)。この低次の部分の助けによって「人間は知覚し，欲求し，喜び，怒り，自分を養い，成長し，行動に歩み寄る」（同 6, 136, 1)。この活動に相応しく実体は霊的な性質と物質的な組織体との間に存在する。ここから「肉体的，身体的霊」という表現も出てきている（同 6, 136, 2)。

なしにも人間のすべての活動が営まれる。というのは人間は存在しはじめると直ちにその生活を感官をもってはじめるから。したがって理性的で指導的な能力が生体の形成の原因であるとわたしたちは今や主張する。非理性的な部分に生気が授けられ，そしてその一部（つまり生体の形成）が生じる」[*32]。

　それゆえ彼は魂の先在説を否定し，魂を高次の部分とし，身体を低次の部分として分けた上でこれらを段階的に統一する。しかし彼にとって二つの部分は相互に分かれた働きをなしている[*33]。とはいえ身体は魂の家であって，魂が身体に優っているのは家と住人との差の程度にすぎない。彼は神の息によって魂が造られたという創造説の萌芽をもっていても未だそれを完成していないし，魂は自立した生殖によって成立するとも語っていない。

　神の像としての理性的な魂　　しかし，クレメンスにとって神は万物の創造者であり，人間の最高目的は自らの「像」（eikon）にしたがって人間を造った神に「似ること」（homoiosis）である。

　「プラトンが〈土製の幕屋〉と呼んでいる肉体を，モーセはふさわしくも土で創られていると述べ，理性の具わった霊魂を，上天から神によって顔に息を吹きかけられたものと言っている〔創2・7〕。というのも〔ギリシア人によれば〕，支配的な座というものはここに据えられているとされるからである。彼らは，最初に創られた人間にあっては，霊魂の注入は感覚器官を通じて行われたと解する。かくして〈人間は〔神の〕像また似姿となった〉〔創1・26〕とも言われる。なぜなら，神の像とは神的にして王的な御言葉，情念をこうむらない人間〔キリスト〕であり，人間の精神は〈像の像〉だからである」[*34]

---

32) クレメンス前掲書6, 135, 1ff.
33) 彼は言う「したがって魂は天上界から劣悪な境遇に落ちぶれたのではない。というのは神はすべてを善となしたもうから。そうではなく最高の生活を選んだ魂は神の義によって地上を天上と交換するのである」（クレメンス前掲書4, 167, 4）と。
34) クレメンス前掲書5, 14, 94. 秋山学訳（中世思想原典集成Ⅰ　平凡社）363頁。続けて次のように言われる。「ここでもし〈似姿〉という語を別の言葉に置き換えることを望むのであれば，モーセにあって，この語が〈神につき従う〉ことを表す語彙として用いられているのが見出されるであろう。……思うにすべて有徳の人は，神につき従い神に仕える人であろう。哲学の目的を，ストア学派の人々は本性に従って生きることだと語り，プラトンは神

人間は神のロゴスによって造られたがゆえに、「ロゴス」がすべての人間に本性的に賦与されており、これにしたがって人間の理性活動と道徳活動はすべて導かれる。このような理性活動は哲学の仕事であり、真理の探究である。この活動によって魂は感覚的な事物から清められて、高貴な本性である卓越性に到達する。そこに彼は覚知者としての人間のあり方を捉えていた。「われわれは覚知者にふさわしい人間になるように、そして肉に宿っている間にできる限り完全になるように急がなければならない。すなわち、この地上で完全な和合をもって神の意志に一致することを務めとし、完全に高貴な生まれであること、および血縁関係にあることを回復し、キリストを完うすべきである」[*35]。

4 ラクタンティウスの心身論

クレメンスの心身論は魂の起源に関して創造説の萌芽をもっていたが、それを完成させたのがラクタンティウスであった[*36]。ここでは『神の活動もしくは人間形成』(De opifico Dei, vel formatio hominis) にもとづいて彼の主張の要点をあげてみたい[*37]。彼は精神と魂について、また両者の関係について、さらに魂の由来についてこの著作の16章から19章にかけて論じている。彼によると「精神」(animus, mens) の本質は全く捉えることができない。精神は自分がどこにあるのか、どのような性質であるのか知られていないが、その座は頭脳の髄か心胸であろうとされる。それは「いわば山頂におけるように最高のところに」あって、繊細で柔らかく、知覚を可能にし、その繊細さゆえにすべて物体的なものと区別され、地上を超えた領域に属する[*38]。

神の似姿となることだと言ったのは、ここにその論拠を有している。このことは『ストロマテイス』第2巻でも述べた通りである」。

35) クレメンス前掲書 4, 21.

36) ラクタンティウス『神の活動』(De opifico dei) と『神の怒り』(De ira dei) および『神の教義の要約』(Epitome divinarum institutionum) といった作品に明らかに示されている。

37) テキストは Lactantii Opera Omnia 2 Vols. paris, 1844 を使用する。

38) Lactantius, De opifico dei, 16, 4 ; 16, 12.

魂と身体の関係　わたしたちは「魂」（anima）を精神と同様に認識できない。「というのは絶えず自分で活動し，動き，見られず，触れられえないものは，すべて必然的に永遠であるから」[39]。ここには「自己自身を動かすもの」というプラトンの魂の規定が受け継がれている。魂は生命原理であって栄養としての血，体温としての火，扶養者としての息を通して活動する。したがって魂は物体や世界の構成要素ではないが，物体的なものをとおして活動する[40]。それに対しラクタンティウスは魂と精神を同一視しないで，本質的に相違すると考える。魂は生命原理であって神によって創造され，人間のなかに吹き込まれたのに対し，精神は純粋に物理的な機能以外の魂の活動を言い表す[41]。

この精神が身体と接触している側面は情念であるが，精神が本来的な人間であるのに対し，身体のほうは壊れやすい器であって，そのなかに精神としての真の人間が入れられている[42]。それゆえ身体は容器・箱・宿屋・牢獄と呼ばれる[43]。だから身体だけでは人間の真実な姿は認識できないが，そのわざと振舞いによって人間は知られる。

個々人の魂の起源についてはこの著作の19章で論じられる。魂は父からも母からも，そのまた両者からも生じて来ない。というのは魂の繊細さはそのような繁殖を許さないからである[44]。その起源はむしろ神自身のもとにある。しかし，いつどのように魂の誕生が起こるかは観察できない。人間的な伝播は身体にのみ制限される。とはいえ人間の受胎・体の形成・魂の吹き込み・誕生・維持は神のわざである。さらに神は知恵を魂に授けるが，人はこのプロセスを理解できない。たとえば人間の種子がその髄から来るのかそれとも人間の全体に由来するのか理解できない。そこで彼はヴァロとアリストテレスの説にもとづいて男の種子と女の種子について詳しく論じはじめる。

霊の注入と神の霊　次に人間の「霊」に関して彼はどのように考えて

---

39) Lactantius, De opificio dei, 17, 1.
40) Lactantius, De opificio dei, 17, 9. Epitome divinarum institutionum, 2, 12, 5; 7, 12, 10.
41) Marbach, Die Psychologie des F.Lactanz, Hall, 1891, S. 20.
42) Lactantius, De opificio dei, 1, 11.
43) Lactantius, Epitome divinarum institutionum, 7, 12, 10.
44) Lactantius, De opificio dei, 19, 2.

いたのであろうか。『神の教義の要約』の叙述によると、神が各の魂を造ったさいに「霊の注入」(inspiratio) がなされたと説かれた。そのさいテルトリアヌスが神からの霊の流出説を排斥して、人間の魂が神の息 (flatus) からのみ発生し、「霊」(spiritus) からではないと論じたのに対し、ラクタンティウスは最初の人間の創造について流出説を警戒することなく次のように言う、「肉が造られてから神は生命の泉からその久遠の霊を魂に吹き込んだ。この世を構成している要素とは反対のものから自らに類似したものを生んだ」と[45]。このように創造 (creare) や生殖 (proceare) が語られるのは彼が流出説から離れていることを示している。彼は魂がすべて物体的なものよりも遥かに優れていることを強調するために、神の霊の直接的な注入に立ち返り、魂の実体を「霊」として規定した[46]。

さらにラクタンティウスは自由意志を神の性質と見なしており、人間がこの分け前に与っていると言う[47]。ここに人間の責任と倫理の基礎がある。人間は自由意志にもとづいて身体を支配し、不断の戦いによって身体に勝利しなければならない。それゆえ身体性は罪の原因ではあっても、罪責は精神と自由意志に帰せられる[48]。人間は純粋に精神的な存在として善ではなく、単なる身体として悪でもない。その中間の存在である。だから純粋な精神存在として全知ではなく、身体的なものとして全くの無知でもない。それゆえ人間は精神的にして同時に身体的な存在なのである。また精神においても誤ることがあり、哲学の学派もそれぞれ真理の一部分は捉えても、完全な真理にいたるためには神の啓示がなければならない。だから哲学の真理はキリスト教の真理との調和に求められる。

「誰かが個々人によってまた学派によって分散した真理を一つに集め、まとまった体系にもたらすならば、その人はもちろんわたしたちから離れてはいないであろう。しかし真理を経験し学んでいる人でなければだれもそれをなすことができない。真理を認識することは神によって教えられる人だけに可能である」[49]。

---

45) Lactantius, Epitome divinarum institutionum, 2, 12, 3.
46) Lactantius, op. cit., 7, 20, 11.
47) Lactantius, op. cit., 2, 5, 12ff.
48) Lactantius, op. cit., 2, 12. 10f.
49) Lactantius, op. cit., 7, 7, 4.

したがって理性は創造的ではなく，神に依存的であって，理性が求めている対象である神自身が自己を現わさなければならない。「知恵の理解ではなく人間の理解は誤る。だが，真理を知るのは神の知恵に属している。人間は神によって教えられていないなら，自分自身によってはこの知識に到達することができない。こうして最高の哲学者らは人間の知恵を追求したが，知恵でないものを理解した。それを探求することができなかったので，たんに存在しているものを語ったにすぎない」[*50]。

5　オリゲネスの三分法

古代キリスト教教父たちはラクタンティウスのような例外があっても，大多数がプラトン哲学の影響を受けたために，その人間学には心身の二元論が認められる。この二元論は聖書の人間観と一致しないので，そこに根本的な問題性を洞察しながらも，同時に彼らはそこから優れた可能性を引き出したといえよう。それでもオリゲネスの二重創造説にあるような二元論はキリスト教とは異質であるがゆえに，その後において批判の対象となった。彼は創世記第1章の記事と第2章のそれとを区別して，最初の創造は神の周りに集まった純粋な霊の創造であったが，それが遂に堕落したとき，これを救済するために神によって第二の創造がなされ，人間に身体が与えられ，転落した魂が集められたと説いた[*51]。この説は身体と魂とが分離され，二元論となっており，心身は統一的には考えられていない。したがって神の創造を根本的に善とみなした聖書の見解と明らかに矛盾するがゆえに，異端として退けられたが，それでも後代への影響は大きかった。

オリゲネス（185頃-254頃）はアレクサンドレイアで教育を受け，そこで活躍した新プラトン主義の開祖アンモニオス・サッカスの教えを受けており，豊かなギリシア哲学の教養をもってキリスト教の教義を哲学的に解

---

50) Lactantius, op. cit., 2, 3, 23f. この神によって伝達され，手渡された真理をラクタンティウスは『神の教義』の第4巻「真の知恵と宗教」，第5巻「正義」，第6巻「真の礼拝」，第7巻「幸福な生活」にわたって叙述している。

51) オリゲネス『諸原理について』小高毅訳，創文社，I, 序，8：2, 8, 3 およびアウグスティヌス『神の国』XI, 23, 2頁参照。

明した*52。

神と世界創造　彼の学友プロティノスが神なる一者からの世界の流出を考えたのに対し，オリゲネスは神の世界創造を説き，ギリシア哲学者との一致点と相違点とを次のように説いた。

「哲学者たちの多くが，万物を造った唯一の神が存在すると述べている。この点では神の律法と一致している。さらに，ある人々は，神は万物をご自分のロゴスを通して作ったのであり，万物が支配されるのは神のロゴスによることをも言い添えている。この点では，律法だけでなく福音書とも合致することを述べている。哲学の述べる倫理と自然に関しては，殆どすべての点で私たちのものと一致する。しかし，神と共に永遠の物質が存在すると言う点では，私たちと見解を異にしている。死すべきものらを神が配慮されることを否定し，神の摂理が及ぶのは月以上の場に限定されるとする点で，私たちと見解を異にしている。生まれるものらの生涯は星辰の運行にかかっているとする点でも，私たちと見解を異にしている。この世界は恒久的なもので，いかなる終局によって終わりを迎えることもないと言っている点で，私たちと見解を異にしている」*53。

彼は神の非物質性を説いただけでなく，「神は霊である」という福音書の意味を探求した。神の非物質性について「すべての知的存在，すなわち非物質的存在の中で，最も名状しがたく，最も測りがたく卓越している者こそ神である」*54と言う。さらに神は「純一な知的存在，モナス〔一〕であり，いわばヘナス〔単一性〕であり，精神であり，あらゆる知的存在すなわち精神の始原であるところの源泉である」*55と規定する。この源泉は「善をなす力，創造する力であって，一瞬たりとも無為であったこと

---

52) 彼はその主著『諸原理について』において当時の文学類型である表題を用いて，キリスト者として，ギリシア哲学の自然学の取り扱う問題——神・自然・人間——を考察し，当時の人々にキリスト教の原理を提示しようとした。博識な彼は多くの意見を参照しながら聖書を解釈し，信仰の思索を展開している。また，マルキオンのグノーシス的な見解，つまり新約聖書におけるイエスの父なる神と旧約聖書の創造神とを区別する見解，プラトン主義的な哲学説，聖書の擬人的表現の字義通りの理解などに対する批判を展開している。

53) オリゲネス『創世記講話』14, 3.

54) オリゲネス前掲訳書1, 1, 5.

55) オリゲネス前掲訳書1, 1, 6.

があると考えるのは条理を逸したことであり，不敬なことでもある」[*56]と考えられた。

物質と身体　次に神が創造した「物質」についてこう言われている。「物質は物体の素材である。種々の物体は属性（qualitas）を付与されたこの物質から成り立っている」[*57]。彼によると物質とは物体の素材であるが，この素材に属性が加えられた物体が神によって造られたというからには，物体のなかには属性が置かれた形で造られていることになる。ここにはキリスト教的な自然観が表明されており，この思想はやがてアウグスティヌスによって四つの元素の間に蒔かれた「種子的ロゴス」として発展した[*58]。

この物体的世界は「そこでの知的な存在者たちの種々様々な堕落が，この種々多様な世を創造するよう神を促したのである」とあるように，堕落した精神の修練の場として造られた。だが，神から生まれた知恵は「将来の被造物の可能態と形態のすべて」を秩序として所有しており，この知恵の内なる神秘と秘密とを開示する働きがロゴス〔言〕と呼ばれた。このロゴスは人間を罪と死の力から解放するため救い主となられた[*59]。神はこのロゴスにおいて被造世界に関与するため，ロゴスは被造物ではないが，神に従属する。元来それは神と同質（ホモウシオス）であるが，世界への媒介性のゆえに神に対して従位に立っている。

人間の創造と本質　人間が創造されたときの本性について次のようにいわれる。「人間は最初に創造されたときに，像としての身分（imaginis dignitas）を与えられたが，似姿という完全さは世の完成のときまで保留されている。つまり人間は〔神の似姿を〕自己の精励なる熱意をもって，

---

56) オリゲネス前掲訳書1, 4, 3.
57) オリゲネス前掲訳書2, 1, 4. これに続けて次のように言われる。「属性は四つある。それは，熱・冷・乾・湿である。この四つの属性がヒュレーすなわち物質に挿入されて，諸物体の様々の種（species）を形成する。先に述べたように，物質はそれ自体として，属性なしのものであるが，属性なしに実在することは決してない。この物質は，……神が据えることを欲された属性を自分のうちに受け入れて，神が望まれるすべての形相（forma）及び種を形づくるためにすべてにおいて創造主に仕える」。
58) この「種子的ロゴス」については金子晴勇『アウグスティヌスの人間学』創文社，299-303頁参照。
59) 「神のロゴス，神の知恵が〈道〉となられた」（オリゲネス前掲訳書1, 2, 4）。

神を模倣することで獲得すべきである」*60と。ところが自由意志によって自己の使命から堕落したため，人間は天使とサタンとの中間に位置することになった。だからキリストに学んで，完全なロゴスの認識に進み，死すべき身体も「霊的身体」となり，天に昇りゆくことによって永遠の福音は完成する。

心身論と三分法　彼の心身論と三分法とをその著作『原理論』にもとづいて考察してみよう。彼はギリシア的な伝統にしたがって魂を自らを動かす能力と考える。それは人間のみならず，動物にも植物にも，物体の中にも，たとえば火の中にも存在する。したがって魂は生命原理としての実体である。だが人間だけが「理性的で感覚的で動く実体」(substantia ratio-nabiliter sensibilis et mobils) であると定義される。魂はあらゆる存在において活動し，身体の内に住まっている運動である*61。魂は生命原理としては，その実体が「血」であると言われる。蜜蜂や蟻のように血をもっていないものは異なった液体に満たされている生命実体である。その本質上魂は繊細で軽く動きやすいが，人間は理性的であっても，同じく創造された天使の純粋な精神よりも重苦しく，身体や物体に傾きやすい*62。魂の実体は非形態的であって，身体と同じではないが，身体を所有している。魂はそれ自体非身体的であっても，地上に生存するために一つの身体を必要とする*63。

次に魂の内部における区分についてルカ福音書12章の不忠実な管理人が受ける罰に触れながら，魂が神の霊と一つになる点と本性的に神の像であることが力説された*64。

---

60)　オリゲネス『諸原理について』3, 6, 1. さらに説明して次のように言われている。「すなわち像としての身分を与えられたことで初めから完全になることの可能性が人間に与えられているが，人間は終わりの時になって初めて，わざを遂行することによって，完全な似姿を自ら仕上げるべきである」と。

61)　オリゲネス前掲訳書2, 8, 1-2；2, 8, 5.

62)　オリゲネス前掲訳書1, 8, 4.

63)　オリゲネス前掲訳書1, 7, 1；4, 3, 15. Contra Celsum, 7, 32：II, 182, 31f. 精神と魂とが身体でないということをオリゲネスは記憶や純粋に精神的な対象の認識で明らかにしている（オリゲネス前掲訳書1, 1, 7）。

64)　「このことも魂から霊を引き離された人々の受ける罰である。(1)この霊が，神的本性をもつ霊すなわち聖霊であると理解されねばならないとすれば，このことは聖霊が賜物と

こうして霊は①神の本性としての霊（＝聖霊）という意味と，②魂のよりすぐれた部分である魂自身の本質，神の像や似姿として造られたあり方と考えられている。それゆえ人間の霊は魂の本質であって，神の霊と一つになることができる。このように霊は創造において神の像にもとづいて完全な純粋さを保っていたが，それは意志の自由によって転倒し，身体的な物質に向かい，全く他の本質に結びついた。魂は神との一致に向かうとき霊となり，身体や物質に向かうとき生命原理として働く。したがって「霊」（精神）は魂のより高い部分ではなくて，魂自身が神に向かうあり方であって，これとともに活動するのが「精神」である。それに対し身体や物質に向かう魂のあり方がギリシア語でプシュケーと呼ばれる。それは魂が神的で優れた状態から冷えてしまったときの認識力である。したがってプシュケーとしての魂は実在の低い現象形態に関わる[*65]。魂の低い力はかつて純粋な霊（精神）であったものが不純となり，言葉の厳密な意味で魂となったのであるから，魂が霊と区別されるのは，非本来的な意味において用いられる。こうして精神は知的な成長によって進歩し，神と合一する霊の純粋な存在に向かうことになる[*66]。

　しかし魂は身体にあるかぎり，もろもろの霊の働きを受ける。なかでも悪霊が魂を占有すると，「悪魔付き」のような狂人となるが，善い霊によって鼓舞されると神に向かうようになる。この霊は身体を生かす「有形な霊」（spiritus materialis）である[*67]。それに対しヘゲモニコンと呼ばれる高次の魂は心のなかに住んでいて，身体を支配する。この優れた部分が身体の場を占めるようになる。しかし霊と理性が聖書で並列して語られるように（Ⅰコリ14・15参照），理性は魂よりも霊にいっそう近くにある。とはいえ一般にはこの「霊」（spiritus, pneuma）のほうが理性よりも高い魂の

して与えられることについて〔述べたもの〕と考えるべきである。……魂は霊によって〈主と結びつき，一つの霊となる〉（Ⅰコリ6・17）はずであったが，今やこの霊から分けられ，引き離される。(2)しかしながら，もし〈二つに引き裂かれる〉云々という言葉が神の霊に関するものではなく，魂そのものの本性に関するものであれば，魂のすぐれた部分は神の像，似姿にしたがって造られたものと考えられねばならないが，他の部分は初めの清い状態の本性に背く自由意志の堕落によって，後に得たものと考えるべきであって，物質を好む者として当然罰せられる」（オリゲネス前掲訳書，116-17頁）。

65) オリゲネス前掲訳書2, 8, 3.
66) オリゲネス前掲訳書2, 11, 7. 終わりの部分。
67) オリゲネス前掲訳書3, 4, 2.

機能である*68。

魂の先在説　オリゲネスは魂の起源についてクレメンスに従いながら魂が身体に入ったのは天使たちに委ねられているというが，高次の魂の起源についてクレメンスが何も述べていないのに対し，オリゲネスはプラトンの霊魂論に近づき，クレメンスが否定した魂の先在とこの世への転落について明瞭に語った。「もし人間の魂が身体的なものとともに造られたのでなくて，本来外から挿入されたものであることが明らかであるなら，ましてや天上的と規定されているものの生命はそうである」*69。クレメンスがある程度魂の先在を受け入れたとき，オリゲネスは魂がいまだ罪を犯さなかった理想の状態でそのように考えていた。もちろん厳密に言うなら，彼は魂の先在ではなく，むしろ単に精神の先在について語っているにすぎない。というのは魂はかつて精神的な存在にほかならなかったからである。万物の創造者が外的な原因なしに純粋に自ら「初めに造った」のは，非物質的な理念的な存在であった。それらの存在は神の愛と思惟のうちに成立した。とはいえ，このような存在は自由意志が悪に傾くことによって破壊され，そこから転落した精神は神に罰せられて身体に拘束されたのであるが，そこから天使たちや人間の魂も根源の状態に回復されることが可能となった*70。

オリゲネスの霊性　彼は聖書の講解，とくに『雅歌注解』の中で霊の観想についての考察を進めており，キリストの受肉による来臨によって，これに呼応する魂が神への上昇をもたらし，神の直視への過程において霊性の働きを説くにいたった*71。それは霊的な経験であって，しばしば神秘的な用語で表現された。そこで語られたのは霊感と照明とによる「突然の覚醒」である。彼は聖書の寓意的解釈をとおしてその「霊的・神学的」意味を捉えようとした*72。

---

68)　オリゲネス前掲訳書2, 8, 2.; 3, 4, 2.;『ヨハネ福音書注解』32, 18, 218.
69)　オリゲネス『諸原理について』1, 7, 4;『ヨハネ福音書注解』13, 50, 327.
70)　オリゲネス『諸原理について』2, 9, 1-6; 1, 6, 2; 1, 4, 1 : 1, 6, 2f.
71)　ダニエルーによると雅歌の注解をしたのはオリゲネスが最初ではなく，ローマのヒッポリトゥスがいたが，魂と御言との合一を説いたのはオリゲネスが初めてである（J. Daniélou, Origen, p.304）。

まず，注意を惹くのは見えないものに対する純粋な霊的な憧憬であり，それは内なる人の霊的な愛から生まれる。この内なる人は外なる人が五官をもっているように五つの霊的感覚をもつと言われる*73。この霊的感覚を覚醒するために魂の眼に光をもたらすのは御言であって，恩恵によって霊的感覚の中に御言が注ぎこまれると，覚醒され，それに応じて身体的感覚が弱まる。この霊的感覚は，本来精神（ヌース）に属し，その堕落形態である魂（プシュケー）には属さない。ラーナーによると霊的感覚は，「神学を霊的な生活の最高段階として捉えるという教説を心理学的に表現したもの」と言われるように，人間に善悪の識別能力を授けるばかりか，ある種の微妙な霊的感受性（「第六感」ないし内的感覚）を意味する*74。それは霊的な感応作用であって，次のような視覚・嗅覚・触覚として述べられる。

　「そしてまた，善悪を見分ける感覚を持っている訓練された人々について述べている使徒パウロの言葉に沿って考えてみれば，恐らく，魂のもつ一つ一つの感覚のために，キリストはそれらの感覚に対応するものとなられるでしょう。このためでしょう，事実，キリストは真の光と呼ばれます。魂の目が，照らされる光を必要としているからです。キリストはみことばとも呼ばれます。耳が聞くべき言葉を必要としているからです。また，キリストは生命のパンとも呼ばれます。魂の味覚が味わうパンを必要としているからです。ですから，同じ様に，ここでキリストは香油とかナルドと呼ばれています。魂の嗅覚がロゴスの芳しい香りを必要としているからです。またこのためでしょう，キリストを触れ得る，手でさわることができるとかロゴスは肉体

　72）　オリゲネスの神秘的霊性に関してはラウス『キリスト教神秘思想の源流』水落健治訳，教文館，101-34頁参照。

　73）　カール・ラーナーは，霊的五感の説がオリゲネスに始まることを論じ，霊的五感の説に対する聖書的根拠を，箴言2章5節の「あなたは……神を感覚することができるようになる」という箇所と，ヘブル人への手紙5章14節の「善悪を見わける感覚を実際に働かせて訓練された成人」に言及した箇所とに見出し，この善悪の識別が身体的感覚によっては不可能であると言う（ラウス前掲訳書122頁参照）。

　74）　バルタザールは霊的感覚について次のように言う。「無限の微妙さと精緻さにまで発育・進歩させることが可能な能力であり，個々の状況において何が神の意志であるのかを正確に魂に伝える所にまで進歩させることが可能なものである」（ラウス前掲訳書124頁からの引用）と。

となったと述べられています。内なる魂の手が生命のロゴスに触れることができるためです。とはいえ、これらはすべて同じ一つの神のロゴスです。神のロゴスは、祈りの情によって摂取され、魂の感覚のどれか一つでも、ご自分の恵みを受けずに取り残されることのないようにされたのです」[75]。

このようにオリゲネスは魂の上昇過程を最高段階にまで導いたが、そのときには愛と並んで神の憐れみが強調された。これは魂が自分の力ではそこに到達できないからである。神の直視はプラトンが『饗宴』のなかで説いたように、この上昇過程のさなかに「突如として」現われるが、オリゲネスはプラトンの説を修正して御言の受肉という神の憐れみによって初めて可能となることを強調した。したがって神は受肉において人間が御言と出会うように導いている。この出会いは人格的な出会いであって、プラトンのイデアの直観とは本質的に異質であり、そこには人格的に変容された霊性の作用が認められる。

このようなオリゲネスの優れた学説も当時はその正統性について疑問視され、魂の先在説・キリストの父への従属説・万物の救い・身体観などが異端とみなされた。しかし、彼が霊・魂・身体というキリスト教の人間学的三分法を確立した功績は高く評価されなければならない。たしかに彼をとおしてキリスト教のギリシア化はいっそう徹底されたとしても、イエスがキリストであるという宣教の実質は守りぬかれており、こういう形でヘレニズム世界にキリスト教は積極的に語りかけていたのである。

6 カッパドキア神学者たちの心身論

わたしたちが先に指摘したオリゲネスの思想が後代の神学者たちに及ぼした影響は甚大であって、たとえばニュッサのグレゴリオス（Gregorios〈Nyssa〉330頃-395頃）、ナティアンスのグレゴリオス（Gregorios〈Nagianzos〉330頃-389頃）などのカッパドキアの神学者の心身論にそれが現われている。この点を心身論にかぎって指摘しておきたい。

---

75) オリゲネス『雅歌注解』第2巻9, 小高毅訳, 創文社, 167頁以下。

ニュッサのグレゴリオスにおける人間学　彼は二重創造説によって物体的で変わりやい人間が，どのようにして永遠的で霊的な不動の神の像になりうるのかを解明しようとした。彼はフィロンが前に提案したことのある二重創造説を採用する。つまり第一の創造は人間という類の創造，あるいは人間の種それ自体の創造である。この第一の創造から生じるのは，始源的人間，天上の人間，あるいは類としての人間である。そこには性別がなく，霊魂と身体をもっていても，身体は復活のあとで人々が所有するような霊の体である。次に，第二の創造は原罪を明らかにし，将来の繁殖を保証するためのものである。それは地上の特定の個人（アダム）の創造である。神は，その後，アダムから最初の女性（エバ）を生み出す。グレゴリオスは通常は聖書の象徴的な解釈を行っているのに，ここでは自説を基礎づけるために聖書の本文の字義的な解釈をなしている[76]。

彼によると人間は叡知的世界と感覚的世界とを媒介するように召されており，先に述べた人間の未成熟性と合成的性格が両世界を媒介して，より高い目的の実現に向かわせている。ここに小宇宙としての性格が観想の課題と結びついている。彼は人間の創造という出来事を，宇宙的な枠組みのなかに入れて考える。つまり，世界は，王を待ち望む王国，主人の帰宅を待つ邸宅，あるいは，すばらしい準備がととのって，主人が出てくるのを待っている宴会場のようなものである。そこで人間は，『創世記』の物語にあるように，神の最も完成された被造物として出現してくる。人間は，地上界の万物のあとで創造された被造物であり，万物の直接の目的である。したがって人間は創造の王者であり，すべての被造物にまさり，あらゆる完全性を併せもつものである。自然は存在しているものの集まりから成るが，それらの存在者は，完全性の度合いに従って配列されている。全く質料的な存在者から，植物，動物へと上昇し，最後は人間にいたる。人間は，生命の最高段階としての理性的生命を有する。つまり，自然は，低次の存在者から完全な存在者にいたるまで，存在の層をなしてみごとな配置を示している。そのために，モーセは無生物を最低段階に置き，その上に植物

76）　ニュッサのグレゴリオスの『人間創造論』については金子晴勇『ヨーロッパの人間像』55-56；62頁参照。また心身論について詳しくは John P. Cavarnos, The Relation of Body and Soul in the Thought of Gregory of Nyssa, in : H. Doerrie hrsg., Gregor von Nyssa und die Philosophie, 1976, p.61ff. 参照。

と動物を置き，最後に人間を置いた。なお，人間に知性を与えられることによって自然は完成された[77]。

　神は土の要素と神的な要素とを混合させて，二重の起源から人間を創造した。これはこの二性を通じて二つの恵みを享受できるためであった。こうして人間は恵みを受けるための同質的かつ本性的能力が授けられた。それは人間が，より神的な本性によって神を，土と同質の感覚によって大地に属する善きものを享受するためなのである[78]。ここに彼の人間学が基礎づけられている。したがって人間は，物質と精神を結ぶ橋であり，質料的存在者と霊的存在者を結ぶ輪のようなものであって，感覚界と叡智界の合流点なのである。人間はそのうちに質料的世界のあらゆる完全性を含む小宇宙であり，栄養的・感覚的・知性的な三つの王国の総合である。これはパウロが「霊・魂・体」と述べた三分法でもって言い表そうとしたことである[79]。

　『雅歌講話』における霊性　グレゴリオスは，オリゲネスにより多くの影響を受けていたが，彼自身も『雅歌講話』に着手し，先に考察したオリゲネスの霊性をさらに深めている。オリゲネスが霊性を魂の霊的感覚において把握したのに対し，グレゴリオスは「偉大なるモーセに対する神の顕現は，光とともに始まり，神は雲をとおして語りかけたが，その後彼が高められ完成に至ると，彼は闇の中に神を見た」とあるように，「光」・「雲」・「闇」という三段階をとおして霊的な経験が深化していく過程を解明した[80]。そこには永遠者の現存の感覚が次のように語られた。

　「ところで今や花嫁は神的な夜に取り囲まれている。そこでは花婿は

---

77) 「造物主はそれらをもすべて豊かに，いわば王の宝物庫にしまうかのように大地の懐に秘めた後，人間をこの世に現した。これは人間が，世界のさまざまな驚異について，観察者また支配者となるようにとの考えからである。つまりそういった富の享受により，与え主について理解するとともに，目に見えるものの美しさと偉大さとによって，表現しがたく言語を超越した造物主の力の跡を辿ることができるようにするためなのである」（ニュッサのグレゴリウス『人間の創造について』秋山学訳『中世思想原典集成2』平凡社，493頁）。

78) ニュッサのグレゴリウス前掲訳書，491-92頁。

79) けれどもグレゴリオスにとっては人間を感覚界の縮図と考えるよりも，むしろ神の像と考えるほうが，好ましかった。したがって彼は人間を小宇宙と呼ぶよりも，むしろ，「小さな神」と呼びたかったであろう。

80) グレゴリオス『雅歌講話』第11巻，大森正樹他訳，新生社，263頁。

近くまで来ているが、姿は現さない。というのも、どうして見えないものが夜に姿を現すであろうか。花婿は霊魂に対して自分の現存（パルウシア）を気づかせてはいるが、その不可視な本性によって隠されているので、明白に理解されていることはない。それでは、その夜に霊魂に起る奥義の伝授とは何か。……真理はわれわれの本性の外に立っている。……あなたは真理に近づいて、闇を一切の壁で隔てられないほど、まさしくその近い人に成らなければならない」[*81]。

　グレゴリオスはこの著作になかで魂のうちに御言が内住するための場所をさまざまな仕方で述べている。たとえば「心」（カルディア）、「魂を導く部分」（ヘゲモニコン）、「良心」（シュンエイデーシス）、「精神の深み」（batheia dianoias）が用いられた。彼は魂のもっとも内側の部分を表現するのに適切な用語を捜しており、後に詳述するようなタウラーの神秘主義的な術語「魂の根底」（Seelengrund）に当たる場所的な表現を求めた[*82]。さらに彼は霊性の機能についても模索し、「人間の本性が二つの本性にまたがり、一つは非物体的で知性的であり、他方は物体的で非理性的である」とみなし、さらに推論する機能をもつ理性は神を捉えることができないが、「心」は驚嘆と興奮をもって御言の現存を感得するという[*83]。こうして彼はオリゲネスに見られるプラトン主義的な主知主義の残滓を払拭しており、「人間は心によって神に応答する」と語る聖書の用語を用いることによって理性の光によっては達しがたい場所で神を認識しようとする。それは無知の暗闇のなかで神を感知しようとする霊性の感得作用であって、霊性こそ感覚と理性を超越しながら神の現存を捉える。ここには伝統的な感性・理性・霊性の人間学的な三分法が認められ、それがグレゴリオスの根本思想である「エペクタシス」（前に身を乗り出すこと）という教説を基礎づけているといえよう。こうして神に向かう上昇過程は霊性に到達する時点で逆転して、魂が次第に暗闇の深淵に入っていく忘我をともないながら「神のうちに引き込まれていく」神秘的経験となる[*84]。

　81）　グレゴリオス前掲訳書，264-65頁。
　82）　本書第Ⅱ部，第5章2節参照。
　83）　グレゴリオス前掲訳書，270-71頁。
　84）　この忘我状態について語るときのグレゴリオスの言葉は、大抵の場合比喩的である。つまり、グレゴリオスの語る意味は「魂は絶えず自己の外に引き出されるが、それは魂が絶えず一層深い神の知を慕い求め続けるという意味においてにほかならない」ということ

ナティアンスのグレゴリオス　この神学者も人間を身体と魂とを混合されたものと考え，この混合のゆえに同時に霊と肉であって，人間には地上における支配が委ねられていると説いた。人間が魂と身体の二者から構成されていることは特別な特権とみなされ，両者の中間におかれているがゆえに，両者の闘争を内に含み，弱いにしても尊大ともなりうる。このようにして教父たちは心身のプラトン主義的な分離を説く人間観を退け，聖書的な総合を説く人間観に立って独自の人間学を形成していった。

宇宙論と心身論　心身の二元論が人間のダイナミックな構造を導き出していたのと同じように，教父の人間学は人間を宇宙に対して小宇宙とみなす点からも意味をもっている。ここから世界と人間とを「大宇宙」（macrocosm）と「小宇宙」（microcosm）との関連で考える宇宙論的な理解が「神の像」の理解にとっても重要な意味をもち，宇宙における人間の地位を明確にしている[85]。こうした宇宙論的な理解はその淵源をギリシア思想にもっている。とくにストア哲学においては神が両宇宙に内在していると説かれており，そこから「神が世界に対する関係は，魂が人間に対する関係である」と説かれた。教父たちはこれに新しい要素を加え，世界を大宇宙，人間を小宇宙と考えただけでなく，人間の小宇宙的な性格を神との関係に，つまり人間が神の像であることに求めた。これにはフィロンの影響が認められる。彼は人間が神の像にしたがって造られたことと土の塵で形成されたことの間に厳密な区別を設けた。ここから人間と世界との類比は二重の視点から見られ，ロゴスと人間の精神（ヌース）との間の類比と物質界と人間の身体との間の類比となっている。この二重性を用いて人間の状態と課題とが積極的に考察された。

　たとえば同じカッパドキアの神学者に属するバシレイオス（Basileios 330頃-370）は人間が自己自身に注目することによって小宇宙におけるように神の知恵を把握することができるという。人間のなかにはさまざまな要素間の相互作用があり，それを宇宙の秩序に対する類比とみなすことができる。両者において神の創造的な知恵が反映している。

なのである（ラウス前掲訳書，163頁）。

85) G. P. Conger, Theories of Macrocosm and Microcosm in the History of Philosophy, 1967, p.31-33を参照。

第5章

アウグスティヌスの心身論

「わたしは自分を自分自身に向けて，自分に〈おまえはいったい何者なのだ〉と尋ねると，わたしはこれに答えて〈人間である〉と言った。そしてどうです，わたしの内には身体と魂とがわたしのもとにあり，一方は外側に，他方は内側にある」[*1]。このようにアウグスティヌスが自問自答する思索のなかに彼の心身論が展開する。人間は身体と魂とから構成されているというのは人間の自然本性にもとづく区分であって，哲学的人間学に属する。それに対しキリスト教は霊と肉の対立を人間の現実の状況として問題にする。霊による生活とは神の愛と信仰に生きる態度であり，肉による生活とは神に反逆しながら自己愛に生きる態度をいう。この霊と肉との区分は神学的人間学に属する[*2]。それゆえ，まず哲学的区分法について論じ，次に神学的区分法がどのように理解されているかを問題にしてみたい。

1 二分法と三分法

心身の二区分 最初期の『幸福な生活』のなかで人間とは何かとの問いに答えたとき，二分法がアウグスティヌスの著作ではじめて提示された。「わたしたちが魂（anima）と身体（corpus）から構成されているのは明白であると思われる」[*3]。また初期の手紙には「わたしたちは何から成り立

---

1) アウグスティヌス『告白』X, 6, 9.
2) 哲学的人間学の区分と神学的人間学の区分については本書の序論参照。
3) アウグスティヌス『幸福なる生活』2, 7.

っているのか。魂と身体からである」[*4]と語られている。この魂と身体は人間の「自然本性」(natura)であり,「実体」(substantia)である。この点を示して「人間のうちには,その実体,また自然本性に属するもので,身体と魂のほかには何も存在しない」と言われる[*5]。二分法のなかで身体と霊 (spiritus) の区分法をとるものもある。たとえば「人間は身体と霊から成り立っている」[*6]とある。また身体 (corpus) の代わりに肉 (caro) を用いる場合も多い。「わたしたちは人間のうちに肉と魂のほかには何ものも見いださない。人間の全体 (totus homo) とはすなわち霊と肉 (spiritus et caro) である」[*7]。このテキストでは魂と身体が霊と肉によって置き換えられており,霊と肉の区分も自然本性上の区分に入れられている。このような概念上の不統一のゆえに,人間学的区分を用語にもとづいて意味を決定することは不可能であり,あくまでも語られた文脈と内容からその意味が決定されなければならない。

　三分法　魂と身体の二分法と並んで霊・魂・身体の三分法も用いられた。この区分法はⅠテサロニケ5・23に由来する。パウロの人間学ではこの箇所は重要な意義をもっていないとみなされているが,ユスティノス,エイレナイオスさらに前章で考察されたアレキサンドリア学派のクレメンスとオリゲネスによって用いられ,人間学的区分法の伝統を形成した。アウグスティヌスにおける例を一つだけあげると「人間の自然本性の全体は,確かに,霊・魂・身体である」(natura certe tota hominis est spiritus, anima et corpus.) と明瞭に述べられている[*8]。

　そこで二分法と三分法との区別の問題は「霊」(spiritus) と「魂」(anima) との二概念の関連にあると考えられる。『魂の本性と起源』は二つの区分法について次のように論じている。

　「あなたは実際知らなかったのか。聖書に〈汝はわたしの霊からわたしの魂を解き放ちたもうた〉と語られているところにしたがって,魂

---

4)　アウグスティヌス『手紙』3.
5)　アウグスティヌス『説教』150, 4, 5.
6)　アウグスティヌス『説教』128, 7;『神の国』XIV, 4, 2.
7)　アウグスティヌス『詩編の講解』145, 5.
8)　アウグスティヌス『魂の本性と起源』IV, 3, 4. そのほか『信仰と信条』4, 8,『三位一体』XV, 7, 11,『魂の本性と起源』II, 2, 2; IV, 3, 4 などに三区分法が見られる。

と霊との二種類が存在しているのを。そしてこの両者とも人間の自然本性に属しているため，人間の全体は霊・魂・身体から成るということを。しかし，それら二つのものはしばしば，例えば〈そして人間は生ける魂となった〉（創世2・7）とあるように，一緒にされて魂という名で呼ばれる。この箇所では確かに霊のことが考えられている。同様にしばしば〔霊と魂の〕両者は，〈そして彼は頭をたれて霊をゆだねた〉（ヨハネ19・30）と書かれているように，霊という名で呼ばれる。この箇所では魂もまた必然的に考えられている。すると両者は同一の実体であろうか。あなたはすでにこのことをご存知のこととわたしは思う」[*9]。

アウグスティヌスは霊と魂が同一実体に属することをこのように明らかに語って，二つの実体は認められないのだから，三分法は結局二分法に還元されると考えた。ただ「魂」(anima) は身体を生かす生命原理であるのに対し，「霊」は実体において魂と同じでも機能において相違する。この引用文では霊は自然本性として把握されていて，神の霊によって導かれるパウロ的プネウマの意味を含まない[*10]。自然本性としての「霊」は魂の理性的働きである。彼は魂と霊を区別して次のように言う。「しかし人間の霊は聖書において魂そのものの理性的能力 (ipsius animae potentia rationalis) と呼ばれ，この能力によって家畜と相違する」[*11]。だから「家畜は霊を所有していない，すなわち知性と理性もしくは知恵の感覚とを所有しないで，ただ魂をもつだけである」[*12]とも言われる。したがって霊は魂のうちにある理性的能力であって，『創世記逐語講解』では心の生産的能力として表象をつくりだす構想力であると説かれた[*13]。魂とその認識の諸能力の関係について一般的には次のように理解される。

「魂はその機能にしたがってさまざまな名称で呼ばれる。すなわち，生命活動を与える機能により〔固有な意味で〕魂 (anima) と呼ばれ，観照する機能により霊 (spiritus) と呼ばれ，感覚する機能により感覚

---

9) アウグスティヌス『魂の本性と起源』II, 2, 2.
10) 本書第3章第2節50-51頁を参照。
11) アウグスティヌス『マニ教を論駁する創世記注解』II, 8, 11. さらに『詩編の講解』145, 5；『信仰と信条』10, 23参照。
12) アウグスティヌス『魂の本性と起源』IV, 23, 37.
13) 本章第3節の「霊によ視像の認識」を参照。

(sensus) と，味わい洞察する機能により精神（animus）と，理解する機能により知性（mens）と，分析する機能により理性（ratio）と，想起する機能により記憶（memoria）と，同意する機能により意志（voluntas）と呼ばれる。しかし，これらのものは名称において相違しているようには実体においては相違しない。なぜなら，これらすべては一つの魂であって，その固有性において差異があるからである」*14。

魂は実体としては一つであっても，機能によって多様に呼ばれ，そのなかに霊も数えられている。なお用語上，「身体」（corpus）と「肉」（caro）とは区別なく用いられている。コルプスは身体と同時に物体をも言い表すために，身体の代わりに肉が用いられたように思われる。さらに神の言葉の受肉，つまり「言葉が肉と成った」と語るさいにヨハネ福音書が「肉」（caro）を用いるところからも来ている。しかし，この場合の「肉」は「人間そのもの，すなわち人間の自然本性」を指し，肉と魂からなる人間を意味する。「このように肉と呼ぶとき，部分によって全体が語られている」*15。それゆえ肉が単独で用いられているときは，魂と肉とからなる人間の自然本性が考えられているが，肉が霊と対決している場合とは内容において相違する。次にこの霊と肉とが対立する区分法について考えてみよう。そのさい内的人間と外的人間の区別が導きとなっている。

2 内的人間と外的人間の区別による霊と肉

本章の冒頭に引用した『告白』の文章には魂と身体の区別がわたしの内側にあるものと外側にあるものとして表現されていた。このわたしの内と外との区別から内的人間と外的人間が語られる。このような区分法の意義を検討してゆくと，アウグスティヌスの精神的発展にともなわれて霊と肉との神学的二分法の理解が拓かれてくる。

そこで初期の代表作『真の宗教』と中期の代表作『告白』さらに後期の大作『三位一体』から内的人間の理解の進展について要約的に触れてみな

---

14) アウグスティヌス『霊と魂』13.
15) アウグスティヌス『神の国』XIV, 2, 2.

ければならない。

『真の宗教』　ここでは内面への超越が強調されており、内的人間について次のように語られる。「外に出て行こうとするな、あなた自身の内へ帰れ。内的人間のうちにこそ真理は宿っている」[16]。ここに「外から内へ」の内面性の転換が超越の命法として提示され、さらにこの自己の内心への超越は内的人間のうちに宿る真理へ向かって脱自的に超越すべしという第二の命法へと向かう。そこで前文に続けてこう言われる。「そして、もしあなたの自然本性が可変的であるのを見いだすならば、あなた自身をも超越せよ。だが、あなたが超越する場合、理性的に推論する魂を超越するのだということを銘記せよ。それゆえ、理性の光そのものが燈されているところへ向かって前進せよ」と。このように内的人間は外から内へ、内から上へと二重の超越運動によって真理に適合するように命じられる。そして真理に合致するのは「場所的空間によるのではなく、精神の愛情（mentis affectus）によって生じる。こうして内的人間は自己のうちに宿っているものと、最低の肉的な快楽によってではなく、最高の霊的歓喜によって合致するにいたる」[17]。このように内的人間、つまり精神（魂）の愛は「霊的」（spiritualis）であるのに対し、外的人間の快楽は「肉的」（carnalis）であると規定された。

　しかし、アウグスティヌスは内面への超越を説くとき、外的人間から出発し内的人間にいたる道をも説いているため、二つの人間のあいだには発展的な連続性が認められる。外的人間は生来の古い地上的人間であり、自然に齢を重ねて幼年期から老年にまで進む。この外的人間も精神的な諸段階を経て、内的に更新した新しい人間となり、内的にして天上的人間にまで発展する。このような連続的発展において外から内への超越を考えているところに初期の人間学的区分法の特質がある。すなわち魂と身体の区分が内と外の区分で考えられ、自然本性的な構成から成り立っているのであって、「肉的」と「霊的」の区別もこの意味で語られる。

中期の作品『告白』　この作品では彼の回心体験が反省され、肉的人

16）アウグスティヌス『真の宗教』39, 72.
17）アウグスティヌス前掲書, ibid.

間の問題も心の苦悩に満ちた霊肉の葛藤として描かれる。そのさい『真の宗教』に見られた内面性は『告白』では「心」(cor) への帰還として語られ,「不安な心」が神のうちに平安を見いだす内面性の動態が詳しく叙述される[18]。とくに第8巻は回心直前における心の深刻な苦悩を語り,それをパウロのローマ書第7章後半の霊肉の分裂と同質のものとして捉える。

「わたしは,〈内的人間に従ってあなたの律法を喜ぼうとした〉が,そうすることはできなかった。〈わたしの肢体のうちには別の律法があって,わたしの心の律法と戦い,わたしを肢体のうちにある罪の法則のとりことした〉からである。この罪の法則というのは,習慣の強制であり,それによって,心は欲しなくとも,引きずられ,つかまえられるからである。心はみずから進んでその手中に陥ったのであるから,当然である。わたしはこのように悲惨であったが,だれがわたしをこの死の体から救うであろうか。それはわたしたちの主イエス・キリストによるあなたの恩恵ではなかろうか」[19]。

こうして魂と身体との自然本性上の対立とは異質な,人間の生き方で対立する二つの可能性が自覚されて来る。すなわち,肉欲の習慣という強制を意味する罪の法則に従うか,それとも「わたしが呼びかけられていたところへ飛躍する」かという分裂,つまり「このような相克がわたしの心のなかで全くわたし自身からわたし自身に敵対して起こった」[20]とあるように,人間の外と内との分裂ではなく,同一の内心において意志が二つに分裂していることが理解される[21]。しかも二つの意志は実体の意味で言われているのではない。もしそうならマニ教の二元論と同じになってしまう。そうではなくて霊と肉との二つの生の可能性をいうのであって,内的な人間に従うか,それとも外的な人間に従うかという対立関係,つまり内

---

18) 金子晴勇『アウグスティヌスとその時代』知泉書館,第5章「不安な心の軌跡と思想形成」117-39頁参照。

19) アウグスティヌス『告白』VIII, 5, 12. 内的人間はここでは単なる精神としての魂ではなく,神の律法に従う心を意味し,これが五体の律法と対立し,新しい心と古い習慣の強制とによって内心に分裂が生じ,自己が自己に対して敵対している様子が示されている。

20) 前掲書VIII, 11, 26f.

21) アウグスティヌスはこの分裂状態を「魂の病気」とみなし次のように言う。「魂は真理によって起こされながら,習慣によって抑えられて,全体として立ちあがることができない。それゆえ,二つの意志が存在するのは,そのうちいずれも完全なのでなく,一方の意志に欠けているものが,他方の意志に備わっているからである」(前掲書VIII, 9, 21)。

的人間に従って生きて救済に到達するか，それとも外的人間に従って破滅にいたるかの選択の前に人は立たされる。

　しかし第7巻の神秘的体験を述べたところで神の直観にとどまりえないのは，神への飛翔をさまたげる「わたしの重み」であるとみなし，アウグスティヌスは次のように言う，「この重みというのは，肉の習慣である。……それは，〈朽ちる身体が魂を重くし，地上の住居が思い煩う心に重荷を負わせる〉（知恵の書9・15）からである」[*22]と。ここでは身体が精神の高揚をさまたげているかのように，旧約聖書外典の『知恵の書』の言葉が引用されている。もちろん「肉の習慣」は身体にかかわる肉的態度によって生じた頽落現象を意味し，自然本性の意味ではない。しかし，それでも「身体が重圧である」というプラトン主義の考えがいまだ残存し，身体を悪しきものとみなす考えが払拭されていない。だが，このことに関しては晩年の『神の国』において，いっそう明確な規定が与えられるようになった。すなわちアウグスティヌスは『知恵の書』のいう身体が，パウロのいう「わたしたちの外的人間は朽ちる」（Ⅱコリント4・16）を意味し，「わたしたちは朽ちる身体によって重くなっているが，その重くなった原因は身体の自然本性や実体にあるのではなく，それの腐朽にある。……魂のすべてのわざわいが身体からくると考える人は誤謬を犯している」と語り，「魂の重荷となる身体の腐朽は，最初に罪を犯した原因ではなく，むしろその罰である。朽ちる肉が魂を罪あるものとしたのではなく，かえって罪ある魂が肉を朽ちるものにしたのである」と結論するにいたった[*23]。

　『三位一体』　この作品の第12巻の冒頭でアウグスティヌスは内的人間と外的人間との境界について考察し，動物と共有するすべてを，つまり身体的生活とこれに関係する感覚的認識とその表象とを，外的人間に帰している。それに対し，内的人間である精神は霊的実体（substantia spiritu-

---

22）　前掲書Ⅶ, 17, 23.
23）　アウグスティヌス『神の国』XIV, 3, 1, XIV, 3, 2. ただ問題は中期の作『告白』において身体がいかに理解されているかということであり，とりわけ第8巻の霊・肉の葛藤の叙述においては実存的霊肉の理解にいたっているものの，第7巻では「朽ちる身体」を罪の結果とみていたか，自然本性として理解していたかどうかということである。いずれにせよこのよく引用される『知書』の言葉が自然本性的にではなく，神学的に明らかに規定されたのは『神の国』第14巻においてである。

alis）であり，これによって人間は霊的存在にまで敬虔によって高められねばならないと説いた[*24]。この内的人間は理性によって動物から区別されるが，理性は機能によって二つに分けられ，形態的事物に関わる低次の働きと永遠の真理に向かう高次の働きに分けられる。こうして得られた知識と知恵，行為と観照の区別が外的人間と内的人間の区別に対応していると彼は考えた[*25]。

だが，もし人が感性的事物を享受し，神的事物を自己愛の手段として使用するならば，内的人間と外的人間によって定められた人間の秩序は破壊され，内的人間は魂の感覚的所与と外的事物の支配下に転落し，自ら外的人間となる。この場合の外的人間となった内的人間は「肉的な人間」である。これこそアダムの堕罪の物語るところである[*26]。この原罪によって失われた肉的人間は神の霊の働きによって霊化されるとき，新しい霊的人間とされる。

アウグスティヌスは内的人間と外的人間の区別を魂と身体であらわす古代的人間学の枠内に立ちながら，それとは原理的に異質のキリスト教的な霊・肉の区別を次第に明確に説くようになった。とりわけ『神の国』における二つの国の対立は，神の愛に立つ霊的な国と自己愛に立つ肉的な国とからなり，その有様が霊・肉の壮大なドラマとして描かれた。そこに霊・肉の最も明確な区別が次のように述べられている。

「二つの相違し相反する国が起こった。一方は肉に従って生きる人々であり，他方は霊に従って生きる人々である。その意味で前者は人間に従って生きる人々と呼ばれ，後者は神に従って生きる人々と呼ばれる」[*27]。

---

24) アウグスティヌス『三位一体』XII, 1, 1.
25) アウグスティヌス前掲書XII, 3, 3-4, 4. ところで内的人間の知恵の内容は神への敬虔である。「最高の知恵は神であり，神の礼拝が人間の知恵である」（前掲書XIV, 2, 4)。この知恵にあずかる内的人間は神の前に立つ人であるのに対し，同じ人が外的人間として物体的世界につながっている。この世界でのすべての行為は知識によって理性的に導かれている。
26)「実際，もし外的人間がアダムであり，内的人間がキリストであるなら，両者ともよく理解される。だが，アダムが神により創造されたように善にとどまらないで，肉的なもの（carnalia）を愛することにより肉的に（carnalis）なったとき，創造の状態から堕落し，神の像と似姿を喪失している事実を愚かと思うことはできない」（アウグスティヌス『83の諸問題』q. 51, 1)。
27) アウグスティヌス『神の国』XIV, 4, 2.

この「肉に従って生きる」というのはエピクロス派の快楽主義を意味するのではなく、また「霊に従って生きる」というのは最高善を精神におくストア主義の生き方でもなく、聖書の主張によれば、いずれの学派も肉に従って生きるとみなされる。パウロはガラテヤ書第5章19-22節の悪徳のカタログの中に精神の悪徳をも数多くあげた。だから「異端の教えによって肉欲を抑え節制しているように見えても、肉欲を断った時でさえ、いとうべき肉のわざを行っていると宣告される」*28。これこそ自然本性による人間学的区分とは全く異質な神学的人間学の区分であって、精神と区別された霊を言い表している。

3　神秘的な霊性の理解

　これまで霊・魂・身体という三分法の意味について考察し、自然的精神と宗教的な霊の根本的相違を指摘した。次の問題はどのようにして自然的な精神が宗教的な霊にまで到達できるかということである。そのさいアウグスティヌスが新プラトン主義を通ってからキリスト教の救いに到達した歩みが重要となる。この歩みは彼の神秘主義や霊性にとって重要な意味をもっており、著作においても次第に神秘的な霊性が思想的に成熟するようになった。

　アウグスティヌスが神秘主義者であるか否かについて意見はさまざまであるが、彼が好んで用いた「神の観照」(contemplatio Dei)「神の直観」(visio Dei)「神の享受」(fruitio Dei) という言葉によって、通常の理性による認識を超える作用が表現されていることは確かである。西洋思想史においても神秘主義にはさまざまな形態が見られるが、アウグスティヌスに発しドイツ神秘主義に向かう中世キリスト教神秘主義の流れは、信仰の敬虔な生活から生まれ、キリストとの一体感のなかに生き続けて、ヨーロッパ的な霊性を育成してきた。しかし彼の思想においては、中世で説かれた神と魂との「神秘的合一」(unio mystica) が彼の霊的な経験のなかでは直接的には表明されず、むしろ神と人との現実的な異質性が強調され、この

---

28)　アウグスティヌス前掲書同頁。

断絶を克服する「道」がキリストにおいて求められた[*29]。こうして「神の観照」は将来の究極目標にされ，現在は愛を潔め，意志を強化する恩恵の下での生活が説かれた。ここからキリストとの愛の交わりに加わることが力説された。たとえば『ヨハネ福音書講解』で次のように彼は語っている。「キリストを信じるとは何か。それは信じながら愛し，信じながら敬愛し，信じながら主キリストのうちに入り，そのからだに合体されることである」[*30]。このからだというのは神秘的なからだとしての教会を指しているとも考えられるが，ここにキリストと信徒の魂との関係およびキリストと教会との関係が信仰による神秘的合一として捉えられ，「人なるキリストから神なるキリストへ」と向かう超越が説かれた。こうして「この人なるキリストから神なるキリストへというアウグスティヌスの命題は，高く聳える灯台のごとく全世紀にわたるキリスト神秘主義に目的への正しい道を示している」（グラープマン）[*31]。このように神秘的合一は間接的にのみ語られている。

ここではアウグスティヌスの神秘的な霊性が神の観照や神秘的合一にいたる道程として説かれている魂の七段階説と三段階的図式にもとづいて考察してみたい。

魂の七段階説　アウグスティヌスは初期の『魂の偉大』（De quantitate animae, AD.388）において神の観照に向かう七段階を①生命現象，②感覚，③学術，④徳，⑤静寂，⑥接近，⑦観照に分けて詳細に論じた。この歩みのなかで最高段階をみると，それが知性的認識の頂点を語っていても，全体が自然本性の高まりにすぎないことが知られる。最高の第七段階は次に語られている真理を直視する「観照」（contemplatio）である。

29）　彼自身の神秘的経験は『告白』第7巻でプロティノスの書物を読んだときの出来事として叙述されている。そこには次の二つの注目すべき点が認められる。①神秘的脱自の決定的瞬間においても自己省察が続けられ，覚醒した意識の下で思惟が火急的になり，認識が愛と同化している。②神の認識が一瞬のことであり，それに長く耐えられないことから人間存在の有限性とそこから生じうる罪が自覚されている。したがって神と魂との「神秘的合一」ということはこの経験のなかに入ってこない。むしろ神と人との異質性が認識され，この断絶を克服する「道」が神の言葉であるキリストにおいて示される。こうして「神の観想」は将来の究極目標にされ，現在は愛を潔め，意志を強化する恩恵の下での生活が説かれた。

30）　アウグスティヌス『ヨハネ福音書講解』XXIX, 6.

31）　M. Grabmann, Augustins Lehre von Glauben und Wissen und ihr Einfluss, S.90f.

「ついにわたしたちは，真理を見ること，観照のなかに入る。それは魂の第七段階で，最高の段階である。否，すでに段階〔と言われるべき〕ではなく，むしろ，これまでの段階を経て到達される住家なのである。それがいかに喜悦に満ちたものであり，それがいかに最高にして真の善の享受であるか，いかにその晴朗と永遠の霊気が吹いていることか，わたしはどのように言ったらよいのか〔表現を知らない〕」[32]。

ここで語られている七つの段階は人間の魂が真理に向かって超越していく認識のプロセスである[33]。ここには知的な救済を志向するプラトン主義的な傾向が示されており，それは人間の精神的な発展を述べたものにすぎない。

同じ初期の著作のなかで霊的な発展の七段階は『マニ教を反駁して創世記を論じる』(388-390) でも示されている。ここでは七段階が比喩的に解釈されている。同じころに『真の宗教』(389-390) が書かれ，認識における七つの段階が指摘された。その最終段階では宗教とは神との結合である。このことは次のように説明された。「彼らの援助によって唯一の神に向かって探求し，わたしたちの魂を唯一者に結びつけて……ここから宗教と言われたと考えられる……わたしたちはあらゆる迷信から遠ざかる」と[34]。しかし理性の認識作用において，神に向かって上昇する歩みの目的が段階的に把握されており，形態的なものから非形態的なものへと方向づけられた初期の哲学の姿勢が維持されている。さらに『主の山上のことば』と『キリスト教の教え』にも段階的な発展が心理的な要素を加えながら語られているが，それでも初期の著作においてはプラトン主義の認識論が支配的であって，神に向かう段階の理性的な説明が主たる内容となっている。終わりの二著作に示されているように，魂の心理学的分析にとどまらず，そこから離れて心情的な愛の運動を正しく導く意図をもって神にいたる道行が段階的に説かれた。この時期に彼は司祭から司教となっており，聖書の研究に専心努めていることによって思想的な傾向の変化が知られる。

---

32) アウグスティヌス『魂の偉大』33, 76.
33) この七段階説からアウグスティヌスの人間学を論じた論文には次のものがある。Vernon J. Burke, Augustine of Hippo : The Approach of the Soul to God, in : The Spirituality of Western Christendom, ed. by E. Roanne Elder, 1976, p.1-12.
34) アウグスティヌス『真の宗教』55, 111.

霊的な超越と三段階の図式　　中期の代表作『告白』から『三位一体』で叙述されている神秘的霊性の発展段階に目を向けてみたい。そこではもはや七段階が採用されず、いっそう簡潔な構成が与えられ、上昇的な超越の歩みは次の述べるような三段階的な図式をなすようになった。この階梯は彼自身が『告白』第7巻でプロティノスの書物を読んだときの出来事として見事に叙述されている。はじめに①内面への転向が述べられ、次に②「魂の目」によって自己を超えたところに不変の光を見る体験が語られている。さらに③不変の光の照射をうけ、突き放されるという経験が示される。ここには『真の宗教』で述べられていた三段階の図式が説かれている。しかし認識が瞬間の出来事であって、永く続かないことによって有限性を自覚したがゆえに、神と魂との「神秘的合一」ということはこの経験のなかに入ってこない。とはいえ「魂の目」による光の認識の挫折は、神の側からの声を啓示として聴く「心の耳」に向かわせる。ここにキリスト教に独自な霊的な経験が入ってくる。このことは回心後のオスティアにおける神秘的体験の記録では神秘的な「拉致」(raptus)体験として「ただこの一つの直観に見る者の心が奪われ（rapiat）、吸い込まれて、深い内的歓喜に引き入れられる」と叙述されている[*35]。

　ここに神秘的体験の核心をなす神秘的「拉致」体験の事実が示されているが、ここで注目しなければならないのは、ミラノの経験のように一瞬の直観によって神から突き放されないで、その至福な状態に留まるにはどうすればよいかということが示されている点である。そのためにはこのテキストが語っているように思惟による知的直観が神自身の啓示の声に聞くことによって支えられなければならない。つまり神の声を聞く「心の耳」の受容作用なしには「拉致」は実現しないといわざるをえない。見るという直観の作用は、なお、依然として、対象との間に主客の距離と分裂を前提する。視覚が一般に遠隔感覚であると言われるのに対し、聴覚は近接感覚である。それゆえ啓示の声を聞く作用は、元来、直接感受されるため、受動的であるのみならず、語られた言葉が、直接、心の肉碑に刻み込まれる。そのため聴覚は断固たる態度をもって生の方向転換たる回心を引き起こすといえよう[*36]。

35）アウグスティヌス『告白』IX, 10, 25.
36）この点に関しては金子晴勇『アウグスティヌスの人間学』280-83頁参照。なお、

霊による視像（ビジョン）の認識　アウグスティヌスは『創世記逐語講解』の最終巻でパウロの神による神秘的な「拉致」体験を霊的な経験として解釈しようとした。そこでは「あなたの隣人を自分のごとく愛しなさい」（マタイ22・39）という戒めを事例として取り上げ，それとの関連で三種類のビジョンについて語っている[37]。ここでは身体的感覚による視像と霊による視像に加えて，第三の愛による視像が区別される。そのさい「霊」（spiritus）という用語はキリスト教的な霊性の意味からはかけ離れており，像を形成したり再生したりする構想力として考えられている。このことはヘーゲルが宗教の立場を絶対知にいたる前段階としての表象知と規定したのに似ている。これに対して第三の愛の作用には最高の視像が求められ，それは「精神の直視によって」（per contuitum mentis）実現される。そのとき人は何らの模像をもつことなく霊的に愛の意味を捉える。アウグスティヌスによるとこれが模像を伴わない直観知（intelligentia）である。

霊的な新生　晩年のアウグスティヌスは人間が霊的に誕生しなければならないことを強調し，『神の国』の最終巻ではこの「霊的な誕生」を次のように語っている。「使徒は，人間が敬虔と義に従ってかたち造られる霊的誕生（institutio spiritualis）を，このような肉的誕生になぞらえて述べている。〈たいせつなのは植える者でもなく，水を注ぐ者でもなくて，成長を与える神である〉（Ⅰコリント3・7）と」[38]。このような魂の新生こそキリスト教人間学の核心をなすものであって，人間の自然本性の改造をもたらす。アウグスティヌスはこの観点にもとづいて再度七つの段階説を説いている[39]。しかし彼が強調したのは，真理の認識と善への愛とへ段

「聞く」作用の意義については U. Duchrow, Sprachverständnis und biblisches Hören bei Augustin, 1965, S.73-89を参照。

[37]　アウグスティヌス『創世記逐語講解』XII, 6, 15. 三つの種類のビジョン（視像）というのは①眼をとおしたビジョンで，これによって文字そのものが読まれる。②人間の霊をとおしたビジョンで，不在の隣人であっても想起される。③精神の直視によるビジョンで，これによって愛そのものが理解され洞察されるのである（ローマ1・20）。これら三つのもののうち，第一と第二は日常経験で明らかであるが，「これに対して愛が理解され洞察される第三のものの場合，ものそのものでない，ものに類似した模像といった類のものをいっさい持たないある類のものを含んでいる」と語られている。

[38]　アウグスティヌス『神の国』XXII, 24, 2.

[39]　アウグスティヌス前掲書 XXII, 24, 3.「こうして神は，①人間の魂（anima）に②精

第5章 アウグスティヌス学の心身論

階的に昇ることが知恵と諸徳を身に付けて，神の至高にして不変なる善を強く欲求することにもとづいている点である。これを可能にしてくれるのが「霊的な誕生」にほかならない。そのときの霊の状態を彼は次のように語っている。

「もはやどんな悪にも染まらず，これに支配されず，これに屈することなく，戦いがほまれとなる相手も失せて，まったき平和に達した徳のうちに完成するとき（pacatissima virutute perfectus），人間の霊はいかばかりのものとなろうか。神の知恵が最高の至福をともなってその源から汲まれるとき（Dei sapientia de ipso suo fonte potabitur, cum summs felicitate）誤謬もなく労苦もともなわない万有の知識は，いかほど大きく，いかほどうるわしく，いかほど確かなことであろうか。身体（corpus）があらゆる点で霊（spiritus）に従い，これに充分養われて他の栄養を少しも必要としないとき，その身体はいかほどすぐれているであろうか。それは肉の実体をもちながらも肉的な壊敗はまったくなく，魂的ではなくて霊的になるであろう（non animale, sed spiritale erit）」[40]。

これがアウグスティヌスの霊性の理解であって，彼は最晩年のペラギウス論争の諸著作でもペラギウスやユリアヌスが人間の本性に立った自然主義的な道徳哲学を主張したのに対決して，自然本性の「霊的な誕生」を説いてやまなかった。そこではキリスト教的な基盤に立った絶対的な恩恵が「活動的な恩恵」（gratia operans）や「先行的な恩恵」（gratia praeveniens）として説かれた[41]。

アウグスティヌスの「魂の七段階説」と「三段階の図式」は，中世に受け継がれて，神秘主義を説くための方法として積極的に採用された。しか

神（mens）を与えられた。精神を座とする理性と知性（ratio, intelligentia）とは，子どもにあってはまだ眠ったままで，いわばないに等しいのであるが，年齢が進んでくると目ざめ，大きくなって知識と教えとを受け取ることができるようになり，③真理の認識（perceptio veritatis）と④善への愛（amoris boni）をもつようになる。精神はその能力によって⑤知恵（sapientia）を吸収し，⑥諸徳（virtutes）をそなえ，……ただ⑦神の至高にして不変なる善のみを希求すること（desiderio boni summi atque inmutabilis）によってのみ，悪徳に打ち克つのである」。

40) アウグスティヌス『神の国』XXII, 24, 5.
41) この恩恵概念の発展については J. P. Burns, The Development of Augustine's Doctrine of Operative Grace, 1980 の研究を参照。

しアウグスティヌスにおいては神秘主義が説く「観照」と「合一」についてはいつも終末論的保留がなされ，希望の下に置かれた。したがってプロティノスの影響によって叙述された神秘主義よりもキリスト教的な霊性の確立のほうに彼の関心は向けられていたといえよう。

第Ⅱ部

中世における心身論の展開

はじめに

　中世というのは古代と近代との中間の時代をいう。したがって中世哲学は9世紀から15世紀の前半にわたる西洋哲学の総称であり，大部分は中世キリスト教会の聖堂や修道院の付属の学院また学僧たち（Scholastici）によって説かれた哲学であるため，スコラ哲学またはスコラ学ともいわれる。古代末期のアウグスティヌスはこの時期の思想家に決定的な影響を与えているため，広い意味で中世哲学に属している。この哲学には公会議によって決定された教会の正統的な教義に忠実な思想家と異端的な思想家とが分けられており，さらにはユダヤ哲学やアヴィケンナやアヴェロエスに代表されるアラビア哲学も含まれている。一般的には三つの時代に区分されている。①初期の9-12世紀の成立期には，エリウゲナ，アンセルムス，クレルヴォーのベルナール，アベラールなどが輩出し，②13世紀の全盛期にはボナヴェントゥラ，トマス・アクィナス，ロジャー・ベイコンなどが活躍した。③後期の14-15世紀前半にはドゥンス・スコトゥスやオッカムが，さらにエックハルトやタウラーのような神秘主義者たちが活躍した。

　古代末期から中世初期にかけては文明は瀕死の状態にあって，日々生き残ることのために最大の関心が寄せられた。そのさいに修道院が文化を保存し，将来の希望の源泉となったのも当然である。この時代にベネディクト修道会がアウグスティヌスの思想と人間学とを保って，中世に継承したのであった。しかし修道士は世俗世界から離れた修道院の外では人間の目標を完全には実現できるとは思われないと考える傾向をもっていた。同様に彼らが継承した人間学にともなわれていたプラトン主義的な要素も外界から引き離された内界の魂だけが尊いものであるがゆえに，魂こそ真実な神の像であって，人格の身体的な現実を正しく評価する妨げとなった。こうして修道院のエリート主義と古典的な心身の二元論が中世の伝統的なラテン的霊性の形成に多くの問題を残すことになった。

　ところで5世紀から12世紀にかけての人間学ではグレゴリウス大教皇とスコトゥス・エリウゲナが重要な貢献をしている。グレゴリウス（Gregorius I

在位590-604年）はローマ帝国の要職にあったが私財を投じて7つの修道院を建てた人であり，後に「大教皇」と呼ばれた。彼は崩れゆく古いローマ世界の伝統を守り，新しいキリスト教の前途に横たわる障害を取り除き，卓越せる行政的手腕を揮い，教皇に絶対権を与えることに成功した。こうして古代教会から中世教会への体制上の転換を図り，中世キリスト教社会の方向を定めた。彼の人間観はアウグスティヌスの伝統を受け継ぎながらも，罪による人間の悲惨と同時に神秘的な神の経験によって天上の生活をあこがれるように人々を導いた。彼は「神の観想によって人は自己の無価値を認識し，同時にその観想において内面的な静けさの味わいをすでに経験している」と主張した[1]。ここにある「内的な静けさ」というのは活動の成果であって，それは観想の恵みの先取りとして理解された[2]。

1　信仰と理性

ヨーロッパの中世ではカトリック教会の社会的な発展とともに教会と国家との提携もすすみ，中世の統一文化が形成された。それと相まって人間学も独自の発展をすることになった。この発展をわたしたちは心身論の発展過程として把握することができる。それは当然のことながら人間学的な三分法である霊・魂・身体の把握の仕方にもあらわれてくる。この過程のなかで哲学の受容も重要な契機となっており，最初は9世紀からプラトン主義の受容が優勢となり，13世紀ではアリストテレスの受容とともに思想において変化が生じた。しかし心の機能としての霊性と理性との関係に注目するならば，「理解するために信じる」（Credo, ut intellegam.）という命題に示される「信仰の知性」（intellectus fidei）という統合的思考が最初12世紀に優勢となり，やがて13世紀にはいると信仰と理性との区別に立った総合的思考が登場したのであるが，それも14世紀になると両者の区別から分離に進み，一方において理性が自律に向かうが，他方では霊性が成熟段階に入ったといえよう。

---

1)　『エゼキエル書講話』1・8・11.
2)　ルクレール『キリスト教神秘思想史2』「中世の霊性」平凡社，1997年，35頁。

中世統一文化の一般的特質　しかし中世の統一文化といっても初期の段階のスコラ神学の成立期においてはアウグスティヌスが『キリスト教の教え』において示した方法，つまり哲学を利用してキリスト教の優位のもとに両者の総合を図る仕方が踏襲されていた。ところが12世紀ルネサンスによってアラビヤを経由してアリストテレスが導入されると，13世紀の半ば以降神学から独立した哲学および哲学体系が生まれてきた。この点は法律と医学のみならず，哲学が独立した学部を形成してくる中世の大学にみられる教育組織にまず表面化した。このような状況のなかで初めて哲学と神学の区別を前提した統合という中世統一文化の偉大な体系的試みが生まれてきた。そのさい，わたしたちはまず教育過程に現われた時代の変化に注目すべきであろう。

教育課程における哲学と神学　古代から伝わる教育過程は七つの自由学科の体系であって，これはカロリング・ルネサンス時代に活躍したアルクインによってゲルマン社会に導入されたが，彼はこれを哲学の七段階と呼び，精神はこれらの段階を通って聖書の頂上にいたらなければならないと説いた[*3]。この傾向は原則として13世紀にいたるまで変わりがなかった。アウグスティヌスに由来するこの方法は基本的には異教的な哲学つまりプラトン哲学をキリスト教のなかにとり入れて総合することをめざした。そのさい七つの自由学科のうち文学的三分野と科学的四分野は言語的な「三学科」（文法・修辞学・弁証法）と科学的な「四学科」（算術・幾何・天文学・音楽）とに分けられた。これらの学科は神学のために養成されたのであるから，神学に優位をおく組織が築かれた。したがって七つの自由学科は12世紀までは神学のための補助学科に過ぎなかった。しかし，こうした状況は13世紀になって新たに導入されたアリストテレスの著作や注釈などによってくつがえされた。

　キリスト教的見地とは異質な世界解釈を示す新しい学問の体系が導入されると，13世紀では一般的に先の四学科は全体として哲学に編入され，三学科のほうも多様に変えられた。こうして12世紀までは神学のための補助

---

3)　アルクインの自由学芸については岩村清太『ヨーロッパの自由学芸と教育』知泉書館，2007年，155-204頁の詳しい説明を参照。

はじめに

学科に過ぎなかった七つの自由学科では，今や哲学が神学と入れ替わって，自由学科が哲学の諸科目の補助学科となった。これによって哲学が神学部から独立するにいたって，中世の大学を構成する四学部制が完成した。

　実際，13世紀の前半にはパリ大学の学芸学部でアリストテレス研究が盛んになり，彼の思想は中心的な研究対象となった。この時期はいまだなお12世紀まで支配的であった新プラトン主義から強く影響を受けており，それとアリストテレスとの折衷が試みられ，アリストテレスを受容するだけでその源泉にまで精通していなかった。ロジャー・ベイコンもこの段階に属し，折衷的である「新プラトン主義的なアリストテレス説」を奉じていた[*4]。

　13世紀の後半は中世思想の頂点となり，神学と哲学との区別を前提とした総合が実現した。ボナヴェントゥラ（Bonaventura, 1221-74）は最初の総合を試み，「アウグスティヌス的アリストテレス説」の立場を築いた。彼はアリストテレスを尊重していたが，アウグスティヌスとの思想上の対立を避け，前者について穏和な解釈をできるだけ推し進め，その誤りが否定できない場合にも弁護しようとした。それに対しブラバンのシジェル（Siger de Brabant, 1235頃-81）は世界の永遠性や二重真理説を説いて，パリ司教によって断罪され破門された。これをみても明らかなように彼は「徹底的で異端的なアリストテレス説」の立場に立っていた。ところで真の総合は彼を批判したトマス・アクイナス（Thomas Aquinas, 1225-74）の「キリスト教的アリストテレス主義」によって完成されるにいたった。

信仰と理性の諸類型　　神学と哲学との対立と総合および解体のプロセスのなかにこそ中世思想の特質が求められる。中世哲学の基本的特質は聖書によって啓示された信仰内容を理性的に解明していく試みである。したがってこの時代の思想的な特質は信仰と理性との関係に求められる。それは同時に「霊性」と「理性」との関係を表しており，ヨーロッパ思想文化

---

　4)　また1240-50年にアリストテレスの自然学を教えることの禁令が出ていたが，それでも主として「倫理学」を中心に受容が進んでおり，哲学的思弁は神学の目的のために使われていた。したがって神学者のアリストテレスはしばしば「アウグスティヌス的」になる傾向をもっていた。だが，やがて「哲学」という名称によってアリストテレスと異教徒の哲学が意味されるようになり，哲学は学芸学部で教えられた世俗科学を指すようになった。

の根本的特質を明瞭に表現している。それゆえキリスト教の歴史における信仰と理性の関係をここで類型的に区分して指摘しておきたい。

（Ⅰ）一元論的類型　これは理性と信仰とのいずれか一方に他を解消させる立場であり，理性に信仰を解消する「グノーシス主義」とその反対に信仰に理性を解消する「信仰主義」（fideism）とに分けられる。

(a) グノーシス主義　その歴史的形態は多様であり，世界観としては二元論ではあるが，理性と信仰との関係のみを考察するならば，グノーシス主義は信仰を理性的な知識にいたるための低次の段階とみなし，本質的には知的な救済論に立っていた。こうした見方は理性の世界と感覚の世界とに世界を二分するプラトン主義の世界観に由来する。プラトンは『国家』第7巻で認識能力を四種類に分類し，信仰（ピスティス）を低次の認識に組み込んでいる[*5]。このような信仰を知識に還元する傾向はプラトン主義の宗教哲学には絶えず見られる。これは古代末期の教父のみならず，現代では宗教を概念に対する「表象」であると解釈するヘーゲルにも見られる傾向である。

(b) 信仰主義　この立場は理性による知的な救済論に敵対し，信仰の非合理性を強調しながらすべてを信仰に一元的に還元するものである。これは信仰の純化が叫ばれるときに起こってくる主張であって，テルトリアヌスの言葉とされている「不合理なるがゆえに，われ信ず」（Credo, quia absurdum.）にその基本姿勢が表明されている。

（Ⅱ）二元論的類型　これは信仰の当てはまる領域と理性によって解明できる領域とを原理的に区別する立場である。この立場は中世の長い期間をとおして次第に成熟していき，最終的にはオッカムの「二重真理説」によって完成された。彼はこれまでの主流であった神学と哲学とを統一する宗教哲学の方法に疑いの目を向け，神の存在証明のような哲学の理性的な論証と宗教の人格的な信仰とを区別した。ルターはこのオッカム主義の教育を受け，理性と信仰の分離に立っていたが，中世哲学的な理性の使用に反対し，「信仰のみ」をスローガンとしたため，一般に信仰主義とみなされている。しかし彼は理性の本来の使用を肯定しており，誤った理性の使用に対しては激しく批判を浴びせかけた[*6]。

5）　本書第1部第2章1節27頁参照。
6）　金子晴勇『近代自由思想の源流』創文社，138-46頁参照。

（Ⅲ）動態論的類型　これは理性と信仰との分離に立ちながらも理性から信仰へ，信仰から理性へという動態においてこの関係を捉える立場をいう。アウグスティヌスによって初めて説かれたもので，この動態は「信仰から理性へ」を第一に重要視する。それゆえ「理解するためにわたしは信じる」（Credo ut intellegam.）と主張される。しかし信仰にはなにゆえに信じるべきかという理性的考察が不可欠であるがゆえに，先の命題の補足として「信じるためにわたしは理解する」（Intellego ut credam.）が付加される。つまり「信仰の可信性」に対する理性による理解が先行している。
　この立場は「信仰から理性(理解)へ」を根幹としており，中世においては信仰内容の理性的理解として一般に広まっていった。なかでもアンセルムスの「信仰の理解」（intellectus fidei）の主張がアウグスティヌス主義の伝統を形成するにさいして役立った。近代から現代においてもこの立場に立つ人が多い。近代神学の父シュライアーマッハーやわが国の宗教哲学者波多野精一などがその代表である。
　（Ⅳ）総合的な類型　これは理性と信仰との原理的な区別を認めた上で，両者を価値の上下の秩序にもとづいて階層的に統一する立場である。この立場の代表は13世紀の偉大なスコラ哲学者トマス・アクィナスであり，「恩恵は自然を破壊せず，かえってこれを完成する」という根本命題に端的に示されているように，信仰と理性，啓示認識と自然認識とは区別されながら調和的統一にもたらされた。理性の領域は自然の光である理性によって論証されるものであるのに対して，信仰は聖書の啓示と超自然的な源泉に由来する教義（三位一体・受肉・復活・終末）を扱う。両者は境界が分けられているが，いずれも真理であるがゆえに，最終的には一致しうる。こうして信仰によって人間が全体として方向づけられている終局目的と幸福とを神においてとらえ，理性をもって一歩一歩解明していくところに，理性に対する信仰の優位が認められ，「哲学は神学の召使である」と主張された。

2　スコラ哲学と神秘主義

中世思想の人間観はスコラ哲学と神秘主義という二つの思想を開花させ

た。前者は信仰と理性との総合に立った学問を形成し、後者は霊性の学という性格をもっている。わたしたちはこの両者の内にヨーロッパ心身論の新しい創造とその意義を解明できる。

スコラ哲学のラティオ論　中世のスコラ哲学には公会議によって決定された教会の正統的な教義をいかに理解するかが最大の問題であり、信仰と理性の役割についてたえず論究された。そのなかでも、アンセルムスによって説かれた「理解するために、わたしは信じる」はその基本姿勢を示している。信仰内容の合理的な説明を試みるために最初はプラトンと新プラトン主義の哲学が、後にはアラビアを経由して移入されたアリストテレスの哲学が積極的に受容された。このことは、同時に、信仰と理性、神学と哲学、教会と国家との対立をどのように和解させ、調停して、秩序づけるかという問題を生み出し、相互に対立しているものを上下の階層秩序において統一する中世統一文化を構築することになった。その思想体系の壮大にして深遠な試みは他に類例がなく、12世紀に始まるゴシック式大聖堂の壮麗な建築に比較される。

神秘主義の霊性　「神秘主義」というのは語源的には目や口を「閉じる」という意味の muein に由来している。目を閉じるといことは外界の光を遮断して自己の内面に立ち返り、神からくる光を受けるべく道をあけることを意味した。また口を閉じるというのは自己の想念のみを喋ることを止めて沈黙し、神の「細き静かなる声」を聴くべく受容的になることをいう。神が語りうるためには、自己が黙さなければならない。なぜなら黙して初めて他者の声は聞こえてくるからである。このようにして、外からくる光や声によって世界との関わりを断ち切り、自己の内面に向かうことは、神秘主義の一般的表現では「離脱」（excessus）と呼ばれる。これが神秘的体験の第一段階である。次に自己に帰還した魂はその精神の力によって神の光と声に意識を集中して、自己自身をも超越しようとする。これが神秘的体験の第二段階であって、「脱自」（exstasis）と一般に呼ばれる。しかしこの脱自（忘我・恍惚）は同時に神からの光の照射と呼びかける声とをともなった啓示がなければ成立しない。神秘的体験をした人は超越者からの力によってこの事態が生じている点を力説している。このような超越者

はじめに

の力は魂を高く引き上げる高揚感において見られるが，高処に引き上げる働きのゆえに，この高揚状態は神秘的な「拉致」(raptus) と呼ばれる。これが神秘的体験の第三段階である。こうして「神秘主義の三段階の図式」が説かれるようになった*7。

　この三段階の図式が明確な姿を取ってくるのは，中世の神秘的な霊性の発展のなかからであって，ベルナールからトマス・アクイナスを経てヴァレンキアのペレツによって説かれるのを待たなければならない。ベルナールは『謙虚と高慢との諸段階』のなかで真理の第一段階で謙虚になって自己に注目し，その悲惨さを知り，第二段階の離脱に移っていき，「自己を離脱して真理に付く」(sese excedens ac veritati adhaerens) という*8。このベルナールの真理認識の三段階説はトマス・アクイナスにおいて完全な姿をとるようになり，「人間の精神が神により神的真理を観照すべく拉致される」場合，三重の仕方でなされ，①神の真理を自己内の表象によって観照する（ペテロの例），②情意が神の真理を知性によって理解できるものとなって観照する（詩編115のダビデの例），③真理をその本質において観照する（パウロの拉致 (raptus) およびモーセの例）が区別された*9。さらにツァーミューレンによると，ヴァレンキアのペレツ (Perez de Valencia) は啓示の三段階を次のように区別した*10。①外的感覚から転向し，excessu mentis において秘義の内的表象を知覚する。② extasis によって預言者は内的感覚や表象から転向し，知性において概念により啓示されるべき秘義を観照する。③ raptus によって知性は神の本質直観にまで高揚する。ペレツによると第二段階の「エクスタシスと呼ばれているのは，あた

　7）　この図式に関しては前章ですでに考察した。簡単に言うと第一段階は内面への命法「外に出ていこうとするな。あなた自身の内に帰れ」(Noli foras ire, in te ipsum redi.) で告げられる。次に神に帰還するために彼は第二段階として「真理は内的人間に宿っている。そして，あなたの本性が可変的であるのをみいだすなら，あなた自身をも超越せよ」(tanscende et te ipsum.) と命じる。これが内面性の第二命法である。しかし第三段階の「拉致」は未だ語られていないし，内容的には中期の代表作『告白』においてこれが語られても神秘的な神の認識の方法としては確立されていなかった。

　8）　Bernardus, De gradibus humilitatis et superbiae, 5, 16. Sancti Bernardi Opera, Romae, 1963, III, 28.

　9）　Thomas Aquinas, ST.II-II, q.175, a. 3, ad. 1.

　10）　K. H. Zur Mühlen, Nos extra nos, Luthers Theologie zwischen Mystik und Scholastik, 1972, S.56ff.

かも自己自身の外に遠ざけられて存在し，かつ観照している人の状態である」*11 と考えられ，詩編115・11のダビデはこの状態にあって，信仰によって生き，霊がサウルを離れて彼のところに来たとき，霊により預言者的光によって照明された。「彼は自己自身のすべてを神の観照にささげ，精神のエクスタシスとエクスケススのうちに拉致され，霊において，また預言者的光によってキリストと教会の将来の秘義のすべてを予見した」*12。

わたしたちは第Ⅰ部を通して「霊・魂・身体」の三分法がオリゲネスによって明瞭に指摘された点を考察したが，この三者は一つの魂という実体における「知性・理性・感性」いう三つの作用としてアウグスティヌスによって把握されたことも解明した。この魂という一つの実体における三つ作用はやがてエリウゲナによって明瞭に捉えられる。またオリゲネスの「霊・魂・身体」の三分法は後にエラスムスによって継承され，ルターにも影響しているが，このエリウゲナが捉えた「知性・理性・感性」という三分法のほうは中世哲学を通してその内容がいっそう深められていく。だが同時に中世神秘主義の歩みの中から形而上学的な「知性」が次第に宗教的な「霊性」として捉え直されてくる。

---

11) Perez, Centum ac quinquaginta psalmi Davidici, 1509, Prol.tract 2a2B, Zur Mühlen, op. cit., ibid. からの引用。

12) Perez, op. cit., Ps.115, 11.

第1章

スコトゥス・エリウゲナにおける人間の地位

───────

5世紀から8世紀にいたる思想史は中世暗黒時代と呼ばれるように新しい思想の発展は見られず、もっぱら古代学芸の遺産を保護し、ゲルマン諸族の間に伝えることに終始した。その間にボエティウスとエウリゲナが卓越した思想家として頭角をあらわした。わたしたちはまずボエティウスにおける信仰と理性の問題に短く言及しておきたい。

ボエティウス（Boethius, ca480-522）は「最後のローマ人で最初のスコラ学者」と呼ばれる[*1]。彼の名著『哲学の慰め』（De consolatione philosophiae）は獄中作であり、気高い女性の姿でもって哲学が獄に現われて、彼が受けている苦しみは神の摂理であるがゆえに、それを進んで受けることが最高の自由であると説き、ギリシア的な運命論がキリスト教的な摂理の信仰によって克服され、人間の自由意志と神の予知の関係が見事に論じられた[*2]。この書は古典的哲学とキリスト教信仰とを調和させたも

───────

1) 彼はローマの名門の出身であり、アテナイに留学し、東ゴート王テオドリックスのもと執政官となったが、東ローマのテオドシウス帝と共謀してローマを解放せんとの反逆罪により死刑に処せられた。獄中で書いた『哲学の慰め』で知られる哲学者である。そのほかにもアリストテレスの『オルガノン』を翻訳し、ポリフィリウスの『アリストテレス範疇論入門』（翻訳と注解）を著した。

2) 「摂理とは万物の最高始原者の内にあって一切の者を規定する神的理性そのものである。しかるに運命とは可動的諸物に固着する規定であって、これによって摂理は各々の事物にそれぞれの秩序を与える。すなわち、摂理はありとあらゆる事物をことごとく一緒に包括する。しかるに運命は個々の物をそれぞれ別々の場所・形相・時間に配置して分かれ分かれに運動せしめる。かくて、この時間的秩序の展開が神的精神の先見の中に合一されれば、摂理であり、これに反してその同じ合一が時間のなかに分置され・展開されれば、運命と名付けられる」（ボエティウス『哲学の慰め』畠中尚志訳、岩波文庫、184-85頁）。

のとして中世を通じてもっともよく読まれ，早くから翻訳された[*3]。また彼は「七つの自由学科」(septem artes liberales) を継承し，言語に関する文法・弁証法（論理学）・修辞学を「三科」(trivium) と，自然に関する算術・幾何学・天文学・音楽を「四科」(quadrivium) と命名し，古人にしたがって概要書を著して，古代の学芸を中世に伝えた。こうしてヨーロッパ中世に古典的な学問を伝えた功績は大きく，彼をとおして新しい中世哲学の基礎が築かれた。

1　エリウゲナの人間論

エリウゲナ (Eriugena または Johannes Scotus, 800年代初め-877頃) はギリシアの学問の燈が残っていたアイルランドからカール禿頭王の宮廷学校に招かれて，教育の指導にあたり，王の求めによってディオニシウス・アレオパギタの著作をラテン語に訳し，新プラトン主義が中世に入る道を拓いた。哲学上の主著は『自然の区分』(De divisione naturae) であり，新プラトン主義の流出説にしたがって神から出て神に帰る壮大な宇宙論を展開させた。自然の区分は次のように示される。

「自然を分割すれば，四つの差異によって四つの種に分けることができると，私には思われる。それらのうち最初の種は，創造し創造されないもの，第二の種は，創造され創造するもの，第三の種は，創造され創造しないもの，第四の種は，創造せず創造されないものである。これらの四つの種のうちの二つの種は，相互に対立する。つまり，第三の種は第一の種と，第四の種は第二の種と対立する。しかし，第四の種は，それが存在することがありえない不可能な事柄に属する」[*4]。

自然の四段階の中の第一は創造して創造されない自然とは万物の超越的原因としての神であり，第二は創造されて創造する自然とは万物の原型たるイデアであり，第三は創造されて創造しない自然であって個物であり，

---

3)　たとえばアルフレッド大王抜粋訳（9世紀末），チョウサー訳（14世紀），エリザベス女王私訳（16世紀）などがある。

4)　Eriugena, De divisione, MPL 122, I, 441-42: エリウゲナ『ペリフュセオン』I-441-2, 今義博訳『中世思想原典集成6』平凡社，483頁。

第四は創造することも創造されることもない自然つまり万物の終局目的としての神である。だが神を万物の本質・霊魂・生命などとみなす思想は汎神論の傾向があるとみなされて，彼は教会から異端として批判された。また自然の序列をみても分かるように普遍概念は個物に先立っており，概念が実在するというプラトン主義的な実念論の立場をとっている。

　この著書はプラトン主義に立った独創的なキリスト教神学を構想しており，そこでは人間には霊的世界と質料世界を結びつけるものとして，世界の秩序のなかで中心的地位が与えられた。さらに彼は，前に述べたニュッサのグレゴリオスの『人間の創造』を翻訳したり，ディオニシウス・アレオパギタの偽名で知られる五世紀のギリシア神学者の書物を翻訳して，西欧世界にキリスト教的プラトン主義の文献を導入した。このディオニシウスの著作の翻訳はきわめて重要な事件であり，教会の秩序が天使の秩序を反映していることを強調したり，可視的な事物についての人間の不確実な認識から不可視的で神的な存在の認識に到達するのは認識論的に不可能であることを主張した点で，実に広くて多彩な影響を後代に与えた。

　彼はギリシア教父の見解をアウグスティヌスの立場に立つ西方ラテン的な伝統に融合する道を開いた。そのため彼はラテン教父（特にアウグスティヌス）とギリシア教父（特にニュッサのグレゴリオス）の人間論の相違を調和すべく努めることによって独自の思想を創造した。彼の人間論では，この世に生きる人間に対してよりは，むしろ根源的な人間であるイデア的人間に焦点が当てられた。ギリシア教父の伝統にしたがって御言こそ神の像であるとされたけれども，その像にかたどって造られた人間は主として知性的な伝統によって探求された。したがって像は人格のより高い知的な本性のうちに求められ，三位一体的な構造をもっていると考えられた。

2　イデア的人間と現世的人間

エリウゲナは人間を定義して言う，「人間とは神の精神において永遠に造られたある知性的観念（イデア）である」と[*5]。イデアというのは非質料

---

5)　エリウゲナ前掲訳書，IV-768.

的，非物体的な被造物であって，時空的に存在する万物の真の実体，範型，原因であり，総じて「原初的諸原因」（causae primordiales）と言われる。彼の創造論によれば人間も含めて万物は神の精神において無から創造され，そこにイデアとして永遠不変に存在する。それゆえ人間は神の精神のうちに神の像にしたがって創造されたイデアにおいて真の実体をもっている。「人間は原初的諸原因のなかで神の像に造られた。こうして彼においてすべての被造物は知性的なものも感覚的なものも不可分の統一とならねばならない」*6。

このような定義で示されることは，人間が神の内にいるという根源的な特性のゆえに，「何であるか」（quid sit）という概念的な定義は得られず，神の精神のうちにある人間のイデアは単に「存在する」と言えるのみであるという点である。彼は創世記1・26の人間創造がイデア的人間において魂と身体が同時に創造されたと解釈する。つまり神は自分の像にしたがって人間に永遠の霊的なからだを与えた。この最初の人間は魂と身体から成る一人の普遍的人間であって，男女の性別はない。それに対しこの世に過去・現在・未来にわたって存在する，すべての個別的人間は瞬時に神の精神において創造されたことになる*7。

最初のイデア的な人間は霊的なからだをもっていたが，高慢によって堕落し，わたしたちが現に生きている分化した物質の世界をもたらした。神は罪を犯した人間に，男女の性別を有する質料的な四元素からなる「土からできた」（創世記2・4）死滅すべきからだを，罰として与えた。これによって霊的なからだが失われ，魂は物体的なからだの衣をまとうようになった。このようにして原初的な人間本性の本質は消失したが，全く失われたのではない。それゆえ原初の人間本性がもっていた知性能力や意志の自由などの諸特性は，本性のうちに潜在的に保持されている。彼は人間本性の二つのあり方についてこのように語っていても，人間本性が二元的に実在していると説いているのではなく，真に実在する人間は永遠なイデア的実在としての人間であり，堕罪ゆえに人間の二様のあり方が生じたと考えた。したがって人間の本質はその原型の卓越性に拠っており，目に見える

---

6) エリウゲナ前掲訳書，同Ⅱ-27。
7) エリウゲナ前掲訳書，Ⅳ, 12, 800B。

あり方と目に見えないあり方との二重性は罪のゆえに生じたのである。彼は次のように言う，「原型がその存在の卓越性によってすべてのものを超えているのと同様に，神の像がその創造の尊厳と恩恵によってすべてのものを超えるようにと，神にかたどって，神に似せて，人間を造ろうと欲したのだ」[*8]と。このような人間こそ霊的な人間である。

3 神の像としての人間＝霊的人間

神の真の像であるのは神の独り子キリストだけであり，人間はその像にしたがって創造されたかぎりで神の像と言われる。このような意味において人間は神の像として造られた。このことが人間本性を神との類似性において特徴づける最も根本的な根拠となった。また神はその精神において万物を原初的諸原因として創造したから，人間本性は神の像であるかぎりにおいて自分の魂のうちに万物の原初的諸原因を含んでいる。それゆえ原初の人間は自己認識をとおして万物を認識することができたと考えられた。

このようにして霊的人間は自由であって，いかなる法則や秩序や規定によっても制約さず，神のような無限の自由をもっており，神と神的真理の観想のうちに生きることができる。それゆえ，この世の生においても神の特別な恩恵に与かった人は観想的な生活を享受するであろう。

エリウゲナによると人間だけが神の像として創造されたがゆえに，そこには神と人間との親近性があって，これが両者の類似性の根拠となっている。したがって創造の原初における人間本性は非物体的で，霊的で，永遠で，不滅であるだけでなく，神に属すると考えられる特徴がすべて神に似た仕方で人間本性に認められる。そのさい神と人間との関係は原型と似姿との関係にある。彼は神と人間の相似関係を原型（prototypus）や範型（principale exemplum）とその似姿（写し imago）との関係として捉えた。彼は言う，「原型である神は自分自身によって，自分自身から，自分自身において存在し，何ものによっても創造されず，形作られず，変化させられずに実在するのに対して，似姿である人間は神によって創造され，自分

---

8) エリウゲナ前掲書，IV-766。

自身によって存在せず,自分自身から,自分自身において実在せず,神のおかげで神の似姿であり,本性に応じた存在をうけ,恵みによって神であるが,神について述べられるその他すべてのことは神の似姿についても述べられうる。ただし,神については本質として述べられ,似姿については分有としてのべられる」[*9]と。しかし神と人間との差異を解消して両者を真に同化するのはキリストだけである。真に神であるとともに人間でもあるキリストのみが人間と神を媒介しうる。ここから神と人との類似性が解明された[*10]。

4 知性・理性・感性の三分法

神が被造物としての人間をこのように高貴な「神の像」に造ったのは,その心に備わった認識力である知性によって神を把握するためであった。全自然はプラトン的な弁証法によって類がもろもろの種に分割され,もろもろの種が類に総合される。しかし神は理性的論理を超越しているから,神を理性的に分割し,総合することはできない。自然が類・種・個の相へと分割されながらも,その逆の方向をとって総合されるのは,そこに知性的な弁証法が働いているからである。こういう思考の動きを支えているのは知性・理性・感覚という認識の諸段階をなす弁証法的構造にほかならない。そのさい「理性」(ratio) が人間の自然本性的能力の最高部分として「感覚」(sensus) の上に立って現実に働く能力であるのに対して,「知性」(intellectus) は人間に本来的に与えられた,神を捉える認識能力であったのだが,原罪を犯してからは,たんなる可能性にとどまっている。しかし,この知性は理性の認識の活動のなかにその姿を現わすことができる。ここにエリウゲナは霊性の機能を捉えている。この視点はきわめて優れているがゆえに,さらに立ち入って考察してみたい[*11]。

エリウゲナによると魂には知性・理性・感性の三つの機能が備わってい

---

9) エリウゲナ前掲書,Ⅳ-7, 764, 前掲訳書,590頁。
10) この点に関して詳しくは金子晴勇『ヨーロッパの人間像』90-91頁参照。
11) R. L. シロニス『エリウゲナの思想と中世の新プラトン主義』創文社,1992年,188-93頁を参照。

第1章　スコトゥス・エリウゲナにおける人間の地位　　　125

るが，第一の神を捉える機能は単純であって，魂そのものの本性を超えているがゆえに，説明できない[*12]。そこで第二の理性認識のなかに第一の知性機能がどのように立ち現われているかが問題となる。この知性は理性が認識できない神を万物の原因であるとして把握するが，こうして把握した内実を理性の認識の只中で魂に刻印する[*13]。こうして「魂の第二の運動は魂の本性の限界内に制約されていて，神そのものを原因として規定するのである。すなわち，何であるかが知られない神について，神は存在するすべてのものの原因であり，万物の原初的諸原因は神によって，神において永遠に造られたということを知り，魂に許された限りで理解されたそれらの諸原因の知識を，その運動の主体である魂そのものに刻印するのである」[*14]。したがって理性は自己より下位にある事物の印象を想像力によって受け取るのに対して，「自分より上位のもの，つまり原初的諸原因からギリシア人がテオファネイアと呼び，ラテン人が〈神の現れ〉(theophania)と呼び慣わしている知識を自分自身に刻み込み，それら第一諸原因を通して，魂は神についてのある観念を受け取る」[*15]。このような知性の作用は「ギリシア人がロゴスとかデュナミスと呼び，私たちが理性とか力

---

　　12)　このような魂がその周りを回る，そのものを知ることはできない。「この運動によって魂は知ることのできない神の周りを回転するけれども，神の卓越性のゆえに，神が何であるかということに関しては，存在するものから知ることはけっしてできない。すなわち，魂は，神をなんらかの本質や実体において，また語られたり理解されたりできるようななんらかのものにおいて見出すことはできない。というのも，神は，存在するものも存在しないものもすべてを超えていて，神が何であるかということは規定することができないからである」(エリウゲナ前掲書，II-572，前掲訳書，523-24頁)。
　　13)　このことをマキシムスは「それによって本性的に運動する魂が，万物を形成する本性的諸原理すべてを認識作用によって自分自身のなかに引き入れる」と言う。その運動は，つまり魂がそれら諸原理を認識によって自分自身において表現し，その認識自身が第一の運動によって第二の運動において生じるその運動は，魂の本性のなかにある（エリウゲナ前掲書，II-573，前掲訳書，524頁）。
　　14)　エリウゲナ前掲書，II-576，前掲訳書，529頁。
　　15)　エリウゲナ前掲書，II-577，前掲訳書，530頁。そこには観想する精神が働いている。「それゆえ，原初的諸原因の秩序は，神的な諸原因について論じる人々にそれらの認識が与えられる限りで，それらを観想する精神の判断にもとづいて立てられるのである。敬虔に純一に哲学する者には，それらのなかのどれからでも好きなところから始めて，できる限りすべての諸原因を見ながら，真の理性である精神の眼をある観想の順序に従ってほかの諸原因に向け，それらのなかのどれかを観想の最後のものと定めることができる」(エリウゲナ前掲書，II-624，前掲訳書，546頁)。そこには「神の光の照明」があって，「神現」において常にあらわれると言われる。

と呼んでいる運動であって」,制作に携わる者があらかじめ心に描く働きに比せられる。知性はこうした内在的な可能的原因を一般的な原因として理性に生み出す。それゆえ知性と理性の関連は精神と理性のそれとして次のように言われる。

「精神（mens）は，それ自体としては知られないのだが，自分自身とほかのものにはその形相，つまり理性（ratio）として現れ始める。なぜなら，万物の原因は，それ自体としてそれが何であるかということはそれ自身にもほかのものにも見出すことができないけれども，しかし，その神現（theophania）においてはなんらかの仕方で知られる。それと同様に，常にその周りを回っていて，まったくその像に似せて造られた知性（intellectus）も，それが何であるかということはそれ自身にもほかのものにも理解できないけれども，しかし，それから生まれた理性においては明らかになり始めるからである」[*16]。

次に魂の第三の運動である「感覚」については簡単に述べておきたい。魂は感覚によって外に存在するものに接触し,内にその印象を刻印するが,そのさい可視的事物の諸原理を魂自身のなかで再形成する。最初には五感と言われる外部感覚によって可感的事物の心象をえる。こうした心象は内部感覚によって類・種・個に区別される。この運動はギリシア語でディアノイアと呼ばれ,ラテン語で感覚（sensus）ないし作用（operatio）と呼ばれる。この内部感覚は知性から理性をとおして発出する。こうして感覚的な心象の多は概念に統一される。

「すべての存在は理性においては一つであるが,感覚によって異なった存在に分けられる。そのようにして理性は,下降して来る知性を通して,諸原理の最も単純な統一から,すべての存在の最も単純な知を受け取るが,感覚は差異によってその単純性を分割する。……理性で考えた場合にもろもろの類において一つであるのに,感覚の作用によって本性的区別により互いに区分される諸事物は,種において異なっているとしても同じものなのである。すなわち,どのようにして,神の摂理の支配と命令と統率とのもとで,本性的運動によって異なった多様なものに分けられるのかということを,知性自身が,理性を媒介

---

16) エリウゲナ前掲書, II-577, 前掲訳書, 530-31頁。

にして，知性と同じ実体である感覚によって，誤ることなく探求し，探索し，決められた規則に則って把握するのである」[*17]。

知性・理性・感覚という魂の三つの作用は次のように要約される。

「人間の魂は，神と事物の諸原理について知性を通して理性において一様に知るすべてのものを，常に一様に保管するのである。しかし魂は，諸原因において一つのものとして一様に実在しているものを理性を通して把捉するが，そのすべてのものを全部，感覚を通して諸原因の諸結果において多種多様に理解するのである」[*18]。

エリウゲナによれば人間の認識力によっては神は知られない。アウグスティヌスは神は知られないという無知の知によっていっそうよく知られると言い，またディオニシウスは神の無知は真の知恵であると言う。実際，神はすべてのものを高く超えている。それを知る人たちには，無知は真の知恵であり，神を知らないことによって存在するものと存在しないもののすべてのものを超えている神をいっそうよく知る。しかし，万物を超えた神が被造世界には存在しないほどにその超越性を理解しているがゆえに，そこには汎神論は認められないとしても，神はご自身が存在するもののうちに捉えられることを知らないほど，超越している。ここから神は認識されないことによっていっそうよく自分自身によって知られる。これがディオニシウスを通して彼が学んだ否定神学であって，神が汎神論のように万物に偏在することを知るよりは，神が万物を離れていることを知るほうがよいと説かれた[*19]。

これまでの考察によってオリゲネスによって明瞭に指摘された「霊・魂・身体」の三分法は魂という一つの実体における「知性・理性・感性」いう三つの作用としてエリウゲナによって把握されていることが明瞭になった。

---

17) エリウゲナ前掲書，II-578, 前掲訳書，532頁。
18) エリウゲナ前掲書，II-578, 前掲訳書，532-33頁。
19) エリウゲナ前掲書，II-597-98, 前掲訳書，535頁。

第 2 章

アンセルムスとベルナールの心身論

───────

　12世紀がヨーロッパにおけるルネサンスともいえる創造的な時代であったことは、イギリスの中世史家バラクラフの『転換期の歴史』やオランダの文化史家ホイジンガの『文化史の課題』によっても指摘されていた。それを「12世紀ルネサンス」と命名したのはアメリカの中世史家チャールズ・ホーマー・ハスキンズであり、その著作『十二世紀ルネサンス』によってそれは定着するようになった[*1]。これによって従来の中世理解に大転換がもたらされるようになった。なかでもこの時代にヨーロッパでは都市が勃興し、最初の官僚国家が形成されつつあった。古代の遺産も再発見され、修道院から大学にいたるまで他に類例を見ないほどの目覚ましい創造的な発展がもたらされた。事情は哲学においても同じであって、アンセルムス、クレルヴォーのベルナール、アベラールなどの逸材が多数輩出し、この影響は13世紀にも及び、その全盛期にはボナヴェントゥラ、トマス・アクィナス、ロジャー・ベイコンなどが活躍するようになった。

　1）　そこではラテン史の復興、ラテン語の純化、ローマ法の復活、歴史記述の復活などが詳細に論究されている。彼は「十二世紀ルネサンス」について次のように語っている。「この本の題を見て矛盾もはなはだしいと思う人がさぞかし大勢いることだろう。12世紀にルネサンスとは何ごとだ。あの無知と沈滞と陰惨の時代、中世と、あとに続くイタリア・ルネサンスに見られる光と進歩と自由をくらべてみればまるで天地の差があるではないか。人々がこの仮の世の喜びと美しさと知識にはまるで関心がなく、来世の恐ろしさにばかり目を据えていた中世に、どうしてルネサンスがありえよう」（ハスキンズ『十二世紀ルネサンス』別宮・朝倉訳、みすず書房、序文の冒頭）。

1 アンセルムスのラティオ論

11世紀の後半から12世紀にかけて活躍したアンセルムス（Anselmus 1033-1109）は，修道院での10年に及ぶ求道の成果を『聖アンセルムスの祈り』として表明し，彼の全作品を根底から支えている霊性の立場を明確にした。また晩年には『聖アンセルムスの瞑想』にまとめられた幾つかの霊性の実りを残した[*2]。その間に時代の要請に応じて彼の著作活動が展開しており，そこに霊性に支えられたラティオ論が思想的に結実している。したがって初期にはアウグスティヌスの伝統に忠実に従いながらも，彼は理性にもとづく厳密に論理的思索を展開していった。とりわけ信仰の内容をできるだけ理解しようとするアウグスティヌスの態度を継承し，信仰に属することを初めから理性で処理しようとするのは傲慢であるが，信仰内容をできるかぎり理解しようとしないのは怠慢である。つまり信仰そのものが理解を促すのであるから，それは権威によってではなく理性によって解明されうると彼は主張した。この理性による徹底的な解明はキリスト教の啓示そのものに向けられるようになった。このことはたとえば神の存在証明をとってみても明らかである。

神の存在証明　『プロスロギオン』に展開する神の存在論的証明は有名であるが，彼はまず自己に対し人格的にかかわる超越神を信仰し，その信仰内容の理解へと進む。神の観念は「これよりも優れたものはあり得ないもの」としてアウグスティヌスの『自由意志論』から受け継いだ説を立て，この神は信仰によって心中にいますのみならず，現実にも現存することが証明される。なぜなら心中にある神の観念のみならず，現実にも現存する神の方がより優れたる存在であるから。それゆえ神は現存すると説かれた。

同様に神の存在論的証明を試みているデカルトとこれを比較してみよう。(1) デカルトの神は完全なる存在者としての神であって，この神によ

---

2) アンセルムス『瞑想と祈り』古田暁訳，教文館参照。

り「最も完全なもの」という観念が心に注入されており，完全なる存在者の表象は生来的に所有されている。このような内在主義の立場に彼は立つがゆえに，アンセルムスのような超越神に対する信仰が不要になる。(2) 完全な存在者という神の観念の内包には「存在」が含まれている。それは三角形の観念に「内角の和が二直角」が含まれているのと同じである。だから神の観念を分析して見れば存在がとりだされるのであって，畏怖や愛といった力をもってのぞむ人格的他者としての神の現存が問題ではなく，至高の存在の観念が語られているにすぎない。それゆえ，後のカントの批判はデカルトに適中する*3。

　アンセルムスの証明は同時代の人たちによって疑われた。そのような神は実在しない，それは空想から出た観念にすぎないと。これに対して彼は，そのように疑う無神論者の言説は彼の定義には妥当しないと返答した。なぜなら，そういう空想的な神の観念は，それに優る存在が明らかに考えられるから。つまり観念のうちのみならず，それを越えた真に存在する神が考えられるようなものである，と。アンセルムスの神の定義はデカルトの定義「完全なる存在者」の観念とは相違する。彼の「より大いなるものが考えられない存在」という神の定義は，神を何か有限なものや知られたものとして考えてはいない。この神の定義は実に人間の理性や思想をまったく超出する「荘厳なる神」を扱っている。こうした信仰の対象たる神を理性によって可能なかぎり理解しようとするのがアンセルムスの基本姿勢であり，そこでは理性が実在する神と真剣にかかわっている。この点ではカントの存在論的証明を再批判したヘーゲルの方が宗教的なものに対するより深い理解を示している*4。

　　3) カントは神の存在論的証明を批判して次のように説いた。「もっとも実在的な存在者」という神の概念の中には「存在」という概念が含まれていると存在論的証明はいうが，神という概念からこの概念の対象の現存在は推論できない。現実の100ターレルという貨幣は100ターレルの概念以上のものを含んでいる。存在について言えるためには，この対象の概念の外に出て経験に頼らなければならない，と。
　　4) ヘーゲルは『エンテュクロペディー』のなかで次のようにカントを批判する。「存在論的証明にたいするカントの批判があんなにも無条件に受け入れられた一つの理由は，カントが思惟と存在との区別を明らかにするために100ターレルの例をあげて，100ターレルは単に可能的な100ターレルであろうと現実の100ターレルであろうと，概念から言えば同じく100ターレルであるが，しかしこのことは私の財産状態にたいしては根本的な相違をもっている，というような説明をしているためである。実際これほどわかりきった知識は考えられ

信仰と理性との関係　アウグスティヌスは信仰と理性の働きを相互的要請の関係において見ており,「理解するために信仰する」という基本命題の補助命題として「信仰するために理解する」逆命題をも合せて説き,信仰の必要性と可信性とを理性自身が自覚すると主張した[*5]。ところがアンセルムスにおいては理性はもっぱら合理的説明能力とみなされ,その対象は信仰の内容であって,理性それ自身は信仰とは独立した働きをもつようになった。ここに信仰と理性の分離が始まり,両者はやがて働きの場を異にするようになり,トマスにおいてこの点はいっそう明確になる。こうして「信仰・理解」という統合的状態はなくなり,「信仰と理解」の関係が,神学と哲学,恩恵と自然の関係として立てられる。このことは中世の最盛期に確立された教会と国家の権利の譲渡関係という社会学的地盤にその根源をもっている[*6]。

合理的な贖罪論　アンセルムスのこのようなラティオ論は主著『クール・デウス・ホモ』(Cur deus homo) においても恩恵と意志の関連という中心的主題のもとで展開する。「徳のすべての効力を自由にのみ置いた高慢な人たちがかつてはいたのに,現在では自由の存在に全く絶望する多くの人たちがいる」と述べているように,彼はアウグスティヌスが恩恵を否定するペラギウス主義と対決したのと相違して,真の自由が神の恩恵といかに調和しているかを解明すべき信仰の時代に生きた。その探求の方法は「理解を求める信仰」(fides quaerens intellectum) に示されていて,前提された信仰内容の理性的根拠が追求された[*7]。彼によると神と人間との関係は神の意志に人間の意志が服従するときに正しく,そのような意志が「意志の正しさ」と呼ばれ,そこに人間が神に負い,また神が人間に求める「栄誉」が探求された。ところで「神に負うこの栄誉を神に帰さない者は,

ないではないか。その現存在がその概念と異なっているということが,しかもただこのことのみが,実際あらゆる有限なものの本質なのである。これに反して神は明らかに,〈存在するものとしてのみ考えられるもの〉でなければならず,神においては,概念が存在をそのうちに含んでいる。概念と存在とのこうした統一こそ,神の概念を構成している」(『小論理学』上巻,松村一人訳,岩波文庫,195-96頁)。

5)　この点に関して詳しくは金子晴勇『アウグスティヌスの人間学』創文社,第1部第3章「信仰と理性」108-38頁参照。

6)　詳しくはトレルチ『アウグスティヌス』西村貞二訳,新教出版社,47-48頁参照。

7)　Anselmus, Cur deus homo, I, 22.

神から神に属するものを奪い，また神の名誉を毀損することになる。これが罪を犯すことである。それゆえ，罪を犯した者はその奪った栄誉を神に返さなければならない。そしてこれが全て罪人が神に果たさなければならない贖罪である」[*8]。ところが人間が神に負う栄誉を神に返さない罪の状態にあるのみならず，返しえない「無力」のうちにあるとすると，神が人間となる以外に贖罪を実現する方法はない。「この贖罪は神しか行ないえないと同時に，人間のみがなすべきであるなら，贖罪を果たすのは神・人（デウス・ホモ）でなければならない」[*9]。この有名な贖罪論は神の与えた栄誉と正義とを神に返す弁済的性格をもっているため，エイレナイオスのドラマティックな古典的贖罪論に対比して，ラテン的タイプと呼ばれる。そこにはラテン的な合理的（計算的）な贖罪論の典型が示され，エイレナイオスに発する古典的な類型と区別される[*10]。

　アンセルムスは意志論においても神と意志との根源的関係という神学的前提から出発していって，意志を理性的に解明している。こうしてまず意志は存在論的に正しさへ目的づけられている。しかし意志のもつ選択し決定する能力は自由から転落して罪を犯す力ももっている。そして自由から罪の奴隷となっても意志は正しさを保持する力を潜在的，生来的に所有するがゆえに，自己の選択し決定する力によって罪を犯すことができても，意志は究極目的に関して存在論的に方向づけが与えられる。ここから意志自体と個別的な決断能力としての選択意志とが区別される萌芽が生じてきた。この思想を受け継いで発展させたのがトマス・アクイナスである。

2　クレルヴォーのベルナールにおける霊性

アンセルムスよりも半世紀ほど遅れて12世紀の前半に活躍したクレルヴォーの修道院長ベルナール（Bernard de Clairvaux, 1090-1153）は，ヨーロッパ中世におけるキリスト教的な霊性の伝統を形成した神学者にして神秘主

　8）　『アンセルムス全集』聖文舎，古田暁訳，472頁によるも一部変更す。以下同じ。
　9）　アンセルムス前掲訳書，519頁。
　10）　Aulen, Christus victor. An Historical Study of the Three main Types of the Idea of the Atonement, 1953.

義者であった。12世紀のパリの長官にして教会史家であったペトルス・コメストル（1179年頃没）は修道院で生活している人たちとスコラ学者とを対比して次のように語った。「読書よりも祈りに専心する人々がいる。修道院に住む人々である。またすべての時間を読書に過ごし、祈ることはまれな人々がいる。彼らはスコラ学者なのである」[11]と。これによっても分かるように、同じく聖書や古典を読むにしても、それを学問的な討論のためにするのと瞑想的な祈りのためにするのとでは、その違いは実に大きいといわねばならない[12]。同じく霊性を基盤として思索したアンセルムスとは相違して、ベルナールは神学的な学説を組織的に述べるようなタイプの思想家ではなく、神学の背景にある霊的な経験を分かち合うのを目的として著作を残した。したがって、彼の思索には言葉の定義や三段論法また弁証法という推論を駆使する理性的な議論は見あたらず、説教に特徴的に表れているように、聞き手の内奥に霊性的な共感を引き起こすことがめざされた。それゆえ、その本領は霊性神学にあった。彼こそ霊性の学としての神秘主義を新しく樹立した思想家であった。しかし彼の霊性は個人主義の片鱗も見せないほど徹底的に昇華されており、愛によって実践的に他者と教会共同体に積極的に関わる姿勢を堅持していた。そこに御言との一体感が造り出す神秘主義者の実践的態度が終始貫かれていた。

神秘的合一と霊性　彼の神秘主義の最大の特質は「花嫁－神秘主義」（Braut-mystik）に求めることができる[13]。彼は旧約聖書の『雅歌』から「花嫁－神秘主義」という独特な思想を展開させており、キリストと教会との関係を「花婿と花嫁」という親密な間柄として理解した。このような親密な間柄関係は古代社会では隠されていた。なぜなら古代においては部族や民族さらに国家が強力な権力をもって個人を支配しており、「主人と奴隷」の関係で国や社会は維持されていたからである。これに対しパウロは「ガラテヤの信徒への手紙」で「アバ・父」といって神に呼びかける新

---

11)　Sermo IX, MPL 198, 1747, ルクレール『修道院文化入門』知泉書館、254頁における引用に拠る。

12)　ルクレールはこれをロンバルドゥスの命題集の序文とベルナールの『雅歌の説教』第一説教と比較して論じている。ルクレール前掲訳書、7-10頁参照。

13)　ベルナールの花嫁神秘主義とその影響に関しては金子晴勇『ルターとドイツ神秘主義』第8章「キリスト神秘主義」283-303頁参照。

しい関係が神と人の間に生じたことを福音として説いた[*14]。そこから「父と子」の関係こそ人間間のもっとも親しい関係であって、それがキリストによって実現されたことが福音の内実として力説された。ところがローマ社会における父権の絶対性を考慮すると、親密な父子関係など一般には考えられなかった。そこで中世になるとベルナールは人間関係の最深の親密さを「花婿－花嫁」の関係で説くようになった。

それは神秘的な経験として花婿キリストと花嫁である魂との「結合」(coniunctio) によって成立すると考えられ、大作『雅歌の説教』全体にわたってこの思想が展開する。このような結合において生じる神秘的体験の頂点となるのは、神秘的な「拉致」(raptus) 体験である。たとえば『雅歌の説教』の第85説教ではこの体験が次のように語られている。

> 「ときおり花嫁は自己の外にかつ自己から離脱し (exceditur)、その身体的感覚から脱出し、御言葉のみを感得しており、もはや自己自身を感知しなくなる。そのことは霊が御言葉の表現しようもない甘美さに心を奪われて、御言葉を享受するために、いわば自己が運び去られ (furatur)、拉致され (rapitur)、滑り落ちる (elabitur) ときに生じる」[*15]。

このテキストにある「離脱」や「拉致」は神秘主義に特有な経験を表す概念であって、そこには現象学的に見ると次のような三つのプロセスが見いだされる。すなわち神秘的高揚の第一段階は日常経験から離れることで、「離脱」(excessus) と呼ばれる。これは外界に向かっていた意識を内面に転向させる運動である。それに続く第二段階は自己をも超越する運動で、「脱自」(exstasis) と呼ばれる。さらに第三段階は自己が上からの力によって引き上げられる運動で、通常「拉致」(raptus) と呼ばれる状態である。これはパウロが第三の天へ引き上げられた経験に等しいといえよう。そのとき、日常と平均的自己の状態をはるかに超えた状態に引き上げられて、人は聖なる存在に触れる。これが神秘的経験のクライマックスである[*16]。

---

14) ガラテヤの信徒への手紙4・1-7参照。
15) Bernardus, Sermones in Cant. Cant.85, 13: Sancti Bernardi Opera, Romae, 1957, II, 315-6.
16) ベルナールは『謙虚と高慢との諸段階』のなかで真理の第一段階で謙虚になって自己に注目し、その悲惨さを知り、第二段階に移って、in excessu suo. において「自己を離脱して真理に付く」(sese excedens ac veritati adhaerens) という (Bernardus, De gradibus humilitatis et superbiae, 5, 16. Sancti Bernardi Opera, Romae, 1963, III, 28.)。

信仰と理性　ベルナールは理性そのものが信仰によって養われ，教育されると言って，それが霊性によって支えられている点を力説する。「神の御子である神の御言葉と知恵は，まず〔人が〕肉に負け罪の奴隷となり，無知によって盲目となり，外面的なことにあくせくしているのを見たまい，慈しみの心をもって理性と呼ばれるわたしたちの魂の力をご自身に引き寄せ，力をもって引き起こし，ご自身の知恵をもって教育し，しかもご自身の内に理性を招き入れ，不思議な仕方でご自身のいわば代理人として用い，これを自己に対する厳しい審判者となしたもう。こうして理性は御言葉に対する畏敬によって審判者となり，自己の告発者となり，証人ともなる」。この点は意志も同様である。その結果，「理性と意志とは，前者が真理の御言葉によって教えられ，後者は真理の霊によって生気を与えられる。前者は謙虚のヒソプ（清め）によって潤され，後者は愛の火によって点火される。こうして遂にしみのない謙虚と，皺のない愛によって魂は完全なものとなり，意志は理性に逆らわず，理性も真理を無視しなくなる」[17]。

身体的感覚（視覚と聴覚）　また感覚について彼は意見を述べ，外面的な視覚に対し内面的な聴覚の優位について次のように言う。「聴覚は視覚が捉えていないものを見いだす。外観は目を欺いているが，真理は耳に自らを注ぎ込む。目はキリストが弱く，醜く，悲惨であることを示し，最も恥ずべき死罪に断罪された人を提示するが，耳には彼が神の子にして美しいと知られる」[18]。

　ベルナールによると信仰は確実な認識に理性を導くのであるが，実際は理性を超えた霊性の領域に到達させる。「信仰は，感覚が知らず，経験が見いださないことを，確実に捉える。それゆえ〈わたしに触れてはならない〉（ヨハネ20・17）と主は言われる。つまり，こうした誤りがちな感覚から自分を解き放ちなさい，御言葉に寄りかかりなさい，信仰に親しみなさい」[19]と奨励される。

---

17) Tractalus de gradibus humilitatis et superbiae, 7, 21.
18) ベルナール『雅歌の説教』28, 2, 5。「聴覚はわたしたちから奪われた視覚へと備えることができる。なぜなら，わたしたちが信じていなければ，理解しないから（イザヤ7・9）。……信仰によって聞くことの報いは至福な直観であり，至福な直観に至らせる功績は聴覚である」（金子晴勇訳「キリスト教神秘主義著作集2 ベルナール」教文館，177頁）と。
19) ベルナール前掲訳書，28, 3, 9, 前掲訳書180頁。

信仰の領域は理性をも超える　　この信仰は理性とは関わる領域を異にしている。それは感覚とも理性とも相違する作用をもっており，神に触れる霊性の機能をもっている。まず信仰は「目に見えないもの」を捉える力である。彼は言う，「信仰は目に見えないものを把握し，感覚知覚の欠乏を感じない。つまり信仰は人間的な理性の領域，自然の必要，経験の限界を乗り越えていく」。だから目や手には理解することが不可能なことを目や手に尋ねるべきではない。それに対し信仰は人間の偉大さを低めることなく，高みに導くがゆえに，「わたしに触れてはならない。わたしは御父のもとに未だ昇っていないから」（ヨハネ20・17）と言われる。「そして，事実，手によってではなく愛によって，目によってではなく結婚の誓約によって，感覚によってではなく信仰によって，触れることができるであろう。あなたが復活の栄光を身体的な感覚によって判断するかぎり，あなたはどうして今わたしに触れようとするのか，とわたしは言いたい。……真に信仰は，その隠された神秘的な内奥において，長さ，広さ，高さ，深さがどれほどであるか（エフェソ3・18）を捉える。〈目が見もせず，耳が聞きもせず，人の心に思い浮かびもしなかった〉（Ⅰコリント2・9）ことを，信仰は覆いで包むように自らの内に持ち運び，封印して保つのである」[20]。これは霊性の作用にほかならない。

人間の霊について　　ベルナールはこの霊性を人間の霊の内に探究する。そのさい彼は霊を家畜・人間・天使・神の霊という四種類に分けて，それぞれが身体を必要とする理由を語る。神を除くすべての身体的な被造物も霊的な被造物も身体を必要とする。動物の霊について次のように言われる。「そして，事実，第一〔の動物の霊〕は身体なしには総じて存続することができないほど，身体を必要とすることが認められる。動物が死ぬとき，動物の霊は確かに生かすことをやめ，同時に自ら生きることをもやめる」。それに対し人間の霊と身体との関係について彼は「霊的な被造物は身体が不可欠である」と言う。つまり「わたしたち〔の霊〕は身体〔の死〕後も生き延びるが，身体によるのでなければ幸福な生活への道に上昇することも，あるいは接近することも許されていない。〈神の見えない本

---

20)　ベルナール前掲訳書，28, 4, 9, 前掲訳書181頁。

質は創造されたものによって知られ認められている〉（ローマ 1・20）と語った使徒もこのことに気づいていた。というのは，創造されたものは，つまりあの形態的で目に見えるものは，身体の道具によってのみ感じられて，わたしたちの知識に達するからである。それゆえ，わたしたちがそれに属する霊的な被造物は身体を欠くことができない。わたしたちは身体がないと，その認識だけがわたしたちの至福となるものへの段階として受け取られるような知識に到達しはしない」[21]。

　それに対して至高の天上的な霊たちも奉仕するわざのために身体を必要する。とりわけ身体において生存している人々に対してはそうである。たとえば天使たちは族長たちに現われ，族長たちのところに立ち寄り，食事をし，足を洗った。実際，動物の存在ははかない身体的な必要に役立つために奉仕するに過ぎない。だから動物の霊は時間とともに生を終え，身体とともに消滅する。しかし天使は自由な霊において愛に富んだ義務を果たすべく配慮し，労苦する。動物が果たすべき奉仕のため，天使は愛のわざによって援助するために身体を必要としている。それも人間が永遠に向かって前進するためなのである[22]。

　ところが天使のような「天上的な霊は身体の助けなしに，また身体によって感じられるものの直観なしに，ただ自己と対象との直接的な近さによって，また本性の活発さによって，最高のものを捉え，最奥のものに入り込むことができる。……なぜなら肉を身にまとい地上に住みついたあの霊が感性的なものの考察によって前進しながら段階を追っていわば漸次的に到達すべく努めているところに，あの天上の住民は生まれながらの繊細さと崇高さによってきわめて迅速にかつ容易に到達するから」[23]。

　だが，「人間の霊は最高の霊と最低の霊とのいわば中間の場所を占めており，身体がないと自己が進歩しないし，他人にも役立つことができないという，まさしく二重の点で身体を必要としていることは明白である」[24]。すべて造られた霊は，他人を助けるためにせよ，自分が助けられると同時

---

21) ベルナール前掲訳書, 5, 1, 1, 前掲訳書89-90頁。
22) 「非理性的な霊は身体によって感じる身体的なものや感覚的なものを通して，その霊が霊的なものや知性的なものに向かって前進しながら到達するかぎりで，その身体によって支持されているのではないのか」(ベルナール前掲訳書, 5, 1, 3, 前掲訳書91頁)。
23) ベルナール前掲訳書, 5, 1, 4, 前掲訳書91-92頁。
24) ベルナール前掲訳書, 5, 1, 5, 前掲訳書92頁。

に他人を助けるためにせよ，身体的な拠り所を必要とする[*25]。

人間の卓越性としての神の像　ベルナールによると人間の「他に類例のない卓越性」は創造のときの質料「土の塵」にあるのではなく，神から「命の息」が吹き込まれた点に求められる。そこに人間としての最高の価値がある。

「土の塵はすでに〈初めに神が天地を創造された〉ときに造られていた。しかし命の息は〔他と〕共通に造られたのではなく，固有の地位をもっている。つまり，これは万物のなかの一部分として造られたのではなく，他に類例のない卓越したものとして吹き入れられたものである。ああ人よ，あなたの尊厳を認め，人間としての身分の栄光を認めるがよい」。この独自の価値は「他の被造物とはまったく比較することのできない高貴な存在なのである」[*26]。

さらにベルナールはこの「尊厳と高貴さ」を人間の自由に求めている。彼によると三種類の自由があって，第一の自由は自然本性に，第二の自由は恩恵に，第三の自由は生命ないし栄光に属する。この三段階について次のように言われる。

「第一段階ではわれわれは神による高貴な被造物であり，自由な意志と随意的自由をもつ存在として形成されている。第二段階ではわれわれはキリストにおける新たな被造物であり，罪のない状態に再形成される。第三段階ではわれわれは聖霊における完全な被造物であり，栄光へと高められる」[*27]。

ベルナールによるとこのような三つの自由の内に，創造主の像と類似とが含まれる。人間の自由意志には特に永遠にして不変的な神性の実体的な像が現われている。一般には理性のうちに神の像が探求されてきたのに，今や，意志の内にそれが求められた。ここに中世における人間学的な自己

---

25)　ベルナールはそのように魂と身体とから成る人間の統一を捉え，他方では二つの実体の間の深い裂け目について述べている。この双方は霊性の立場と所与としての二元論から説明される。この点に関してWilhelm Hiss, Die Anthropologie Bernhards von Clairvaux, 1964, S.51-55参照。

26)　Sancti Bernardi Opera, Romae, IV, 1966, 252.

27)　ベルナール『恩恵と自由意志について』(『中世思想原典集成10　修道院神学』平凡社，梶山義夫訳，503頁)。

理解の発展と転換が示される*28。

　神の像がこのように神的な性質をもっているのに，神の類似である似姿のほうは堕罪によって失われ，悲惨な状態に人間を突き落とした。この状況を克服するのは神の恩恵のわざである。「われわれはこの世では罪と悲惨がまったくない状態で生きることはできないが，恩恵の助けによって罪と悲惨とに負けないことができるのである」。それゆえ神との類似には段階があり，「最高位の天使たちは神との類似の最高段階にあり，われわれはその最低段階にある。アダムは両者の中間段階にある。悪魔には神との類似はまったくない。上位の霊的存在者は罪と悲惨なしに存続するよう定められた。アダムは罪と悲惨なしに存在する状態で創造されたが，その状態で存続するようには定められなかった」*29。このように類似においては自由は状況，場所，時間によって変化する。つまりこれらの自由は地上ではわずかであるが，天国では完全であり，楽園ではその中間段階であり，地獄にはまったくないと言われる*30。

　ベルナールの「神の像」についての理解の転換は知性や理性から意志と実践への転換であるが，そこでは「像」は理念的な人間を意味し，「類似」や「似姿」は現象的な人間を指している*31。このような「神の像」の理解には彼の霊性思想が表明されており，霊・理性・身体によって彼の人間学の特質が示されている。

---

28) Bernard McGinn, Western Christianity, in : Christian Spirituality, vol. I, 2000, p.327-28.
29) ベルナール前掲訳書，522頁。
30) 「意思（＝意志）の自由は形成された状態からまったく変化せず，それ自体に関する限り天においても地においても，また地獄においても常に同等に所有される。そのため明らかに二つの自由は神との類似であり，意思の自由は神の像であるとみなされる」（ベルナール前掲訳書，522頁）。
31) ここには哲学的な人間学と神学的な人間学の区別は考えられていない。ルターはベルナールと同じ現実の人間の状況からこの問題を捉えているけれども，この人間学的な区別に立って「神の像」を解釈している。

第3章

トマス・アクィナスとボナヴェントゥラの心身論

―――――

1　トマス・アクィナスの心身論

　12世紀から13世紀にかけて，それまで一部分しか知られていなかったアリストテレス哲学のほぼ全貌がアラビア経由で西欧に知られるようになり，従来のプラトン主義ないし新プラトン主義を基盤とした人間学の歴史に大きな変化がもたらされた。そのような思想状況のなかで，古代キリスト教の教父から続いてきたプラトン主義的色彩を帯びた人間学の伝統を受容しながらも，アリストテレス哲学という新しい思想基盤に立って新しい人間学を樹立した思想家たちの頂点に立つのがトマス・アクィナス（Thomas Aquinas, 1225-74）である。

　さて，「12世紀ルネサンス」とか「13世紀革命」とか言われる時代を生きたトマスの思想的課題は，教父以来の聖書的伝統に立ちつつ，アラブ世界との接触によってもたらされたアリストテレス哲学を，彼自らの哲学的視座において受容し発展させることにあった。彼の心身論から人間学の特質を把握するためには『神学大全』の他に『霊魂論』も参照しなければならない。また『創世記』に由来する「神の像」としての人間が霊・魂・身体の三分法といかなる関係にあるかも考察してみたい。

　魂と身体の基本的な関係　アウグスティヌスがプラトンにしたがって人間を魂と身体とに分離して考察する方法を採用したのに対し，トマスはアリストテレスの一元論を採用し，人間の活動のすべてが同じ主体である個人に属しており，人間が個別的実体（個体）であることから人間の本来

第3章　トマス・アクィナスとボナヴェントゥラの心身論

的な一性を主張する。彼は自分の経験から人間という心身の合成体には一つの実体形相として「理性魂」しかありえないと主張する。すなわち「身体が何よりもそれによって働きをはたらいているもの、これが魂であることは明らかである」[*1]と言われる。したがって「人間」ということばは、魂だけにも身体だけにも適用されないで、むしろ魂と身体の全体である複合的で有限的な合成実体に適用される。それゆえ実体形相である理性魂が与えられると人間が誕生し、離れると死ぬことになる。したがって魂と身体との結合は、天上からの墜落といった罪の結果生じた罰ではない。むしろ総じて質料が形相のために存在するように、身体は魂のためにあり、魂が自己の本性にしたがって働くために身体と結合したのである。

このような彼の理解にはアリストテレスの影響が明らかである。アリストテレスによると魂は身体の形相である。しかし心身の総合である人間の実体はその基礎を可能的に生命をもつ形相に置かれている。したがって形相は質料と結合して実体を形成する。これが実体的形相である。こうして人間の魂は質料と結合して（魂と結合した質料が身体である）人間という実体を形成する。

またトマスはアウグスティヌスの創造説にしたがって神の創造の理念を説いた。だがアウグスティヌスがオリゲネスの魂の先在説を退けたが、原罪説を維持するために創造説に同意できなかったのに反し、トマスは魂と身体とが同時に無から創造されたと説いた。これは古代教会ではラクタンティウスによって「創造説」と言われたものである[*2]。トマスにとって人間の魂は身体と一つになっているのでなければ、本性的な完全性をもたないのであるがゆえに、魂が身体と一つになっているのは、魂が身体の形相として人間本性を形づくっているからである。

ところで彼は人間という種（species）に固有の形相は知性であると主張する。魂は栄養・感覚・運動の機能によって身体を養い、感覚を起こし、場所的に運動させているが、とりわけ知性的に認識を起こしている。彼は言う、「人間たるかぎりにおける人間に固有な働きは知性的認識である」[*3]

---

1) トマス・アクィナス『神学大全』第1部76問第1項。この点に関しては稲垣良典『トマス・アクィナス哲学の研究』創文社、201-03頁参照。
2) 本書第1部第4章72-75頁参照。
3) トマス・アクィナス『神学大全』第1部76問1項、高田三郎・山田晶訳、創文社、

と。これが人間の魂に固有な働きなのである。この知性の作用は悟性のように直接に感覚的な対象に関わるのではなく，まず感覚が感覚的対象からその印象を捉えて来て，それを表象のうちに統合し，この表象から知性は対象の本質を抽象することによって認識する。ここに抽象説と言われるトマスの認識論が成立する[*4]。

　さらに人間は普遍的に捉えられるだけでなく，個別的な存在，キリスト教的な意味での主体的人格である。このように人間が個別的な主体であることがトマスによって力説された。この個別化にはその根源となる質料がなければならない。そのためには「個体的質料」(materia individualis) や「特定的質料」(materia signata) が必要とされた。人間はこの質料によって一人ひとりの個別的で主体的な人間となる。これが個体的な人間であって，個体的主体には魂という形相を現実化し，形相にそれ固有の働きを行わせる存在が付与されており，ここに初めて人間の個人性が基礎づけられたといえよう。

　神の像としての人間　こうした人間の存在にとって「神の像」はどのような意味をもっているのであろうか。トマスは『神学大全』第1部第93問「人間の産出の目的ないし終極について」において，人間が神の像として造られた意義について詳論している。神によって造られたと言うことは，人間が被造物として神の本質を範型としながら神との本質の類似性をもつだけではなく，知性によって認識を行うという「最終的な種差に関する類似」をもつ知性的な被造物であることを意味する。この点でのみ神とのあいだに種に関する類似が認められ，神の「似像」が見いだされる[*5]。

　しかしアウグスティヌスは「像のあるところ，そこにはまた同時に似姿がある。だが似姿のあるところ，そこには必ずしも同時に像があるとはか

39頁。さらに詳しく次のように言われる。「人間の魂は自らの力によって物体的質料を超えるその極点において，およそ如何なる仕方においても物体的質料の参与することのない或る働きと力をもつにいたった。そしてこういう力こそが知性と呼ばれるものにほかならない」（前掲訳書40頁）。

　4）　この説は『霊魂論』の全体を通して詳論される。S. Thomas Aquinatis Questiones Disputatae. Tomus II, Marietti, 1953, 277-362. The Soul. A Translation of St. Thomas Aquinas' De Anima, trans. by John Patrick Rowan, 1951.

　5）　トマス・アクィナス『神学大全』第1部第93問9項。

ぎらない」というように像と似姿とを区別した。古代教会以来「像」（imago）は神との存在論的な関連を示し、「似姿」（similitudo）は道徳的な近似値を意味する[*6]。もちろんトマスにおいても人間は神の完全な似姿ではなく、不完全な似姿にすぎなく、完全な似姿は神の独り子キリストだけである。しかしこれによって「神の像」に動的な展開が加えられることになった[*7]。それゆえ神の像は道徳的観点からではなく、存在論的な観点から考察され、人間が知性的な本性をもつかぎりで、それが人間に認められた。彼は言う、「人間が神の像のごとくであるとされるのはその知性的本性のゆえなのであってみれば、それが最高度において神の像のごとくであるのは、その知性的本性が最高度に神を模倣することのできるごとき点についてである」[*8]と。

したがってトマスにとって人間が精神において神の似像であるということは、人間が神を根源としまた究極目的とした存在であり、神に類似したものとして知性的な本性をもっているが、それを能力（可能）態である知性と意志としてもっており、人間はこれらの能力を自由に現実化しながら自己の本性を完成させることを自らの目的としていることを意味する。それゆえ人間は神の似像として知性認識を自然本性的な傾向性においてもっており、その究極目的は神の本質の直視に置かれ、その至福への傾向性も自然本性的なものとして捉えられた。

魂の諸力としての精神と知性 このような人間の認識には魂という基体の中に知性（intellectus）・悟性（ratio）・感性（sensus）の三つの機能がどのように備わっているのか。知性と意志が記憶とともに三位一体の類似像であるとアウグスティヌスが説いた伝統がここでも活かされる。キリスト教の神は父・子・聖霊の三位一体の神であるから、人間の「精神」の内には神的な「知性的な本性」のみならず、「ペルソナの三性」という「神」の類似像が見いだされる[*9]。つまり神の内には自らの根源にとどまりながら発出する意志や知性のはたらきが見られるが、人間も神と同様に自発的

---

6) 詳しくは金子晴勇『ヨーロッパの人間像』知泉書館、57-60頁参照。
7) 詳しくは Ian Hislop, The Anthropology of St. Thomas, 1949, p.6を参照。
8) トマス・アクィナス『神学大全』第1部第93問4項。
9) トマス・アクィナス『神学大全』第1部第93問9項。

に知性認識し，自己の内に言葉を懐念し，意志する作用が三位一体的にあって神の類似像を形成する*10。

このような人間の知性的な魂には，①その本質に即していかなる質料も含まず，それ自体で自存して活動し，自己へと還帰するという側面と，②身体の形相として人間存在の形相的根源であるという側面との二面性が見られる。第一の側面は魂の霊的な被造物としての特質であり，魂が物体から離存する霊的な実体であることを意味する。もちろん魂は第二の側面にあるように身体と合一しており，すでに述べたように身体の形相である。それでも魂はそれ自身としては知性的な働きのゆえに，物体からは離存した霊的な実体である*11。なぜなら，もし魂が非質料的でないとしたなら，感覚的な素材から概念を抽出することができないから。さらにトマスにおいて魂の本質と能力は区別され，意志や知性また感覚といった魂の諸能力は，本性的な固有性として魂の本質から流出しており，「人間」のはたらきを媒介する器官として人間の完成のために存在する。

新しい心身論の展開　なお，トマスの人間学では次の諸点が優れた貢献として考慮されなければならない。

1) 感性・理性・知性の三分法　トマスでは魂が感覚器官をとおして感覚的形象（species sensibilis）を受けとる。これが表象（phantasma）であるが，ここから知性（作用する理性）が叡知的形象（species intelligibilis）を抽象し，これを（受動的な）理性に授ける。この叡知的形象は本質に属するもので，個別者に共通的な共通的本性（natura communis）であるがゆえに，概念によって表現される*12。ここに感性・理性・知性の伝統的な

---

10) この点に関し次のように評価されている。「トマスにおいて人間は，魂の能力である精神において，〈神の似像〉として創られている。それは知性的な（自然）本性をもつ自由な存在として，神を究極の目的としてはたらき，自己の本性を完成させることを目的としてもつ，神から神への〈動的な存在〉であることを意味している」（渡部菊郎『トマス・アクィナスにおける真理論』創文社，27頁）。

11) 詳しくは F. ファン・ステンベルゲン『トマス哲学入門』稲垣良典・山内清海訳，文庫クセジュ，52-54頁参照。

12) 具体的に言えばプラトンの表象とソクラテスの表象から能動理性は両者に共通な「人間性」を抽象する。プラトンの表象とソクラテスの表象は個別者であり，「人間性」は普遍者である。「感官は個別者に関するものであり，知性は普遍に関するものである」と言うアリストテレスにおける霊魂論の原則をトマスは踏襲する。

三分法が理性においてアリストテレスにしたがって，作用する知性と受動的な理性とに分けられているところに特徴が認められる。

2) 魂と身体の同時創造　万物は神の自由な創造による被造物である。神は自身が創造しようと意志するものを知っており，神の知性には創造されるべき万物の個別的な範型ないし原型，つまりイデアが存在する。このような被造物のイデアは神の本質にほかならない。この点でトマスはアウグスティヌスに従っている。ところがアウグスティヌスが，オリゲネスと同様に，魂は身体に先立って天使とともに創造されたと説いたのに対し，トマスは魂と身体とが同時に無から創造されたとみなす。その理由は，魂が身体と一つになっているのは，魂が身体の形相として人間本性の一部分をなしているからである。人間の魂は身体と一つになっているのでなければ，本性的な完全性をもたない。こうして心身の二元論は克服されて，心身の統一性に立った人間学の土台が据えられた。

3) 人間と天使における神の像　人間が神の像に従って創造されたということはトマスにとっても人間学を構想するさいの基本的要素であった。神が自分の像に従って創造したということが，聖書の中では人間に関してのみ語られていることから，トマス以前のキリスト教人間学では，神の像はとりわけ人間において見いだされるという見解をとってきた。しかし，そのような見解は，神を模倣することが人間のうちに見いだされるとする制約された見方にすぎないとしてトマスは排する。むしろ神の像を彼は知性的本性の内に端的に見いだし，知性的本性のうちで天使は人間よりも上位にあり，より完全に神の像を所有すると説いた。

意志・罪・恩恵　次に知性に続いてトマスの人間観を端的に示している意志について考えてみよう。意志は理性と同様に人間にとって重要な機能である。彼はアリストテレスの倫理学にしたがい人間が生まれながら幸福としての善を求め，知性が最善のものを勧めていると説く。そして真の幸福は神のなかにあるがゆえに，人間の意志は本性的に神なる最高善を求めるが，悪しき行為が生じるのはこの善を達成するために手段を選択するときである。この選択を行うのが自由意志である。したがって，意志は本性的に誤らないが，自由意志だけが目的実現における手段の選択で「的外れ」（ハマルティア＝アリストテレスの罪の規定）に陥ることになる。その

さい意志と自由意志との関係は、知性と悟性との区別と同様に、一つの能力でありながら、働きを異にし、意志が知性に依存し、これによって目的としての善が無制約的に意志に示されるのに対し、自由意志の方は目的を実現する手段の選択に制限される[*13]。ここには意志が知性と一致して善を受け入れる受容性が前提されており、意志に対する知性の優位が説かれたので、主知主義的な特徴が見いだされる[*14]。

ここから自由意志の主体的特質さえも消滅していく傾向が生じ、やがてスコトゥスの批判を受けるようになる。

さらに罪と恩恵を彼がどのように把握していたかを問題にしてみたい。『神学大全』第2巻第1部106-114問題においてトマスは恩恵について論じ、人間を恩恵を受ける以前と以後とに分け、さらに恩恵以前がアダムの堕罪以前と以後とに分けて考察した。

この第一段階では自然本性は毀損されておらず、原義（originalis iustitia）が保たれ、神・理性・魂の下位の能力が正しい秩序のなかにあり、「人間は自然本性上善にも悪にも向かいうる自由意志をもっていた」[*15]。だが「超自然的賜物が上から与えられないとしたら、いかなる被造的本性も永遠の生命に値する行為への十分な源泉ではない」[*16]と言う。

第二段階は自然本性が壊敗した段階であり、「原義の欠如が原罪である」[*17]と規定される。この罪の奴隷状態から自由への移行は恩恵によって生じる。それは「不義の状態から義の状態への改造」であって、「全く相矛盾する一方から他方への運動」であるから、この改造は罪の赦しにはじまり、それは「不義なるものの義化」（justificatio impii）と呼ばれる[*18]。

---

13) トマス・アクィナス『神学大全』第1部第93問4項、高田・大鹿訳、243頁。
14) もちろんトマスは自由意志の主体的性格を主張する。自由意志をもつ者は①自ら欲するところを行い、②欲するも欲しないも自由であり、③自らの原因であり、④諸々の活動の主権者であり、⑤自己形成者である（トマス・アクィナス『神学大全』第1部第83問1項）。こうした意志の主体的性格を認めながら、彼は同時に知性が意志に善を命じ、意志がこれを「端的に受容する」ことから、知性の意志に対する優位を主張する。というのは人間の精神は存在と善に対して開かれており、それらを分有することによって具体的に存在を得ているからである。こうして客体としての善とその秩序に適合することが倫理的善の内容となっている。
15) トマス・アクィナス『神学大全』第2-1部第114問9項。
16) トマス・アクィナス前掲書2項。
17) トマス・アクィナス前掲書81問5項。
18) トマス・アクィナス前掲書113問1項。

第3章　トマス・アクィナスとボナヴェントゥラの心身論　　　147

しかも，この義化への改造は人間の本性的特性たる自由意志に向けられており，自由意志が恩恵を受けるように恩恵が働きかける点が次のように説明される。

「それゆえ，義に向かう神からの運動は，自由意志を使用しているものには，自由意志の運動なしに生じることはない。しかし神は，義となす恩恵の賜物を注ぐにあたって，同時に自由意志が，この運動を受容しうる人たちのもとで恩恵の賜物を受け入れるように，恩恵をもってそれを動かしたもう」[19]。

このようにトマスは神学的人間学でも優れた思想を展開させた。

神秘的拉致体験と神の観想における霊性　　キリスト教神秘主義に特有な経験を表す概念は，ベルナールにおいて指摘されたように，現象学的に見ると次のような三つのプロセスで把握できる。第一段階は日常経験から離れ，外界に向かっていた意識を内面に転向させる運動で，「離脱」(excessus) と呼ばれる。第二段階は自己をも超越する運動で，「脱自」(exstasis) と呼ばれる。さらに第三段階は自己が上からの力によって引き上げられる運動で，通常「拉致」(raptus) と呼ばれ，これはパウロが第三の天へ引き上げられた経験を指している[20]。この三段階説はトマス・アクィナスにおいて完全な姿をとるようになり，「人間の精神が神により神的真理を観照すべく拉致される」場合が後述するように三重の仕方で説明される[21]。そこでこの拉致概念によってトマスの霊性の特質を考察してみたい。

トマスによると「拉致」(raptus) は自分自身から離脱する脱自 (exstasis) とは相違して，何らかの暴力 (violentia) が付け加わっている。それは「奪

---

19)　トマス・アクィナス前掲書113問3項。
20)　本書第Ⅱ部第2章第2節参照。
21)　さらにペレツによると第二段階の「エクスタシスと呼ばれているのは，あたかも自己自身の外に遠ざけられて存在し，かつ観照している人の状態である」(Perez, Centum ac quinquaginta psalmi Davidici, 1509, Prol. tract 2a2B, Zur Mühlen, Nos extra nos, 1972, S.56ff. からの引用) と考えられ，詩編115・11のダビデはこの状態にあって，信仰によって生き，霊がサウルを離れて彼のところに来たとき，霊により預言者的光により照明された。「彼は自己自身のすべてを神の観照にささげ，精神のエクスタシスとエクスケススのうちに拉致され，霊において，また預言者的光によりキリストと教会の将来の秘義のすべてを予見した」(Perez, op. cit., Ps.115, 11)。

い去ること」が奪い去られるものの外から起こるからである。神秘主義者ディオニシウスは「神の愛が脱自を引き起こす」と述べてから「万物の原因たる神ご自身でさえも，愛に満ちた善性の横溢によって，ご自身の外に赴かれる。それはすべて存在するものに対する摂理による」と言う場合，愛が拉致の原因だというにすぎない。それに対し人間における下位の欲求が上位の欲求に従属し，上位の欲求が下位の欲求を動かす場合には，自分の外に出ることになるが，このことは知性的欲求が全面的に神的なことがらへと向かい，感覚的欲求の向かうところのものが閑却されるときに生じる。この意味でディオニシウスは「パウロは神の愛の力によって脱自に至って，生きているのはもはや私ではない，キリストが私の内に生きておられるのだ」（ガラ2・20）と述べている[*22]。それゆえ，天使が神の真理を直接観想するのに，人間では次の3段階が区別される。

　「人間の精神が神の真理を観想することへと，神によって拉致させられるのには，三つの仕方がある。第一は，神の真理を何らかの想像的な類似像によって観想することである。ペトロにおいて起った精神の離脱とは，このようなものであった。第二は，神の真理をその可知的な諸結果を通して観想することである。たとえば，〈私はわが離脱において言った。すべての人は欺く，と〉（詩115・2），と述べたダビデの離脱はこれである。第三は，神の真理をその本質によって観想することである。パウロの拉致もモーセの拉致も，このようなものであった。そしてこのことは，十分にふさわしいことであった」[*23]。

　こうした神の真理を観想するのは知性によるほかには不可能である。しかし，それは自己の外からの光による以外には生じない。それゆえ，この知性も「あなたの光において，私たちは光を見るであろう」（詩編35・10）とある「栄光の光」（lumen gloriae）によってのみ観想を実現する。このことは現実の人間には不可能であっても，可能的には不可能ではない。その例としてキリストと「復活の後に神の本質を見る至福者たち」があげられる。キリストにおける知性は，恩寵の光によって栄光あるものに変えられていた（glorificatus）ので，彼はこの光によって，いかなる天使や人間よ

---
22) ディオニシウス・アレオパギタ『神名論』4, 13.
23) トマス・アクィナス『神学大全』第2-2部第175問3項，稲垣良典・片山寛訳109頁.

第3章　トマス・アクィナスとボナヴェントゥラの心身論　　149

りもはるかに優れて，神の本質を見ていた。ところで知性の認識は表象像（phantasmata）を媒介して可感的なことがらに判断を下すとき実現する。だが，神を認識するにはこれを超越しなければならない*24。したがって人間が途上の者（viator）として神を本質によって見ることは，感覚からの切り離し（abstractio a sensibus）なしには不可能である。それゆえ至福者たちの場合には，知性が魂の諸力へと満ち溢れ，このことが身体にまで及ぶとき，彼らの魂は表象像をも，可感的なものをつつみこむ仕方で，神を直視することになる。こうした拉致状態は途上にある者にとって将来の希望である。

このように拉致は人間を自然本性の状態から自然本性を超えたことへと高める。ところで先に考察したトマスの人間学によれば，魂は身体の形相として身体と結合している。このことは拉致の場合にも神の力によって魂から取り去られることはない。こうして魂はその人間としての境位にとどまりながら，「すべての表象像を超出することへの霊魂の高挙（elevatio）が阻害されないために，表象像や可感的なものへの現実的な転向〔働き〕は，霊魂から取り去られる」*25。それゆえ拉致において必要だったのは，知性が表象像や可感的なものの知覚から切り離されることだけである。

同様な事態は観想においても必要である。天使の観想はそのままで真理を直観するが，人間の場合には真理の直観に到達するためには，多くの過程（processus）を経なければならない。たとえばリカルドゥスによって「観想は，知覚されるべきものへの精神の鋭敏で自由な凝視（contuitus）である。一方，瞑想は，真理の探求に没頭している精神の直観（intuitus）である。しかし思惟は，気を散らしやすい精神の集中（respectus）である」と言われる。さらに人間の能力を超えた事物を捉えるためには，崇高な真理の観想から生じる「感歎」（admiratio）が不可欠である。

24）「もし神の本質を見ようとするなら，表象像から切り離される必要がある。というのは，神の本質はいかなる表象像を通しても見られえないし，またいかなる被造的な可知的形象を通しても，見られえないからである。なぜなら神の本質は表象像がそれに関わるあらゆる物体的なものを超越しているのみならず，あらゆる可知的被造物をも無限に超越しているからである。しかるに，人間の知性が神の本質の至高の直視へと高められるときには，精神の志向のすべてがそのことへとさしむけられなくてはならない」（トマス・アクィナス前掲訳書第2-2部第175問4項，前掲訳書113頁）。

25）トマス・アクィナス前掲訳書第2-2部第175問5項，前掲訳書117頁。

「現世において人間は二つの仕方で存在しうる。ひとつは，現実態に即して，すなわち現実的に身体の感覚を使用するかぎりにおいてである。この仕方では，現世での観想は神的本質を見るところまで到達することは決してありえない。——もうひとつは，人間はこの世において現実態に即してではなく可能的に存在しうる。すなわち，人間の霊魂は死すべき身体に形相として結合してはいるけれども，ちょうど拉致状態で起こるように，身体の感覚を使わず，想像力 imaginatio さえも使わないかぎりにおいてである。この仕方では，現世での観想は神的本質を見るところにまで到達することが可能である。それゆえ，現世での観想の最高の段階とは，パウロが拉致において経験したような，そこでは現世の状態と来世の状態の中間に位置したといえる段階である」[*26]。

それゆえ知性的な認識は表象像のもとにとどまらないで，表象像において可知的真理の純粋さを観想する。この点は啓示による認識にも妥当するがゆえに，ディオニシウスは「観想的生活は大いに愛すべき甘美さである。それは霊魂を，それ自身を超えて奪い去り，天を開き，精神の目に霊的な事柄を開示するのである」[*27]と言う。それゆえ観想は霊魂の不滅的部分の活動である知性にもとづいて人間に適合している。実際，人間に観想的生活が適合するのは，「何か神的なものがわれわれの内にあるかぎりにおいてである」[*28]から。このように知性活動によって拉致は起こるがゆえに，トマスは神秘主義の思索を受容しながら霊性を知性的な認識活動に求めたといえよう。

ところが人間の現実を知性よりも意志における罪の現実としていっそう鋭く問題視したのは，トマスの同時代人であるボナヴェントゥラであった。彼はトマスに並ぶ有力な思想家として活躍し，同時代と後代に大きな影響力を及ぼした。そのため中世思想はその後も多様な仕方で発展することになる。

26) トマス・アクィナス前掲訳書第2-2部第180問5項，前掲訳書177頁。
27) ディオニシウス・アレオパギタ『エゼキエル書講話』第2節。
28) アリストテレス『ニコマコス倫理学』第10巻第8章1178b27.

2 ボナヴェントゥラの心身論

ヨーロッパ中世を代表する偉大な聖者フランチェスコの精神と生活とから強い影響を受けてボナヴェントゥラは神秘神学を確立した。彼はフランチェスコ会第7代の総長となって活躍し、この会を代表する神学者となった。彼の思想はフランチェスコの霊性にもとづいているので、まずフランチェスコの霊性を問題にしなければならない。

フランチェスコとボナヴェントゥラ　クレルヴォーのベルナールはシトー会に属する思想家であったが、この会の修道院活動が頂点に達するころ、その組織は巨大化することによって内部から崩壊する危機に見舞われていた。同じころ都市を中心にして新たな宗教心が目覚め、民衆による新しい宗教運動が起こってきた。そこには同時に人間の個人としての自覚が生じており、これまでのように修道院に閉じこもって集団のなかに個人が埋没することを欲しないで、自己の欲求と意志にしたがって神との霊的な合一を求める気運が盛り上がってきた。こうして世俗の只中にあって修道に励む、托鉢修道会が出現した。その創始者がフランチェスコであった。

フランチェスコ（San Francesco d' Assisi 1181/2-1226）はアッシジの富裕な商人の子として生まれ、幸福な青年時代を過ごすが、戦争で捕虜となり、病に罹り、精神的葛藤の末、祈りと清貧生活に献身すべく決心する。一切の所有を捨てて彼は乞食となり、愛と奉仕と救霊の生活に入った。同時に「小さい兄弟たち」と呼ばれる同志とともに彼はフランチェスコ会を組織し、清貧・貞潔・服従の誓約を守り、教皇インノケンティウス三世によって修道会設立の認可を得た。1224年アルヴェルナ山で聖痕の秘跡を受領する。この出来事はまた「神の像」を体現することを意味した。「神の吟遊詩人」フランチェスコは子供のような快活さ・自由・信心により「キリストの模倣」という理想をもっとも純粋に実現した人であった[*29]。

---

29) 有名な「太陽の讃歌」の第二節は「神の似姿」をもって太陽を讃えている。「我が主よ、汝のすべての被造物の故に讃美せられよ。/わけても兄弟なる太陽の故に。/彼は「昼」を与え、光をもたらす。彼は美しく、大いなる輝きをもて照り渡る。/いと高き汝の似姿を

ここでは「キリストの模倣」によって「神の似姿」が完成に向かう点を考えてみたい。

彼の理想と模倣は「貧しいキリスト」においてその実現が求められた。彼は貧困をとおしてキリストの姿を模倣し，キリストとの一体化を求めた。この神秘的な経験と生活から彼は「キリストの人間性」，つまり「神の像」を見いだしている。

ボナヴェントゥラ（Bonaventura 1221-74）は自分が属していた修道会の創立者フランチェスコの精神と生活から強い影響を受けているが，修道会の総長に就任したころ，フランチェスコの精神に帰ろうと願って，聖痕の奇跡が起こったアルヴェルナ山に赴き，黙想のうちにその神秘的な霊性を形成していった。

霊性の特質を論じるに先立って，わたしたちは彼の心身論の全体像が簡潔に提示されている『神学綱要』（Breviloquium）によって彼の人間学の特質を指摘してみよう[30]。

魂と身体の関係　彼はまず初めに正統的なキリスト教信仰にしたがって創造における人間の身体の状態について考察してから，それを理性的に把握すべく試みる。彼は「明らかに最初の人間の身体は，地の塵から形づくられ（創世記2・7），一方それは調和のとれた方法で，魂に従属するように造られた」と主張する[31]。そのさい身体が魂に「従属」する状態というのは，何らの背反もなく，従順にして繁殖的であり，しかも欲情をともなわずに繁殖的であり，欠損することなく生命的であり，あらゆる腐敗性から免れて不変的であり，したがって死が介入することなく，平和な生活のなかにあって，楽園の場が彼らに与えられていたことを意味する。この点は理性によって次のように理解される。「第一原理は創造にあたっては，最も力があって，最も知恵があり，最も善なのである。とくにこのことは創造の最後にして，最も気高い作品のなかにもっとも顕著に現われね

もつ」。

30）　以下の叙述はボナヴェントゥラ『神学綱要』（Breviloquium）関根善明訳，エンデルレ書店，第2部第10章「人間の身体の創造」と第11章「心身の統合体としての人間の創造」にもとづく。

31）　ボナヴェントゥラ前掲訳書，91頁。

ばならなかった」。こうして人間は「神の創造の業の完成」であると説かれた。なかでも心身に関してこう言われる。

　「人間において神の力が顕現されるために，神は人間を全く異なる二つの本性から創って，一つの人格と本性に統合した。それらの本性は身体と魂であって，前者は物体的な実体であり，後者は霊魂であって霊的，非物体的な実体なのである。そしてそれらこそ二つながら〈実体〉という類概念の中において，極めて隔たりのあるものなのである」[*32]。

　それゆえ「神は魂にたいし特別な方法で整合性のとれた身体を創った」。これによって身体は至福に到達するようになり，そこに人間としての完成が見られる。

　また人間の身体が直立しているのは上なる天に至るためであって，それは精神が直立していることを証しする。それゆえ身体は魂に従属し，従順にしたがうことによって心身の一致にいたる。もちろんそこには反抗の可能性もあって罪に陥ることもできた。

心身の統合体としての人間　　次に心身の統合体としての人間の創造が語られる。楽園にあったときの人間は心身の二重の感覚，つまり「内的感覚」と「外的感覚」，あるいは「精神感覚」と「身体感覚」が与えられた。彼には「意志における命令」と「身体における実践」という二重の動因が与えられた。また彼には二重の善，つまり「見える善」と「見えない善」が与えられた。さらに彼には二重の掟，つまり「生めよ殖えよ」という生殖に関わる「自然的な掟」と「善悪の知識の木の実を食べてはいけない」という「戒律的な掟」が与えられた。これに加えて四重の援助が与えられていた。それは「学知の援助」(adjutorium scientiae)，「良心の援助」(adjutorium conscientiae)，「良能の援助」(adjutorium synderesis)，「恩恵の援助」(adjutorium gratiae) である。この援助によって人は前進し，悪を回避できた。このことを理解するためには感覚によって創造の世界を認識し，知恵によって神の創造計画を認識しなければならない。そこには「二つの〈書物〉があって，一は〈内的書物〉であり，これは永遠なる神の業と知

---

32)　ボナヴェントゥラ前掲訳書，91-92頁。

恵とを記しており，もう一つは〈外的書物〉であって，それは感覚的世界を記すのである」[33]。これを理解するには前述の二重の感覚，つまり知恵とその業の感覚を具えた被造物が存在しなければならない。そこには外的事物という「目に見える善」があり，それには感覚が与えられ，神の創造の知恵という「永遠の善」を認識するためには「精神のなかにある理性」が必要である。そこには「神はこれらのうち前者を与え，後者を約束したのである。前者は無償で得られ，そして後者は功績によって求められる」[34]。

ところで人間は「無」から造られ，欠陥のある本性のゆえに堕落しやすい。そのため慈悲深い神は四重の援助を人間にもたらした。それが二つの自然的援助と二つの恩恵の援助である。つまり「良心の公正」と「良能の援助」および「助力の恩恵」と「成聖の恩恵」である。これらの恩恵は「自分自身と神の認識，および自身のために造られた世界を認識するために知性を照らす知識である」と言われる。このように人間は堕罪以前に自然的な完全さを具え，その上に神の恩恵が授けられた。それでも罪を犯すなら，それは人間の責任に帰せられる。

魂の六段階の超越 このような心身の統合体と神の恩恵による導きによって人間はその完成をめざすのであり，その過程が『魂の神への道程』（Itinerarium mentis in Deum）に詳細に考察される。この作品は彼の神秘主義を叙述した代表作であり，フランシスコ会の霊性と神秘主義の小スンマと称せられる。わたしたちはこれによって彼の神秘神学の人間学的な特徴を指摘してみたい。

ボナヴェントゥラはフランチェスコに現われた天使セラピムの三対の翼を魂が神へと昇り行く六つの段階の象徴と考え，その道程を述べている。第一段階は可視的世界に存在している三位一体の「神の痕跡」をとおして神を考察する。第二段階は事物の諸表象と内部感覚における神の痕跡によって神を考察する。第一，第二段階ではパウロの世界をとおしての神の認識（ローマ1・20）が展開する。第三段階は人間が自己自身に復帰し，自己の精神的諸能力の検討によって神を考察する。記憶・知性・意志の三一

---

33) ボナヴェントゥラ前掲訳書，95頁。
34) ボナヴェントゥラ前掲訳書，95頁（訳文の一部変更）。

的構造は「神の像」として創造された人間精神に固有のもので，これにより三位一体の神が暗示される。第四段階は神の恩恵によって回復された「似姿」にもとづいて神を考察する。信仰によってキリストの恩恵を受けた人は精神の力を回復し，忘我的愛によって神に触れ，神を抱擁することができる。第五段階は神を「在りて在る者」として，つまり存在自体として観照する。第六段階は三位一体の秘義において神を「美しいもの」の名において観照する。

　この六段階を通って上昇した魂は神殿の内奥に入っていき，神秘的離脱に達し，「この離脱によって完全に神のうちに入っていった知性と心情には平安が与えられる」。また「精神は神の像として造られた人を見る。もし像が明瞭な似姿であるならば，わたしたちの精神は，本性から見えない神の像である，神の子キリストの内に観照する」と説かれた[*35]。しかし，この境地には十字架に付けられたキリストによってのみ到達できる。

　このような神秘思想は彼のすべての著作に一貫して表明されている中心思想であり，聖フランチェスコの実践的な「キリストの模倣」の精神によって貫かれている。その思想的な核心はキリスト神秘主義，あるいは十字架の苦難の神秘主義であるが，神の像の痕跡が世界や人間の中に把握できると説いたアウグスティヌスの伝統にしたがっている[*36]。

　この書の序文にも出てくる聖フランチェスコに生じた聖痕の奇跡物語がフランシスコ会の神秘主義の特徴となっている。その目的は，パウロの神秘思想と全く同様であり，キリストの十字架に一緒に付けられることから沸き起こってくる経験であって，そのためにはキリストと生死をともにすることによって神の生命に移って行かなければならない。したがって神秘的合一は，この移行過程において生じる出来事となっているが，ディオニシウス・アレオパギタのように神中心的ではなく，あくまでキリスト中心的な神秘思想である。

　ところで，この上昇過程は「階梯」(scala) を形成し，人間は大宇宙を

---

35) ボナヴェントゥラ『魂の神への道程』6, 7。
36) 『三様の道』では神秘的離脱が真理の照明にいたる七段階，つまり①理性の聴従，②共苦の愛情，③感嘆の注視，④全我献入の離脱，⑤キリストを同化的に着る，⑥十字架の抱擁，⑦真理の凝視によって達成される，と説かれた。このような精神の作用は神秘主義的な霊性を意味しており，アウグスティヌスと同じく神の観想という視点から説かれた。

映す小宇宙であるため，自己自身の存在の内にこの上昇の旅への備えが三一的構造をとって自然本性的に備わっている。したがって外的世界に対する魂の能力として animalitas, sensus, imaginatio（動物性，感覚，想像力）が，内的叡知的世界に対しては spiritus, ratio, intellectus（霊，理性，知性）が，神的超精神的なものに触れる力として mens, intelligentia, apex mentis（＝synderesis scintilla）（精神，直観知，精神の頂（＝良知の火花））がそれぞれ備わっている[37]。

この書の最後の章「精神的にして神秘的な超出について」において三位一体の神の観想は精神の眼に衝撃をあたえ，「感嘆のあまり茫然自失させる」ものであり，これこそ精神の照明が完成にいたる神への旅の終局状態である。そこでは知性を超えた観想が次のように語られる。

「人間知性のいかなる炯眼をも越える事柄を観照するに至ったのですから，残るところは，これらを観照しつつ，この可感的世界のみならず，自己自身をもまた超越し超出して行くことです。この過ぎ越しの旅路において，キリストは〈道であり，門なのです〉。キリストは梯子であり乗物であり，いわば神の柩の上に置かれた贖罪の座にして世の初めより隠されていた秘義なのです」[38]。

これこそ観想の脱我の境地であり，神のうちに没入していったフランチェスコが完全な観想の模範として示している境地である。ここに達するためには「諸々の知性の働きが捨て去られ，すべての情意の中枢（apex affectus）が神のうちに移し入れられて変容されなければなりません」と説かれる。しかし自然本性は無力であるがゆえに「神の賜物である聖霊に全面的によるべきであり，……聖霊の火が骨髄まで燃え立たせる」[39]と言われる。

魂の霊的質料　このような魂の神秘的な変化と成長が可能であるためには，魂は身体の形相であるばかりか，魂が変化を受け入れる個別的な質料がなければならない，とボナヴェントゥラは考えた。彼にとって魂は普遍的な形相であるばかりか，個別的に「このあるもの」（hoc aliquid）としてあって，自己によって存立し（per se subsistere）ながらも，他者に働き

---

37) ボナヴェントゥラ『魂の神への道程』1, 4-6. 長倉久子訳，創文社，12-14頁。
38) ボナヴェントゥラ前掲書，7, 1. 前掲訳書81頁。
39) ボナヴェントゥラ前掲書，7, 1, 5.

かけたり，他者から働きかけられる存在である。このことは魂がそのなかに自己の現実存在（existentia）の基礎をもっており，魂は自己のなかに形相的原理と質料的原理があって，前者から「存在」（esse）を，後者から「現実存在」を得ている。だが，そのためには魂のなかに質料がなければならない。しかし，この質料は物質のように延長をもったものではないので，彼はそれを「霊的質料」（materia spiritualis）と呼んだ。

ところでトマスの心身論では魂は身体の形相であるが，これを逆に言えば身体は魂の質料である。だが，もし魂のなかにすでに質料があるならば，魂と身体との結びつきは実体的なものではなくして，追加的（附帯的）なものになってしまう。また魂の働きは，質料と形相との合成体である諸物より，形相を感覚的形象（species sensibilis）から抽象することに示される。もし魂自身の中に既に質料があるならば，このような作用は不可能となってしまう。彼にとって質料（materia）は物体的質料（materia corporalis）であって，霊的な質料は考えられなかったからである。

トマスによれば，すべての人間の魂は同一の種に属する。それに対し個々の霊魂の個体性は質料にある。個体化の原理は特徴的な質料（materia signata）であるから，人間の個別性は身体より出て来ると考えられた。魂は身体と一つであるという身体との関係よってそれぞれの性質（habitudo）を獲得している。この性質や特徴によってそれぞれの魂は区別される。「人間の魂は，身体的（物体的）質料の存在を超えており，自己で存立し，働くことができるかぎり，それは精神的実体である。しかし魂が身体によって接触され，それにその存在を与えるかぎりにおいて，身体の形相である」[*40]。したがって魂は精神的実体であっても，決して質料ではない。

ボナヴェントゥラはこうしたトマスの考え方とは異なる仕方で心身の結合を考えた。心身の結合が実体的ではあっても，一つの実体に一つの形相しかないのではなく，一つの実体のなかに，多くの形相の重層的構造が認められた。トマスにおいては魂はそれ自身のみでは不完全なもので，身体と結びつくことによって一つの完全な実体となる。ボナヴェントゥラはこれにたいし，魂は身体と「実体的」に結びつくが，しかし同時にそれ自身のみでも霊的質料であるがゆえに，一つの完全体であり，「このあるもの」

---

40) Thomas Aquinas, De spiritualibus creaturis, a. 2.

(hoc aliquid) として現実的に存在 (subsistere) する。彼によると魂が身体と結びつくのは魂が自己より下位なるものを完成させたいとの欲求による[*41]。しかし自己の霊的質料による個体的実体の説には魂の自己形成によってそれが獲得できるという思想があらわれており，個体としての自覚が生まれている。この点をさらに追求するのがスコトゥスの思想である。

---

41) ここで述べられたボナヴェントゥラの霊的質料に関しては高橋亘『アウグスティヌスと第13世紀の思想』創文社，181-90頁に依る。

第4章

スコトゥスとオッカムの心身論

1　ドゥンス・スコトゥス

ドゥンス・スコトゥス（Duns Scotus, 1266-1308）はフランチェスコ会を代表する神学者であり[*1]、11-12世紀のスコラ神学とくにアンセルムスの伝統的意志優位説および道徳的責任性と罪責感にもとづいて、とりわけ当時明確になってきた個我意識と直接的な自由体験とにもとづいて独自な思想を形成した。

　学説の特徴をあげてみよう。彼は「鋭利な教師」（Doctor subtilis）と呼ばれるように、哲学者としては厳密に概念的で論理的な思考を徹底して遂行し、必然的な原理から三段論法の推論によって結論に導くものだけを認め、経験から行われる論証を認めなかった。たとえば神の存在証明はトマスの五つの証明に加えて三つの証明を試みるが、それは相対的なものにすぎないとみなす。したがって神学は必然的論証をもってなされるべきものではなく、本来学問の対象とならないものと考え、哲学から分離して扱い始めた。とはいえ哲学的な思考は維持され、神の属性は無限性であり、もっとも完全な観念は無限存在であるとみなした。また神は第一原因として

---

1)　1266年スコットランドのクロスバラ伯爵領のマクストンに生まれる（それゆえスコトゥスと呼ばれる）。77年フランシスコ会に入り、91年司祭となる。パリに学んだのちオックスフォードで『命題集』を講義した。この作品は Opus Oxoniense または Ordinatio と呼ばれる。1302年パリで同書を講義し、学生のノートという意味で Reportata Parisiensia と呼ばれる。フランス王と対立し、イギリスに帰るも、パリに戻り、学位を得て、ケルンに招かれたが、1308年に43歳にて早世する。墓碑銘「スコットランドわれを生み、イングランドわれを育て、フランスわれを教え、ケルンわれを守る」。

無限の可能性を含むから，無限な作用因であって，第一知性としてすべてを認識できるから，無限な知性である。さらに神は意志の究極目的としての無限の善であり，知性の終極の対象としての無限の存在である。彼は神の意志を強調し，そこに万物の最高原因を捉えた。創造も神の意志による。しかもこの種の意志の自由は理性によっては探求できないがゆえに，神は全くの自由の主体であるが，そこには矛盾を避けることだけが求められた。善の規定も神の意志にしたがう。また，もし神がそのような善の規定とは異なることを欲すれば，そのことの方が正しい。というのは道徳法則も神の意志によって受容されるかぎり正しいからである。

このような彼の学説の一般的な思想の背後には個別性の自覚が進んでいることが明白であって，個別の内には特殊性を含んだ本質が認められた。たとえばペテロは単に人間であるだけでなく，同時にペテロという個別的な本質が普遍性を縮減する仕方で含まれている。したがって個別化の原理はトマスのように質料にあるのではなく，形相のうちに認められるようになった。

この個別性の根源は意志の優位と自由という素朴な体験のなかに求められた。彼の主張を端的に表している命題をあげてみよう。

「意志は他の諸々の力の判断にさからって働くことができる。つまり，他のすべての力を自分が命令するままに動かすことができる。意志は他の諸力を行使できる」。したがって「意志にまさって自由に作用しうるものはない」*2。

このように意志は本質的に自由であり，行動を起こす力である。この意志が正しい理性と一致するとき，善は実現する。だから善は知性によって目的として立てられていても，自律的な意志によって同時に立てられる目標となっている。したがって意志は一方において知性によって客体的善に結びつきながら，他方において善を自ら設定する主体性を明らかにもっている*3。

個体の問題　スコトゥスはトマスの個体化原理を批判するが，そこに

---

2) Duns Scotus, Questiones quodlibetales, q. 16, n.15.
3) トマスにおいても意志は一方において知性により客体的善に結びついているが，個別的な判断は自由意志に任されていた。前章を参照。

は個別的な自我の意識が芽生えてきている。トマスは個体化が質料，厳密には個別的質料（materia individualis）もしくは特徴的質料（materia signata）において認識されると説いた*⁴。これに対してスコトゥスはこの思想を批判して言う。「トマスによれば，質料は無規定的なものである。規定は形相より来るのであるから。無規定的なものは個体化原理であることはできない。この矛盾を避けるためにトマスはさらに個体化原理は特徴的質料であると言う。しかし，これはトマスによれば量をもった質料の意味である。ところが量は偶有性である。偶有性は実体の個体化原理となることはできない」*⁵。

このようにトマスを批判した後，スコトゥスは自分の考えを展開する。彼によると個体化原理は積極的な「実在性」（entitas）に求められる。これをスコトゥスは singularitas（特性），individualitas（個別性），もしくは haecceitas（此性）と言う。それはある種の固有性，差別性（differentia）である。そこには存在者の最終的実在性（ultima realitas entis）がある。このような「此性」は質料にも形相にもまた合成体にも与えられる。彼によると神は「数的に規定された質料」（numero determinata materia）と「数的に規定された形相」と「数的に規定された合成体」を造ることができるし，また実際造る*⁶。したがって質料の中に共通する本性とこの固有性があり，形相や合成体にも固有性がある。それが haecceitas であって，singularitas, individualitas よりもスコトゥスの考えをよく示している*⁷。このように人間においてはその最高の形相である理性的霊魂が個体化原理となっている。こうしてスコトゥスもボナヴェントゥラと同じように魂における「霊的質料」（materia spiritualis）を認めている*⁸。

---

4) たとえば人間の本質は骨と肉を含むが，materia signata とは個別的人間における「この骨」，「この肉」である。トマスは materia signata を量的なものと考えている。
5) Scotus, Opus Oxoniense, II, d. 3, q.4, n.3
6) Scotus, Opus Ox., II, d.3, q.6, n.15.
7) ところでこの「此性」は共通的本性（natura communis）と結びついており，両者の間には形式的区別（distinctio formalis）があるに過ぎない。たとえば「プラトンの人間性」と「ソクラテスの人間性」は「人間性」（humanitas）という点では共通的であるが，プラトンの人間性はプラトンの「此性」と結びついており，ソクラテスの人間性はソクラテスの「此性」と結びついている。
8) Scotus, De anima, q.15, n.3.

心身論および感覚・理性・知性の三分法　これらの観点からスコトゥスは感覚・理性・知性をトマスとは相違した仕方で考えた。トマスの場合には感覚器官を通して魂は感覚的形象（species sensibilis）を受けとる。これが表象（phantasma）であるが、ここから知性（作用する理性）が叡知的形象（species intelligibilis）を抽象し、これを（受動的な）理性に授ける。この叡知的形象は本質に属するもので、個別者に共通的な共通的本性（natura communis）であるがゆえに、概念によって表現される[9]。これに対しスコトゥスは共通的本性（natura communis）そのものは個別的でも普遍的でもなく、自然的事物のなかにあるときは個別的であり、認識する知性のなかにあるときは普遍的であると考える[10]。知性は個々人から「人間性」を抽象するが、この抽象された人間性は「ソクラテスの人間性」、「プラトンの人間性」として個別的である。なぜなら一般的な「人間性」に個別的なソクラテスの「此性」とプラトンの「此性」が結びついているから[11]。

　魂と身体の結合については人間には身体的には多様な有形性があっても、ただ一つの魂がある。したがって魂は実在的には同じであっても、そこには種々の形相性が認められる。なぜなら知的、感覚的、植物的作用は形相的で客観的な作用とは区別されるから。これらは人間の一つの理性魂が有する諸形相性である。したがって魂には理性的認識の機能が備わっているばかりか、感覚的な機能や生命の原理も内在する。魂は esse vivum（生命存在）を与え、生ける有機体となすがゆえに、それは人間の部分であり、本来的には有機体である身体から離れて自立すると言えない。したがって魂はそれ自身実体というよりも、むしろ実体の部分であって、実体的には魂と身体の合成存在が認められ、心身は本来的に一つである。したがって身体と離れた状態にある魂は、厳密に言えば人格とはいえない。魂は本来的に自分と結びついている身体を完成させる。したがって、この魂

---

　9)　具体的に言えばプラトンの表象とソクラテスの表象から能動理性は両者に共通なる「人間牲」を抽象する。プラトンの表象とソクラテスの表象は個別者であり、「人間性」は普遍者である。「感官は個別者に関するものであり、知性は普遍に関するものである」と言うアリストテレスの霊魂論の原則をトマスは踏襲する。

　10)　たとえばソクラテスの人間性とプラトンの人間性はそれぞれの「此性」と結びついて相違があり、それは個別的である。だが、知性のなかにあるときには、「人間性」は同一で、普遍的である。

　11)　高橋亘前掲書、第10章「個体と個体認識の問題」203-20頁参照。

はこの身体に対して適合性をもっており，初めから個別化されている。このようにして個別化された魂の創造は身体との結合よりも論理的に先だっている[12]。

それゆえ心身論の観点からするとトマスとスコトゥスとの相違は次のように明瞭となる。トマスによると，魂はその本性にしたがって魂の善のために身体に結合される。ところがスコトゥスにとって魂と身体から成る統一的な人間の完成のために，魂は身体に結合される[13]。ここでは魂が現在置かれている状態，つまり旅人（homo viator）として身体の中にあるという状態が重要であって，心身の結合は魂のためではなく心身の善のためであることになる。このことはトマスにとっては不合理なことである。「なぜなら質料は形相のためにあるので，その逆ではないから」[14]。これに対し，スコトゥスは魂が身体に結合されるのは身体だけの善のためではなく，心身の合成体である人間の善のためであると考える。創造作用の対象は合成体としての人間であって，それ自体として単独に考えられた魂でも身体でもない。心身の結合は全体的な人間の善の完成のため（propter perfectionem totius）である。こうしてトマスにおいて説かれた形而上学的な知性（作用する理性）の地位はスコトゥスにおいては具体的人間への関心のために著しく弱められたといえよう。

意志の問題　スコトゥスがこのように個体的な人間を強調する点は自由意志の問題でいっそう先鋭化して説かれた。彼はトマスとともに意志が知性と相補的な関係に立つ人間の本質的機能であることを認めているが，人間の自由や責任および倫理に関してはトマスとは相違した見解をとった。彼によると知性と意志との根本的相違は，知性が絶対的に普遍な真理を単に受容するだけで，自明な真理に同意するよう強いられ，客体によって決定されているのに対し，意志は自由にして，しかも自発的であって，何ものによっても強制されない。ここまではトマスに一致する。トマスは

---

12) このようにスコトゥスは，理性魂が esse simpliciter（端的な存在）を与えるのではなく，esse vivum（生命存在）と esse sensitivum（感覚存在）を与えると主張する点でトマスと異なる。
13) Scotus, Opus Ox., 45, 2, no.14.
14) コプルストン『中世哲学史』箕輪秀二・柏木秀彦訳，創文社，575頁からの引用。

目的としての善が知性により意志に無制約的な仕方で示されると、意志はこれを受容し、自由に選択できるのは目的に対する手段に制限した。こうして自由の本性は知性的に解明されたのに対し、スコトゥスは知性の意志に対する影響力を否定しないが、いかなるものも意志に対し同意を強いるものではないと主張することによって*15、両者の相違は歴然となる*16。そこでスコトゥスはトマスの目的論的意志学説を否定し、意志は知性の命令にしたがって選ぶ必然性はなく、意志は非理性的にも行動できると主張した。というのは意志は知性が観照している対象から知性を引き離すことができるからである*17。

次にスコトゥスは意志を二つに分け、自然的意志つまり欲求と、行動を自由に引き起こす能動的意志とに分けた。もちろん両者とも同じ意志に属しているが、両者の相違は「石」(lapis) と「意志」(voluntas) ほどの差がある*18。ここに意志が自由な原因性であること、意志にとって自由は本質に属していること、トマスが目的にいたる手段の選択に限定して認めた自由、つまり選択の自由は自由の本質ではなく、かえって不完全性のしるしであって偶有的な自由にすぎないと説かれた。

「自然的な〔因果的な〕運動と自由な行動とは〈行動原理〉の根源的区分を示している。意志は自由な行動の原理であって、まさに〈意志〉と呼ばれるゆえんである。自然にまさって自然的な運動がありえないように、意志にまさって自由に行動しうるものはない」*19。

15) 『自由討論集』(Quaestiones quodlibetales) の第16問題は意志の自由について論じ、次のように言う。「意志は手段として用いられるべき対象を目的として享受することができる。他方、知性はこういう仕方では行動できない。知性は真理を単に名辞から自明な結論、原理、命題としてしか知ることができない。このように相違する根拠は知性がその対象によって自然本性的に動かされるのに対し、意志はみずから自由に運動するからである」(Duns Scotus, Quodlibetales, q.16, n.16.)。

16) トマスの『神学大全』第1巻第82問の意志論とスコトゥスを比較する場合に参考すべき箇所は Thomas Aquinas, op. cit., I, q. 82, art. 2, 前掲訳書212頁と216頁である。

17) 「しかし、意志は普遍的に理解された目的に向かう必然性をもってはいない。したがって意志は目的に向かって必然的に行為しているのではない。……むしろ意志は知性を何か他の対象を考察するように向け変える」(Duns Scotus, op. cit., q.16, n.4.)。

18) 「重さによる原因は自然的であるが、意志の原因は自由であり、その理由は意志がまさしく意志なのであって、重さは重さにすぎないからである」(Duns Scotus, op. cit., q.16, n.16.)。

19) Duns Scotus, op. cit., q.16, n.15.

さらに意志が本質的に自由であり，行動を起こす原因であることが強調されていても，意志は決して恣意的でなく，「正しい理性」(recta ratio) つまり実践理性と一致することによって善い行為がなされる。だから「行為が自由意志から生じたのでないかぎり，その行為は称賛にも非難にも値しない」[20]といわれながらも，「道徳的に善だと考えることは正しい理性と一致すると考えることである」[21]と付加されている。このように意志の自由は知性を排除していないで，かえってそれを含意している。

こうして意志には自由な原因性として行為や意欲を引き起こす力，自己決定力をもつ自律性が求められた。意志は自発的に自由に行為する原因，カントのいう「自由な原因性」であるから，客体的善は意志の目的として意志を引き寄せても，同時に意志により自律的に立てられるものとして相対化される。トマスにおいて意志は人格的自由をもつものとされ，目的論的に位置づけられていたが，スコトゥスでは意志が「自己自身を実現する本質形相になるという目立たないが重大な転回」[22]が生じている。

ここに近代的自由の淵源が認められる。それは後にオッカムによって強調される，「無記的な未決定の自由意志」(liberum arbitrium indifferentiae) の立場である。トマスでは善や目的の絶対的価値の下で手段の選択において無記的にふるまうとされていた自由意志は，スコトゥスにおいては善と悪のようなともに対立するものに対して決定を下す能力がそれ自身無記性をもって説かれた[23]。それは偶然であって，偶然の事実が生じるのは自己決定の力としての意志に帰せられ，そこに「ともに対立するもののいずれに向かっても決定されていない原因としての自由」が前提されている。こうして意志の自己決定から，自然必然性とは異質の「自由意志にのみ由来する不変の必然性」も説かれ，強制を排除し，自由意志を含意した必然性の立場が確立される。こうして客体的価値から離れて自律する意志が，それ自身の無色中立的な働きのなかに内在的動力因をもって登場してくる。このようにして近代的自由の萌しは彼の学説のなかに芽生えてきた[24]。

---

20) Duns Scotus, Op us Ox. II, 40, q. unica, no.2-3.
21) Duns Scotus, op. cit., I, 17, q.3, no.14.
22) リーゼンフーバー「トマス・アクィナスから近世初期にかけての自由観の変遷」松本正夫他編『トマス・アクィナスの研究』創文社，201頁。
23) Duns Scotus, Quodlibetales, q.18, n.9.
24) これに関して詳しくは金子晴勇『近代自由思想の源流』47-52頁参照。

2　オッカムの場合

オッカム（William of Occam（Ockham）1280頃-1349頃）はスコトゥスと同じくフランシスコ会に属し，自由な精神と鋭利な論理をもって教皇政治を批判し，哲学ではノミナリズム（唯名論）の復興者として有名となった[25]。彼は伝統的なスコラ神学の方法，すなわち神学と哲学を階層的に統一する宗教哲学的方法に対してきわめて懐疑的となり，自由な精神と鋭利な論理をもってトマスの哲学を批判した。彼は哲学の論証と宗教の信仰とを区別し，有名になった二重真理説を確立し，伝統的なスコラ哲学を解体させようと試みた[26]。

彼は自由な意志をいっそうラディカルに主張し，スコトゥスにしたがい知性に対する意志の優位を主張した。そのさい彼は自由の基礎を偶然性（contingentia）と未決定性（indifferentia）に据えた[27]。彼は道徳の確実性を意志の内的で明晰な経験の土台にもとづいて確立した。彼にとって自由は自己の外にある何らかの客体に依存することなく自立し，無記中立的な起動因にほかならない。この意志の事実は論証されえなくとも，すべての人が直接経験している事態であると彼はみなした。また人間の行為が道徳的に善であり，功績となるのは，この自由意志によって実現されたものだけであって，トマスのように目的に適ったり，スコトゥスのように「正しい理性」に一致しているからではない[28]。そうではなく神の意志こそあらゆる道徳的規範を超える規範そのものであるから，神の意志との一致に

---

25) イギリス南東部サリ州のオッカムに生まれた。フランシスコ会に入り，1306年副助祭となり，1308年オックスフォードで神学を修め，『命題集』の講義を行ったが，異端の嫌疑をかけられ，1324年にアヴィニヨンの教皇庁に召喚される。修道者の清貧問題でも教皇に反対した。1330年バイエルン公ルードウィヒの援助によりミュンヘンに赴く。公の死後教皇との和解を見ないままペストにかかって死んだ。

26) なかでも神の存在証明はいかなる仕方でも論証しえず，推論によって第一原因たる神に至ることもできないし，霊魂の不死・三位一体・万物の創造・受肉などの教説も論証することができないことを説き，カントの弁証論の先駆となった。

27) 前者はその反対が可能であり，相反するいずれをも捉えうる「偶然性」を指し，後者は未だ何らかの傾向性によって善とも悪とも決定されていない白紙の状態を意味している。

28) スコトゥスの言う「正しい理性」といえども意志に対し客体的に立てられているがゆえに，意志と並ぶ同等の根拠とはなりえない。

こそ道徳的善は求められる。こうした客体的なものからの意志の分離は主観主義に陥る危険があり、意志の恣意的性格が顕になっていると一般には批判されている。だがそこには、神と人間とが何らの仲介物を経ないで直接人格的に対面するという、新しい人間観が生まれている。ここに近代の主体的で自由な人間の自己理解と人格的自由の主張がすでに始まっている。

知性に対する意志の優位　オッカムが確実性の土台に据えているのは、実践的意志の内的で明晰な経験であり、アウグスティヌスの内面性の立場に立っている。彼はスコトゥスにしたがって知性に対する意志の優位を主張する。人間の意志はその本性によって幸福である究極目的に関わっている。この目的は行為の規範となっているが、それはトマスのように客体的善の価値によっては決定されず、かえって主体的意志のうちにおかれた。だから意志はトマスのように究極目的に外から引き寄せられたり、目的達成の手段選択においてのみ自由であるのではなく、それ自身の無記中立的性格のゆえに自由である[29]。

自由は主体の外にある何らかの客体に依存することなく自律し、無記中立的な生産的動力因として把握される。この自由意志の事実は哲学的に証明されえなくとも、すべての人が直接経験している。「だが、経験によって明晰に認識されうる」(Potest tamen evidenter cognosci per experientiam)[30]。

またオッカムは道徳的行為の善悪を神の意志との一致に求める。神の意志こそあらゆる道徳的規範を越える規範そのものであり、スコトゥスのいう「正しい理性」(実践理性)も規範ではあるが意志によって措定されるがゆえに、意志と並ぶ同等の根拠とはならない。このように意志が客体的規定から分離されたことは、正しい理性、目的、諸状況を相対化させるため、意志の自律的傾向があらわれ、主観主義に陥る危険を孕んでいるが、ここでは人間の意志は直接神の意志と人格的に関係するものとなった。ここにキリスト教思想史の重大な転回が見られる[31]。

---

29)「わたしは、自分で無記的にかつ偶然的にさまざまなものを生みだしうる能力を、自由と呼ぶ。こうしてわたしはその能力の外部に存在する多様なものになんらよることなく、同じ結果を惹き起こすことも起こさないこともできるのである」(Ockham, Quodliberta Septem, I, q. 16 : Opera theologica IX, 87-88)。

30)　Ockham, op. cit., ibid.

31)　これらの点について詳しくは金子晴勇前掲書、第2章「オッカム主義の自由意志学

心身論　知性・理性・身体　オッカムはスコウトゥスと同様に人間の素朴な経験から心身論を説こうとしているように思われる。まず，人間は全体として一個の全体的な存在である。「人間というただ一箇の全体的存在があるが，しかし数箇の部分的存在がある」[32]とあるように，心身の区別を彼は認めた。また「魂が身体の形相である」というトマス説が哲学的に証明できるとは考えなかったけれども，これを否定しなかった。中世のすべてのキリスト教思想家は理性的な魂が身体から分離しうることを認めていたのは事実であって，彼らにたしかにこれ以外には考えることができなかった。しかしオッカムは自説を経験に訴えることによって支持した。彼は理性的な魂が形相としてよりも動かす者として身体に結びつけられているという可能性を考えていた[33]。オッカムによると「知的霊魂に加えて，人間に他の形相，すなわち感覚的形相を要請せねばならない」[34]とあるように，人間には実在的に区別された感覚的な多数の形相が認められる。つまり人間には物的な存在に見られるように非質料的形相が質料を形成するのではなくて，身体の質料が形相をもっており，質料の機能はその形相を支えることであると考えた。このような形相には三種類あって，知的な魂と感覚的な魂と有形性の形相とが人間には認められる[35]。このなかでも感覚的な魂もしくは形相は人間の知的な魂とは異なり，身体とともに消滅するにしても，多くの広がりをもっており，感覚的形相が働いて視覚器官に視力が，聴覚器官には聴力が完成される。ここから相互に実在的に異なる感覚能力について語ることができる。というのは見る働きに必然的に要求される状態は，聴く働きに必然的に要求される状態とは実在的に区別されるからである[36]。このように彼は人間に三つの違った形相があることを主張した。

説」70-135頁参照。
32) Ockham, Quodlibet, 2, 10.
33) コプルストン前掲訳書，679頁。以下の叙述はこの書の示唆に負うている。
34) Ockham, II Sent. 22, H. コプルストン前掲訳書，680頁からの引用。
35) 人間に有形性の形相が存在することを主張するに当たって，オッカムはフランチェスコ会の伝統を継いでいる。彼は有形性の形相が，キリストの死後の身体と彼の生存中の身体との同一性を説明するために要請されねばならないという伝統的な神学的議論を行っている。
36) このことは，たとえば聴力を失わずに，視力を失うことがあるという事実から明らかである。

ところで理性的な魂は空間的拡がりをもたず霊的であって，存在としては他なる実体もつ必要はなく，その作用によって機能的に分けられる。たとえば「知性」(intellectus) と呼ばれるものは単に理解する理性的な魂であり，「意志」(voluntas) と呼ばれるものは意志する魂の作用である。このように理性的な魂は知性と意志の作用を生む。したがって一つの理性的魂が存在し，これが種々の作用を選択する。この作用には知性と意志の区別の他に，トマスが説いたような受動的理性と作用する理性である知性との区別もある*37。

さらにオッカムは人間の統一性を考慮して「人格」を問題にした。彼は人間の単一性をペルソナとしてのあり方から把握した*38。オッカムはペルソナを「知的な完全な本性すなわち他のいかなるものによっても支えられず，しかも部分として，他のものと合してあるものをつくることもできない本性」と規定した*39。それゆえ「人格」は人間の全体存在であって理性的形相ないし魂だけではない。人間存在が，他の違った種類の基体と区別されるかぎりで，知的基体であるのは，理性的形相によってであっても，人格を構成するのは統一的人間であって理性的形相のみではない。

アウグスティヌスがプラトン哲学により，トマスがアリストテレス哲学により，神学のなかに統合的に組み入れた形而上学は元来キリスト教とは異質のギリシア思想において生まれたものである。キリスト教とギリシア形而上学の総合はアウグスティヌス以来構想されてきた宗教哲学の体系化の試みであり，中世スコラ神学がその頂点となった。だが，この体系化の試みはオッカムにおいて今や原理的に解体しはじめた。この解体は哲学と

---

37) 実際，普遍概念の形成は知性の働きを要請しなくても説明できるが，能動理性である知性の存在について議論することは可能である。そのさい，蓋然的な議論しか与えられないとしても，オッカムは聖人や哲学者の権威を考慮に入れて能動理性を受け入れようとした。

38) 位格は suppositum intellectuale (知的基体) であって，基体とは「同一のもととして他のものと交換し得ない，他のものに内属することのできない，そしてあるものによって支えられ (sustentatum) ない完全な存在である」。「完全な存在」という言葉は，本質的であれ全体的であれ，supposita (基体) からあらゆる部分を排除するが，「一つのものとして，他のものと交換し得ない」という (Ockham, Quodlibeta, 4, II.)。しかし，この言葉は神には当てはまらず，「神の本質は完全な存在であるが，神のペルソナと同じものとして交換し得る」と説かれた。

39) Ockham, 3 Sent., I, B ; 1Sent., 23, I, C.

神学の分離や二重真理説となって主張されたが，その根源はオッカムの人間学に求められる。実際，彼こそスコラ神学者のだれよりも信仰の主体性を重んじ，神学を意志の主体に集中させ，神学の中心に神の全能と人間の罪や功績との関係を問うノミナリズムの伝統を形成した。こういう伝統に立って初めて以前には予想だにできなかった主体的な救済の問いが発せられるようになった。それゆえオッカムにおいて神を世界との関係から類比的にとらえる哲学的神学に代わって，神と人とが直接意志において応答的に関係する新しい神学が創始された。彼の思想を神学的に完成させたのは，最後の中世スコラ神学者といわれるガブリエル・ビール（1410頃-95）である。このオッカム主義は15世紀から16世紀にわたり「新しい方法」（via moderna）として勢力をのばしていった。これに対抗してトマス復興の試みが「旧来の方法」（via antiqua）であった。

第5章

ドイツ神秘主義の心身論

1 エックハルトの心身論

ドイツ神秘主義を代表するエックハルト（Johannes Eckhart 1260頃-1327）はトマスの学統に立ってスコトゥスを批判し，トマスのアリストテレス主義を新プラトン主義の教説によって克服しようと試みた。しかし彼はアウグスティヌスの影響を受けることも大きく，プラトンのイデア論や新プラトン主義的な現世に対する否定的な見方を受容した[1]。とはいえエックハルトは自立した思想家として独自の神秘思想を確立し，14世紀の思想界に決定的な影響を与えた。

スコラ学との関連　まず彼のスコラ哲学との関連を明らかにすることから見ていきたい。そのさい，わたしたちはエックハルトが当時のスコラ哲学の最大の問題，知性と意志との間の優位性について論じているところを手がかりとしたい。彼はスコトゥスとほぼ同時代，もしくはそれに直続する時代に活動していたのであるから，まず，この当時の最大の問題であった意志を彼がどのように扱っているかを明らかにしてみなければならない。アウグスティヌスが『三位一体論』で人間の精神能力における区別と一致について考察し，記憶・知性・意志の三一構造を明らかにした伝統にしたがって，エックハルトは議論を開始している。記憶（Gedächtnis）は

---

1) この点はアウグスティヌスが語っているところが好んで引用されていることによって知られる。さらにユダヤの哲学者モーゼス・マイモニデスの『無関心な人たちの道しるべ』（Dux neutrorum）三巻の影響も指摘されている。

表象を保存する能力であり，知性（Vernunft）は最高善である神に向かい，それを把握しようとする高級な能力である。この知性は一般には到達しがたいほどに深遠な事物を認識することができる。しかし，それを実際に実行しうるのは意志だけである。したがって知性がもはやなし得ないところで意志は，信仰の光と力を受けて，高く飛躍する。それゆえ意志の超越する飛翔力は自分の力だけから生じるのではなく，信仰によって助けられるときにのみ実現可能となる。ではそのような信仰は人間の知性・意志・信仰の三つの能力のいずれから発生するのか，と彼は問うて次のように言う，「それは三者の中間にあるもので，信仰は知性から生じる。しかし，いっそう豊かには信仰は意志のもとにある。そして意志もまた信仰のもとにあってこそ豊かなものとなる。したがって信仰の光が意志の飛躍の原因だということになる」と*2。

エックハルトはトマスの学統を継ぐ立場にあったので，知性が人間を超えた究明しがたい存在に向かう特別な能力をもち，それが意志に対しそのような存在についての知識を伝達するがゆえに，知性の優位性を認める。ところが意志には実行する自由とともに，神そのものである最高善を受容する力があることをも認める*3。ここから彼は意志には恩恵を受容することによって生じる飛躍が含まれていることを認め，自由に飛躍する意志による神秘的超越を説くようになった。こうして意志は超越によって得た神の知を受容し，「自己に受容したものと一つになる」（er mit dem was er sich gewonnen eins wird）という「神秘的合一」（unio mystica）に向かい，これを記憶の中に植え付けると，「神的愛の泉が魂の中であふれ出す」と説いて，神秘思想を確立するにいたった。このような神秘思想もしくは図式は新プラトン主義的であるといえよう。

身体と霊の二区分　次に彼の人間学的な区分法について考察してみよう。彼は論文『高貴な人について』の中で，この問題に触れている。福音

---

2) H. Büttner, Meister Eckeharts Schriften und Predigten, Bd. I, S.112.
3) 「魂は自分になし得るすべてをすでに為し終えた場合（wenn sie alles getan hat, was sie zu tun vermag），意志はなおその特殊性において，神そのものである〔真理の〕認識に飛躍する自由（die Freiheit, sich hinüberzuschwingen in die Erkenntnis）をさらに所有している。この飛躍によってはじめて魂は完成の頂点にまで高揚する。まことに神は魂を無からまた自身に似せて造りたもうた。神は何んとも不思議なものである」（op. cit., S.112）。

書の一節に「ある高貴な人が，王位を受けに遠い国へ出かけ，帰ってきた」（ルカ19・12）とある。ここには人間の本性がいかに高貴に造られているか，人が恩恵によって達するものがいかに神に負っているかが語られている。まず第一に，人間には「身体と霊」という二つの本性がある。「なぜなら，すべての被造物は身体か霊であるから」*4。この点は「外なる人と内なる人」によっても聖書で語られる（Ⅱコリ4・16）*5。外なる人が「霊に付着している一切のもの」つまり五体を指すのに対し，内なる人についてこう言われる。「聖書はこれを新しい人，天上の人，若い人，友なる人，高貴な人と呼んでいる」*6。これが聖書の言う「ある高貴な人」である。こうした内なる人における霊の高貴さと外なる人における肉の無価値について異教の学者キケロやセネカも語っており，「理性を備えたいかなる魂も神なしにはありえないし，神の種子はわたしたちのうちにある」*7と言われる。もし，この種子がよい，賢い，勤勉な農夫を得るなら，ますますよく発育し，神の種子であるから神に達するまで育って，その実は神の本性と等しくなるであろう*8。それゆえ碩学オリゲネスは「神ご自身がこの種子を蒔き，埋め，発芽させたのであるから，それが覆われ，隠されても，けっして根絶やしにされ，消されてしまうことはなく，それは赤く熱し，輝き，光り，燃え，つねに神を目指す」*9と言う。

　エックハルトはさらにアウグスティヌスにもとづいて「内なる，新しい人」の発展段階を述べる。その第5段階と第6段階では次のように言われる。「第5の段階では，いずこにあっても，超然と安らかに生き，表現し難い最高の，溢れるばかりの豊かな知恵のうちに静かに休んでいる。第6

　　4）　『エックハルト』植田兼義訳，「キリスト教神秘主義著作集6」教文館，371頁。
　　5）　「外なる人には霊に付着している一切のもの，すなわち，肉に包まれ，肉と混じりあっているすべてのもの，目，耳，舌，手などの各身体部分と，そして，その中で一緒に働くものすべてが備わっている。聖書はこれらのすべてを旧い人，この世の人，外なる人，敵意をもった人，奴隷のような人と呼んでいる」（エックハルト前掲訳書，同頁）。
　　6）　エックハルト前掲訳書，同頁。
　　7）　エックハルト前掲訳書，372頁。
　　8）　「なしの木の種子はなしの木になり，くるみの種子はくるみの木になり，神の種子は神になる（1ヨハネ3・9）。が，もし，よい種子が悪い，愚かな農夫を得るなら，雑草が茂り，よい種子は覆われ，押しのけられ，明るみに出られず，育つことができないであろう」（エックハルト前掲訳書，373頁）。
　　9）　エックハルト前掲訳書，374頁。

の段階では、人は神の永遠性によって、〔被造物の像から〕脱却し、像を超えて造り変えられ、そして、つかの間の、時間的な生を完全に忘却するに至って、神的な像のうちに入れられ、変えられて、神の子となったのである」と[*10]。

「高貴な人」の意味と霊性　このように内なる人には神の種子が蒔かれ、神の像が刻印され、神に近づき、神の子にいたるのであるが、それが生じるのは魂の根底においてである。偉大な碩学オリゲネスは一つのたとえをあげて、神の像、神の子とは魂の根底にある生ける泉であると示唆している。この泉は創世記26章15節に記された井戸と同じであって、人がそこに土であるこの世の欲望を投げ込むなら、泉は妨害され、覆われてしまい、人は泉に気がつかないが、それでも泉自体は存在していて、外から投げ入れられた土が取り除かれれば、泉は現われ、人はこれに気づく、と言われる。この泉は霊性を意味する[*11]。

エックハルトはアウグスティヌスの思想を参照しながら、魂が永遠なる神にのみ全く身を向けるなら、神の像が現われて輝くが、魂が外に向かうなら、神の像は全く覆い隠されてしまうと言う。魂が自己の低いところに向かうなら、向かっている当のものから覆われるが、魂のうちで上に向かうなら、魂は神の純粋な像となり、覆いのない神の誕生がある。同様にエックハルトは神の像、神の子、神的本性の種子は、たとえ覆われても、決してわたしたちのうちから根絶されないのであって、これが高貴な人を意味する、と主張する。また「神をヴェールなしに知るものは、神とともに被造物を知る」とあるように、覆いなしに知る働きも神とともなる知である。それは覆いなしに、多くの異なる像なしに知る作用であって、「朝の知」と言われる。こうして知識はまったく差異なく、すべての像から解放

---

10)　エックハルト前掲訳書、373-74頁。さらに「これ以上の高い段階はない。ここには永遠の安らぎと至福がある。なぜなら、内なる人と新たな人の目的地は永遠の命であるから」と語られる。

11)　エックハルト前掲訳書、374頁。泉と同じく太陽の比喩も使われて説明される。太陽は絶えず輝いているが、太陽と私たちの間に雲や霧があると、私たちにはその光がわからない。また、弱視であるとか、病んでいるとか、ふさがれるなら、目にも太陽の光はわからない。さらに名匠と木像の比喩も使われる。名匠が木や石で像を造るとき、像を木の中に刻み入れるのではなく、像を覆い、隠している木屑を切り除くと、その下に隠されているものが輝き出るのである。これは福音書の「畑に隠された宝」（マタイ13・44）と同じである。

され，一切の類似性が取り去られ，万物が神自体である一において眺められる。神と被造物を一において知るようになる。これが高貴な人である。この高貴さは霊性を表現している。とりわけ「人間」ということばのラテン語〔homo〕の本来の意味は「土」(humus) に由来し，神の前に身を屈する「謙虚さ」(humilis) を物語っている*12。こうして「人は神が働くことのできる神の特別な場所になる」*13。

魂の根底と霊性　エックハルトの教説は，魂の根底に神の働きを捉え，神性と一つになること，つまり魂における神の子の誕生をめざしている。この「魂の根底」とは何をいうのであろうか。彼の説教集をひもといてみるなら，内なる人の最内奥が多様に表現されているのを見いだす。そこでは「魂の根底」に当たる心の内奥は Wesen, Burg, Grund, Etwas, Licht, Seelenfunke, Synderesis, Bild, Gipfel, ratio superior, abditum mentis などの概念によって表現される*14。「根底」は元来沃土の低地や谷を意味し，やがて泉の湧き出る低地，さらに土台や地盤を示していた。これがエックハルトやタウラーでは宗教的意味をもつようになり，感性や理性を超える霊性の次元を表現するために用いられ，「神の働く場」や「神の住い」を意味し，ここで神の子の誕生や合一と合致が生じると説かれた。したがって「根底」は元来ことばの卓越した意味で人間学的概念である。ところで，これまで考察してきたように，西洋精神史において人間は主として身体と魂との二分法によって考察されているばかりでなく，霊・魂・身体 (spiritus, anima, corpus) の三分法によっても考察されてきた。そうすると「魂の根底」に相当する領域は「霊」と同じであることが容易に察せられる。

彼はまずこの「根底」を人間の心の内奥にある一つの力としてさまざ

---

12)　エックハルト前掲訳書，376頁。「人が〔現に〕あるすべて，所有するものすべてを挙げて，神のまえに身を屈し〔つまり，homo は humilis から派生したという説〕，従い，神を仰ぎ見て，自分の後ろ，自分の下，自分の傍らにある己れの分かっているものには目を向けないものであるという。これが本来の，真の謙虚さ〔humilis〕であって，この名を人は土〔humus〕からえている」。

13)　M. Eckehart, Deutsche Predigten und Traktate, hrsg, J. Quint, S.414.

14)　したがって Grund に対応するラテン語は causa ではなく，essentia と abditum mentis とがそれに当たるか，もしくはこれに近い姉妹概念となっている。また「根底」は「心情」(Gemüt) とも等置され，さらに知性である「神の像」(Bild Gottes) とも同一視されている。

に表現している。ラテン語で mens（精神，心）と呼ばれる「霊」(Geist)は「心情」(Gemüt) とも聖書で言われている。彼はアウグスティヌスの思想を参照しながら「魂の最高の部分」のなかに，霊的形相や理念を受け入れる「器，あるいは柩」(ein Behältnis oder ein Schrein) と呼ばれる力が存在すると考える。そして「この力は父と魂をその流れ出る神性によって等しいものにする」*15。また先に指摘したようにオリゲネスの比喩をもって「神の像や神の子は魂の根底において生ける泉のようである」と言われる。この根底は「神がその像と似姿を蒔いた畑」とも述べられ，根底に蒔かれる種子は神の言葉であると言う*16。

　この「魂の根底」は魂の諸力の「根」(Wurzel) と言われ，理性や感性，また情念や意志を越えており，「知性や意志の諸力が突破するところよりはるか上の方に (weit oberhalb) ある」とあるが，時に知性と同一視される場合もある*17。この上位の場所的表現は神の根底を示す場合にも用いられ，神の「底無し (grundlos) の根底」とか，「善性や真理が発出する根底」「善性や知恵よりはるかに高い根底」といわれ，神性をそこでとらえ，「神性の根底の内に御子をとらえ，自分の根底に入れる」*18ことこそ知恵の働きである，と説かれた。こうした根底において知性が捉える神は，世界を創造し，人間に自己を啓示した神ではなく，その根底に隠れてある神性なのである。つまり啓示された神ではなく，隠された神性に他ならない。「神は魂の根底において，その全神性を備えて存在する」*19。

　次に，この「根底」の働きは神を受容する霊性であることが判明する。「魂の根底には，ただ神しか入ることができない」とあるように，根底は神を受容する力である*20。『修道のための説話』とか『説教』は人が神の働くことのできる場所になることをめざして行われ，霊の貧しさによって

---

15) それはちょうど記憶が内なる表象を魂の諸力に注ぐのと同じである。このようなエックハルトの説明はアウグスティヌスの『告白』第10巻に展開するメモリア論に由来しているといえよう。アウグスティヌスによるとメモリアの動きは心中奥深いところに宿る真理を見て，知性と意志という魂の能力を導いている。
16) M. Eckehart, op. cit., S.143.
17) M. Eckehart, op. cit., S. 190; 207; 342.
18) M. Eckehart, op. cit., S. 342.
19) M. Eckehart, op. cit., S. 201.
20) M. Eckehart, op. cit., S. 190 ; 207 ; 414.

「神がご自身のわざを行い，人が自分のうちに神をそのように〔受動的に〕経験する」ように説かれている。

このようにして「根底」(Grund) はエックハルトでは「魂の閃光」(fünklein) とか「神の像」(imago dei) また「諸力の根」(Wurzel) と同様に，理性よりいっそう深い魂の上級の能力であって，身体と魂とから成る人間存在の最も高貴で深淵な部分を指していることが判明する。しかもこの根底が霊と同義語であるがゆえに，わたしたちは霊・魂・身体の三分法をエックハルトの神秘主義の思想の中に見いだすことができる[21]。

2 タウラーにおける「魂の根底」と霊性

エックハルトにおけるドイツ神秘主義の根本的特質はタウラー (Johannes Tauler 1300頃-61) に継承され，カトリック教会にとって受容し易くキリスト教化された。そのさいエックハルトが異端の嫌疑をかけられた汎神論的表現はキリスト教的色彩の強い用語に変えられているが，内容上の変化はない。とくに注目すべき点は「根底」概念がタウラーにより「受動的能力」(capasitas passiva) として明確に規定されていることである。彼によって「魂の根底」が底なしの深淵として捉えられ，自然的光としての理性によっては理解されない暗闇にして，無であるとみなされたことにより，根底は神を受容する能力として使用された[22]。

『説教集』第54にはタウラーの人間学的三分法が次のように語られている。

---

21) エックハルトの根底学説については金子晴勇『ルターとドイツ神秘主義』57-65頁を参照。

22) すでにエックハルトは根底の受容的性格について触れており，「無」を最大の受容力とみなしていた。タウラーはこの点をいっそう明瞭に次のように語っている。「ところが，魂が出立し，自己自身の外に，自己自身を超えて高揚するときには，私たちは意欲と意思と行為のうちに潜むあらゆる我意を否定しなければならない。そうなると，そこには純粋に神のみを想うことだけが残り，自己自身の存在，生成，獲得は何もなくなり，神のわざがあなたのうちで栄え，神の誕生があなたのうちに実現されうるため，またあなたによりそれが妨げられないために，ひたすら神のものとなって最も貴く身近なお方に場所を用意すべきである。なぜなら，二つが一つとなるためには，一方は受動的にふるまい，他方は能動的に活動しなければならないからである」(『タウラー全説教集』第1巻ルカ・橋本訳，行路社，92頁。訳文の一部変更)。

「人間はあたかも三人であるかのようにふるまいながらも，なお，（単に）一人なのである。第一の人間は外的，動物的，感覚的な人間であり，第二の人間は認識能力を具えた内的な理性的人間であり，第三の人間は自己自身に向かって傾く魂の根底，魂の最上位の部分，心情 (das gemüte) である。これらすべてが総合された，ひとりの人間を形成する」*23。

ここにある「心情」は「根底」における運動を表すが，両者は同義語である。この「根底」は理性よりもいっそう深みにある「霊性」を指し示すがゆえに，タウラーの人間は第一の「感性」第二の「理性」第三の「霊性」という心身の三分法から構成されていることが知られる。ここでは「魂の根底」が最も重要な概念であるので，その点を明らかにしたい。

創造以前の状態と「根底」　ここでは彼の中心的な学説である「根底」（Grund）概念に含意されている創造以前の状態を考察してみたい。彼は魂の根底に創造以前の状態に向かう心の運動・傾向・意向・帰趨性が備わっていることを指摘する。「心情（Gemüt），つまり根底（Grund）は，魂が自分自身の内に入っていくよう永遠にわたって努力し，引き寄せられるように魂のうちに埋め込まれている。そこで人間の精神（Geist），つまり根底は永遠の傾向（ein ewiges Neigen），根源（Ursprung）に再び向かう帰趨性（Grundneigen）をもっている」*24。したがって根底は創造以前の状態へ復帰したいという願望をも表す。そういう創造以前の状態は「神における神」であったと言われる。「このことは人間が創造される以前に永遠にわたって神の内にあったことを明らかに証明している。人間が神の内にあったとき，彼は神における神（Gott in Gott）であった」*25と。この創造以前の状態である「神における神」は神の根底の内にあった始原の存在を意味しており，被造性を超えている。だが，それでも人間の霊は自己の被造物としての存在をも認めていたと解される*26。ここに霊としての人間

---

23)　J. Tauler, Predigten, übertragen v. G. Hofmann, 1961, S.409.
24)　J. Tauler, op. cit., S.412 また「心情は神の形をしており，いつも神に永遠にわたる回顧のまなざし（ein ständiges, ewiges Rückblicken auf Gott）を向けている」(ibid., S. 411)。
25)　J. Tauler, op. cit., S.337.
26)　「隠れにおいて被造の霊は再びその非被造性へと呼び出される。そこにおいて霊は造られる以前に，神の根底のうちに永遠にわたって存在していた。霊は神における神として

が非被造性と被造性との二重構造からなる動的な運動をなし，これによって「神化」が恩恵にもとづいて生じると説かれた[*27]。このようにして初めて汎神論の邪説に陥ることなく，創造者と被造物との区別にもとづいた合一の関係が立てられており，しかも恩恵によって魂が被造性を超えて非被造性に帰還し，神化がもたらされる。

霊における神秘的合一　さて，タウラーは，神と人とが根本的に相違しながらも，なお合一しうる根拠を，両者がともに「霊」であるという「類同性」（Verwandtschaft）に求める。「魂はときに〈霊〉とも呼ばれる。それは魂が神に対しすべての尺度を超える類同性をもっているかぎり，そのように言われる。なぜなら神は霊であり，魂も霊であり，したがって魂はその根源である根底に向かって永遠に傾倒し，かつ，眺めているのであるから。霊は精神的なものにおける同等性から傾いてしまったので，根源である同等性（Gleichheit）に向かって再び傾くのである。……魂と神との間の近さ（Nähe）と親近性（Verwandtschaft）はこの根底のなかでは表現できないほど大である。……こうして心情の霊における更新が生じなければならない。神は霊であるから造られた霊は神と合一し（vereinen），起き上がり，一切の自己から解放された根底を携えて創造されない神の霊のなかに身を沈めなければならない。人間が創造以前に永遠にわたって神における神であったように，彼は今やその被造性において全く（神のなかに）身を沈めなければならない」[*28]。

こうした神秘的合一への準備が三段階に分けて説かれている。第一段階は内的な徳の生活で，これによって神への接近が始まる。第二段階は霊的な貧困によって無一物にされて神に引き寄せられる生活からなり，第三段階は霊の合一によって神の形をした生活へ移行することである[*29]。

このようにエックハルトやタウラーでは魂の根底という概念が宗教的意味をもつようになり，感性や理性を超える霊性の次元を表現するために用

自己を認識しながらも，自己の下で被造物として，創造されたものとして認識している」（J. Tauler, op. cit., S.458）。

27）「神は恩恵から人間の霊に神が本性上そうあるものを与える。そして人間の霊と神の名称のない，形のない，種類のない存在とが合一する」（J. Tauler, op. cit., S.185）。

28）　J. Tauler, op. cit., S.17-8.

29）　J. Tauler, op. cit., S.302.

いられ,「神の働く場」や「神の住い」を意味し,ここで神の子の誕生や合一と合致が生じると説かれた。したがって根底は人間学的概念であって,「霊・魂・身体」(spiritus, anima, corpus) という人間学的三分法における「霊」と同次元に属している[*30]。

---

30) タウラーの「根底」概念については金子晴勇前掲書, 173-79頁を参照。

第Ⅲ部

近代ヨーロッパの人間学と心身論

はじめに

　近代ヨーロッパの人間学は16世紀にはじまる特定の時期と場所における歴史的産物である。その人間学の特質はこの時期の歴史の全体的な考察によって把握されるのであって，歴史の歩みから離れて単に抽象的で特定な思想体系をもって解明できるものではない。たとえカントとドイツ観念論のような壮大な体系であってもそうである。したがって近代の初めより現代に至る歴史経過の中から中世以来構築されてきた人間学の解体と再形成の歩みの跡を視野に収めた研究が要請される。そこで，ヨーロッパ文化の最大の特質をその思想的な内容から考えてみる必要が生じてくる。ヨーロッパの文化はそれを全体としてみるならば，キリスト教とギリシア文化との総合として生まれてきており，それらを総合してきた主体はゲルマン民族であった。そのさいヨーロッパ文化がギリシア的な理性とキリスト教的な霊性との総合から成立していることはきわめて重要である。しかもこの理性の働きは真・善・美という精神価値に向かい，霊性の作用は宗教的な価値である聖なるものをめざしている。ここで言う霊性とは宗教心とも信仰とも言い換えることができるが，それはあくまでも聖なるものを把握する認識能力を指している。この宗教的な霊性が哲学的な理性と統合されながら展開するところにヨーロッパ文化の特質が求められる。ここにヨーロッパで実現した文化総合の核心がある。
　この総合の試みは古代末期にはじまり，中世を通して次第に実現していった。近代に入っても初期の段階においては，つまり宗教改革と対抗改革の時代には，キリスト教信仰は世俗社会にいっそう深く浸透していった。この世俗に積極的に関わる態度は，実はキリスト教信仰による所産なのである。ところがこの世俗にかかわる積極的な行為であった「世俗化」はいつしか俗物根性に染まった「世俗主義」に転落し，世俗化そのものの特質を全く変質させてしまった。ここからヨーロッパ社会にみられるキリスト教に対する肯定と否定との対立感情が併存するという事態が今日生まれてきた。

1 ヨーロッパ近代文化における世俗化

世俗化（Secularization）という言葉は語源的にはラテン語の「世代・時代」（saeculum）に由来する。中世では在野の聖職者たちは「世俗に住む」と言われており、修道院に住んでいた聖職者と区別されていた。また後に宗教改革時代になってから修道院などの教会の財産を国家が民間に譲渡したとき、世俗化という言葉が用いられた。したがって、教会財の「払い下げ」や反対に教会から見るとその財産の「没収」といった意味で使われてきたといえよう[1]。

そのさい、わたしたちが予め知っておかなければならないのは、世俗化がルター自身の信仰によって積極的に促進されたという歴史的な事実である。彼によると人は救済のために超世俗的功徳を積む必要はない。だから修道院に入って善行をなす必要はなく、「世俗内敬虔」によって生き、与えられた職業を神の召命つまり天職とみなし、これに励むことによって神に喜ばれるものとならなければならない。したがって世俗化は「キリスト教信仰の合法的結果」（ゴーガルテン）にほかならない[2]。ところが世俗化には二つの局面があって、「世俗化」は歴史の過程において変質し、「世俗主義」に変化するにいたった[3]。

この世俗化のプロセスはさらに17、18世紀に起こった近代啓蒙主義と歩みをともにすることになる。これに対立するのが敬虔主義の運動であって、二つの主義の関連はヨーロッパ諸国で多様な形態をとっている。一般には

---

1) 「没収モデル」はブルーメンベルクの説であり、それについては金子晴勇『近代人の宿命とキリスト教』聖学院大学出版会、182-84頁参照。

2) 金子晴勇前掲書、151-65頁参照。

3) ここでいう「変質」とは歴史的な風化作用であって、同様なことが「自由」が「恣意」（好き勝手）に、「個人主義」が「個我主義」（エゴイズム）に、「勤勉」が「搾取」（点取り虫）に、したがって労働を支えていた「宗教的な精神」がその亡骸である「亡霊」に変質しているといえよう。こうして「世俗化」は、当初、世俗の中で信仰が活動することによってもたらされ、そこに世俗化の肯定的意味があった。しかし世俗化が過度に進むと、人間が信仰を喪失して俗物化してゆき、拝金主義や仕事のファナティズムまた快楽主義がはびこって、「世俗主義」にまで変質していった。このようにして世俗化はキリスト教信仰から生まれた子供であったのに、歴史のプロセスの中で今や産みの親とは全く異質な鬼子にまで変質し、親であるキリスト教に公然と反抗するものとなってしまった。

敬虔主義が啓蒙主義の母胎をなしながらも，世俗化が行き過ぎた啓蒙思想には敬虔主義が対決の姿勢を取ってくる。この時代を代表する哲学者カントは敬虔主義の影響を受けており，「信仰に余地を与えるために」理性を批判的に検討する哲学を開始したのに，実際は理性的な道徳信仰を説くにいたった。これに対しシュライアーマッハーは同じく敬虔主義の影響によって宗教に独自な領域を明確にしたが，彼自身が同調した内面的で幻想的なファンタジーにもとづくロマン主義に影響された。同様な傾向は，フィヒテ，シェリング，ヘーゲルと続くドイツ観念論にも認められるが彼らはそれぞれ神学研究から出発していって，キリスト教を何らかの仕方で世俗化した哲学の世界を構築していった。

　近代ヨーロッパの人間学は主としてこのように展開した啓蒙の精神によって形成された。そこにはヨーロッパ精神史の大きな変化が起こっており，それまでの中世との断絶が認められる。しかし思想史家にはさまざまな解釈があって，近代の成立時点をどこに定めるかを単純に断定できない。

2　近代の成立とその問題性

先に近代の特質として世俗化を指摘したが，この観点から近代が成立する時点をどのように規定できるであろうか。

　歴史家ラブの見解　カトリックの歴史家ドーソンは，宗教改革によってキリスト教の統一が失われた時点に世俗化の端緒があると捉えていた。この点はプロテスタントの歴史家たちも認めており，世俗化現象が宗教改革を実現した諸国と繋がりをもっていることに注目し，世俗化した社会の人間学的な基盤に起こった変化を「キリスト教共同体」（corpus Christianum）の崩壊という現象と結びつけて研究した。この崩壊は西欧の信仰の分裂に由来する教派的な対立とそれによって勃発した戦争の時代に起こった。この「キリスト教共同体」とは初期のヨーロッパ文化において生まれ，続いてキリスト教的な中世においても維持され，宗教によって社会における人間像を形成していき，すべての人間にとって一致した意識の基盤となっていたものである。

このことを最初指摘し，歴史的に実証したのは，アメリカの歴史家セオドァ・K・ラブである。彼は第二次世界大戦以来のさまざまな歴史研究の成果を集めた研究を発表し，ヨーロッパにおける16，17世紀における危機について，また17世紀中葉以後の時代の変革と新しい出発とを論じた。そして17世紀の後半，教派戦争の終わりの段階において，とりわけドイツにおける三〇年戦争の時代に，全ヨーロッパ史の進展における「深い溝」が生じたという結論を慎重に定式化するに至った。またこの溝の後，人間学に関する根本的に新しい態度が，教派戦争の終息による「宗教的な不寛容の後退」によって生じたと説いた[*4]。

17世紀のヨーロッパに起こった人間学的な変化というのは，人間の共通本性についての新しい思想であった。ラブの功績は，17世紀の中葉に終わった教派戦争の時代，とりわけドイツにおける三〇年戦争の時代に近代への出発点を見いだしたことである。その出来事の中に人間の根本的に新しい態度と理解が，とりわけ宗教的な非寛容の放棄ということに特徴づけられている態度と理解とが認められる。つまり狭い意味での近代の開始にとって，1642年から48年までのイギリス革命がもっている時代区分上の意義は，イギリスを越えてこの時代のすべてのヨーロッパの歴史にも妥当する。したがって宗教戦争によって，人間社会の政治的，法的な生活形態の基盤として宗教が有効であったというような時代が終わりを告げた。そこにはあらゆることが人間の本性に従うという新しい態度が生じたのであった。それゆえ，この歴史の裂け目は，社会秩序が制度的に宗教の影響のもとに規定されていた時代が終わったことを意味する。このことは「キリスト教的共同体」の終焉であって，キリスト教的な中世全体の終わりを意味した。フランス革命はこのような古い共同体の最終的な終焉を宣告した[*5]。

伝統的な宗教的権威に代わる自然的宗教の意義　世俗化のプロセスの解明にとってさらに重要な点はパネンベルクが近代の人間学の誕生に関し

---

4) Th. K. Rabb, The Struggle for Stability in Early Modern Europe, 1975, p.81f. ラブの学説についてはパネンベルク『近代世界とキリスト教』深井智朗訳，52-54; 103-04頁の叙述に依っている。

5) パネンベルク前掲訳書，103-05頁。

て指摘した根本的変化の内容である。そのさい注目すべき点は17世紀になってフーゴ・グロティウスやチャーベリーのハーバートのような思想家が輩出し，社会の基盤や諸国家間の平和の基盤を宗教にではなく，自然法によって基礎づける努力がなされたことである。そこから同時に全人類に共通なものとして自然的宗教を想定するような傾向が生じた。ヴィルヘルム・ディルタイはこの傾向を精神科学の「自然的な体系化」と名づけた。すなわち法・宗教・道徳・政治の根本概念は，全人類や人間の「本性」にもとづいて新たに定式化された。ここからパネンベルクは，「伝統的な権威にもとづく宗教に代わって，全人類に共通な人間の〈本性〉が公共の秩序と社会の自由の基盤とされた。このことがヨーロッパにおける世俗化された文化の発展の出発点となった」[6]と語っている。

こうした世俗化へ向かう根本的変化は萌芽としてはさらに歴史を遡ることができる。たとえばドイツの領邦国家体制に何か根本的な変化が起こったのは，1555年のアウグスブルク宗教和議の決定にはじまる。そこでは領邦ごとに宗教が定められる（cuius regio, eius religio）原則が示され，これによって根本的な変化が生じていた。それゆえトーマス・ホッブズはその著作『リヴァイアサン』において，国家宗教が統治者によって決定されることを定式化する必要を感じたが，このことはアウグスブルク宗教和議の精神にもとづいていた。事実，この時代に生じた変化は「自然権」や「万人の万人に対する戦い」といった認識にもとづいて新しい自然法と新しい人間学を正当化する試みに見られる。それゆえパネンベルクは言う，「自然法と結びついた政治的王権の教説は，人間学という基盤を必要としたので，ここでも既に原理的には社会と公共文化とを基礎づけるものは，宗教ではなく一般的人間概念から引き出されるという転換が起こったのであった」[7]と。実際，新しい近代の人間学こそ世俗化の最大の原因なのである。つまり人権やすべての個々人に共通な本性という人間概念が，今日の世俗化した社会においては，少なくとも西洋的なデモクラシー社会においてはかつては宗教によって担われていた位置を占めている[8]。この指摘は近代の人間学の特質を捉える上できわめて的を射た発言である。

---

6) パネンベルク前掲訳書，48頁。
7) パネンベルク前掲訳書，同頁。
8) パネンベルク前掲訳書，48-49頁。

はじめに

トレルチによる近代文化の問題点　同様のことは一時代前の神学者トレルチの歴史観と一致している。彼は宗教改革と近代とを直接結びつけなかった。彼が『ルネサンスと宗教改革』で論じているように，宗教改革それ自体はなお中世に属し，近代は確かに宗教改革との関連を保持していても，その厳密な意味での出発点は，宗教改革がもつ中世的な構造が崩壊した後，いわゆる新プロテスタンティズムによって開始するといえよう。したがって近代世界は16世紀の宗教改革によって成立するというよりは，むしろ18世紀の啓蒙主義と結びついて成立すると考えられた。それゆえトレルチは，宗教改革の近代思想に与えた影響は間接的なものにとどまっており，偶然的な副作用もしくは不本意な結果にすぎないと考えた。

しかし，この新プロテスタンティズムにおける教会的な権威文化やその権威からの解放とか，キリスト教的中世の崩壊が指摘されていても，新しい近代文化ははたして創造されたであろうか。トレルチはこの場合そこに積極的な面のみならず，近代に生じて来た諸問題の原因をも見ている。彼は「近代世界は古い宗教的な束縛の破壊という仕事を徹底的な仕方でなしたが，真に新しい力を生み出すことはなかった」[*9]と主張した。したがって近代それ自体は文化的にはいまだ未完成の状態にあることになる。つまり彼によれば近代世界には中世のような偉大な統一文化，あるいはキリスト教的な古代の文化総合が存在しておらず，近代はなおそれを生み出していない。彼は次のようにも述べている。

> 「権威と超自然主義，自然哲学的ならびに歴史哲学的世界像，その人間学と心理学，霊感を受けた諸著作と聖なる諸伝承とを携えた中世の教会的世界は終わり，それはそれ自身とそれが古代から引き継いだ遺産から歩み出て，ひとつの新しい世界に変化する。しかしこの新しい世界には，その根源や展開の統一性が欠如している。なぜならこの新しい世界は，あの古い世界のように，その下にすべてを屈服させ得る唯一の権威思想，彼岸的，宗教的，超自然的な権威思想によって支配されていないからである」[*10]。

---

9) Ernst Troeltsch, Die Bedeutung des Protestantismus für die Entstehung der modernen Welt, 1906, 2Aufl.1911. S.32.『近代世界に対するプロテスタンティズムの意義』堀孝彦訳「トレルチ著作集」第5巻，ヨルダン社，31頁。

10) E. Troeltsch, Gesammelte Schriften, Bd.4, S.333. パネンベルク前掲訳書，10頁から引用する。

これが，近代世界は確かに古い宗教的束縛の破壊の仕事を徹底的に成し遂げたが，真に新しい創造的な力を生み出さなかったということの意味である。そこにトレルチは近代の危機と諸問題の根源を，そして同時に現代が直面するさまざまな問題の原因を見いだしている。では，なぜ創造的な文化統合が生まれてこなかったのであろうか。わたしたちはこの点を思想史家バウマーによって考えてみたい。

　バウマーによる近代思想史の解釈　ヨーロッパの近現代思想史を扱った多くの書物の中でフランクリン・バウマー（Franklin L. Baumer, 1913-）は，世俗化の問題をも射程に入れた優れた見解を表明した。その著作『近・現代ヨーロッパの思想』（Modern European Thought : Continuity and Change in Ideas, 1600-1950, 1977）で思想史を「時代思潮」（climate of opinion）の観点から把握し，時代に内在する複数の思想やイデオロギーを視野に入れながら，これらといまだ表明されていない思想との下にあって，それらの前提となっている思想形態が解明された。そのさい哲学の「永遠の五つの問い」つまりヨーロッパの全時代を通して提起され続けてきた「神・自然・人間・社会・歴史」の問題が考察されている。そのなかでも「神」の問題は世俗化論と関係が深く，それはつねに「始源と究極」を探求しており，人間の本性が自然主義的な範疇では捉えられない超越的次元をもっていることを示す。なお現代の世俗化した社会では宗教的な関心が薄らいでいるが，この傾向もまた歴史における神の問題に対する一つの回答であるとみなされる。

　さらに彼は『西欧思想の主流』で，20世紀の，とくに1945年までの二つの世界大戦以降のヨーロッパの思想的境位を形容するのにTruncated Europe という言葉を使っている。truncate とは「切り取る」，円錐などの上部を「切断する」という意味である。したがって「頂点が切り取られた円錐」（a truncate cone）こそ20世紀の世界像，つまり世俗化された近現代のヨーロッパ思想の全体像なのである[11]。

　円錐の上部を切り捨てた20世紀の時代思潮の特徴は「喪失感」，「超越性の存在への信仰の喪失」であり，この「喪失感」は，実存主義文学のなか

11）　F. L. Baumer, Main Currents of Western Thought, 1978, p.653.

の随所に見られ，やがて「不条理」(absurd)「疎外」(alienation)「不安」(anxiety) によって示された。それは「絶対の放棄という事態」となって今日の価値の相対化ないし相対主義の時代となり，デカルトによって定立された近代的自我ないし主体性そのものが問題化し，また「神の触」が発生して真理・価値・規範が相対化し，「文化のほぼ全面的な世俗化」の進行とともに，シュペングラーの言う「西洋の没落」が現実のものとなったと説かれた。

それゆえ，円錐の上部にあった「垂直の次元」，「霊的次元」と呼ぶべきものを逆転させてみれば，それは「深さの次元」と呼ぶことができる。この部分こそが「現代」が放棄した〈存在〉の次元であって，人間は究極的には神から切り離され，自由になったとはいえ，ニーチェの言葉をかりれば，「自由な精神の持ちぬし」となり，外に向かって漂白する「超人」となった。しかし存在から切り離された「自由」は，規範を捨て去った「恣意」としての自由に過ぎない。

この先端を切り落とされた円錐は「世俗」そのものであって，そのなかではどこにでも行けるが，そこには何の意味も見いだせない。なぜなら，規範の失われた社会で，自分が望んだことなら何をしてもかまわないということは，何をしたところで価値がないことになるから。こうして，かつてあった超越的なものの「存在」を知らない「現代」の人間の生は孤独であって，自己以外に向かい合うものがなくなった。そこにハイデガーやサルトルは「自由」を捉えたが，カフカやカミュらはそれを絶望的な苦境として物語った。こうして相対主義，世俗主義，神の消滅，ニヒリズムという「現代」を特徴づけるさまざまな思想が，かつてないほどの深刻な「喪失感」をともなって勝利を高らかに宣言する。ここから逆に，これまでわたしたちが考察してきた人間学的な三分法の意義が明らかになる。

3 伝統的な三分法の消滅と復権

わたしたちはこれまで第1部と第2部においてヨーロッパの思想史における心身論の歩みを古代から中世まで辿ってきた。そのさい心身の二分法とは別に，オリゲネス以来「霊・魂・身体」の三分法が説かれてきた点を解

明した[*12]。この三分法は魂という一つの実体内部における「霊性・理性・感性」という三つの機能として理解されるようになり，それが中世哲学をとおして「知性・理性・感性」によっていっそうの展開を見た。さらに「知性」はドイツ神秘主義によって「霊性」として思想的に深められた。この三分法はエラスムスに伝わり，聖書学者ルターによっても聖書から直接に継承された。しかし知性にせよ霊性にせよ，思想家によってその理解は異なっており，これを一義的に規定することは困難である。しかも「霊」はこれまでは自然本性的な所与として哲学的に考えられてきたが，人間の神に対する関係という視点から「霊と肉」という神学的理解が加えられた。この霊と肉の葛藤は人間の実存的な問題として古代や中世においても考察されてきたのであったが，ルターからは新しい人間学的な主題となった。さらにキルケゴールもルターにしたがってこれを独自の視点からいっそう発展させた。

　ヨーロッパの近代哲学は個人主義と合理主義という二つの大きな特質を備えている。そして個人主義の根底には人間の「自我」の強烈な自覚が認められる。この自覚が人間学の歴史に顕著にあらわれ，独自の発展をなした。わたしたちの課題は心身論をとおして人間学の歴史を考察することである。それゆえ近代哲学の創始者デカルトの心身論をまず取り上げ，それがライプニッツにいたるまで展開した歴史を論じなければならない。次に，近代哲学の第二の特質である合理主義がヨーロッパの啓蒙思想として広範な展開を見た点を考察しなければならない。そのさいプラトンの伝統に立つ場合には，カントに見られるように広義の理性が「悟性」と狭義の「理性」とに分けられた。こうしてカントは理性・悟性・感性の三つの機能を認識の重要な機能として分析した。ここに啓蒙思想に立つ近代的な人間学が完成する。そのさい「霊」や「霊性」が軽視されたり，無視されたりする傾向が否定しがたく見いだされる。

　これに対してパスカルがデカルトを批判したように，キリスト教的な三

---

12)　「霊（精神）と身体（肉）」という心身の二区分とこの三区分とは元来決して相互に矛盾するものではなく，日本語の「霊魂」が「霊」と「魂」の合成語であるように，「魂」という実体には「霊」の働きも含まれていると考えられている。また「霊・魂・身体」の三区分を心の機能という観点から考察するならば，それは霊性・理性・感性として三つの基本的心の作用とみなすべきである。

分法が思想的に対決していく。この観点はデカルト学派のただ中にも起こっており、また啓蒙思想に対して激しく抗議した敬虔主義を生み出した。さらにこれがフランス大革命時代に活躍したメーヌ・ド・ビランに伝わっていく流れの中に、わたしたちはヨーロッパの人間学的伝統が継承されている事実を見いだすことができる。また、とくに顕著なことは啓蒙思想のなかにも表面から消えていった霊性がその自然的宗教の主張のなかに痕跡をとどめている事実である。このことによってこの霊性が近代思想によっても根絶できない人間の根本的所与であることが知られる。そこでカントと対決した同時代の思想家のみならず、その後の思想家たちも彼の影響を受けながら伝統的な三分法の再建に向かったのである。その流れの中でわたしたちは多様な仕方でもって「霊」および「霊性」の理解が人間の内なる作用、しかも永遠者である神を捉える「機能」として理解されてきていることを解明することができる*13。

わたしたちはここに近代における霊性の復権を捉えることができる。

---

13) しかもそれは同時に霊なる神が人間に働きかけて信仰を起こすと説かれてきた。この意味で「霊性」は「信仰」と同義でもあった（金子晴勇『近代人の宿命とキリスト教』180-96頁参照）。

第1章

エラスムスとルターの人間学的三分法

ルネサンスと宗教改革の時代は中世から近代への過渡期で、ヨーロッパ世界の全体的変革期であった。ヒューマニストの王者エラスムス（Desiderius Erasmus, 1466-1536）に典型的に示されているように、ルネサンスは精神・文化・知識の、つまり思想の「若返り」としての再生を意味する[*1]。イタリアを中心とする14世紀から16世紀にわたる文化的事象はブルクハルト（Jacob C. Burckhardt, 1818-97）により「世界と人間の発見」という特色づけをもって「ルネサンス」（フランスの歴史家ミシュレの用語）と呼ばれた[*2]。「再生」を意味するこのルネサンスは古代文化の復興というかたちでイタリアで起こり、中世世界を解体し、新しい近代的世界像を形成してゆくのに対し、西ヨーロッパの各地では新約聖書に立ち返って中世の教権組織と対決し、キリスト教自体の刷新に向かう宗教改革の運動が新しい時代への転換をもたらした。宗教改革もキリスト教自体のルネサンスであった。だからルネサンスは異教文化を尊重したとはいえ、全体的にみるならば、宗教的性格を保持していたといえよう。

文化が華やかに開花したイタリア・ルネサンスの宮廷からアルプスを越えたフランス、ドイツおよびオランダに目を移すと、後期ゴティック様式

---

1) エラスムスは1517年にフランス王からアカデミーに参加するように要請を受けたとき知人のギョーム・ビュデ宛ての手紙で、「不滅の神よ、なんという世紀がわたしたちの眼前に展開しようとしていることか。若返ることができたら、どんなにうれしいことだろう」と語っているが、この若返ることこそルネサンスを意味する（エレーヌ・ヴェトリーヌ『ルネサンスの哲学』二宮敬・白井泰隆訳、白水社、7頁からの引用）。

2) ブルックハルト『イタリア・ルネサンスの文化』柴田治三郎訳、世界の名著、第4章329頁以下参照。

第1章　エラスムスとルターの人間学的三分法　　　　　　193

の巨大な諸聖堂の下に激しい信心の世界が開けていた。ここでのヒューマニズム運動は倫理的で宗教的な性格を堅持し，学芸の復興や教育にたずさわっただけでなく，神秘主義的な特質をもつ神学研究が熱心に開拓された。このような方向転換を促したのは「新しい敬虔」(devotio moderna)の運動であった。それは14世紀の終わりに創始者フローテ(Gerhard Groote, 1340-84)によって霊的生活の復興をめざして開始され，主として一般信徒の交わりからなる「共同生活兄弟団」を結成し，修道士風の共同生活を営みながら，学校教育，病人看護，慈善事業，書物の筆写等にたずさわり，ヒューマニズム運動を発展させた[3]。ここからロイスブルーク(Jan van Ruysbroeck, 1293-1381)やトマス・ア・ケンピス(Thomas a Kempis. 1381頃-1471)の神秘主義も生まれ，後者の『キリストにならいて』はこの派の精神に古典的表現を与えており，何よりも個人の内面生活を強調し，キリストの生涯を黙想し，彼を模範とすべきことを説き勧めた。

1　エラスムスの人間学的区分法

オランダのロッテルダムの人，エラスムスはイギリスのジョン・コレット(John Colet, 1466-1519)を通じて聖書批判の原理とキリスト教人文学を学び，16世紀を代表するヒューマニズムの思想を完成した。彼は言語，表現，文体を愛好し，古代的な叡知が彼の言葉によって再生し，ルネサンスが彼において〈言葉の出来事〉となって出現した。それは『対話集』や『痴愚神礼讃』のような文学作品のみならず，初期の哲学的代表作『エンキリディオン』(詳しくは『キリスト教戦士必携』)においても明らかである。彼はコレットをとおして知ったフィレンツェのプラトン主義の影響の下に，哲学とキリスト教とを総合的に捉える方法を確立し，その思想を「キリストの哲学」(philosophia Christi)として提起した。『エンキリディオン』の冒頭には「主にあって敬愛する兄弟よ，あなたは大変熱心に，あなたがキリストにふさわしい精神に達しうる準備となるような生活の方法を述べた

---

　　3)　フローテを中心とした「新しい敬虔」についての研究は R. R. Post, The Modern Devotion. Confrontation with Reformation and Humanism, 1968という大著にもっとも詳しい。とくにフローテに関する研究が高く評価された。

要約をわたしが示すよう切望なさっておられます」[*4]とあって，これに答えて実践的指針が具体的に22の規則としてあげられた。そのなかで基本法則は「不可視なものへと可視的なものを整序すること」におかれた[*5]。そこには人間の区分がプラトンの魂と身体との区分として説かれ，同じくプラトンによって世界も感覚的世界と知性的世界とに分けられ，前者から後者への超越を人間の目的となし，これを実行するためにはキリスト教の力に依らなければならないと説かれた。この書物ではプラトン主義とキリスト教とが総合的に把握され，キリスト教の真理はプラトン哲学との同一視の上に立てられた。そこから「キリストの哲学」が次のように要約的に示された。

　「この種の哲学は三段論法の中よりも心情の中にあり，論争ではなく生活であり，博識ではなく霊感であり，理性よりも生の変革である。学者になることは少数の者にとって辛うじて成功するが，キリスト者であることや敬虔であることは誰にでもできる。わたしはあえて付言したい，神学者であることは誰にでも可能である，と。さらにもっとも自然にふさわしいことは，すべての人の心の中に容易に入って行く。キリストが〈再生〉(renascentia) と呼びたもうた〈キリストの哲学〉とは良いものとして造られた〈自然の回復〉にあらずして何であろうか。したがってキリスト以上に誰も決定的にかつ効果的にこれを伝えた者はいなかった。しかし異教徒の書物のなかにもこの教えに合致する多くのものを見いだすことができる」[*6]。

エラスムスは『エンキリディオン』においてプラトンにしたがって人間を身体と魂とに分け，世界をも感覚的世界と知性的世界とに分けた上で，前者から後者への超越を倫理の目的となし，これを実行するためにはキリ

---

　4)　エラスムス『エンキリディオン』金子晴勇訳，宗教改革著作集2「エラスムス」教文館，7頁。

　5)　そこでは次のように勧められた。「わたしたちは第5の規則を加えたい。あなたがいつも可視的事物から，それはほとんど不完全であるか，中間的なものであるが，不可視なものへ向かって前述の人間の区分にしたがって前進しようと試みるなら，この唯一の規則によって完全な敬虔をあなたが確立するためである」(エラスムス前掲訳書，76頁)。

　6)　D.Erasmus, Ausgewählte Schriften, Bd.III, S.12 ; 22-24. ここにはキリストの哲学の特質が，「理性よりも生の変革である」点と「良いものとして造られた自然の回復」——そこでの「再生」(レナスケンティア) は後にルネサンスと呼ばれた名称の一つの源泉となっている——とに要約して示されている。

第1章　エラスムスとルターの人間学的三分法　　　　　　　　195

スト教の力によらなければならないと説いた。
　わたしたちは彼の心身論を人間学的な二分法と三分法をとおして明らかにしてみたい。

　二分法　　彼は『エンキリディオン』第5章「外的人間と内的人間について」の初めのところで魂と身体の人間学的二区分について次のように語ることによって彼の人間学の全体像をはじめて明瞭に提示した。
　「人間は二つ或いは三つのひじょうに相違した部分から合成された，ある種の驚くべき動物です。つまり一種の神性のごとき魂と，あたかも物いわぬ獣とからできている。もし身体についていうなら，わたしたちは他の動物の種類にまさるものではなく，むしろそのすべての賜物においてそれに劣っている。しかし魂の面ではわたしたちは神性にあずかるものであり，天使の心さえも超えて高まり，神と一つになることができる。もしあなたに身体が与えられていなかったとしたら，あなたは神のような存在であったろう，もし精神が付与されていなかったとしたら，あなたは獣であったであろう」[7]
　ここにエラスムスの人間像の全体が魂と身体という人間学的区分法によって明瞭に示される。彼は人間の自然本性をまず神の創造に即して考察し，次いで人間の罪により創造の秩序が破壊されて，窮地に陥っている有様を描く。創造者は人間の魂と身体とが調和するように人間を造った。したがって神性を帯びた魂のみが人間の本質であって，身体は墓のように魂を閉じ込め疎外しているというプラトンがオルペウス教から受容した思想をエラスムスは説いていない。むしろソーマ・セーマ（soma sema）学説ははっきり否定されている。人間は元来「魂と身体」（anima et corpus）から二元的に構成されていて，もし身体がなかったなら神のようになり，人間ではなくなってしまう。したがって身体をもった人間が魂において神と一つになるよう超越することこそ人間の本来的使命である。この超越によって心身の調和が保たれる。しかし身体は動物的であるため魂と至福の調和を保つことがむずかしく，ここに人間存在の自己矛盾と不安定さが示される。こうした矛盾を含みながらも魂と身体とはそれぞれ役割を異にして人間に

---

　7)　エラスムス『エンキリディオン』前掲訳書，36頁。

おいて一つの統合を保っている。つまり、人間は身体によって現世に関わり、魂をとおして天上的な不滅なるものを愛求する。「等しいものは等しいものによって把握される」(similis similibus capitur)の原則がここで示されている[*8]。このように役割を異にしながらも、精神が身体を支配し、身体が精神に服従するという秩序が次に説かれる。しかし、この支配秩序が、暴動が起こった国家にみられるように、転覆されると、人間の心はその信念においてすさまじい戦闘がくり広げられる場所となる。そのような不和と格闘とを生むのは人間の罪である。

　三分法　エラスムスは「オリゲネス的な人間の区分」(Origenica hominis sectio)と呼ぶ人間学的三分法(spiritus, anima, caro)によって彼の人間学を展開している。

　「この聖書の箇所〔Ⅰテサロニケ5・23〕からオリゲネスが人間の三区分を導きだしていることは不適当ではありません。〔1〕わたしたちの最低の部分である身体もしくは肉には、あの老獪な蛇が罪の法則を〔わたしたちの〕生まれながらの罪過によって書き込んだのです。また罪の法則によってわたしたちは不品行へと挑発され、それに征服された場合、わたしたちは悪魔の一味とされるのです。〔2〕しかし神の本性の似姿をわたしたちが表現している霊のなかに、最善の創造者が自己の精神の原形にしたがって、かの永遠の徳義の法(aeterna honesti lex)を指でもって、つまり自己の霊でもって刻み込んだのです。この法によってわたしたちは神に結びつけられ、神と一つになるように引き戻されるのです。さらに〔3〕神は第三として、またこの二つの中間として魂を立てたまいました。魂は知覚と自然衝動にかかわるのに適しています。魂は、党派によって分裂した国家におけるごとく、党派のいずれか一方に加盟しないわけにはいきません。それはあちらこちらに引きこまれます。しかし二つのうちのどちらに決定しようとするかは、魂の自由です。もし魂が肉を拒絶し、霊の党派に味方するとしたら、それ自身が霊的になるでしょう。しかし、もし肉の欲望に自

---

　8)　エラスムス前掲訳書、32頁。これはエンペドクレスの言葉である。プラトン『リュシス』参照。

己自身を捧げるとしたら,自己自身を身体にまで貶めるでしょう」*9。このテキストにおいては身体と肉の区別はない。それは「身体もしくは肉」（corpus sive caro）と言い換えられているところを見ても明らかである*10。同様のことは霊と精神についてもいえる。「霊」（spiritus）は「神の本性の似姿」（divinae naturae similitudo）であって,「神の精神の原形」（suae mentis archetypum）にしたがって永遠の法が与えられているとあるように,霊と精神は同質のものとみなされる。したがって,ここでの新しい点は霊と肉の中間に立っている魂の理解である。そこで魂についての論述の特質をあげてみよう。

(1) エラスムスがオリゲネスの三分法として採用したものは出典が聖書であるが,そこにはオリゲネス自身が影響を受けているプラトンやストア派の哲学との関連が認められる*11。それは精神と身体との二元的対立に現われているが,プラトンの人間学で魂は神的起源のゆえに高い位地を占めているのに反し,エラスムスは魂を無記中立的（indifferens）なものとみなし,これが霊と肉との間に立つ中間的にして自由な存在である点を力説する。しかも中間存在であるとはいえ,両者のいずれかに味方し,一つに合体すべく態度決定をなすように定められている。

(2) 魂は中間的で無記的であっても,その自由な選択行為によって自己形成をなす。魂には決断の自由がある。先のテキストでは「しかし,二つのうちのどちらかに決定しようとするかは,魂の自由である」と説かれていた。「二つのうち」とは霊が求めるものと肉が誘うものである。つまり,「魂は岐路に立っていないのでしょうか。肉がこちらでは〔魂を〕誘惑し,霊がそちらでは促しています」*12。もし霊と肉との葛藤が原罪に由来するなら,現実の罪は,自由意志が肉と魂のより下劣な情念とに従って決断した結果である。とはいえ二つの誘因は同等のものではなく,理性がかつて肉に対し支配力をもっていたように,堕罪以後においても精神は知性に命令し,意志はそれをある程度は選び実行することができる。したがって,

---

9) エラスムス前掲訳書,53頁。
10) 身体と肉との厳密な区別はルターによって初めてなされた。金子晴勇『ルターの人間学』41-42頁参照。
11) オリゲネス『諸原理について』3・4,2・8.
12) それに反し「自然本性に属しているものは功績として数えられない」。「欲情を欠いていることではなくて,欲情に打ち勝つことが徳に属している」（エラスムス前掲訳書,83頁）。

「二つのうちの」葛藤は自由意志が知性の命令に従って徳を実現する過程において挫折したことを自覚してはじめて生じる。このような状況においてはじめて決断の行為こそ功績と考えられ[13]，人間の気質，傾向，特性も自然本性に属しているので，これらを徳と考えてはならない。また善でも悪でもない中立的な性質を徳性と見誤ってはならない。むしろ行為者の内的意図，行動の動機から行為を判定しなければならない。たとえば評判や利益を目指して行為する人は霊ではなく肉の臭がしている[14]。わたしたちはエラスムスがいまや霊と肉を対象的にではなく行為の内的意図にもとづいて区別している点に注意すべきである。そこには「神の前」(coram Deo) という宗教的規定が明らかに語られる。自然本性とは異質な，決断によってはじめて明確になる，主体的な二つの可能性を「霊と肉」の理解において彼は説くようになった。

(3) 霊を自然本性としてのみならず，霊的な生き方として主体的に捉えるとき，キリスト中心主義ともいうべき宗教的な理解が開かれる。外的に敬虔を装う偽善こそ内的意図からあばかれ，肉的人間であると判断される。たとえば，断食が外的な敬虔さを装っても内的には他人を裁いたりする自己中心の動機は「肉」とみなされるからである。この場合，肉とはもはや食物ではなく，他人を無視して自分のことばかりを神に向かって主張する態度である[15]。さらにエラスムスはもう一つの例として妻に対する愛をあげ，それを次の三つに分けて論じる。第一は名目上の愛，第二は快楽のための愛，第三は霊的な愛である。霊的な愛について次のように語られる。「あなたが妻のうちにキリストのみ姿を，たとえば敬虔，控え目，節制，貞淑を認めたからこそ，彼女をとりわけ愛するときには，あなたはすでに彼女を彼女自身においてではなく，キリストにおいて愛しているのです。否，あなたは彼女においてキリストを愛しています。こうして結局あなたは霊的に愛しているのです」[16]。この三様の愛の説明のなかにエラスムスにおける霊と肉の意義が明らかである。外観上の愛は無意味であり，肉は快楽主義を指しているが，霊はキリスト中心主義的な生活を意味する。も

---

13) エラスムス前掲訳書，83頁。
14) エラスムス前掲訳書，56頁。
15) エラスムス前掲訳書，84-85頁参照。
16) エラスムス前掲訳書，85頁。

ちろんキリストの姿が依然として倫理的特性たる徳行により述べられてはいても,「霊的に」(spiritualiter)はもはや「精神的に」というプラトン主義的な精神性ではなく,キリスト教本来の意味で霊性として把握される。だから次のように勧められる。「あなたが肉であるなら,あなたは主を観ないでしょう。あなたが主を観ていないとしたら,あなたの魂は救われないでしょう。だから,あなたが霊となるように配慮しなさい(Cura igitur, ut sis spiritus)」[17]と。

2 ルターの人間学的三分法

ルターは大学においても修道院においても当時新しく興ってきたオッカム主義の伝統によって教育を受け,その修道の精神に導かれて歩んでいた途上で魂の危機を経験し,それからの救済を求めていった。したがって彼はトマス・アクィナスの神学的伝統に触れることなく,それとは対立していた神学的伝統の下で教育を受けた[18]。なお,彼が大学生活を送ったエルフルトには人文主義が流行していたため,彼はその影響によってオヴィディウス,ヴェルギリウス,プラウトゥスさらにテレンティウスなどの作品にも親しんだ。しかし修道院に入ってからはもっぱらオッカム主義に立つ後期スコラ神学の強い影響下に魂の救済をめざしての求道生活を開始し,当時のオッカム主義の代表者にして「最後のスコラ哲学者」と呼ばれたガブリエル・ビールの著作の影響を受けた。ルターはこのオッカム主義の精神によって修道を徹底的に試みたが,内心に平和が得られず,絶望するにいたった。この経験によって13世紀以来神の恩恵と人間の自由意志との協働関係をなんらかの形で維持してきたスコラ神学の伝統のすべてが,その壮大な体系的構成にもかかわらず,彼によって拒否されるにいたった。

---

17) エラスムス前掲訳書,52頁。
18) もちろん当時の大学の教育は徹底的にアリストテレスの哲学体系にもとづいていたため,さらにルター自身がヴィッテンベルク大学でアリストテレスの『ニコマコス倫理学』を講義したこともあって,彼がトマスやスコトゥスに優ってアリストテレスをよく理解しているという発言 (WA. 6, 458, 19f.) も決して誇張とはいえない。したがって,ルターの著作,とくに大学での講義録を注意深く読んでみると,アリストテレスの概念と論理とが駆使されていることが容易に知られる。

ルターの心身論は小品ながら代表作である『キリスト者の自由』の中に見いだすことができる。彼はその冒頭で「キリスト教的人間とは何か、またキリストが彼のために獲得し与えたもうた自由とはいかなるものであるか」と問い、キリスト者は「自由な主人」であり、同時に「奉仕する僕」であると言う。この相互に矛盾する人間の規定は人間が「霊的と身体的との二様の本性」からなる存在であるという観点から解明される。霊と身体は人間の本性的な区別、もしくは哲学的人間学の区分である。ルターは神学者であるが、同時に伝統的な哲学的人間学の区分法をも用いた。それゆえ彼はこの著作において「霊的人間」がいかに信仰によって義とされ、「自由な主人」となるかを論じ、さらに「身体的人間」が愛によって「奉仕する僕」としていかに行為すべきかを探求した。こうして人間における相互に矛盾する規定である「自由な主人」と「奉仕する僕」が人間学の区分法にもとづいて「霊」と「身体」から考察され、「信仰」と「愛」との生命的な統一的な視点から人間が全体的に理解された。

ルターのタウラー受容と三分法　ルターは伝統的な三分法をエラスムスからではなくドイツ神秘主義者タウラーから学んだ。

①タウラーは「説教」第五「さて、ここで次の三者に注意すべきである。第一は身体的感覚と感性であり、第二は理性であり、第三は魂の全く純粋な実体である」という。この文章にルターは注記して次の三肢を指摘している。

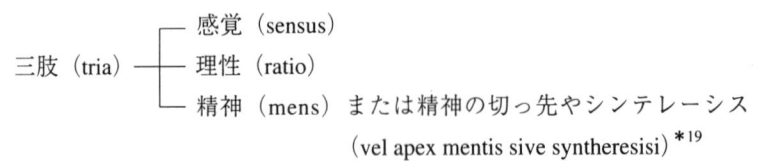

　　三肢（tria）┬─ 感覚（sensus）
　　　　　　　　├─ 理性（ratio）
　　　　　　　　└─ 精神（mens）または精神の切っ先やシンテレーシス
　　　　　　　　　　（vel apex mentis sive syntheresisi）[19]

また、タウラーは「説教」第五四では「第一は外的な感覚的動物的人間であり、第二は内的な理性的人間である。……第三の人間は魂の最上位の部分である心情（das gemüte）であり、これらすべてはひとりの人間である」と語っている[20]。ここではひとりの人間における本質的に分けられ

---

19) Luther, WA 9, 99, 36ff.
20) Die Predigten Taulers, hrsg. v. F. Vetter, 1968, S.348. なお Johannes Tauler Predigten,

た三つの層が考えられており，自然本性にしたがう人間学的三区分が述べられている。これに付記されたルターの覚え書きには感覚・理性・信仰の三区分が記され，信仰は「霊」と同一視される[21]。こうしてタウラーの三種類の人間（感覚的人間・理性的人間・心情と根底）がルターにより感覚・理性・霊の三肢構造へと移された。

しかし，この魂の機能による三分法はパウロの神学的霊・肉の二分法とは視点が全く相違している。そこで魂の機能による三区分，およびそれと同じ視点に立つ人間の自然本性上の三区分，つまり霊・魂・身体について，わたしたちはルターが最終的な結論に到達した『マグニフィカト』から考察してみたい[22]。

『マグニフィカト』(1521-22)における人間学的三分法　　『マグニフィカト』はルカ福音書第1章46節以下の「マリヤの讃歌」を講解したもので，「わたしの魂は主をあがめ，わたしの霊は救い主なる神を喜ぶ」とある聖句の「魂」と「霊」とに関し，人間学的三分法についてまとまった論述を与えている。ルターはこれまで問題にしてきた人間の本性上の三区分とキリスト教固有の神学的二区分，つまり「霊と肉」の区分との相違についてまず明瞭な規定を与え，次のように語っている。

「聖書は人間を三つの部分に分けている。なぜなら聖パウロは第1テサ

übertragen von G. Hofmann, 1961, S.409. Hofmann はこのテキストの gemuete を Seelengrnud と訳し，心情的動きを加えて zu sich selbstneigende Seelengrund「自己自身へ傾く魂の根底」と訳出している。

21）　感覚（sensus）／理性（ratio）／信仰（fides）　に基づいている　感覚的（sensualis）／理性的（rationalis）／霊的（spiritualis）　な人を使徒は　肉的な（carnalis）／心霊的な（animalis）／霊的な（spiritualis）　人と呼んでいるように思われる。そしてこれに属するのは　全く世俗的人間／哲学者と異端者／真のキリスト者　である。

(WA 9, 103, 37ff.)

22）　その間の『ローマ書講義』(1515-16)，『ガラテヤ書講義』(1516-17)，『ヘブル書講義』(1517)，『良心を教導するための三様の良い生活についての説教』(1521)における心身論の発展に関しては金子晴勇『ルターとドイツ神秘主義』185-91頁，および『ルターの人間学』17-40頁参照。

ロニケで〈平和の神にいます神があなたがたを全く聖くし、あなたがたの霊と魂と身体（geist un seele un leip）の全体をわたしたちの主イエス・キリストの再臨に至るまで責められることのないよう守りたもうように〉と語っているから。そしてこの二つの部分の各々はすべての人間の全体について別の仕方で二つの部分に分けられる。それは霊と肉（geist un fleisch）と呼ばれる区分であり、自然本性（natura）の区分ではなくて、性質（eygeschaff）の区分である。すなわち自然本性は霊・魂・身体（geist, seele, leip）の三部をもち、これらすべてが善くあるか悪しくあるかが可能である。つまり霊と肉でありうるが、これについて今語ることができない」[*23]。

　人間学的区分法におけるこの二つの種類を明瞭に分けたことは、ヨーロッパ人間学の歴史にとってルターの実に偉大な功績に数えられる。両者が混合して使用されたことから、多くの誤解が生じ、思想の発展がこばまれてきた、とルターは他の箇所で述べている[*24]。こうして概念的に整理された「霊」の自然本性的性質に関し、ルターは前の引用文に続けて次のように述べている。

　「第一の部分である霊（geist）は人間の最高、最深、最貴の部分であり、人間はこれにより理解しがたく、目に見えない永遠の事物を把握することができる。そして短く言えば、それは家（haus）であり、そこに信仰と神の言葉が内住する。これについてダビデは詩編50編（51・10）で〈主よわたしの最も内なるところに正しい霊を造りたまえ〉すなわち直き真すぐな信仰を造りたまえと語っている」[*25]。

　「霊」についての記述の中で最初に注目すべきは、そのあり方であり、まず「人間の最高、最深、最貴の部分」であると述べられ、次いでそれが「家」であると語られる。この「家」の表象は続く幕屋の比喩で語られるところでは「住まい」（wohnung）と言われている。次に「霊」の機能は不可解で不可視な永遠の事物を把握することに求められる。ところで、この「永遠の事物」は御言葉により啓示された神自身であって、霊は信仰によってこれに関わる。そのことは先述の「家」のなかに「信仰と神の言葉

---

23) Luther, WA 7, 551, 19ff.
24) Luther, WA DB 7, 12, 5ff. この点に関し金子晴勇『ルターの人間学』41頁以下参照。
25) Luther, ibid.

が内住する」という表現によって示されていた。そして霊は理性の光も自然の陽光も照らさない，したがって暗闇の中にある，神の住まいであって，そこに内住する神の言葉の語りかけを聞いて信じるという機能を備えもっている。タウラーにおいても「荒野という〈根底〉で呼びかけて，すべてをよりよい方向に導く愛すべき声に従おうとする場合」[*26]に神との触れ合いが成立すると説かれていた。タウラーが「声」(Stimme) として語っていたことをルターは「神の言葉」(Gottes Wort) と明確になし，タウラーが「聞く」(hören) と言っているところをルターは「信仰」(Glaube) と明確に規定しており，最後の詩篇の引用によって「霊」と「信仰」とを同一視している。

次に人間学的三区分を幕屋の比喩で語っているところに注目してみよう。至聖所には光がなく暗闇におおわれ，神がそこに住まいをもちたまい，聖所には七つの燭架と灯明とをもつ一つの灯明台が立っており，前庭には太陽の光がふりそそいでいる。

> 「この象徴の中にキリスト教徒 (ein Christenmensch) が描かれる。その霊は至聖所 (sanctum sanctorum) であり，光なく信仰の暗闇の中にある神の住まいである。なぜなら霊は見ることも感じることも理解することもないものを信じるからである。彼の魂は聖所 (sanctum) である。そこには七つの光があり，それらは身体的可視的事物を理解し，判別し，知覚し，認識する一切の働きである。彼の身体は前庭 (atrium) であり，すべての人の目に明らかである」[*27]。

幕屋の比喩による人間学的三分法の最も簡潔にして明瞭な叙述がここに与えられている。「霊」が「光なく信仰の暗闇の中にある神の住まい」(gottis wonung ym finsterun glawbe oh liecht) と明瞭に規定され，信仰こそ感覚も理性も通じない「永遠の事物」に関わる基本的態度であると説かれている。それに対し「魂」は理性的認識の機能であり，「霊」の機能と明らかに区別されている。「霊」は人間の最内奥であり，その信仰において聖さを保っているが，信仰が失われると，霊は神の前に死滅し，堕落する。したがって「霊」は信仰によって「魂」の理性を統制する働きをもっている。すなわち，「霊がより高き光である信仰により照明し，この理性の光を統制し

---

26) Johannes Tauler Predigten, übertragen von G. Hofmann, 1961, S. 336.
27) Luther, WA 7, 551, 19ff.

ないならば，理性は誤謬なしにあることは決してありえない。なぜなら理性は神的事物を扱うには余りに無力であるから。この二つの部分に聖書は多くのものを帰属させている。たとえば知恵と知識（sapientia und scientia）すなわち知恵を霊に，知識を魂に帰属させている。さらに憎悪，愛，恐怖をも」[*28]。

このような統制の下に秩序が確立されないなら，人間生活の混乱が生じる。その有様をルターは次のように語っている。「もし霊がもはや聖くなくなれば，何ものももはや聖くはない。さて最大の戦いと最大の危険は霊の聖さにおいて生じる。すでに述べたように霊は把握しうる事物にかかわらないため，全く純粋な信仰においてのみその聖さが存立しているから。そこで偽教師がやってきて霊を誘惑する」[*29]。

さらにルターが霊において神の言葉を正しく信仰によって理解している「経験」（Erfahrung）について，タウラー的に言えば根底における「出来事」について考えてみたい。この「経験」をルターが「喜ばしい受動的経験」（ein frölich Leiden）と称する場合，LeidenはErleidenの意味をもち[*30]，タウラーの経験に通じている。もちろん，この「経験」は「聖霊」によって与えられ，そこに人間の「霊」と神の「霊」とが触れ合う出来事が起こる[*31]。

次にこの経験内容についてルターは述べ，それが無なるものを有らしめ，死せるものを生かし，また有るものを無とし，生けるものを死にいたらせるという神の創造と破壊とによる，全能者から受ける経験であるという。それゆえ彼は神の見たもう「場所」を「底深い所」とみなすが，そこには神秘主義との関連が示される[*32]。なぜなら「底深い所」（die Tiefe）はタ

---

28) Luther, WA 7, 551, 6ff.
29) Luther, WA 7, 551, 28ff. さらに「さてもしそのような……霊が保たれるなら，それによって魂と身体は過誤や悪しきわざを犯さずにとどまりうるが，霊に信仰がない場合，魂と全生活が正しく誤りに陥らないようにすることは不可能である」（ibid., 552, 34ff.）と説かれている。
30) Luther, WA. 7, 550, 10にある leyden は現代ドイツ語釈では Erleiden とも訳されている（M. Luther, Ausgewählte Werke, Calwer Ausgabe, Bd, V, S. 64)。
31) 彼は言う，「神または神の言葉の正しい理解は，それを直接聖霊から有するのでなければ，何人ももちえない。……この経験において聖霊はご自身の学舎におけるように教えたもう」（WA. 7, 546, 26）と。
32) 「したがって神の目はひたすら底深い所を見て，高きを見たまわない。ダニエルが言うように〈あなたはケルビムの上に座して，底深い所もしくは深淵を見たもう〉，……なぜなら神は至高者であり，ご自身の上に何者も存在しないから，上を見上げることができな

ウラーの「根底」に近く,それは「深淵」(Abgrnnd) とも言い換えられるから。そして神の目はひたすらこの「底深い所」に向けられ,神は底深い所にいる者の近くにいると説かれ,「そしてこの根底からいまや神への愛と賛美とが流れ出る」(Und auss diessem grund fliesset nu die lieb unnd das lob gottis) と語られる[*33]。

さらにタウラーの「根底」と同義的に用いられていた「心情」(Gemüt)をルターは霊的経験の高揚を表すものとみなしている。たとえばマリヤの讃歌の最初の言葉について「この言葉は,彼女の心情と生命とがすべてをあげ霊にあって内から高揚している場合の,絶大な感激とあふれる歓喜とから発している」[*34]と語っている。

ルターの理性論の特質　ルターは確かにアリストテレスを批判したのは事実である。しかし,その批判は理性が誤って信仰の領域を侵した越権行為に向けられていた[*35]。それは理性の高慢に由来する。それゆえ理性の働きは次の三つの場面に区別して捉えなければならない。すなわち,第一に,その固有の領域(この世的統治)の中で支配する自然理性。第二に,信仰の領域(天的統治)を侵害する傲慢な理性。第三に,常に神のみ言葉に従って信仰の領域で謙虚に奉仕する再生した理性である。第一の場合,理性は神のすぐれた賜物である。第二の場合,理性は悪魔の娼婦である。第三の場合,理性は信仰の待女である[*36]。

この創造における人間理性の優れた働きに関して「人間についての討論」が実によく真実な姿を伝えている。その主張のいくつかを命題のままで挙げてみよう。

「理性はあらゆるものの主要事にして頭(かしら)であり,現世に属する他の事物とくらべて最善であり,〔まさしく〕何か神的なもの[*37]である」

い。また何人もご自身に等しい者がいないから,横を見たもうわけにもゆかない。それゆえ,神はご自身の内と下とを必然的に見ざるを得ないし,ご自身の遥か下に人がいればいるほど,神はこれをあわれみたもうのである」(ibid., 231, 547, 8ff.)。

33) Luther WA. 7. 548, 2. ここでの Grund は Grunderfahrung (基礎経験) とも Urspmng (源泉) とも理解することができる (M. Luther, Calwer Ausgabe, op. cit., S. 61.)。
34) Luther WA. 7, 550, 2f.
35) 金子晴勇『近代自由思想の源流』142-44頁参照。
36) ゲーリッシュ『理性と恩寵』倉松・茂泉訳,聖文舎,28-30頁
37) divinum quiddam

(第4テーゼ)。
「理性はすべての芸術，医学，法律の，また現世で人間によって所有される知恵・力・徳・栄誉の，発明者にして指導者である」(第5テーゼ)。
「理性は正当にも本質的な区別と呼ばれるべきである。この区別によって人間は動物やその他のものから相違して規定される」(第6テーゼ)。
「聖書もまた，〈支配せよ〉等々といって，〔人間を〕地，鳥，魚，家畜を治める女主人に任命している（創世記1・26)」(第7テーゼ)。
「理性は現世においてそれらのものを管理するように任命された太陽であり，ある種の神的な力*38でなければならない」(第8テーゼ)。
「神はアダムの堕落以後もこのような高い機能*39を理性から取り去らないで，むしろそれを強化された」(第9テーゼ)。
「理性がそのような高い権能をもっているにもかかわらず，理性はまさしくこのことをアプリオリにではなく，ただアポステオリに知るにすぎない」(第10テーゼ)*40。
「哲学もしくは理性自身が神学と比較されるならば，わたしたちは〔理性によっては〕人間についてほとんど何も知ってはいないことが明らかとなろう」(第11テーゼ)*41。

　こうした創造における理性の高い地位にもかかわらず，堕罪によって理性が毀損されると，このことはアポステオリに人々の経験するところであるが，それは恩恵によって再生するように招かれる。この点が続く叙述に示されている。こうした結果，理性が信仰に根ざしてその機能を発揮するときには，霊性として優れた認識をもたらすことになる。したがって信仰者のもつ霊的な義は本質的に授与されるがゆえに，信仰に「よって」得られるというよりはむしろ信仰に「対して」与えられる。こうして信仰によって照明された理性は霊的な事柄に対する把握力をある程度発揮するようになる。したがって再生された理性は信仰の認識的で知性的な機能となり，信仰にもっぱら従いながら独自な判断を下すようになる。それゆえ理性は信仰の霊的な道具となるといえよう。

---

38) Numen quoddam
39) maiestas
40) a priori, a posteriori というのは「経験に先んじて」と「経験した後に」の意味。
41) Luther WA. 39, I, 174-80.

第2章

デカルト学派の心身論とその批判

―――――――

はじめに

　デカルトは物体の領域と心の領域とを区別することから思索を開始していった。それまで支配してきたアリストテレス的自然観はアニミズム的であり，物体は人間の魂と同じように，宇宙霊魂の生命原理によって説明されていた。たとえば落下運動は物体に宿っている重さによって生じると考えられた。それに対し今や合理主義者デカルトにとって落下運動は引力によって生じており，それは時間・距離・速度の概念によって純粋に数学的に説明されるようになった。こうして心は物体から分離して考えられ，身体も心から分離された物体，もちろん非常に複雑な仕組みをもった物体として扱われるようになり，心身問題が哲学上の大問題として関心を集めるようになった。

1　デカルトの心身二元論とその問題

　デカルト哲学の一般的特質　中世から近代への転換点に立っているデカルトは「われ考う，ゆえにわれあり」という命題をもって哲学的真理の確実な第一原理とする[1]。一切を疑ったとしても，疑うというのは思惟す

―――――――
1)　デカルト『方法序説』落合太郎訳，岩波文庫，45頁。デカルトは『哲学の原理』と

ることであるから，考える「われ」，つまり純粋な精神としての自我の存在は絶対に確実である。ところで，この命題には明晰判明な認識のほか何も含まれていないがゆえに，「明晰判明に認識されたものは真理である」という第二の原理が立てられた[*2]。さらに彼は「観念」を，生得の観念，外から来た観念，自己の創作による観念の三種類に分類し，最完全者としての神の観念は，神自身によってわたしたちの中に植えつけられた「生得の観念」であるとし，神の存在を肯定する。また感覚によってえられる物体の観念も，神が真実で欺かないかぎりで認められ，物体の存在も肯定される。このように神は，物体の明晰判明な認識が可能になるための必須の前提として，明証的認識の保証者となった[*3]。

ここには神に依存した自我というものは切り捨てられ，自我は自我から見られ，神も自我の立場から見られる。ところでアウグスティヌスではデカルトと同じく最も確実なことを思惟する自己からはじめながらも，人間が神に向かって造られているがゆえに，自己は必然的に神への道をたどった。したがって両者の立場には根本的な相違が生じ，デカルトには神との関係を断ち切った人間に立つ近代精神の根本的特質が明らかである。

さて，精神としての自我の主観的意識が直証的確実性をもって疑われていない場合には，ただ外界の事物の現実性のみが問題であるように思われる。だが観念論はこのような問題を否認する。というのは観念論の立場からすると，意識は自己の主観という領域を踏み越えることはできず，つね

いう書物で，哲学は知恵の探求を意味するが，本来の意味で哲学するとは，最初の原因としての原理の探究から始めなければならないと言い，この原理には二つの条件が必要であると主張する。(1) 原理が明白で自証的であって，精神が注意深く考察するとき，その真理性を疑いえないほどであること。(2) この原理に他の事物認識が依存し，原理は事物なしに認識できるが，原理なしに事物は認識されず，原理から事物認識を演繹し，不明なものは残さないこと。デカルトはこのような第一原理を直証的な命題の中で把握している（デカルト『哲学原理』桂寿一訳，岩波文庫，12頁）。

2) デカルト『方法序説』29頁。この視点は『精神指導の規則』における「方法の四教則」，とくに第1教則に次のように明記されている。「論理学を構成させた多くの教則の代りに，守ることをただの一度も怠らぬという堅固一徹な決心をもってしたならば，次の四つで十分であると私は確信した。第一は，明証的に真であると認めることなしには，いかなる事をも真であるとして受けとらぬこと，すなわち，よく注意して速断と偏見を避けること，そうして，それを疑ういかなる隙もないほど，それほどまでに明断に，それほどまでに判明に，私の心に現われるもののほかは何ものをも私の判断に取り入れぬということ」。

3) デカルト前掲訳書，46頁以下の叙述を参照。

に自己の表象を問題にしなければならないから。つまり主観なしには，客観はありえない。このような観念論の立場はマールブランシュやバークリによって首尾一貫して支持された。しかしながら，わたしたちは一般に外界の事物が存在していることを疑わない。では，どうして事物についての諸表象が生じるのか。そこでこの表象を造り出す神が想定される。たとえばバークリにとり「存在」とは「知覚されてある」もの，「観念」であり，神の精神によって知られているかぎり物体は存在する。このように神によって生じた諸表象で考えられている事物の存在を，デカルトは「現実的存在」とし，バークリは「観念的存在」と規定しているが，両者とも表象の創始者として神をもち出している。ここに合理主義の限界と問題性が明らかとなる。

心身の二元論　デカルトの懐疑は方法的懐疑と呼ばれるように絶対的な明証に達する方法として遂行された。彼は疑おうと意志した。もちろん疑うことは「考える」一様式であって，疑う人は必ず考えている。したがって疑っている行為者自身，つまり「考えている自我」(ego-cogitans) は自証的に存在する。人間の心の働きである「意識」は一般には何かについての意識である。つまり「対象意識」である。ところで意識が対象に向かって捉える内容が感覚物・知覚物・抽象的思惟物（数学的対象）・思想一般のすべてをふくめて，すべてが虚偽として除去された場合，意識は必然的に自己自身に向かわざるをえない。このように自己への意識の集中によって意識は「自己意識」として存在をえる。彼は疑うことを意志し，自己に意識を集中して「自意識」としての「自我」を確立する。デカルトのコギト（主観的思惟）は意識に直証的に明らかであるが，彼はこのコギトを純粋思惟として抽象的に捉え，哲学的思考の出発点となすことによって，これからの哲学の第一前提として立てた。さらに彼はこの「思惟する自我」(ego-cogitans) を「思考するもの」(res-cogitans) とし，この自我の前に広がっている世界を「延長しているもの」(res-extensa) と規定した。というのは世界のいっさいのものは「延長」をもって意識の面前に広がっており，その本質的属性が「延長」にほかならないからである。このようにして物心二元論が説かれ，デカルト哲学は展開する。

機械論的身体観とシェーラーによるその批判　ところで合理主義者デカルトはこの世界や自然を目的論的にではなく，機械論的に説明した。彼によると自然現象は神の創造の目的をもって説明すべきではなく，物象的な因果関係で解明できる。そこから生命体も純粋に機械論的に考察された。たとえば動物は外見では人間のように見えても，純粋な機械であると考えた。したがって動物に魂があることを否定した。これは事実に反する極端な合理的な説明である。ところで人間は動物とは違って魂をもっている。とはいえ身体だけに関して言えば，それはやはり機械である。神は人間の身体を時計のように，しかしもっとも精巧な自動機械として土から造った。この自動機械と生命体とは程度の差しかない。それゆえ，魂が身体を活かすと考える従来の説は誤りである。たとえば死は魂の身体からの退去ではなく，機械の重要な部分が壊れて機械が動かなくなったから生じたのである。生命現象は生理学的に把握されるが，それも機械論的に説明され，ハーヴェイの血液循環説も火や熱から物象的に説かれた。ハーヴェイが心臓の収縮運動から血液循環を説明したのに反して，デカルトはこの説を称賛しながらも，機械論の立場から，熱によって心臓が膨張し血液が心臓から出ていき，空になると収縮すると考えた[*4]。

　さらに彼によると人間は魂である精神をもっている点で動物と異なる。だから動物のように純粋な機械ではなく，言語と理性活動のゆえに，つまり精神活動のゆえに自動機械とは相違する。人間の魂は「理性的な魂」(anima rationalis) である。これだけが心的であって，これが身体と結合している。ここから心身二元論を説くにいたった。あらゆる実体は思惟と延長とに分けられるが，人間のみがこの二つの実体の交互作用のもとにある。このような心身二元論の結果，あらゆる植物と動物とから心的本能が剥奪され，心的本性である思われるものは，人間の生命感覚から感情移入されたもの過ぎないとし，人間の意識や思惟でないものをすべて純粋に機械的にとらえた。そのため人間の「特殊地位」は全く不当にもつり上げられ，自然から人間が引き離された。こうして彼は理性を自然世界の外に立て，精神の新しい自律と主権，生命に対する精神の卓越性を強調するようになった。この二元論はその後長く哲学的な思惟を支配するようになり，この

---

4) デカルト『方法序説』落合太郎訳，第5部，63頁以下参照。

学説から絶縁することは困難となった。しかし現代の人間学の創始者シェーラーはこの二元論を批判し，次の二点に誤りがあると主張する[*5]。
① デカルトが心身の接点とみなした「松果腺」という場所的に限定された霊魂実体は人間の身体のどこにも存在しない。
② デカルトが設定した心身の裂け目は二元的に分離された生の統一に向けて埋められている。それはパブロフの実験を見ても明瞭である。人間と動物における生命運動と意識内容との統一をなす衝動系を，デカルトは『情念論』を書いているのに，全く無視している[*6]。

このようにシェーラーはデカルトを批判し，人間において身体と魂，物体と魂，脳と魂の対立は実際にはありえなく，「身体と魂」の分離は今日では認められず，かえって「精神と生命」との対立こそいっそう重大な問題であり，それによって深遠な次元が開示されると批判した[*7]。このシェーラーの主張もゲーレンによると依然として二元論であるに過ぎない[*8]。

デカルトの心身合一の問題　　ところで，デカルト自身は自己の物心二元論にしたがって心身も二元論的に分離して説いたのであったが，人間に関する考察では心身結合を考えざるをえなかった。彼は人体における生理現象を感情生活をも含めて二元論の立場から自然学的に説明できると信じ

---

5) シェーラーは『宇宙における人間の地位』においてデカルト的な二元論を批判する。彼は本書の序論で述べたように人間が生命の五段階を成す秩序の頂点に立つとみなし，最初の四段階は生命の段階であり，その中心が自我であるのに対し，第五段階は精神(人格的・本質認識的生)であり，その中核は「人格」であると説いた（M. Scheler, Die Stellung des Menschen im Kosmos, 1962, S.12-38)。

6) M. Scheler, op. cit., S.72-76.

7) シェーラーによると心的なものと身体的なものとは同一の生の二つの側面にすぎず，この生の二側面に向けて理論的考察を遂行する精神は，心身の対立を超えており，すべてを対象化しながらみずからは対象となりえない存在である。しかも「精神は生命を理念化し，生命は理念化されて精神となる」がゆえに，両者は統一の方向をとっている（M. Scheler, op. cit., S.77-81)。

8) ゲーレンはこのようなシェーラーの学説を批判し，それが新しい二元論にすぎないと言う(『人間学の探究』亀井裕訳，紀伊国屋書店，9頁)。この批判のうち，シェーラーがキリスト教の伝統的三分法に復帰しているとの指摘は正鵠を射ているが，ゲーレンがあげているシェーラーのテキストは，精神と生命の対立している側面であって，両者の相互に秩序づけ合い統一される側面が看過されている。さらに，ゲーレンは形而上学をすべて人間学から徹底的に排棄しようとし，理性をシェーラーのいう実践的知能に限定している。それゆえ彼の批判は一面的で偏っているといえよう。

ていた*9。だが、これによっては「人間」が把握できない点をすでに『省察』でも気づいていた。とくに人間の道徳生活から見られる人間性には身心結合が前提されていることを認めていた。しかし、これは彼の理論的立場と矛盾するもっとも困難な問題でもあった。相互に何の交渉ももちえない心身の両実体が、「人間」という実体を形成するというのは説明するのが困難であって、中世のスコラ哲学では両者が「実体的結合」(unio substantialis) によって説明された*10。ところがデカルトは心と身体とを何らかの結合を予想しない独立の完全実体と考え、物体も身体も自然学的に考察した。

この点でエリザベート公女から疑問が寄せられた。彼女は言う、「どのようにして人間の心（思惟的実体に過ぎません）が、意志的行為を行なうために、身体の〔動物〕精気を動かすことができるか、承りたく思います。何故かと申せば、運動の決定は動いている物の衝突、動かす物によって動かされる仕方、或いはまた後者の表面の性質や形によって、行なわれるように考えられるからです。前の二つの条件には接触が、第三の条件には延長が必要です。あなたは〈心〉の概念から、この延長を全く除いておられます。そして接触は非物質的なものには、全く適合しないようにわたしには思われるのです」と*11。同じ疑問は物から心へ、感覚器官から意識現象への場合にも生ずる。そこでこの困難を打開するために身心の結合を「実体的結合」ではなく、単なる「対応」或いは「相関関係」のように解釈された。

デカルト自身は率直かつ明瞭に、身心が一体的結合を成すことを力説し、この結合をさまざまなスコラ学的表現をもって答えた*12。そこで彼は心

---

9) デカルトの生理学は、その機械的説明の点で当時世評を集めたのみならず、彼の心理学も「感情」なる狭い分野であったにせよ、今日の生理学的心理学の先駆をなすものであった。これらの点に関して桂寿一『デカルト哲学とその発展』94-101頁を参照した。

10) スコラ思想においては、心も身体も「実体」ではあったが、それ自身で充足的なものではなく、両者が結合して始めて「人間」なる実体を成すという意味で、いわば不完全な実体と考えられていた (substantia incompleta)。「心と身体」はそれぞれ「形相と質料」として、相応して始めて「完全実体」(substantia completa) をかたち造る。したがって両者のうちには、もともと結合を予想する何ものかがあると考えられ、「実体的結合」なる言葉も、充分な意味をもちえた（本書第2部第3章(1)「トマス・アクィナスの心身論」参照）。

11) デカルト『手紙』19 (Edit. Garnier, III) 桂寿一、前掲書からの引用。

12) 身心結合は「無条件的に一なる者」(aliquid unum simpliciter) であり、「偶然による

身のほかに第三の「人間」とい基本概念を説かざるをえなかった。ここに彼の哲学的立場が転換していることが判明する。これまで説いてきたように精神は全く非物質的なもの，物体は純粋に物質的（延長的）なものではなくて，心身は結合しており，両者は相互に関係ない二つの側面として並存する。この場合，身心は実体的結合ではなくして，人間において偶然的に結合するものと理解された。こうして少なくとも「人間」に対しては，上述の知的考察の態度とは異なる見方が採用されたといえよう。

彼はさしあたり「感覚」を採りあげる。たとえば苦痛・飢餓・渇きのような本能的感覚である[13]。感覚は身心結合にとって固有の作用であり，単なる心（精神）の作用とは区別される。たとえば，わたしたちの身体が傷つけられると苦痛を感じるが，これは身心が一体的に結合しているからである。もし心身が「船中の船乗り」のような関係に過ぎないなら，心はその本性に従って単にこれを認知するに止まるであろう。そこには天使と人間の相違がある[14]。このような身体的な「感覚」は知性（悟性）や表象作用とは相違する。それは認識ではなくて生存の維持にかかわり，実践的な関心であって，よく生きる道徳の面で重要となる。つまり身心結合はもともと理論的立場では理解できない側面をもち，実践的な立場を予想する。こうした説明は『情念論』（Passions de l'Ame）や『道徳についての書簡』と呼ばれる，エリザベト，及びクリスティナ等との文通において触れられているに過ぎない。したがってデカルトが人間について考察したことは，つねに道徳との深き関連のもとに，もしくは広義の道徳論の一部として試みられた。

のではなく，それ自身による一なる存在者」（unum ens per se, non autem per accidens）であるとか，或いは，船乗りが船に対するごとく精神が肉体を操ると考えるべきではなく，一体と解すべきであるとか説かれた。

13) これは『省察』第六を始めとして諸所に説いているが，特にエリザベトへの一書簡のうちには，「心」「物体」及び「身心結合」なる三種の観念もしくは概念が，それぞれ特殊の仕方で認識されることを説き，前二者に対してはそれぞれ「純粋悟性」（l'entendement pur）及び「印像作用の補助を受けた悟性」（l'entendement aide par l'imagination）を挙げ，そして「最後に身心結合に属する事物は……感覚（sens）によって最も明瞭に知られる」と述べている。

14) 「もしも天使が，人間の肉体に宿ったとしたならば，我々のごとく感覚しないで，単に肉体にひき起された運動を，認識するに止まるであろう。そしてこれによって真の人間から区別される」（レギウスへの書簡）。

さて狭義の「人性」である身心結合に固有の性格は，主として『情念論』の中で論じられた。この書は感情の生理学や心理学を取り扱うとともに，人性論でもあり，道徳論としての特徴を具えているので，この著作の性格を理解することは，とりも直さず，デカルトの身心結合としての人間についての見解を明らかにすることになる。この時代には人間についての考察は，合理主義的な理性を標榜するのみならず，自然的環境の中で自己の意志を行う生活する人間に向けられた。それゆえ「人間学」は生活する人間の豊富な経験，その表現たる行為や活動，その環境とのさまざまな関係を考察しており，実践的関心がつねにともなわれていた。したがって感情への関心は，決して単なる感情心理の分析ではなくて，感情生活への洞察であり，それを通じて人間の生活を取り扱おうとするものであった。こうしてデカルトやスピノザを始めとして当時の人々は感情を道徳生活の一部もしくは直接の前提としており，感情論自体が人間学的ないし倫理学的性格をもっていた。もっともこの感情をいかに評価するか，積極的な道徳生活の前提とするか，それとも克服すべき前－道徳的生活とするかに関しては，デカルト，ゲーリンクス，マルブランシュ，スピノザなど必ずしも同じ立場に立っていなかった。しかし「感情」の定義に示されているように，それは「とくに心に帰せしめられ，かつ精気をもった運動によって，ひき起され支えられ強められる，心の知覚，感覚もしくは動き」と定められた[*15]。ここに精気というのは，生理学的な「動物精気」(esprits animaux) であって，個々の感情もこの動物精気の機械的な運動によって説明された。さらに「意志による感情の制御」のような問題も「松果腺」(glande pinéale) を通じて生理学的に取り扱われた。彼はこの腺を心のある場所と考えた。これが心によって種々の方向に動かされて，その周囲に在る神経の穴を開閉させると説いた。他の原因は専ら身体にあって，人体内の動物精気の運動は，さまざまな事情によって動揺を受けるとき，これが逆に松果腺をとおして「心」によって「受動」(passion) として知覚された場合が「感情」となる。それゆえ感情は心のうちの知覚 (perception) であり，「精気」の運動や動揺とは区別された。このように自然学的な研究によって感情のあり方が解明された。

---

15) デカルト『情念論』（前出）第27節。

2 パスカルにおける人間学的三分法

デカルトの同時代人のなかで彼の人間学をいち早く批判したのはパスカルであった。パスカルは絶えずアウグスティヌスに立ち返って深遠な思想を展開させた。しかし彼の論証方法はデカルトの明晰判明な観念という理念を共有していることから生まれた。彼も認識論においては明証説に立っていたからである。

三つの秩序の思想　身体・精神・愛の三つの領域を分割する三つの秩序の主張は，新進気鋭の若き科学者としてのパスカルの中に早くから芽生えていた。それは科学者，とりわけ数学者として直接現実に触れる経験に由来する。この現実はわたしたちの理性的観念を無限に超えており，事実，数学もすべて無限の観念の上に立てられている。この「空間が無限に分割されうることを信じない幾何学者はいない」と彼は『幾何学の精神』で語り，さらに，あらゆる事物には対立する方向の二つの無限，つまり一方は極大の，他方は極小の，無限が存在することを指摘する。二つの方向に向かう無限というこの観念は秩序の非連続もしくは異質な秩序という思想と密接に関連している。このような秩序間の非連続の思想は『数と累乗の和』という論文において「或る秩序（位数）の連続量は，これにそれよりも低位の量を，いかに多く加えてみても，増加しない。こうして点は線に，線は面に，面は体に何も加えない」と語られている[*16]。この点・線・面・体の関係は根・平方・立方・四累乗の関係にも見られるし，身体・精神・愛の関係にも妥当する。つまり身体をいかに増加しても，それによっては少しの精神も生じないし，精神の所産を積み上げても，愛のささやかな動きを起こしえない。これが三つの秩序といわれているもので，『パンセ』の中で次のように語られた。

　「身体から精神への無限の距離は，精神から愛への無限大に無限な距離を表徴する。なぜなら，愛は超自然であるから。この世の偉大のあ

---

16)　シュヴァリエ『パスカル』松浪・安井訳，パンセ書院，177頁からの引用。

らゆる光輝は，精神の探究にたずさわる人々には光彩を失う。精神的な人々の偉大は，王や富者や将軍やすべて肉において偉大な人々には見えない。神から来るのでなければ無に等しい知恵の偉大は，肉的な人々にも精神的な人々にも見えない。これらは類を異にする三つの秩序である」[17]。

心情と理性の認識機能の相違 次にパスカルは愛と心情の秩序が精神と理性の秩序といかに相違しているかを探究した。心情も理性も認識する能力であるが，認識の仕方が全く相違している。「わたしたちが真理を知るのは，理性によるだけでなく，また心情によってである。わたしたちが第一原理を知るのは，後者によるのである」といわれ，「原理は直感され，命題は結論される」[18]と両者の働きの相違が端的に示される。このなかでも心情の直観によって宗教は与えられるので，それは「信仰の目」とも呼ばれた[19]。

さて，身体・精神・愛というパスカルの三つの秩序は彼の認識論と密接に関係している。科学者として鋭い考察をしながら，彼は同時に科学と宗教との両立を主張した。そこから彼の非連続な秩序の思想が生じてきた。彼は人間の認識能力を感性・理性・権威信仰とに分け，三つの能力にそれぞれ対象として感性的事実・自然的な事柄・超自然的現実を対置し，認識論において三つの領域を峻別した。しかし三つの領域に対しパスカルが共通に妥当するものとみなすのは自然科学に発する実験の優位であり，「現実の理由」(raison des effets) である。その著作『真空論』によって説かれた原理は，実験のみが自然学の唯一の方法であるということで，事実が真空の存在を提示するなら，形而上学の名による真空の否定は偽りであることを証示する。したがって理論は事実に服すべきであり，理性はこの事実を認知し，実在を再構成するのではなく，実在に従うべきである。また理性の能力は幾何学に示されるような定義と論証の術である[20]。これは方

---

17) パスカル『パンセ』前田・由木訳，B793, L308。
18) パスカル前掲訳書，B282, L110：B701, L319。
19) 心情の直感が信仰の目と呼ばれるのは，すべての出来事を福音の栄光に向けて見るからである。このことは新・旧の二つの聖書がイエス・キリストを中心と見るように (B740, L388)，啓示の事実を証拠として心情が捉え，中心への連繋においてそれを見ることをいう。この連繋こそパスカルのいう秩序であり，この中心に導く運動こそ愛である (B602, L270)。
20) パスカルは言う。「決して誤ることのない方法をすべての人々は求めている。論理

法の四教則を打ち立てたデカルトの明証理論と同じ立場である。しかしパスカルがデカルトと相違するのは人間の認識に関してである。幸福を求めて意志する人間は幾何学の方法によっては捉えられないだけでなく、幾何学自身も自己の知らない諸原理に依存している。つまり先述の理性とは相違した心情に助けを求めざるをえない。こうして理性の論証と心情の直観との両者が、換言すれば「幾何学的精神と繊細な精神」とが真の方法には不可欠となる。

　それゆえ、真理を知るためには、理性とともに心情が必要であり、人間における救済の真理である宗教を知るためには心情の直観が不可欠である。パスカルはこれらのことに関して要約して言う、「わたしたちが真理を知るのは、理性によるだけでなく、また心情によってである。わたしたちが第一原理を知るのは、後者によるのである」[*21]と。

　心情の直感と宗教の真理　　この心情の直観は宗教の真理を認識するさいにもっとも重要な働きをする。「神を直感するのは心であって、理性ではない。信仰とはそういうものなのだ。理性ではなく、心に感じられる神(Dieu sensible au coeur)」[*22]と言われるように、心(情)の直観は思惟(pensée)でありながら、神を愛する傾倒であり、この心の根底の上に神の働きは向かい、そこであらわに示される。この心情において認識と情念が相寄り相助ける。このことを『愛の情念について』も説き、真の愛は知性をともない、真理をその源泉において捉え、この真理に立ち返らすためにすべてのものを秩序づけると言う。したがって心情の直観は既述のよう

学者たちはそこへ導くと言うが、幾何学者たちだけがそこに到達する。幾何学とそれを模倣したものを除いては真の論証は存在しない」(パスカル『説得の術』シュヴァリエ前掲訳書、183頁からの引用)。

　21)　パスカル『パンセ』前掲訳書(前出) L110, B282。続けて次のように説明される。「心情は空間に三次元あり、数は無限であるということを直感する。そして理性は、その次に、一方が他の二倍になるような二つの平方数は存在しないということを論証する。原理は直感され、命題は結論される。……それだから、神から心情の直感によって宗教を与えられた者は、非常に幸福であり、また正当に納得させられているのである。だが、宗教を持たない人たちに対しては、わたしたちは推理によってしか与えることができない。それも、神が彼らに心情の直感によってお与えになるのを待っているあいだのことなのであって、このことがなければ信仰は、人間的なものであるのにとどまり、魂の救いのためには無益である」と。

　22)　パスカル前掲訳書、L423, B277。

に「信仰の目」とも呼ばれ、すべての出来事を福音の栄光に向けて見る。

それゆえパスカルの真理認識の方法は、理性を否定して、その廃墟の上に信仰を立てようとするものではない。理性は幾何学のような確実な論証しかなしえないが、「理性の最後の歩みは、理性を超えるものが無限にあるということを認めることにある」[*23]。このように、理性は謙虚に自己の本分に立ち返っている。この理性は現実を認知する働きをもっており、論理的理性に代わる「現実の理性（理由）」(raison des effets) と呼ばれる。この現実が与える理由は、論理的理性にとってどのように不可解に映じようとも、真であり、事実に合致しており、事実の理由を明らかにする。聖書の啓示はこのような事実に立っているが、人間的実存の現実にもこのような理由が多く存在する。そこで彼は一つの例として人間の悲惨な現実からその偉大さを推論する[*24]。たとえば「廃王の不幸」のような現実の悲惨から人間の偉大を推論する方法は、「否定を通しての間接証明」とも呼ばれるが[*25]、ここで推論している理性は現実の理由（理性）を認知し、厳然たる事実の前に膝を屈している。このような事実は社会的で歴史的な証拠、宗教の啓示真理の証拠をも含み、人間のわざである概念的思惟はこうした事実に従わなければならない。心情の直観はこの事実の中に真理を知るよすがとなるもの、つまり現実の理由を捉えている。

こうしてわたしたちは身体・精神・愛の三つの領域を分割する三つの秩序の思想が人間学的には感性・理性・心情（＝霊性、信仰）という三分法によって基礎づけられていることを理解できる。この三分法の中でも霊性はデカルトのもとでは現われていなかったが、マルブランシュでは表面に現われてくる。

---

23) パスカル前掲訳書、L188, B267。

24) パスカル前掲訳書、L221, B409。「人間の偉大さ —— 人間の偉大さは、その惨めさからでも引き出すことができるほど、はっきりと見てとれる。ところで、わたしたちは、動物においては自然であることも、人間においては惨めさと呼ぶのである。そう呼ぶことによって、人間は今日では、その本性が動物とかわらないものになっているが、かつては独自に所有していたもっとすぐれた本性から堕落したものだということを、認めているわけである。いったい、位を退けられた王ででもなければ、自分が王でないのを不幸なことと思う人がいるだろうか」。

25) L. Haikola, Studien zu Luthertum, 1958, S. 27. ルターも同じように語っている。「われわれが身に帯びている悪から、われわれが喪失した善がいかに大きなものであるかを推論すべく強いられる」(WA.42, 126, 22f.)。金子晴勇『ルターの人間学』(創文社) 98頁参照。

3 マルブランシュと機会因論

　デカルトが哲学の出発点を「考えるもの」と「延長したもの」の二実体に置き，神を排除したのに反して，パスカルでは愛と心情において神を探究する視点が立てられ，伝統的な三分法が復活した。そのさいパスカルがアウグスティヌスを導き手とみなしたように，マルブランシュも同じ精神にしたがって哲学の領域でデカルトの物心二元論を克服しようとした。デカルトは心身結合では心身を分離した上で両者の関係を追究し，脳内の松果腺をとおして心身が相互に結びついていると説いた。これを心身の相互作用説という。この説はまちがって想定された松果腺の説を除けば今日の大脳皮質の機能局在の図に生かされている。しかし心が身体を動かすというのは，神秘的な力を想定する念力説を脱することができない。これでは説明がつかないところから，心は身体の運動を直接起こすのではなく，筋肉運動が始まる「きっかけ」になるように神が定めたと説かれた。これがゲーリンクスやマルブランシュの説いた機会因論である。その外に心身平衡論，反映説，二重側面説，随伴現象説，心理現象の独立した創発説などが提唱された[26]。

　マルブランシュは最初からアウグスティヌスの伝統の下に育った[27]。彼はデカルトにしたがって精神を「考える実体」(res cogitans) とみなしたが，アウグスティヌスの基本的な思想にもとづいて人間を神と物質との

　26）　マルブランシュの心身論に関する研究ではメルロ＝ポンティ『心身の合一 ── マルブランシュとビランとベルグソンにおける ── 』滝浦静雄他訳，朝日出版社，1981年が優れた文献である。

　27）　マルブランシュは21歳のときアウグスティヌス主義にもとづいて設立されたオラトリオ派の教団に入会し，この偉大なる教父の思想によって育てられたことから，彼はデカルト派として出発しながらも，新たな方向を開拓するに至った。デカルトの新しい哲学が彼に強い影響を与えたのは彼の人間論であった。それも生理学や人体機構の純粋に機械論的な説明が彼を引きつけた。それゆえ自然学者としてのデカルト哲学を受容したに過ぎず，精神や神に関するデカルト哲学の所説には最初から批判的であって，「恩恵の博士」として有名なアウグスティヌスに従っていた。それゆえ「観念」（イデー）の理解でもアウグスティヌスに従っており，デカルトに対しては「この哲学者は或る意味でイデーの性質を突きつめては吟味しなかった」と批評している。

中間存在として立てた。『真理の探究』の冒頭では次のように言われる。
「人間の精神はその本性上，創造主と物体的被造物との中間に位置する者として見いだされる。けだし，聖アウグスティヌスにしたがえば，人間精神より上には神のほか何もなく，精神より下には物体のほか何もないからである」[28]。

この精神は神と合一することによって無限に自己を高め，物体と合一することによって無限に凋落する。前者は「神の像」として造られた精神の尊厳であるのに反し，後者によってあらゆる誤謬と悲惨とが生じる。こうした神との関係を排除し，アリストテレスにしたがって「心を物体の形相とみなす」のは，そのこと自体がどんなに正しくとも，根本的な誤りである。「神が物体について知らせるよりも，むしろ神を認識し愛するために精神を造りたもうたことは確かであるから，神の意志は各々の事物の本質を規制していて，真理の認識と善への愛とによって神と合一することのほうが物体と合一することよりもいっそう心の本質にかなっている」[29]。もちろんデカルトも説いた「考える実体」が有限である点が重視され，原罪によって理性の力が曇らされている点を彼は強調する。「最初の人間アダムの罪は，心が純化され，精神が光明に照らされた人々だけにしか自覚されないほどに，わたしたちの精神と神との合一を弱めてしまった。なぜなら，この合一は感能の判断と情念の運動に盲目にしたがっているすべての人々には架空のものとしか思えないからである」[30]。それゆえ理性よりもむしろ信仰によって歩み，原罪によって喪失した自然的な能力によってではなく，神の導きによって「真理の大なる光明」に従わなければならない。たとえば「三位一体」や「受肉」の教義は原罪の影響によって人間の理性の理解を越えたものであるから，信仰の真理として立てられる。しかし，それは理性の光明によっても或る程度は明らかにされうる。というのは人間の理性も元来神によって造られたものであって，神秘的な神の考えをも理解できるからである。

このようにマルブランシュの哲学は宗教的信条に対してもできるかぎり理性的に洞察するように試みた。哲学の態度や方法について彼は確かにデ

---

28) マルブランシュ『真理の探究』「序文」竹内良知訳，創元社，1949年，73頁。
29) マルブランシュ前掲訳書，76-77頁。
30) マルブランシュ前掲訳書，77頁。

カルトの信奉者であり，とくに物質的自然に対する見解においては，デカルト学派に属する。しかし哲学の目標や思索の目的に関しては，彼は「神との合一」をめざす神秘主義的な傾向をもっていた。そのため彼の認識論は「神のうちに観る」（videre in Deo）ことを根底に据えている。それもデカルトによって開かれた自然的認識，すなわち事物を延長性において見る認識に，神の照明による客観的保証を与えようとした試みであった。「自然の光」も結局は「恩恵の光」である神からの照明をまって，初めてその力を発揮できる。したがって認識は神的理性との結合によって成立すると考えられた[31]。

人間学に関しても注目すべき発言が見られる。彼の主著の表題は『真理の探究——人間精神の性質，並びに学問における誤謬回避のためになすべきその使用について論究す』とあって，その序文のなかには次のような言葉がある。

「わたしたちのあらゆる認識のうち最も美しく，最も好ましく，そして最も必要なものは，疑いもなくわたしたち自身の認識である。人間の形成するあらゆる学問のうちで，最も人間にふさわしものは人間の学（la science de l'homme）である」[32]。

彼はこれに続けて，かつてパスカルも言ったように[33]，人々はこの学問を無視しているし，これに専念する人は稀であると語る。ここに「人間の学」とは，人間のこの世における地位，ならびにそれと関連して人間の本性がどのように作用しているかを研究する。マルブランシュはデカルトの心身分離の立場に立っていたが，精神の自立性を主張する方向に進まず，精神が身体から離れて神と結合することに精神の窮極的な目標を見いだした。

---

31) 桂寿一『デカルト哲学とその発展』東京大学出版会，1966年，270頁。デカルトでは精神の存在は思惟する自我の直証的事実であった。物体の存在証明を彼は「神の誠実」に訴えてわたしたちの主観的な信念を基礎づけようとしたにとどまる。このことは物体の存在が，デカルトの形而上学体系にとっては必然的でなかったことに由来する。マルブランシュがこの場合，神の「啓示」に言及するのはデカルトが証明できなかった事態を前提しており，この啓示とは「自然的啓示」のことである。しかし，このことは感覚現象によって物体の存在が知られるというに過ぎず，一見デカルトの見解と著しく異なるようであるが，単なる言い換えにすぎない，と果たして言えるかどうかは問題である。前掲書，298頁参照。

32) マルブランシュ前掲訳書，93頁。

33) パスカル『パンセ』B144, L 756参照。

「精神は神との合一が増すにつれてより純粋な,より光明に充ちた,より強く,より広汎なものとなる。というのは,精神のあらゆる完全性を造るのは神との合一だからである。反対に精神は身体との合一が増大し,強化されるにつれて,腐敗し,盲目となり,弱まり,狭くなる」[34]。

こうした道理を解明することこそ人間学の目的とするところであると彼は考えた。

彼の認識論も,単に感性知と理性知とを区別して,後者にもとづく学的な知識の構成を考えたのではなく,この区別によって,身体および身体作用から浄められた精神の本性とその作用とを窮め,これをいわばその故郷たる神性のうちに確保しようとした。そしてこの目的のためには,まず感性知も含めたわたしたちの知的能力を吟味してから,純粋な精神作用たる「認識」(connaissance)は「神のうちに観る」ことにその本来の意義を見いだした。さらに感覚に比して「印像(表象)」(imagination)は,デカルトではあまり問題にされなかったが,マルブランシュはこれに極めて広汎な領域を与え,とくにそこから生ずる誤謬との関係について詳細に論究した。なお彼にとっては「感覚」も「印像」も何れも身心結合に由来する作用ないし能力であっても,「悟性」とその作用である「認識」とは相違する[35]。

それに対して悟性の能力は「精神が外的な対象を認識するためにもつ能力,ただし対象を表象するために脳内に身体的な像を造ることをしない」との定義に明らかなように身体との結合を前提としない純粋な精神作用と規定される[36]。それは「純粋悟性」(l'entendement pure)であって,イデーを受容する受動的な作用である。したがって悟性は認識を生産するのではなく,「受ける」(recevoir)のである。この受動性が観念の起こる機会

---

34) マルブランシュ前掲書,85頁。この点に関してメルロ・ポンティ前掲訳書,32頁参照。
35) 「印像」も「感覚」と同じく肉体との結合によって生ずるのであるが,後者が外的事物の存在を前提とするのに対して,印像はそうしたことなしに単に体内的な事情によって生じる,いわば肉体的過程によって起こる心の変様と考えられる。したがって外的事物の制肘を受けないから,感覚の場合より遥かに自由に,虚妄の相を描き誤謬に陥る惧れがある。
36) 『真理の探究』III, 2, ch.7. Von der Erforschung der Wahrheit, Drittes Buch, Übersetzt von A. Klemmt,1966, PhB., S.4.

第2章 デカルト学派の心身論とその批判　223

因となる。

　「悟性は純粋に受動的な魂の能力である。能動性は意志のうちにしか見いだされない。その意志の欲望さえ観念の真の原因ではない。それらは，わたしたちの魂と普遍的理性との結合の一般的法則の結果として，観念が現われるための機会的もしくは自然的原因に過ぎない」[*37]。

マルブランシュによると精神はデカルトが考えたように物体よりも明晰判明に認識されるようなことはない。精神はその「観念的認識」をつねに事物の原型（archetype）にしたがって行うべきである。そこに「普遍的理性」の働きがあるので，それは本質において客観的なイデーによる受動的な認識となる。というのは観念が精神に生じるのは，神のうちにある「観念」が神を追想できる人間の心において受容されるときであり[*38]，受容された観念にしたがって理性が判断するとき，初めて認識が成立するからである。こういう考えはアウグスティヌスの照明説に由来する。

ここから次のような注目すべき発言がなされる。「事物を精神の純粋な観念だけによって判断し，被造物の混乱した雑音を注意深く避け，自分自身を省みて，その至高の統治者に耳を傾けるならば，ひとは決して誤謬に陥ることはありえない」[*39]。この結論的な発言はアウグスティヌスと全く同じである[*40]。そこでは永遠の真理が「理性の最内奥」において捉えられる。それは啓示によって捉えられており，イエスが「わたしは聞くままに裁くがゆえに，正しい」（ヨハネ5・30）と表明した点に示される[*41]。

ここには人間の心や精神が被造物として有限であるという前提が認めら

　37）『真理の探究』III, 2, ch.7. op. cit., S.68. ここには「機会的もしくは自然的原因」（die gelegentliche oder natürliche Ursachen）が語られ，機会因が説かれた。

　38）ここに「観念」というのはアウグスティヌスの「永遠の理念」（ratoines aeternae）に相当し，アウグスティヌスではイデアは神の創造思想内容とみなされ，神を観照する魂にイデアは宿ると考えられた。マルブランシュはこの説に従っている。彼は次のアウグスティヌスの言葉を好んで引用した。「観念（イデア）は事物の恒常不変の形相もしくは本質であり，それは造られたものではないから，永遠にして常に同じ状態に止まり，かつ神の知性のうちにある。しかしてそれらは生滅しないけれども，生滅する一切のものはそれに従って造られると言われる。……このような本質は創造主の心以外に，一体どこにあると考えらるべきであろうか。彼は彼が創造せるものを造るための根拠として，自己の外にある何ものをも見ることをしなかった」(Augustinus, De Diversis Quaestionibus 83, qu. 46)。

　39）マルブランシュ前掲訳書，85頁。

　40）金子晴勇『人間学講義』知泉書館，130-31頁参照。

　41）マルブランシュ前掲訳書，100頁。

れる。被造存在の有限性による無力さを彼は同時代人とともに共有していた。マルブランシュはゲーリンクスと同様、デカルト哲学のなかにこれを認め、わたしたちの精神を無力なものとし、これを物体と同格に下げると同時に、それらが単に認識における機会因となるにすぎない点でその使命を認め、一切の作用性はこれを神に帰するといった主張が見受けられる[*42]。

　このようにして心身関係の機会因説が説かれた。「機会因」は一般には神の作用に対して機会を与えることを意味する。たとえば、物体Aが物体Bに衝突してBが運動する場合、Bを動かすものは神であるが、その神の作用の機会はAが与える。また、わたしの腕を動かすのは神であるが、それにわたしの意志が機会を与える。マルブランシュはしばしばわたしたちの意志が神の意志に作用するように、決定する（determiner）と言うが、それは作用の始動または発動の機会を与えると解してよい。もっとも被造物の意志内容が、神の意志やその内容につねに積極的な関係をもつとはかぎらない。天使や人間の場合には、彼らの意志する通りに作用が行われる。たとえば悪魔の欲するとおりに神が意志するとは考えられないがゆえに、むしろその反対の作用が行われるとも考えられる。しかし、その場合であっても、悪魔の欲求は、神の意志が作用する機会であることに変わりはない。したがって、ここでいう「機会因」は全く神の作用発動のための機会と考えて間違いないと思われる。この関係を心身関係に当てたのが、機会因論である。

4　ライプニッツの心身併起説

17世紀の後半から18世紀の初めにかけて活躍したライプニッツの時代は、啓蒙主義と敬虔主義が主流をなしていた。こうした時代潮流のなかにあっ

42）　デカルトの立場では、第一の難点は心身問題で、延長を本性とする物体である身体と、思惟を本性とする精神との間に、因果的な関係ないし交渉がありえないという点にあった。そこでゲーリンクスはこの原因性を結果を生起させる原因、すなわち動力因ではなくして、単なる「機会因」（occasion）と考えて、別に作用者すなわち動力因を求めた。そしてこの作用者は神でなければならないとみなした。

てライプニッツは新しい自然科学の精神とキリスト教の根本原理とを和解させようとした。その当時, 新しい認識論がジョン・ロックによって起こっていた。彼は感覚論において「感覚の内に無かったものは知性の内にもない」と主張する。これが有名になったタブラ・ラサ (tabula rasa) の主張であった。これは一般に「白紙」と訳されるが,「真っ新な板」もしくは「何も書かれていない板」を意味する。これに対しライプニッツは「知性そのものは別として」と補足し,「心は, 存在・実体・一・同・原因・表象・推論そしてその他の多くの概念を含んでいるが, それらは感覚が与えるものではない」と述べている[*43]。つまり心が懐く「もろもろの概念」には生得的な意味が含まれていて, 彼が力説する「モナド」(monad=単子) つまり「個別的な実体」はそれ自体において意味を充実した形でもっている[*44]。それゆえ「モナドは窓をもたない」とまで言われるほどに独立で自由である。したがって感性的な観念といえども決して外から与えられるものではなく, 不明瞭で混濁せる表現であっても, 先天的に心に内在しなければならない, と考えられた。だから心は決して「何も書いてない板＝白紙」ではなくて, その反対に「将来の彫像を含む大理石の塊」に比すべきである。そこには, たとえ現実的には形をとっていなくとも, 潜在的にはすべての観念が含まれていると考えられた。したがったロックが利用したスコラ的な経験主義の命題「感覚の内に無かったものは知性の内にもない」は, ライプニッツによっても認められるが, 重要な変更が加えられ,「知性そのものを別として」(nisi ipse intellectus) と主張されたのである。

　ここには認識論における経験的要素とアプリオリな要素との総合, 彼の言う「事実の真理」と「理性の真理」との総合ということの古典的表現が見られる。この両者を分離すると, カントが主張するように「経験」と「経験を可能にするがそれ自身は経験されない諸条件」つまり「超越論的主観性」とを分けることになり, デカルト以来の近代の認識論の本質をな

---

43) ライプニッツ『人間知性新論』米田優訳, みすず書房, 1987年, 76頁。
44) モナド＝単子とは「個別的な実体」であって, 魂の働きや力をもつ「活動をなし得る存在者」(un être capable d'action) を意味する。魂にも諸段階があって, 物質的なモナドは表象力に乏しく, 動物的モナドは単に感覚的な表象力をもっており, 思惟するモナドは人間の霊魂であって, 明晰判明な概念を捉えることができる。さらに高次の純粋思惟は神なるモナドである。

す主観＝客観学説に帰着する。だがライプニッツのモナド論はこうしたデカルトの二元論を克服しようとする試みであった。このモナド概念こそ心身の形而上学的統一をもたらすものであり，心身の対立には今や予定調和もしくは依存関係があって，それによって心身の統一が説かれた。

そこでわたしたちはライプニッツにおける認識論の根本学説に注目してみたい。それは「理性の真理」（vérité de raison）と「事実の真理」（vérité contingente, de fait）を区別したことである[45]。前者は，必然的で永遠的な（数学や形而上学の）真理であって，矛盾律にもとづく。しかし矛盾律は矛盾の存在を拒むだけのものであるから，この種の真理は事象の可能性をいうにすぎない。これに対して後者は，その反対が決して矛盾を含むわけではない真理を言う。たとえば「シーザーがルビコン河を渡った」という真理の反対は充分に可能である。したがって，こうした真理の根拠は，矛盾律以外のものに求められねばならない。ここにも経験論者の主張に対する顧慮が看取されるのであるが，ライプニッツはその原理として，新たに「充足理由の原理」（ratio sufficiens）を説いた[46]。もっともこの場合には，その理由となる条件の分析は無限にすすむので，結局は神を窮極の根拠とすることになる。

このような神についての考察はすべての学問の最高課題と考えられた。彼は理性と信仰，哲学と神学との調和を信じ，それらの分離を主張するピエール・ベールに反対した。ここでも彼は「理性の真理」と「事実の真理」の区別を援用しながら，啓示宗教が理性によっては捉えがたいとしても，それは理性と矛盾するものではなく，「超理性的」であって，歴史的経験にもとづくいわば事実の真理であるのに対して，自然的宗教のほうは理性によって論証されうるし，また論証されなければならない。したがって神の存在証明も自然的宗教に入れられるばかりか，彼は存在論的証明や宇宙論的証明を吟味した上でそれを補足し，予定調和の思想にもとづいて自然

45） この区別はアリストテレスにはじまる。『ニコマコス倫理学』高田三郎訳，岩波文庫，上，220-21頁参照。ここには人間の考えによっては変えられないもの，必然性をもつ真理と，これに対し原因が行為し選択する人間の主体のなかにある実践的な真理とが区別される。それゆえ，「他でもありうる」可変的，偶然的な真理というのは人間の性格とか国家の政治組織のように変化可能な真理を指す。

46） 一般的にいって形式論理学では思考の原理を「同一の原理」「矛盾の原理」「排中の原理」におくが，ライプニッツによって初めて「充足理由の原理」が立てられた。

神学的証明をも加えた。こうして信仰と理性との調和が試みられたところに彼の哲学の特質がある。

さらに実践的な自由の問題でもこの調和の精神が発揮され、彼はスピノザ的な絶対的必然性とベール的な任意的自由との中間の立場を求める[*47]。したがって実践的な自由は仮定的必然性にもとづいて考察され、自由意志を含む必然性の原理が求められた。このような自由の本性はライプニッツの予定調和説によれば人間の精神のうちに発現するのに先立って純粋可能態として与えられ、自由に行動するよう決定されている[*48]。人間はこのように自由であるが、「永遠の理念のもとに照らし出された被造物の根源的不完全性」のゆえに完全性を欠いており、実質的には自由意志に悪の原因が求められる。こうして自由なるがゆえに悪への可能性も認められてはいても、ほかならぬ意志の自由のゆえに神との協働関係に入ることによって神と人とは「君主と臣下、いやむしろ父と子の関係なのである」[*49]と説かれた。

次に心身論をモナド論の立場から問題にしてみたい。各モナドは自分自身の視点に立って宇宙を表現する「生きた鏡」つまり「内的作用を具えた鏡」である[*50]。この内なる鏡と実際の世界とが調和的に把握されるためには、世界を展望できる拠点をモナドはもっていなければならない。これが身体であって、モナドはとりわけ感覚器官の機能をあらかじめ自己の内にもっていなければならない。そのためには精神としてのモナドと身体とが結びついており、身体中心的な展望によって世界を表象することがなければならない。このような精神と身体との結合は、デカルトの心身二元論

---

47) ライプニッツは『弁神論』で次のように言う。「わたしは行動の力の本質と運動法則について新しい発見をしてから、ここでは、スピノザが想定したと考えられるようには、絶対的幾何学的必然が問題ではないということ、またベール氏および現代の若干の哲学者たちが考えているような、純粋に任意的なものではなくて、それは前に指摘したように最適のものの選択、あるいはわたしが最善の原理と呼んでいるものと関連していることを提示した」(G. W. Leibniz, Die Theodicee, übersetzt uon A. Buchenau, S.26.)。

48) 知性が捉える理由は「意志を選択へ向けているが、それは強いることなく傾けさすということで自由を保つには十分である。これが古代のすべての哲学者の、プラトンの、アリストテレスの、また聖アウグスティヌスの見解でもある」(G. W. Leibniz, op. cit., S.125)。

49) ライプニッツ『理性に基づく自然及び恩恵の原理』15節。したがって有徳な人は神の意志に基づいて自己の意志を決定し、幸福をもたらす目的因として神に結びついている。ここに神律的な意志の特質が明らかに示されている。

50) ライプニッツ前掲書3節。

に対する批判となっており，ここに心身の統一ということが認識理論的に成立することになった。

　しかしライプニッツは，身体中心的な展望によるモナドの表象をも乗り越えて，人間が精神の表現的な本性の力で世界の全体をアプリオリに表象する知性の立場に進んでいく[51]。そのさい彼は神の配慮に対する確信にもとづいてモナド概念による精神と物体との形而上学的統一を試みた[52]。つまり物体界の機械論的秩序とモナドの精神内界の目的論的で道徳的秩序との間に彼は予定調和もしくは依存関係があるとみなした。『理性にもとづく自然および恩恵の原理』（1714年）で彼は次のように語る。

　　「モナドの表象と物体の運動とのあいだには完全な調和があり，その調和は実現原因の体系と究極根拠（目的原因）の体系とのあいだに初めからうち立てられている。この点にこそ身体と精神との一致や物理的結合が存するのであり，一方の法則が他方の法則を変えることはない」[53]。

　このような創造の始源にまで遡ってモナドと世界，精神と身体との調和を考える形而上学的思惟は，人間をも神に近い存在にまで高めている。そこでは人間の精神が「創造物の世界を映す鏡」また「神性の似姿」とみなされ，精神は神のわざを知覚するだけてなく，神のわざに似たものを小規模であっても，自ら産出することもできると考えられた。こうして神の創造思想を精神が模倣することによって最良の世界を予定調和的に自ら造り出すことが説かれ，人間は自己の統覚によって身体中心的な展望によるモナドの表象を乗り越えて，その知性の力によって「小規模であれ」世界の全体である宇宙をアプリオリに表出することができると説かれた[54]。

　51）たとえば，前掲書で，「精神は創造物の世界を写す鏡であるばかりか，神性の似姿である。精神は神のわざを知覚できるだけでなく，神のわざに似たものを小規模であれ産出することさえできる」（14節）と主張している。『単子論』83節では知性はその尊厳を表して「小さな神」となっているが，キリスト教の伝統的な思想によって自我の無制限の展開が抑えられているといえよう。しかしカントでは近代の主体性の立場が全面的に主張されるようになってくる。

　52）この配慮は創造時における神のわざとして示される。「各々の実体における一切の事柄は，神が創造する時に，実体に与えた最初の状態の結果である」（Die Philosophischen Schriften, hrsg. Gerhardt. II, S.91）。

　53）ライプニッツ『単子論』河野与一訳，岩波文庫，150頁（一部変更）。

　54）ライプニッツ『単子論』河野与一訳，岩波文庫，164頁。

ライプニッツは晩年の『形而上学序説』ではこの点に関して詳細な説明を与えている。その33節には「心身の結合」について次のように説かれた。
「また，心身の結合というあの大いなる神秘，すなわち，どうして一方の受動作用と能動作用が他方の能動作用と受動作用あるいはそれに適合した現象をともなうのか，ということについて……ほんとうの理由は以下のようである。われわれがすでに述べたように，魂やおのおのの実体に起こることはすべてその概念からでてくるものであり，したがって魂の観念そのもの，つまり本質からすると，魂のあらゆる現象または表象はそれ自身の本性から〈自発的に〉生じてくるにちがいない。まさしくその結果，それらの現象や表象は宇宙全体に起こることにおのずから対応するが，魂に配属される身体のなかに起こることには，もっと特別に，もっと完全に対応する。なぜなら，魂はある仕方によって，一定の期間，他の物体と自分の身体との関係に従いながら宇宙の状態を表出するからである」[*55]。
この心身の結合についてライプニッツはアルノーへの手紙の中で言及し，マルブランシュの機会因論とは相違した予定調和の立場から心身の「併起説」を詳細に論じた。そのなかで併起を次のように説明した。
「だからそれよりも，次のように仮定する方が無限に合理的であり，かつ神にふさはしい。神が最初，世界の機構を創造する際に，うまく

---

55) ライプニッツ『形而上学叙説』33節，清水富雄・飯塚勝久訳，「世界の名著　スピノザ・ライプニッツ」427-28頁。これに続けて「このことはまた，われわれの身体がわれわれに属しながら，しかもわれわれの本質と結びついていないのはどうしてかということを認識させてくれる。そこで，深く考えることのできる人々は，他のいかなる方法をもってしても説明不可能と思われる心身の結合がどこに成りたつのか，容易にみることができるようになるところから，われわれの原理に対し有利な判断をくだすであろうと私は思っている。また，われわれの感覚の表象は，たとえそれが明晰な場合であっても，必ず何か雑然とした知覚をふくんでいるはずである，ということがわかる。なぜならば，宇宙のあらゆる物体は共感しあっているので，われわれの身体は他のあらゆる物体の印象をうけとるわけだし，またわれわれの感覚はすべてのものにかかわりをもってはいても，魂がそれを一つ一つ注意することはできないからである。われわれの雑然とした知覚が，まったく際限のないほど多様な表象の結果であるのもそのためである。それはいわば，海辺に近づく人の耳にする雑然としたざわめきの音が，無数の波の反響の集合から生じてくるのと似ている。ところで，もし多くの表象（それは，調和し，一つの表象を形成するにいたっていない）のうちに，他の表象よりきわだつものが何一つないとすれば，また，もしそれらの表象がほとんど同じ程度の強さの印象，あるいはほとんど同じ程度に魂の注意をひきおこすことのできる印象を形成するのであれば，魂はそれを雑然としか意識することができない」と説明された。

やっておいたものだから，どの瞬間においても，二大自然法則，つまり〈力の法則〉と〈方向の法則〉とを破ることなく，むしろ（奇跡の場合を除けば）完全にこの二つの法則に従いながら，物体のバネは，精神が適当な意志もしくは思想をもつちょうどその瞬間に，ひとりで適当に動き出すようになっているし，また精神も，適当な意志もしくは思想をもつときには，必ず物体の以前の状態に応ずるようになっている。そういうふうに，精神と物体の機構およびそこに入る諸部分との結合や，一方が他方に対する作用は，専らこの併起の中にのみあり，この併起は，他のあらゆる仮説よりも一層よく，創造主の感嘆すべき知恵を示している」[*56]。

しかし，このような神の配慮はマルブランシュの機会因論に結びつけることはできない。アルノー自身がこの点を指摘したとき，ライプニッツはそれに近い発言を次のようにしている。「神が理性的精神に対して予見し，予定したことは，同じように神が初め物体を決定した時に，精神と物体に神が与えた法則と力に従いながら，両者が互いに協力するようにさせておいた機会になっていた」[*57]と。だが，ここでいう機会とは一方が他方の，つまり精神が身体の生起の機会となるのではなく，神によって予定された機会であって，被造物においては創造時に与えられた実体の本性的活動が，自ら表出的に造り出すべき機会であると言える。したがって彼はこの点を理解しやすくするために，次のように正確に規定するにいたった。「全ての実体は，自分の固有の法則によって，自分の思想あるいは表現の自然的変化に従いながら，あらゆる物体に起こるに違いない全てのことを表出する」[*58]と。彼はそれに「神と宇宙の美にふさわしいし，またある意味で必然的である」と付言する。

---

56 「ライプニッツよりアルノーへ」1687。Gerhardt. Bd.2, S.94.『形而上学叙説』河野与一訳，岩波文庫，359-60頁。続けてこう言われる。「この併起が少なくとも可能であって，神がそれを実現し得るだけの立派な職人であるということを拒むわけにはいかない。このことを認めた後に，人はこの仮説が，最も簡単で最もわかり易いから，最も本当らしいものであってすべての困難を一遍に解決し得るということを容易に判断するであろう。無論その中には罪悪的所業という困難も入っている。罪悪的所業には一般的に神の協力を認めずにおいて，ただ神の協力を神に造られた種々の力の保存による場合だけに限る方が合理的だと思われる」と。

57) ライプニッツ Gerhardt. Bd. 2, S.95. 前掲訳書，361頁。

58) ライプニッツ Gerhardt. Bd. 2, S.115. 前掲訳書，403頁。

この心身の同時併起説は彼の予定調和という学説から説かれたものであるが，デカルトにはじまる心身論の最終的帰結を意味するのではなかろうか。ライプニッツは知性の立場から心身結合を形而上学的に解明した。それは形而上学的であるにしても，心身の関係が調和的に把握すべく意図されており，心身の理念的統一のあるべき姿がそこに提示されている。今日，わたしたちに残されている課題は，こうした理念を現代科学の成果を考慮しながらいかに学問的に立証していくかということである。

第3章

敬虔主義における霊性

――――――

はじめに

　霊・魂・身体という人間学的三分法から近代ヨーロッパの思想史を考察するとき，敬虔主義における霊性の理解を見過ごすことはゆるされない。この霊性思想はルター神学から直接起こってきているが，その背後には近代という時代の進展が潜んでいる。この点を解明するためにもルターに続く時代にルター派正統主義を批判したヴァイゲルの思想を考察すべきであろう。このヴァイゲルの思想を継承するかたちでドイツ敬虔主義の代表者であるシュペーナーが登場し，その思想系統に属するツィンツェンドルフ伯の感化を受けて，イギリス敬虔主義の代表ウェスレー（ウエズリー）が活躍し，敬虔主義の時代を開花させた。このように敬虔主義が培った霊性は近代ヨーロッパの人間学に対しても重要な貢献をなした。

1　ルターから敬虔主義へ　ヴァイゲルの認識論

　宗教改革者ルターはキリスト教の教義史における偉大な貢献によって有名であるが，彼自身の思想的な発展を考慮するとき，ドイツ神秘主義によって培われた思想的な風土を考える必要がある。この風土にもとづいて宗教が内面的傾向もしくは特質を帯びてきており，霊性的な宗教の性格を顕著に示している[*1]。

ルターから敬虔主義への展開　ここではルターとその後の神秘主義について考察するが、その際もっとも重要な点は、「内面に深まることが同時に外に向かって活動する実践を生み出している」つまり内面性の深化による霊性の確立が実践への原動力となっているということである。これに対しルターの義認論に見られる第一の特質である「わたしたちの外」（extra nos）という契機は、罪人の無罪放免という法廷的な義認論を生み、キリストと人間とが切り離されており、第二の特質である外から内へ向かう「わたしたちのために」（pro nobis）という契機は、人間自身への関連を示してはいるけれども、そこにあるキリストとの「神秘的な合一」（unio mystica）という神秘的な経験が無視されるならば、真に実践的な力が生じない。事実、ルターには教義の改革者という側面と霊性的な思想家という側面とが同時に存在する。前者が歴史の表面に現われている宗教改革者の姿であり、後者が歴史には見えていない隠された内面の姿である。まさに前者が前景に現われてくるのに反比例して、後者は内面に深く隠されていく。そして残念なことに、宗教改革の進展とともに後者の内面的な霊性思想のゆえにルターに共鳴していた多くの協力者たちはやがて彼から分離していく運命にあった。それにもかかわらず、この霊性思想の流れは「宗教改革の隠れた地下水脈」となっており、ルターからドイツ敬虔主義への思想史的な発展として解明できる。

16世紀の宗教改革の時代には宗教による救済の解決は主として次にあげる四つの方法が一般的に考えられていた。

① 悔い改めのサクラメントによるカトリック的な救済論。これによると痛悔・告白・償罪による悔い改めをなし、ミサを拝領し、教会が指定するわざを行うことによって救われる。これは「成義」（Gerechtmachung）としての義認である。

② 伝統的な神秘主義による救済説。魂の根底における永遠の神性と一つになることによって救われる。したがって、そこからわたしたちが流出して来た源泉に帰還することに救済は成り立つ。

③ 信仰によってのみ救われるという信仰義認による救済説。このような救済の法廷的な認定は「宣義」としての義認である。そうすると罪人は

---

1) この点に関して詳しくは金子晴勇『ルターとドイツ神秘主義』創文社、2000年、とくに第4章「〈根底〉学説の受容過程」167-200頁を参照。

無罪として放免されただけで義人となることがないので，倫理への道がふさがれてしまい，義認は受け身的で怠慢な人によってのみ受け入れられるとの批判が当時のカトリック教会から出ていた。

④　ヒューマニズムの霊的な救済方法。これはエラスムスやフランクなどの宗教改革者の見解で，実践的で倫理的な自己形成を唱える立場である。つまり救済は初めから終わりまで道徳的なプロセスであり，道徳的な改造によって内的にキリストに似たものとなる。

だが，これらのいずれにも満足できなかった思想家たちがルターの協力者たちのなかから輩出してきた。こうした宗教改革の草創期に起こったルター派内部の分裂は，キリスト教の歴史における大きな悲劇である。ルターの同時代人の中には宗教改革に参加しながらも1520年代にはいると，次第に過激な改革路線をとる改革者たちが登場して来た。それは「分離派」(Sekten)とか「霊性主義者たち」(Spiritualisten)と呼ばれる人たちであるが，これに対決して新しい教会は，ヴォルムスの国会を頂点としてルターを体制内に引き込んでいき，「教義の純粋さ」(pura doctrina)に向かっていかせ，統一的な性格をもった教会組織を築き上げていった。しかし，この種の教義の確立は信仰の内実である霊性の喪失に繋がっており，そこで得たものは失ったものと等価であるといえよう。そのさい霊性主義者たちはルターが世俗的な主権者と協力して新しい教会を形成した点を批判して，宗教改革運動から分離し，当時有力な思想の潮流をなしていた神秘主義やヒューマニズムを受容しながら，新たに内面的で霊的な宗教に向かう傾向をとった。ルターを批判して登場してくる，同時代の神秘主義的傾向の思想家たちは，「信仰のみ」や「聖書のみ」を強調するのではなく，むしろ「内面的で霊的な宗教」を確立しようと試みた。その中でも文字としての聖書，聖職制，幼児洗礼，告悔などを否定したり，廃棄したりして，純粋な内面性に向かった同時代の思想家たちは，一般的に「霊性主義者」といわれる。彼らの多くは神もしくはキリストとの「神秘的な合一」(unio mystica)をめざす神秘主義的な思想傾向を顕著に示しており，カトリックにもルター派にも所属しないで，「分離派」を形成した。このような分裂の悲劇は，対立する勢力への分化を通して，もし分裂という事態が起こらなかったならば明瞭になりえなかったような真理の局面が明らかにされたという事実によって，軽減されることになろう[*2]。

ルターは神の言葉（キリスト）から離れる傾向にあった当時の霊性主義者たちに対してきわめて批判的であった。彼の主要な関心事は時代の信仰形式の改革にあったが，やがて新しい教会の形成段階に移り，その教義が客観的な純粋さを求めて，教義的に硬化するようになった。これに対して宗教改革の発展に不満な霊性主義者たちが彼に激しく反抗し，ルター派から分離するようになった。しかしルター派にとどまりながらも批判的精神を保ち続けた神秘主義者たちが16世紀から17世紀にかけて多数輩出してきた[3]。

ヴァイゲルの認識論　その中でも人間学的な三分法の歴史にとって無視することができないのはヴァイゲル（Valentin Weigel, 1533-88）の認識論である[4]。彼は批判哲学者カントの先駆者として解釈されたり，その思想には古代や中世の思想の影響が指摘されることによって独創性が疑われたりしたが，主著『キリスト教についての対話』に端的に示されているように，宗教改革に続く時代に形骸化したキリスト教をドイツ神秘主義の伝統にしたがって活性化しようと試みた。ここではまず彼の思索の出発点を彼の自己認識の主張から捉えてみたい。

彼は『自己認識』という書物の最初のところで「自己自身を知れ，というのは，人間が天の下にある神の最大の作品である小宇宙であることを示している。彼は小さな世界であり，天の下，地の上，また天地を超えてそこに見いだされるすべてのものを自己の内に担っている」[5]と語り始め，

2）　R. Jones, Spiritual Reformers in the 16 th and 17th Centuries, 1928, p.1f. 参照。

3）　ルターの義認体験のなかに生きていた神秘的要素は，制度化によって外面化したために喪失するようになる。この要素はヴァイゲルも認めているように若いルターには明瞭に認められていたものであった。それは潜在的には彼の中になお生き続けてはいても，消え行く運命にあった。この点に関して Valentin Weigel, Ausgewählte Werke, hrsg. S. Wollgast, S.500 を参照。

4）　ヴァイゲルは1533年にドレスデン地方のグローセンハインの郊外ナウンドルフに生まれる。ライプツィヒ大学で学び，修士の学位を取得する。その後，ヴィッテンベック大学へ移る。1565年にザクセン選帝侯領の小都市チョパウ（Zschopau）の牧師となり，死にいたるまで司牧に従事する。1570-71年にかけてタウラーおよび『ドイツ神学』を研究する。理想的な牧師であり，真実な羊飼いとして働き，聞く者に神の霊の力と現前を感じさせた。同地にて没する。その著作は死後20年経ってから出版される。

5）　Weigel, AW. S.167. ヴァイゲルの著作からの引用は主としてその選集版である Valentin Weigel, Ausgewälte Werke, herg. von S. Wollgast, 1977を使用する。引用に当たっては

自己認識からすべてを解明していこうとした。ここに哲学的思索の出発点があり、そこから彼は人間学的な区分にしたがって次第に世界の解明に向かった。この書の第一編は小宇宙としての人間を自然本性的に考察し、第二編は「キリストの教えにしたがって」もしくは超自然的に考察している。中でも彼が究極において探究したのは、キリスト者としての自己認識であり、その意図する内容は『自己認識』第二編の初めのところで次のように語られる。

「人が信仰について大いに喋ったり書いたりするよりも、各人が自分自身において新生を認め、かつ、それを神から期待するほうがよい。わたしたちキリスト者はキリストにおいて哲学すべきである（Wir Christen sollen in Christus philosophieren.）。そうすればわたしたちは真理の根底（Grund der Wahrheit）を認識し、かつ、わたしたちを誤らせる光ではなくて、わたしたちを自然から永遠の生へ導く光（Licht）を見いだす。それはキリストにおいて智と認識のすべての宝が隠されているからである」[6]。

これに続けて「哲学すること」（philosophieren）について説明があり、キリストが「知恵そのもの」であり、哲学が「愛智」を意味するがゆえに、「キリストについて哲学する」という「キリストの哲学」は正しいと説かれる。これはエラスムスが「キリストの哲学」を自説として掲げたのと同じ思想である[7]。ところで、その内容としてこの哲学は「人間を先ず自然的に、次いで超自然的に認識することが正しいと思われる」[8]とあるように二部構成となっている[9]。

それゆえ彼の哲学的思索の対象は二つに大きく区分される。第一は自然

───────────

AW. の略記号を用いる。この選集にない著作は全集版 Sämtliche Schriften, 1969から引用する。
 6) Weigel, AW. S.217.
 7) 本書第3部第1章参照。
 8) Weigel, AW. S.171.
 9) このことに関して『黄金の柄』第5章では次のように説明されている。「永遠の源泉である神から流れ出た万物は、自然の光にもとづき熱心な探求によって認識されるか、あるいは恩恵の光により静かな安息において、すなわち神自身が自己自身によって自己を認識するがゆえに、人が働くのではなく、〔神の働きを〕受ける静かな安息において認識されるか、いずれかであるがゆえに、二様の哲学、すなわち自然の光による自然的なものと、キリストにおける信仰と霊の光による超自然的なものとを定めるのは正当である」（Weigel, AW. S.378.）。

的哲学であり，それは「自然的智」(sophia naturalis) と呼ばれる。これは自然として造られたもの，アダムの全体，創造の全体を対象とするもので，その内容は聖書では創世記に集約される。第二は超自然的哲学であり，それは「超自然的智」(sophia supernaturalis)，または「神学」と呼ばれる。これは十字架前後のキリスト，新たな被造物の創造者であるキリストの全体，またアダムとキリスト，古い人間と新しい人間，文字と霊を考察の対象とする。その内容は聖書の預言書や使徒の教えに含まれている。

人間論と三分法　これまで述べてきた観点は人間にも適用されているが，この点は先に「人間を先ず自然的に，次いで超自然的に認識することが正しい」と言われていた。それゆえ，人間認識は自然哲学における自然と世界との認識，および超自然哲学におけるキリストと神の認識という，双方の認識に根本的にかかわっている。この意味での人間の自己認識について次のように言われている。

　「自己自身を自然と恩恵にしたがって認識する者は，万物を識る。そして彼がこの二つの道によって自己をよく認識すればするほど，彼はより大いなる智に達し，自己のうえには彼の創造主である永遠なる神を，自己の傍らに彼の仲間である聖なる天使を，そして自己の下にはこの全世界を見る。昔の教師フーゴーは言っている。〈多くの人は沢山のことを知っているが，自己自身を知らない。自己自身を認識することこそが最高の哲学であるのに〉と。たしかに諸君が天地の万物を知っているよりも，諸君自身を知っていることの方が良い」[*10]。

したがって人間存在と自己認識はともに二重性を内包しており，「自然——自然（世界）認識——哲学」という方向と「超自然——キリスト（恩恵）認識——神学」という方向とに分けられるが，同時に両者の総合が試みられる。このことは人間存在がまず神と世界との二つの父をもち，また「神の似姿」と「世界の似姿」をもつような二重の存在様式をもつものとして考察されるところに顕著に示される。すなわち「人間は二人の父から誕生する。すなわち，人間の不滅の魂は永遠な創造主から，そして死すべき肉体は〈土の塊〉(limus terrae) から，つまりこの大世界である土塊か

---

10) Weigel, AW. S.171.

ら得ている。したがって人間は，神によって神の似姿にしたがって父である神と同様の一切の本性，性質，および特性をもつものとして造られた神の息子であり，神と同様であり，神に酷似している」[11]と説かれた。

さらにパラケルススの自然学によって自己と世界との関係は大宇宙と小宇宙との関連で捉えられる。ヴァイゲルは言う「大世界はすべての被造物をそのうちにもっているが，人間もまたすべての被造物の特性をうちにもっている。それゆえ人間はまた，ギリシア語で Mikrokosmos（小宇宙），ラテン語で parvus mundus（小世界）ドイツ語で die kleine Welt（小世界）ともいわれる」[12]と。この大宇宙と小宇宙との関係は双方の類似関係に求められる。つまり認識は，ギリシアのエンペドクレスこのかた，類似物の間で成立しており，何かを認識するとは，認識する主体が同時に認識対象でもあることを意味する。なぜなら内的に同一でなければ認識は成立しないのであって，人間は自分がそれでないものは知ることができないから。こうして世界は自己の内に予め存在していなければ，世界の認識は成立しない。ここに両世界の存在論的関連が自然認識の前提となっており，神と人間とが「根底」において同一の「霊」であることが求められる。ここにドイツ神秘主義の伝統的な概念である「魂の根底」の意義があり[13]，そこに霊性が位置づけられる。

こうした彼の学説はヨーロッパの伝統的な人間学の三分法に由来しており，ヴァイゲルはそれを「身体」（Leib）・「魂」（Seele）・「霊」（Geist）の区分として次のように語る。「人間は至高の創造者によって三つの部分に，つまり身体・魂・霊に置かれているように，本性にしたがって考察され，認識されるべきである」[14]と。こうした区分法における霊の位置に「魂の根底」は相当する。というのは「魂の根底」は魂よりも一段と深淵的で高度な作用をもっているからであり，ヴァイゲルではこれが，後述するよう

---

11) Weigel, AW. S.181. さらに「人間は神の似姿であるだけでなく，また世界の似姿でもある。もちろん世界はその形姿において血肉の肉体とは違ってはいるが。それゆえ，人間はまた大世界の息子でもある。それは人間が土塊から創り出されているからである。ところで息子はその父に酷似しているように，人間もまた一切の本性，性質，特性をそなえて大世界に酷似している」（Weigel, AW. S.182.）と語られる。

12) Weigel, AW. S.182.

13) 金子晴勇前掲書第4章「Grund 学説の受容過程」180-85頁を参照。

14) Weigel, AW. S.170.

に，超自然的認識の作用として説かれた。

自然的認識の能動性　次にヴァイゲルの認識論を問題にしてみよう。その基本姿勢は『黄金の柄』の第1章において「神的事物の認識はすべて書物から来るのではなく，人間自身から文字の中に流れ出る」と述べられており，「人間が書物に先だっており，書物は人間に由来する」との原則が確立される[15]。この原則があらゆる認識の「柄」つまり原理なのである。あの少年ダビデが巨人ゴリアテを倒したように，この「黄金の柄」によって「賢い世知にたけた神学者と博士たち」に立ち向かうことができる。ここにある「人間」を「主観」とし，「書物」を「対象」に置き換えれば，実に認識論におけるコペルニクス的な転換となる。このような認識主観の理解は知識の主観的な性格を捉えた「近代哲学の基本問題」に対する最初の試みであるのみならず，カントの批判哲学の実質的な先取りといえよう[16]。

そこで彼の認識論の特質を挙げて見よう。彼はまず認識を三様に分ける。つまり①感覚的で物質的な対象を「見る」感覚的認識，②理性による学芸・技術・言語などを対象として認識し「視る」理性的認識，③知性により天使と永遠なる神を「観る」知性的な認識に分ける。これら三者の間には，上級の認識は下級のそれを包括するがその影響は受けず，それを越えて独自に働くが，逆に下級の認識は上級の認識なしには働かないという相互関係が見られる。

さらにヴァイゲルによると，わたしたちは自然的認識では能動的であるが，超自然的認識では受動的となっている。すなわち「自然的認識では，人間は思索すること，想像すること，考察すること，そして探求することで能動的な姿勢を保っている。そして超自然的認識ないし智では，人間は対象に向かって何も能動的にかかわることをせず，むしろ神自身である把握しがたい対象から受動的に認識を期待し，かつ，受けており，神が人間の受動的な目の中へ自らを注ぎ込む」[17]。

---

15) Weigel, AW. S.370-71.
16) マイヤーは「カントはヴァイゲルを合理主義的なものへ翻訳している。ヴァイゲルの神秘主義的で超越的な特質がカントのもとで強制的に取り込まれている」と語っている (Maier, Der mystische Spiritualismus Valentin Weigels. S.109)。

自然的認識に見られるこの能動性の主張は，カントの先駆として高く評価されてきているが，それは同一対象についての多様な認識が生じる原因が対象の側にあるのではなく，認識する側にあるという考えに由来する。さらに，真理と智の認識はあらかじめ人間の内にあるもので，外の対象から運び込まれるものではないという思想にもとづいている[*18]。

キリスト教的霊性の確立　彼は晩年の代表作である『キリスト教についての対話』(Dialogus de Christianismo, 1584) で神秘的霊性の思想を説いた[*19]。そこには当時の硬直化した義認論に対決してキリスト教的霊性の本質が見事に解明されている。この書は「聴聞者」と「説教者」と「死」という三人の対話によって構成されているように，「一般信徒・ルター派の聖職者・十字架で死んだキリスト」という三つの立場からキリスト教の真のあり方を探究する。説教者が当時のルター派教会の信仰義認論に立って信仰によって外から「転嫁される義」(justitia imputativa) を公認の教えとして説いているのに対し，聴聞者は次のように主張する。

　　「俗人である聴聞者は，人間がイエス・キリストにより，新たな被造物として神自身の内から生まれ出て，神と具身的に合一しなければならないということ，人間が創造されて救済されるその目的とは，すなわちキリストにおける信仰によって，ただ単にあの世においてだけではなく，またこの時間の世においても，人間が神の内に宿り，そして神が人間の内に宿ることであるということが，聖霊の照明により聖書

---

17) Weigel, AW. S.380-81.

18) この点に関してコイレは次のように語って，ヴァイゲルの認識論が形而上学と結合していると説いている。「人間はまさしく世界の中心である。人間は自らの内に，世界に含まれる一切のものを含んでいる。人間は物質的であり星辰的であり神的なのである。まさにこのゆえに，人間はその各世界を認識できるのである。世界は人間の内にあり，人間は世界の代表者である」（コイレ『パラケルススとその周辺』鶴岡賀雄訳，1987年，215頁）。同じ問題について山内貞男『近世初期ドイツ神秘主義研究　ルター，ヴァイゲル，アルント―『ドイツ神学』との係わりを基礎として―』1987年，128頁をも参照。

19) ヴァイゲルの著作は初期の神秘主義的な時期（1570-71）と第二の時期の説教や教育に関する文書が出版された期間（1572-76）および最後の時期（1578-84）に別れる。晩年はパラケルススの自然哲学を受容し，「単純な神秘主義に代わってパラケルススの自然哲学で教えられた観点と鋭い教会批判が入って来ている」(Winfried Zeller, Die Schrifften Valentin Weigels, 1940, S.52.)。そこではキリストの人性は彼の神性と同じく，神から来ているという教説や人間の「身体的な再生」や「新しい誕生」という説が強調された。

に基づいて，大いに分かったわけで，このことを聴聞者は，聖書の幾多の証しを挙げて裏付ける」[20]。

彼の主張の核心は「神との本質的で具身的な合一」(eine wesentliche und leibhaftige Vereinigung) によって明瞭に示される。ここで言う「具身的合一」というのは，「本質的合一」といわれている単に霊的な合一ではなく，キリストの肉と合体したような，からだをともなった，生ける現実と活動を指し示す。このような状態は次のように説かれている。

「ああ，父なる神は何たる愛を示されたことであろうか，わたしたち人間が，御子イエス・キリストによって神とソーマティコスにつまり具身的に (somatikos, das ist: leibhaftig) 合一され，永遠に神がわたしたちの内に，そしてわたしたちが神の内にあるべきである，とされるとは。……この不思議な合一のことを深く思えば思うほど，わたしはますますそのことを，心の奥底から (im Grunde meines Herzens) 大きな驚きの念をもって喜ぶ次第である。……それゆえわたしたちも，皆一緒に神とただ単に霊によって本質的に合一されるだけではなく，またキリストの肉と血によって具身的に合一されるためには，わたしたちが聖餐においても記念として授かるキリストの肉と血を，わたしたち自身の内に持たなければならない」[21]。

ここには神秘的な合一が「イエス・キリストによって神と具身的に合一する」として説かれた。そのさい霊的な合一は「本質的な合一」と規定されているのに対して，「具身的な合一」は自然的な「アダムの肉と血」ではなく，超自然的な霊的な「キリストの肉と血」との合一を指している。したがってキリストの肉が「聖霊による働きで乙女からのものである」とあるように，霊的に再生した人はキリストのからだに合体させられて具体的な実践をともなう生き方を身に付けている。

ところで，この書で語っている説教者はこの聴聞者の信仰を「イエス・キリストの内住」(Einwohnung Jesu Christi) として捉え，これに対立する仕方で「転嫁に依る信仰」を主張する。ここでいう「転嫁」(imputatio) というのは罪人がキリストの贖罪死によって無罪放免される判決をいうの

---

20) Weigel, AW. S.471-72.『キリスト教についての対話』の訳文は山内貞男訳（創文社）によっているが，部分的に訳語を変更している箇所がある。
21) Weigel, AW. S.475-77.

であって，罪人の罪がキリストに転嫁される法廷的判断であるがゆえに，厳密には罪の「非転嫁」(non-imputatio) を意味する[*22]。この非転嫁という考えが信仰義認論として定着してきており，この立場からすると先の聴聞者の主張は「信仰のみ」(sola fide) から逸脱しており，キリストを通していても，「神との合一」によって救われると主張するからには，キリストの死と功績を隠蔽し矮小化することになり，この立場はオジアンダーの異端に属し，ミュンツアーやシュヴェンクフェルトの狂信家に与していることになる[*23]。

ところがヴァイゲルによるとこのような転嫁の判断は信仰者の外側において起こっていることであり，そこでのキリストは信仰者の霊に直接関係しない。そこで聴聞者は「わたしたちの外なる外的なキリストの生誕は，わたしたちを救いはしませんし，また真の信仰は決して，神からの新しい誕生を欠くもの，愛を欠くものではありません」[*24]と説いて，信仰に依る新生は霊における誕生と愛の実践とを生み出すと主張する。

最後に「死」が登場し，聴聞者の意見に賛成して説教者を批判する。すなわち「説教者は目が見えず，キリストとか信仰，洗礼，晩餐などが何であるかを知らず，キリストをただ半分しか説教したことがなく，そして十字架につけられて復活されたキリストが何であるかを，自分の生涯にわたってまだ一度も認識したことがない」と[*25]。こうしてセバスティアン・フランクにしたがって「キリストがわたしたちの内におられなければ，わたしたちに何の役にも立たないであろう」[*26]と力説され，ここから彼のキリスト神秘主義が強力に打ち出された。

---

22) これに関しては金子晴勇『近代自由思想の源流』創文社，204-05；219-22頁の叙述を参照。
23) ミュンツアーの神秘主義については金子晴勇『ルターとドイツ神秘主義』345-62頁を，シュヴェンクフェルトの神秘思想については前掲書384-99頁を参照。
24) Weigel, AW. S.348.
25) Weigel, AW. S.374-75. 続けて「こうして死は，聴聞者の見解が，すなわち，内住は必然であること，そして信徒は洗礼と晩餐などの内容に応じてキリストと共に死ななければならぬこと，また何人も塗油の内的な言葉，もしくはその聴聞なしには，キリストを力と働きと生にしたがって認識することもまた維持することもできないことが，真実であることを証明する」と言われた。
26) Weigel, AW. S.489. S. Franck: Paradoxa, Par.113, 133, 134には同様の主張があり，ヴァイゲルがフランクの影響下にあることを示している。

「聖霊がわたしにおいて証明していることであるが，それは熱狂主義ではない。むしろ人間は，神の神殿であり住まいであるようにと，まさにそのために創造され，救われ，そして聖霊によって聖化されている。使徒は言っている，〈神はキリストの内に具身的に住まわれ，キリストの内におられて，キリストによって世をご自分と和解させられた〉と。そして御子は言われる，〈父がわたしの内におられ，わたしが父の内におる〉と。これこそが，本質的で具身的な内住である」[*27]。
わたしたちはこの具身的な内住という思想に彼のキリスト神秘主義に立つ霊性の特質を把握することができる。ヴァイゲルは当代の権威者となっていたメランヒトンがギリシア語文法家でアリストテレス哲学の徒に過ぎず，神学者でないことから今日のルター派の教義ができ上がってきたことを指摘し，最初期のルターではキリストとの霊的な合一が説かれていることを指摘する[*28]。ここにルター派の中にあってプロテスタントの霊性が当時の形骸化した教義に対する批判として成長し，発展してきていることが知られる。

2　シュペーナーとドイツ敬虔主義の霊性

はじめに　ドイツ敬虔主義の一般的な特質　敬虔主義（Pietismus）は17世紀の後半にドイツで興った信仰覚醒運動である。この運動の発端はルター派教会が領邦教会として国家的な基盤に立ち，制度的に保証された歴史的状況に由来する。教会が次第に形骸化し，内的な生命力を喪失すると，道徳的な無力化と霊的な荒廃が生じ，その権威と信望はまったく失墜するにいたった。ここから教会批判が続出し，人々の関心が制度的な教会から個人の信仰と道徳に移行し，個人の社会的実践の必要性が強調され，教会にとどまりながらもその法規，職務，礼典，教義などは重要でないとみなされた。
　敬虔主義に共通する特質として第一に挙げられるものは，原始キリスト

---

27)　Weigel, AW. S.482-83.
28)　Weigel, AW. S.500.

教における愛と単純と力をもって道徳的な「完全」をめざす生き方を重んじることである。第二にルターの信仰を絶えず導きとして，正統主義教会にとどまりながら信仰を覚醒しようと試みる点である。第三にその教えの中心は「再生」に置かれ，無罪放免という法廷的な義認論がもたらした道徳的な無力を批判し，新しい創造・新しい被造物・新しい人間・内的な隠れた心情・神の子における道徳的な完成などをめざす点である。したがって，その思想の最大の特質は宗教改革の信仰義認論を忠実に継承し，義認における神の独占活動を認めながらも義認そのものが再生の中に組み入れられ，再生が信仰のいっそう包括的な生命として説かれた点に求められる。それゆえ敬虔主義は，義認を排除してまでも再生を強調するのではなく，再生こそ人間を根本的に変化させる強力な生命と豊かな経験である点を力説し，信仰の内面性を実践的な愛のわざと密接に結びつけた。ここにルターの伝統に立つ霊性の特質が実践面において強力に推し進められた。こうした特質を理解するためにここでは主にこの運動の代表者であるシュペーナーを考察する[*29]。

ドイツ敬虔主義の特質　ドイツ敬虔主義の特質はシュミットによって「神秘主義的スピリチュアリズム」(der mystische Spiritualismus)として捉えられているが[*30]，この理解には長所と短所とがある。長所としては敬虔主義をルターと対立したシュヴェンクフェルトのスピリチュアリズムに

---

29) この運動はシュペーナーの「敬虔主義の集会」から具体的に発足し，彼の著作『敬虔なる要望』(1675)によって教会改革案の基本方針が定められた。これはフランケによって継承され，ハレの孤児学院の創設となり，社会的な実践が強調され，スカンジナビアやアメリカ合衆国にまで発展した(ハレ派敬虔主義)。さらにツィンツェンドルフ伯爵によるモラヴィア兄弟団，別名ヘルンフートの信仰覚醒運動が起こり，ヨーロッパ各地やアメリカ合衆国にまで広まった。

30) 「敬虔主義は真正の原始キリスト教的価値，なかんずく〈完全〉をめざす努力に見られる原始キリスト教的活力，愛と単純と力——これらは神秘主義的スピリチュアリズムのなかで重んじられた——の重要性を再発見し，しかも伝統とのつながりを守り，既存の正統主義教会の枠のなかになおとどまり，意識的にルターをひんぱんに引用し，しかもルターを自分の目的のために利用する知恵をもっていた。……その根本概念は再生(Wiedergeburt)，まったき新創造，新しい被造物，新しい人間，内的な隠れた心情，神の子である。〈再生〉への情熱はすべての敬虔主義者に共通している」(Martin Schmidt, Pietismus, 1972.『ドイツ敬虔主義』小林謙一訳，教文館，18頁)。なお Speners Wiedergebutslehre.in : Zur neuern Pietismusforschung, hrsg.M.Greschat, 1977, S.9ff. を参照。

まで遡って，思想史的な連続性を明らかにした点である。だが，短所としてはその後多くの批判を受けたように，敬虔主義の内面性をルター神学，とくに信仰義認論との異質性において理解する点である[31]。つまり，これによって義認そのものが再生に組み入れられ，再生のほうが力説されたというのである。ところで敬虔主義はこれに全面的には同調しないものの，「再生」を教えの中心に据えるとき，根本的な変化を起こす「新生」によって強力な生命と豊かな経験が生まれる点を強調した[32]。したがってドイツ敬虔主義はルターの信仰義認論を堅持するのみならず，信仰の内面性を実践的な愛のわざと密接不可分に生命的に結び付けたのである[33]。

1 シュペーナーの敬虔主義

シュペーナー（Philipp Jakob Spener 1635-1705）はアルザスに生まれ，シュトラスブルクで歴史と哲学を学ぶ。フランクフルトの自宅で「敬虔主義の集会」（Collegia Pietatis）を創設し，霊的覚醒運動を開始する。また『敬虔なる要望』（Pia Desideria 1675）を書いて，ルター派教会の霊的な改革を提案し，これによって敬虔主義を具体的に発足させた。

『敬虔なる要望』 シュペーナーの代表作は『敬虔なる要望』である[34]。わたしたちは彼の思想がこの初期の著作にどのように展開しているかを検討してみたい。そこでは「再生」（Wiedergeburt）が彼の思想の中枢をなす概念であって，それはルターの宗教改革的理念の根幹であった「義認」（Rechtfertigung）に代わるものである。しかしながら，それは信仰による義を否認しているのではなく，義認を再生の内に組みいれ，再生の構成要

---

31) A. Haizmann, Erbauung als Aufgabe der Seelsorge bei Philipp Jakob Spener, 1996, S.74 ; 94 ; 98 ; 111 ; 174.

32) シュミット前掲訳書，19-21頁参照。

33) この点をヒルシュは次のように述べている。「シュペーナーの課題は義認信仰をキリスト教的な敬虔から追放することではなく，義認信仰を個人の生命の根底に深く埋め込み，信仰が人間の全体をあらゆる外面的な表出において内面から規定し，治めることである。敬虔主義がシュペーナーによって規定されているかぎり，それは個別的にして個人的な経験に移された義認信仰から出た神学と教会とを刷新する運動である」（E.Hirsch, Geschichite der neuern evangelischen Theologie, Bd.II, 1950, S.140.)

34) この書には堀孝彦訳『敬虔なる願望』「世界教育宝典」（キリスト教教育編）玉川大学出版会がある。

素の一つとしている。この再生はすでに現世においても人間が救済を完成させる可能性をもつという意義を含んでいる。彼の敬虔主義はまさにこの可能性を現実化する方法の探求と実践であった。

　再生を構成する人間の側での要素もしくは契機は「受動性」であり、それが出来事として生じる場が「心の根底」であることが強調される。そのさい彼はルターの「聖パウロの『ローマ人への手紙』の序言」において生活の改善を実現する信仰が「心の根底」(herzengrund) から生じていると説かれている点を引き合いに出す[35]。だが、この「根底」という概念もドイツ神秘主義の本来的な意味では使われていない。むしろ「根底」概念は建築用語として使われており、「根底から」(von Grund auf) という表現は「信仰の強化」(Stärkung des Glaubens) をめざしている[36]。したがって信仰が根底から強化される土台は人間自身よりも神のわざやイエス・キリストであると説かれる[37]。それゆえシュペーナーは「根底」よりも「心」の概念を積極的に用いている。しかも伝統的な「内なる人」や「新しい人」を中心に据えて思想が展開する。たとえば「わたしたちのキリスト教全体は、まったく〈内なる人あるいは新しい人〉(innner oder neuer mensch) において成立し、このような人の魂こそが信仰である」[38]と説かれる。したがって彼は「心の根底」の内の「根底」を避けて「心」概念を多用する[39]。この「心」概念によって信仰の内的な再生力が重要視され、それ

---

　35) P. J. Spener, Pia Desideria.hrg. v. K.Aland, 1964, S.34.
　36) P. J. Spener, Theologische Bedenken, 1a, 37, 1691. それはキルケゴールが『愛のわざ』において「愛が徳を建てる」(Liebe baut) というときの「教化」(Erbauung) と同様に、「そこにおいて信仰はその根底に関わる」(in dem der Glaube sich auf seinen Grund bezieht)「信頼」を強める、信仰の強化を意味する (S. Kierkegaard, Der Liebe Tun, GW, 19Abteilung, bersetzt von H. Gerdes, 1966, S.235, 249.)。
　37) というのは信仰の根底と根源において神が働いていることが絶えず意識されており、『敬虔なる要望』ではルターが「聖パウロの『ローマ人への手紙』への序言」で「信仰は私たちの内に働く神のわざである」と言っている箇所が引用されているからである (P. J. Spener, Theologische Bedenken, 4, 368f., 1680. A. Haizmann, op. cit., S.113-16.)。
　38) P. J. Spener, op.cit., S.79.『敬虔なる願望』(前出) 151頁所収。
　39) たとえば次のように語られる。「わたしたちは、み言葉を外的な耳で聴くことだけでは充分でなく、それを心にも浸透させるべきである。心においてこそ、聖霊が語るのを聴くことができる。——外面的に口先で祈るのでは充分でなく、真の最上の祈りは、わたしたちの内なる人において生じる。祈りがことばで述べられようと、〔未だ〕心の中にとどめられていようと、神はそれを見いだし、それに出会いたもう。外的会堂 (äusserlicher Tempel) で礼拝するのでは不充分で、わたしたちの内なる人が、そのとき彼が外的会堂にいようとい

第3章　敬虔主義における霊性　　　　　　　　　　247

が実践的な愛として説かれた。このようにして聖化の働きが聖霊のわざと考えられた[*40]。

　だが，聖霊の働きが強調されていても，彼は霊性主義者のミュンツアーやフランクのように聖書の外的な文字を決してなおざりにしない[*41]。さらに，この聖霊の働きによって信仰が神と合一し，神の恩恵を分有すると説かれた[*42]。

　さて『敬虔なる要望』においては再生の問題は主題としては取りあげられていない。また「再生」ないし「新生」という語もあまり使われない。たとえば修道士階級の欠陥を指摘したところで，彼らが「何事においても再生の真のしるしを実際にはもっていないのではないか」と疑念を表明し，さらに「彼らが愛情ゆたかな，再生した神の子たちであった，と推測することはできない」と述べたり，また行為の外面的遂行を批判したところで，「わたしは，洗礼とは〈聖霊による再生と改新の真の水浴〉（テトス3・5）であると信じている」と述べている程度である。このことは，再生の問題が無視されているのではなく，「再生」がいわば底流として『敬虔なる要

まいと，彼自身の会堂（sein eigener Tempel）において最上の礼拝を行なわねばならぬ」（P. J. Spener, op. cit., S.80. 前掲訳書, 152頁）。

　40）　彼は言う，「かつて，このような初期キリスト者たちにおける一切のものに影響をおよぼしていたものは，他ならぬ聖霊であった。その聖霊は，神によってわたしたちに贈られており，わたしたちのうちにあって聖化のわざの遂行を，今日といえども，以前よりも不可能にしたり遅らせたりはしないからである。〔それなのに今日のような状態に陥る〕唯一の原因は，聖霊の働きを〔わたしたちのもとで〕許さないのみならず，聖霊そのものをわたしたちが妨げているところにある。それゆえ，この事態をいかにしてより善き状態にもたらしうるか，そのことについて論ずることは無駄ではないであろう」（P. J. Spener, op. cit., S.52. 前掲訳書, 116頁）と。

　41）　神の言葉は常に強調されている。たとえばこう言われる。「神のみ言葉は，つねにそこからすべての善がわたしたちのあいだで成長せねばならない種子である。わたしたちが人びとに熱心にすすめて，上に述べたことに励み，このような生命の書のうちに喜びを求めるように仕向けるならば，彼らの霊的生活はすばらしく強められ，彼らは全く別人となるであろう」（P. J. Spener, op. cit., S.56-57. 前掲訳書, 123頁）。

　42）　「そうすると信仰がわたしたちの救いの唯一の手段として残っており，わたしたちを神と合一させる。しかし，わたしたちが注意しなければならないことは，そのように語ったからといって，人が信じる信仰，つまり信仰箇条ではなくて，神的な光りが考えられているということである。こうして聖霊は人間の心に神的な言葉とサクラメントによって点火され，心において，また心から，信仰はキリストの功績に示されている天上の父なる神の恩恵を捉え，それを分有するようになる」（P. J. Spener, Theologische Bedenken, 4, 54, 1683.）。このように「心の信仰」と聖霊のわざが「神秘的な合一」を得させることが力説され，いわゆる

望』全体を貫いていると考えられる。というのは教会改革は単なる機構や制度の改革ではなくて，教会構成員の各々が古い人間から新しい人間に再生することによって初めて実現するからである。

説教集『再生』における霊性思想　シュペーナーの晩年の思想は「再生」についての説教集で表明された。彼はこの説教を1684年にフランクフルトで始め，ベルリンでも1691年から3年にかけて66回にわたって行っている。この説教集のなかで彼は，聖書の示す再生の内容が豊かで，生活のあらゆる面に直接かかわっていることを，説き明した。とりわけ人間の罪による堕落に，再生した者の高貴さが対置される。この再生の個々の局面として，信仰・義認・新しい人間の創造が挙げられる。そのさい再生のプロセスにおける内的な出来事，とくに「試練」（Anfechtung）が重要視され，試練がもたらす限界状況で信仰が受身の受動性として働くことが力説された。そのさいルターにとって外から来る神の語りかけが決定的な意味をもっていたのに対して，シュペーナーでは絶望した人間をその心の最内奥に向かわせた。そこから信仰は心の内面の「再生」という出来事また神の言葉の受胎によって引きおこされる。この出来事は死から生への「誕生」によって生じ，再生した子どもは，自然のままの被造物としての人間よりも，父なる神との強い結び付きをもっている*43。そこから再生者には新しい神的本性が現に授けられると考えられた。

　この再生を主題とする説教集の大部分は，再生の出来事とそこから誕生する「新しい人間」を主題としており，再生の結ぶ実が重要視され，ここからキリスト教的な「完全」がめざされ，「完全性」（Vollkommenheit）こそ新しい生の目標であると説かれた。こうしてこれまで「無罪放免」という法廷的な義認論によって隠されていた「聖化」への道が拓かれた。

　再生には改新が続くが両者の相違について彼は次のように言う，「再生とはわたしたちが，もし先だって神の子でなかった場合，そのとき初めて神の子となり，したがって初めて霊的生命を受けるところの恩恵である。

「信仰―神秘主義」（Glaubensmystik）の特質が顕著に示された。
　43）それゆえ彼はどの説教でも，信仰者は神の本性に与るというペトロの第二の手紙1・4の大いなる約束を，神的存在の分有を暗示するものとして，くりかえし教え，「再生」による新しい人間がもつようになった本性的な性質と自発性を強調した。

しかし改新は霊的生命を強化し，その人間をますます清める。それゆえ，再生は一回的に（auff einmahl）起こり，そして再生した者はまったく再生したのである。というのは彼は完全に神の子であり，一回的に義とされ，新しい本性を得たのであるから。しかし改新はゆっくりと次第次第に生じる。それゆえ再生はまさしくそれ自体で完成しているが，改新のほうは未だ未完成であり，わたしたちがこの世にある間は，まずは日々に成長していかねばならない」*44。この主張はカントの『宗教論』第一編における「心術における革命」と「漸次的改造」の考えと同じである*45。

では再生は実質的にどのような内容であろうか。シュペーナーはそれを三つあげる。第一点は，「悔い改めの備えがある人の心の内での信仰の点火」であって，「その点火のあとすぐに信仰の火花（Funke des Glaubens）が魂の中へ入り込み，それが霊的生活の初まりとなる。その人が真の信仰をえるや否や，その瞬間に彼はイエス・キリストの義のおかげで，義を捉え，義認され，神の子として迎え入れられる」というのである。それゆえルター神学の根幹である義認がここでは新しい生命が流れ入る再生から生じるものと説かれる。次に再生における第二点は「わたしたちはわたしたちに贈られるキリストの義と功績のおかげで恩恵によって神の子として迎えいれられる」ということであり，第三点は「新しい創造もしくは被造物，霊，内なる人もしくは新しい人間」である*46。

このようにシュペーナーはルターの義認よりも再生を強調し，義認を再生の構成契機となした。パウロはすでに「わたしたちの行った義のわざによってではなく，ただ神のあわれみによって，再生の洗いを受け，聖霊により新たにされて，わたしたちは救われたのである」（テトス3・5）と述

---

44) P. J. Spener, Schriften, Bd. II, 2, hrsg.v.E. Beyreuther, 1982, S.517.

45) I. Kant, Die Religion innerhalb der Grenzen der blossen Vernunft, Phil. Bibl. Bd. 45, 1956, S.51-57. カントはここで「心術における革命」（Revolution in der Gesinnung）と「漸次的改造」（allmähliche Reform）とを区別している。なお「心術の革命」は「心の急激な変化」（Änderung des Herzens）とも言われており，それが「最高に内的な根底の激しい変化」（Veränderung des obersten innneren Grundes）と言われるときに，伝統的な「根底」学説があるいは念頭に浮かんでいたかもしれない。

46) J. Spener, Schriften, Bd. II, 2, S.519-20.

べて再生を説いていた。この再生は洗礼によって生じる「まったく新しい本性」をもたらし,「善を実現する能力と原動力」である[*47]。それは原罪によって「失われた神の像の改新」(Erneuerung des verlorenen göttlichen Ebenbildes) を意味し, この改新によって「神の内住と神との合一」(Einwohnung Gottes und der Vereinigung mit ihm) が与えられる。もちろん人間によって再生が生じるのではなく,「聖霊が再生を造り出す原因である。それでもって示されることは, 神からの誕生でもって創造とは違った状態を得るようになるということである。……神が何かを創造する場合,それは神との類同性をもたらさない。〔それと相違して〕神からの誕生は各自が自分と似た何かを生むように, 誕生した者のなかに神との類似性と類同性をもたらす」[*48]。この類同性によって「主なる神と同じ性質の人間」が誕生する[*49]。それゆえに再生をもたらす「聖霊は人間の内に新しい天上の本性を造り出し, 本性が信仰によって捉えるキリストはこの本性と合一する」ともいわれる[*50]。このように聖霊が内住しているがゆえに, 再生した者は「霊」(Geist) とか「霊的なもの」(Geistliche) と呼ばれる[*51]。

2 フランケとツィンツェンドルフ

敬虔主義の次世代の代表者になると, 啓蒙主義の克服や対決の姿勢がとられ, そこから霊性への自覚も芽生えてくる。まず, 実践家のフランケ (August Hermann Francke, 1663-1727) に短くとも触れる必要がある[*52]。

---

47) P. J. Spener, Von der Wiedergeburt, Aus seiner Berliner Bibelarbeit, hrg., v. H-G. Feller 1963. S.135. 132-33.

48) P. J. Spener, op. cit., S.136-37.

49) またこの類同性はジェルソンが説いていたように, 同類を結び付けて神秘的合一にいたらせる (金子晴勇『ルターとドイツ神秘主義』第2章第1節「ジェルソンの神秘神学とルター」91-104頁を参照)。

50) この聖霊による再生は神のわざであるかぎり, 一回的な出来事であるが, それが人間において生じる過程は聖霊により改新が漸進的に実現することにならざるをえない。「わたしたちがただ一回だけ聖霊から生まれるだけでは充分ではなく, 絶えず聖霊によって改新されなければならない。それは聖霊による改新を意味する。聖霊は再生においてわたしたちのもとに内住したまう」(P. J. Spener, op. cit., S.139-49.)。

51) こうしてはじめて「再生は聖なる行状への強力な原動力とならねばならない」との要請が出てきている (P. J. Spener, op .cit., S.139-49.)。

52) 彼はハンザ都市リューベックに生まれ, ゴータで教育を受け, キールとライプチヒ大学で学んだ。リューネブルクで研究を続けている間に精神的な破局を向かえ,「再生」の経験をし, シュペーナーと親交をもった。彼は牧師職と大学の教授の仕事を併せもちなが

フランケ　彼には『フランケの回心の初まりと継続』（Anfang und Fortgang der Bekehrung August Hermann Franckes, 1692）という自伝的作品があって，そこには彼の回心の体験が記されている。初期の啓蒙時代に属していた彼は学問と信仰との葛藤を経験した。「わたしの神学は生きた認識であるよりも，むしろ死んだ学識であった」[53]と彼が回顧しているように神学の知識によって信仰・再生・義認・復活について語るすべを心得ていても，そういうものの唯の一つもわたしの心の中に見いだすことができなかったと彼は反省する。これはアウグスティヌス的な「心の神学」と同様であって，理性と心情とが分裂していることの自覚にほかならない。しかもアウグスティヌスが新プラトン主義の著作に心酔したのと似て，フランケは神秘主義者モリノス（Michael de Molinos）の著作『霊的な案内人』（Guida spirituale）を読み，それをイタリア語からラテン語に翻訳し，そこに見いだされる神秘主義者たちをも研究した[54]。こうして神の言葉を単に学問的に理性と記憶のなかに取り入れても，生活の変化を心において起こすまでにはいたらなかった。このことは神学生として実習している期間でも継続し，「わたし自身は自分が説教の中で要求しようと思っているような信仰を，心のうちに見いださない」[55]という若いときに陥りやすい実存的な虚偽を告白している。実際，この虚偽から脱出するためには，心の変化である回心がなければならなかった。ここに啓蒙思想を経過した人たちに見られる典型的な苦悩が叙述されており，霊性への道が示唆された。

ツィンツェンドルフ　次にフランケの弟子ツィンツェンドルフ伯（Nikolaus Ludwig Graf von Zinzendorf, 1700-60）についても触れておきたい[56]。彼はクレルヴォーのベルナールに私淑し，神秘主義の伝統を尊重

ら，優れた社会的な実践家として活躍した。とくに有名になったハレの孤児学院を創立し，いわゆるハレ派敬虔主義の創始者として知られる。

53）Klaus Ebert, hrsg., Protestantische Mystik, 1966, S.245.
54）Klaus Ebert, hrsg., op. cit., S.246.
55）Klaus Ebert, hrsg., op. cit., S.248.
56）彼はドレスデンにザクセン選帝候の大臣の子として生まれる。誕生後間もなく父が死去したため短期間祖母の下で家庭教師について勉強した。この祖母は敬虔主義に献身し，シュペーナーやフランケと親しく，ライプニッツとも書簡をやりとりしていた。1710年，ハレのアウグスト・ヘルマン・フランケの寄宿学校に入れられた。さらにヴィッテンベルクで学んだ後，社会活動に専心し，とりわけ有名なヘルンフート兄弟団の設立に尽力した。彼の

したが，同時に正統主義ルター派の神学の伝統的な贖罪思想をも継承している。彼が創設したヘルンフート教団は彼の名を高めたが，その本領は神学思想の領域にあった。フランケがキリスト教の偉大な実践家として彼に先行していたが，彼自身は単なる実践家ではなく，神学思想において敬虔主義の起源にもどって神秘神学の完成に努めた。それに加えてクリスティアン・ヴォルフやピエール・ベールなどの初期啓蒙主義の圧倒的な影響をまぬかれることができず，合理主義による知的な懐疑に陥ったとき，理性によって神は認識できないこと，また信仰は知識とはまったく別の働きであることを説いた。

ツィンツェンドルフ伯の時代は，ドイツ思想史において啓蒙主義が支配権をにぎった時期であって，合理主義的にすべてを解明し，宗教を道徳に還元し解消しようとする傾向が強かった。伯爵はこの風潮がイギリス理神論から派生していることを明瞭に洞察していた。これに対決して彼は敬虔主義的な情熱を燃やして次のように語っている。

「宗教の領域でみなが救い主について語るのを恥じる時が来るならば，それは大いなる誘惑の時である。そしていま，非常な勢いでそうなろうとしている。ルター派でも改革派でも，アメリカやイギリスの教会でも，救い主について，私たちの罪の悔い改めのためのイエスの闘いについて教えるために口を開く者があれば，それはほぼ例外なくヘルンフートの一員で，ほかには誰もいない。これを見れば明らかであろう。……もしかしたら，福音書にもとづく説教は廃止され，自分で勝手に選んだテキストについて勝手に話すという自由が野放しにされるかもしれない。……そういうわけで，道徳，徳目，ある種の義務，神の本質，創造といった高級なテーマで立派な説教がなされるときは，教区監督や正牧師が説教するであろう。だが受難の説教や救い主の誕生の説教のときは神学生にやらせるであろう。……別の人たちは言うだろう，〈道徳的説教を聞くときのほうがためになる。そのほかのことは聖書で読めばいいんだから〉と」[*57]。

こういった宗教を道徳へ還元する傾向は続く時代のカントの啓蒙主義に

生涯と思想の一般的特質については E. Beyreuther, Nikolaus Ludwig Reichsgraf von Zinzendorf, in: RGG 3Auf. Bd. VI, SP1913-16；シュミット上掲訳書，156-84頁参照。

57) Zinzendorf, Einundzwanzig Discurse über die Augusburgische Confession, 1747/48, S.64,

おいて事実起こっている事態である。「宗教とはわたしたちの［道徳的］義務のすべてを神の命令として認識することである」とカントは『単なる理性の限界における宗教』で定義した*58。ツィンツェンドルフが正確に予測していたこういう状況に直面して，彼は断固，歴史的信仰に固執すると宣言する。それだけでなく彼は歴史的信仰こそ現在もっとも必要な指針であることを強調した。彼にとって歴史また歴史的現実こそ，キリスト教の核心であった。このようにしてヘルンフート派は単純な聖書信仰を啓蒙の時代をとおして保持することができた。

　ゲーテの『ヴィルヘルム・マイスターの修業時代』第六巻に収められている「ある美しい魂の告白」にはツィンツェンドルフ伯のヘルンフート派に入信した女性の信仰の記録が保存され，敬虔主義の生活の実体を全世界に伝えている。そこには信仰の神秘的な働きが次のように述べられている。

　「……本当に，そのとき私が感じたことを誰が描写できましょう。私の魂は，ある引力（Ein Zug）によって，イエスがかつて最期をお遂げになった十字架の方へ導かれました。それは引力としかいいようのない，ちょうど私たちの心がそこにいない恋人にひかれるような，そういう力でした。恐らく私たちが想像するよりはるかに本質的な，真実な接近でした。こうして私の魂は，人間の肉体をえられてついに十字架に架かりたもうたお方に近づきました。そしてその瞬間に私は信仰とはなんであるかを知ったのです。〈これが信仰なのだ〉と私はいって，半ば驚いたように飛びあがりました。そこで私は自分の感覚や直観を確かめにかかりました。そして間もなく自分の精神が，これまで全く知らなかった高く飛翔する力をえていることを確信しました」*59。

　さらにその影響は19世紀最大の神学者シュライアーマッハーに及び，ヘ

66, 69. シュミット前掲訳書，180-81頁からの引用。

　58）　I. Kant, op. cit., S.170.『宗教哲学』豊川昇訳，創元社，1951年，233頁。同じく『実践理性批判』波多野・宮本・篠田訳，岩波文庫，1979年，258頁。

　59）　ゲーテ『ゲーテ全集』第五巻，高橋義孝訳，1960年，340-41頁。引用文の前には次のように述べられている。「しかし私たちは，どうすれば恩恵に与かることができるのでしょうか。〈信仰によって〉と聖書は答えています。では信仰とは一体なんでしょうか。ある出来事の話を本当だと思うこと，それが私になんの役に立ちましょう。私はその話の効果やその結果を自分のものにすることができなければなりません。そしてこの自分のものにするという信仰こそが，一種特別な，自然の人間には見られない心境でなくてはなりません」と。

ルンフート派から決定的な刻印が認められる。彼は1799年の『宗教論』でツィンツェンドルフの予言を実現した「遺言執行人」であった。またロマン主義のもっとも深い思想家・詩人であったノヴァーリス（1772-1801）と，ヘーゲルをもっとも鋭く批判し，実存思想を創始させたキルケゴール（1813-55）も，ヘルンフート的敬虔のなかで成長した。

3　ウェスレーとイギリス敬虔主義の人間観

次にイギリスの敬虔主義の代表者ウェスレー（(John Wesley 1703-91）の霊性について考察する。これまでウェスレー研究はアルダースゲートの義認体験を軸にして進められてきた。ここでは彼の神学の根底にある人間学的要素に注目し，人間学の観点から神学思想の特質を把握してみたい。彼は自己の神学思想を形成する途上で神秘思想家であるトマス・ア・ケンピスと神秘主義的傾向の強い英国国教会の司祭であったウィリアム・ロー（William Law, 1686-1761）の影響を受けた[60]。トマスは『キリストにならいて』の中で「心のうちに主の語られるのを聞いて，彼の口から慰めの言葉を受ける魂は幸いである」，また「外にひびく声でなく内に教える真理に聞く耳は実に幸いである」[61]と述べ，心に語られる神の声を聞くように説いた。この「内的な心（heart）の宗教である内的な宗教の本性と広がり」(the nature and extent of inward religion, the religion of the heart) をウェスレーは「心の宗教」として継承した[62]。他方，同時代人ウィリアム・ローは，『厳粛なる召命』で「今一度私たちは真剣に自分の心の奥底まで探ってみよう」と呼びかけているが[63]，そこには「心の奥底」というドイツ

60）　ウイリアム・ローは1711年に英国国教会の司祭となり，同年にはケンブリッジのフェローとなったが，ハノーヴァー王朝の成立に際し，「臣従の誓」を拒否したため，国教会内のすべての地位とフェローの地位を失った。ローはそのような状況の中で，多くの書物を著し，理神論を攻撃した（ウィリアム・ロー『厳粛なる召命』(A Serious Call to a Devout and Holy Life) 蔦谷茂夫訳，福音書刊行会，1997年，8-9頁参照。)。

61）　William Law, A Serious Call to a Devout and Holy Life, Kempis, 89. 前掲訳書，101頁。

62）　Wesley, A Plain Account of Christian Perfection, p. 10. 現在，この書物の邦訳としては『神学論文下』（新教出版社，1973年）にある野呂芳男訳を参照し，カッコでもってその頁を示した。また以下の叙述は筆者と同じ観点から研究された論文，松本靖子「ジョン・ウエスレーにおける心の宗教」，『聖学院大学総合研究所紀要』30号，2004年に多く負っている。

神秘主義の術語が使われている。さらにウェスレーはモラビア派との出会いからドイツ敬虔主義者ツィンツェンドルフ伯の影響も受けた。

心と霊，神の像　ウェスレーが敬虔主義の特質を示す聖化の視点は「心の割礼」(The Circumcision of the Heart) という題の説教[64]では,「聖書で聖潔 (holiness) と名づけられているものは, 魂 (soul) の習慣的な気質 (habitual disposition) のことである」[65]と述べ, 聖化を魂の状態として捉えているところに示される。このような人間の状態に関して人間学的な三分法に触れながら彼は「創造者である神の像にしたがって新生した魂と心と霊の正しい状態である」(a right state of soul, a mind and spirit renewed after the image of Him that created it) と述べている[66]。彼は人間における霊が神へと帰還すべきことを強調する。たとえば代表作『キリスト者の完全』において彼は「霊を与えてくださった神に霊を立ち返らせよう」[67]と言う。

この霊について「霊の証」という説教ではローマの信徒への手紙8・16にもとづいて神の霊と人間の霊との関連について語っている。「それではわたしたちの人間的な霊の証人や証のことを考えてみよう。まず初めに聖霊の証人と人間的な心の理性的なわざとを同一視しようとする人たちのすべてに語りたい。……聖パウロは神の霊の証人について語っていないのか。〈同じ霊がわたしたちの霊とともにわたしたちが神の子どもであると証言している〉。……神の霊の証言と人間の霊の証言との両方がわたしたちが神の子どもであることを証している」[68]。したがって神の霊がわたしたちの霊に対して証人となっているとウェスレーが考え,「わたしたちの霊の内的な証言」(the inner testimony of our spirits) が求められていると説いている。これは「内的な意識」(inward consciousness) もしくは「自覚」

---

63) ロー前掲訳書, 39頁参照。
64) この「心の割礼」という説教は1733年1月1日にオックスフォード大学の聖マリア教会でなされた。
65) Wesley, A Plain Account of Christian Perfection, 12 (297).
66) John Wesley, The Works of John Wesley, Sermons vol.1, 1955, p.267 (上340) なお『説教』3巻, 野呂芳男訳, 新教出版社, 1961-1972年を参照した。
67) Wesley, A Plain Account of Christian Perfection, 13 (298).
68) Wesley, On Christian Beliefs. The standard Sermons in Modern English, vol. 1, p. 172.

(awareness) でもあるという*69。したがって霊は神の働きを受け取ってそれを証する受動的な機能である。

　霊について言ったことは心についても説かれている。「完全な人間」とは「その心がキリストの心と同じ」人である*70。したがって多く使用されている「心」(heart) は姉妹概念として soul, spirit, mind をもっている*71。また神への感謝は「心の根底」(the ground of the heart) からなされるべきであり*72、神に「み心をなしてください」と叫ぶところは「心の奥底」(inmost soul) であると説かれた*73。このことから「心の根底」とは神をもっとも近くに感じる場所であることが知られる。また、罪からの攻撃を受けて悲嘆にくれる人々が、神から聖霊によってなぐさめと教えを得た後に、初めて自己の「心の根底」(the ground of the heart) の有様を自覚し、自己にとって忌まわしいもの、つまり誇りや我欲がそこに隠れていたことを知る*74。それを感じさせるのは「良心」であって、その作用は霊を意味する「心の根底」で働いている*75。

　次にキリスト教人間学を理解する鍵となる「神の像」を取りあげてみよう。神がご自身に似せて人間を造られたという意味は、神が人間に深い愛情をもっていかに尊貴な姿に人間を造られたかを示しており、そこに親密な神人関係が示される。そして心の全体を神の像に向けて更新することこそ、彼の「完全の教理」(the doctrine of perfection) であると説かれた*76。また更新について「それは神の完全な像への心の更新 (renewal) である」*77と語って、「更新」とは心の創造者である神に全く似ることであるとみなし*78、神の像の更新が救済の核心であると考えた。彼は言う、「それ〔魂

---

69) Wesley, op. cit., p. 175.
70) Wesley, A Plain Account of Christian Perfection, p.36 (329).
71) heart は120回、soul は98回、spirit は85回、mind は27回使用されている。
72) Wesley, op. cit., p.18 (305).
73) Wesley, op..cit., p.29 (320).
74) Wesley, op. cit., p.31-32 (323).
75) 『キリスト者の完全』において「良心」(conscience) は4回使われている。良心には神の前に立っての自己審判する宗教的な働きである。「心の根底」については金子晴勇『ルターとドイツ神秘主義』176頁参照。
76) Wesley, op. cit., p.116 (448).
77) Wesley, op. cit., p.117 (450).
78) Wesley, op. cit., p.89 (450). したがって彼は「この偉大なる神の賜物であるわたしたちの魂の救いとは、わたしたちの心に鮮やかに刻印された神の像にほかならない」(op. cit.,

の救い〕は信じる者の心の霊がそれらを造ったところの神に似せて新たにされることである」*79 と。

堕罪後の人間の理解　次にウェスレーは堕罪後の人々の状態について言及し、それが完全に腐敗しており、たんに身体だけが腐敗しているのではなく、心も腐敗している。したがって神の像に「更新」される以前の状態は、「本性全体の腐敗」として把握された*80。したがってアダムの子らはすべて生まれながらにして「死すべき本性」と「腐敗」の性をもっている*81。こうして「わたしたちの性質の腐敗が、わたしたちが再生しなければならないという必要性を証拠づけているように、再生の必要性が逆にわたしたちの腐敗を証明している」*82。それゆえ新生の背景には、人間の「全き腐敗」(total depravity) が前提されており、このように人間性の全体的堕落を説くところにはカルヴァン主義の影響が認められる。

ところがウェスレーは人間における神の像の残存についても述べている。彼によると「神の像」は三種類に分けて考察することができる。それは、①「神の自然的像」(natural image)、②「神の政治的像」(political image)、③「神の道徳的像」(moral image) に分けられる。このうち今日にいたるまで人々に残存しているのは、「神の自然的像」であって、それは魂の霊的な本性と不死を指す。それに対し「神の道徳的像」は失われ、消滅したが、「神の政治的像」は一部残っていると説いた*83。この残存している「神の自然的像」は、ウェスレーの言うように「魂の霊的な本性」

---

28 (318)).

79) "It is a 'renewal of believers in the spirit of their minds, after the likeness of Him that created them," Wesley, op. cit., p.28 (318).

80) Wesley, The Works of John Wesley, vol. IX, 1978, p.408 (上354). この書の一部が『神学論文上』、『神学論文下』新教出版社、1967年、1973年として藤井孝夫、野呂芳男により訳出されている。この邦訳の頁はカッコで示す。

81) Wesley, op. cit., p.408 (上355). この「本性の腐敗」とは、①原初的な義の欠如、②罪への自然的傾向であるとしている。そのさい①は人が罪を犯した時、生得的な神への愛と従順の原理を失ったということであり、神への知識と愛を全く欠いている状態である。②は、神への知識と愛がないままに、生まれ成長するならば、人は罪に対する心の性向をもって生まれ、成長する。それは「善なるものに対する嫌悪と悪しきものに対する傾向」であるとも言われる (Wesley, op. cit., p.407 (上353)。

82) Wesley, op. cit., p.438 (上404).

83) Wesley, op. cit., p.381 (上311).

つまり霊性である。この像には人間が神へ向かう可能性が秘められており，先行する恩恵によって普遍的に与えられたものである，と彼は説いた[84]。このように「神の像」について語られたことは「良心」についても同じように説かれた[85]。

心の作用としての霊性　心の宗教というのは，教義や教理による宗教の理解とは相違する。というのは心の宗教が存在するために必要な前提として心の作用としての霊性が認められなければならないから。この霊性は人間学的には人間の心の機能である霊性・理性・感性という三分法の最上位に位置する，神を感得する心の作用であって，それは人間に生まれながら備わっている。それゆえ霊性とは，「感覚的世界を超越し，法則的思想世界をも超えて永遠者を捉える作用」であると定義することができる[86]。

先にわたしたちがウェスレーの思想で捉えた「魂の根底」(the ground of the soul) という概念は，エックハルトに淵源し，ルターおよびルター派教会と敬虔主義へ流れている神秘主義の術語である[87]。ウェスレーはこの「魂の根底」を inmost soul とも表現し，神をもっとも近くに感じるところと考える。これは先に述べた「神の自然的像」とも関連しており，この像は心中深く刻まれている。それは霊性あるいは良心として捉えることができる。

また彼が神秘主義の影響の下に説いた「キリストとの一致」の思想は，霊性としての心の働きにおいて実現している。さらに，このキリストとの一致という思想こそ，ウェスレーの「聖化」の思想の根幹にあるもので，これが聖化の出発点となっている。またウェスレーの倫理的な「模倣」概念にも二重性があって，キリストを模倣するキリスト者の存在面と倫理面との二面性が認められる。ここで言う模倣の存在面というのは，キリスト

---

84) この「先行する恩恵」によって魂の中に与えられるのは「父なる神が引き寄せてくださるその働きのすべて」，「神を求めるもろもろの欲求」である (Op. cit., p.445 (下331))。

85) 彼は「聖書における救いへの道」という説教において，「生まれつきの良心と呼ばれているもの，しかしもっと正確には〈先行する恩恵〉(preventing grace) と呼ばれているものによって，魂の中になされるすべてをそれは包括するであろう」(Wesley, The Works of John Wesley, Sermons vol.2, p.445 (下331) と言う。

86) 金子晴勇『人間学から見た霊性』教文館，48頁参照。

87) 本書，168-70頁参照。

の心と同形になること，キリストと同じ心をもつことであり，それは存在において現実に「義となる」ということを意味する。この存在的な意味は倫理的・実践的な意味に先行するものであって，この存在にもとづいて倫理的意味での模倣が実行される。このような考えは義認と聖化においても妥当する。これまでのウェスレー研究では「聖化」が重要な主題とみなされて来たが，それには「義認」が先行する。このことを模倣の二重性が示している。したがって義認のプロセスとは，まず①義と宣告される宣義（これは無罪放免という法廷的な手続きをいう），次に②義人と成る成義（これは実質的に救われる者，つまり義人という存在となる意味である），そこから③義人にして同時に罪人（ルター）の緊張をはらんだ状況が起こるが，それも④聖化の歩みによって完全の義にいたる[*88]。

良心の概念からの解明　終わりに霊性と同じ意味をもつ良心についてウエスレーの思想を述べておきたい。「良心とは，神の下，人間の上という中間に置かれているものであり，それは一種の心の静かなる推論である。それによって，正しいと判断される事柄は，喜びとともに是認される」と規定された[*89]。さらにこう言われる。「しかし悪いと判断されたことについては，不安な気持ちとともに，それを是認しない。これは罪人を訴え，良きことをなすことを許可するための，人間の心における裁きである」と[*90]。ここからウェスレーも良心を「疚しくない良心」と「疚しい良心」に分けて考えていることがわかる[*91]。

また彼は「良心」を「適切にいえば，生まれつきのものではない，しか

---

88)　ケベルレは，宣義と聖化について「明らかなことは，神学のこの部門に於て，真理を充分に完全に表わそうと欲するならば，常に二重の言葉（宣義，聖化）を必要とすると云うことである」と述べた上で宣義を聖化の母であると述べ，次のように言う。「確かなことは，宣義は聖化の母であるが故に，赦しの言が常に高調されなくてはならない」と。さらに「〈聖化〉と云う娘は，母なる〈赦し〉を生むことは出来ないけれども，彼女を亡ぼすことが出来る故に，聖化の意義は福音の説教に於ては，非常に高調されなければならない」と付言している。アドルフ・ケベルレ『宣義と聖化』岸千年，他訳，ルーテル文書協会，1956年，309頁。

89)　Wesley, The Works of John Wesley, vol.VII, p.187. この文章は1788年に書かれた『良心について』（On Conscience）の冒頭からの引用である。

90)　Wesley, op. cit., p.187.

91)　金子晴勇『恥と良心』教文館，1985年，48頁参照。

し，それはすべての生まれつきの資質にまさる神の超自然的な賜物（a supernatural gift of God）である」と規定してから，それが生まれつきではないが，キリストの光がすべての人を照らすがゆえに，それはすべての人に存在している，と言う[92]。それゆえキリストの光に導かれるかぎり，良心は神によって救われた良心であっても，良心そのものは自然本性としてはすべての人の所与である[93]。この良心は一般には「道徳的意識」として考えられているが，聖書では「神が世に来るすべての魂の内に植え付けた能力もしくは力である」から，それは「神の超自然的賜物」であって，「先行する恩恵」を含意しているとウェスレーは考えた[94]。それゆえ，こうした良心概念には霊性的な特質が付与されている。この意味ですべての人間に与えられている霊性や良心は，人間の豊かな可能性を開示するといえよう。その可能性を信じたからこそ，ウェスレーはアメリカのジョージア伝道をはじめ，イギリス各地を伝道して信仰復興の大きな働きを成し遂げたのではなかろうか。

　このようなウェスレーにおける良心理解の背景には母スザンナ・ウェスレー（Susanna Wesley, 1669-1742）の父で，著名なピューリタンで牧師でもあったサムエル・アンスリー（Samuel Annesley, 1620-1696）の影響が認められる。アンスリーは『普遍的な良心作用』（Universal Conscientiousness）という説教の中で「指示されたことを実践するよう説得せよ，そうすればあなたの良心は正しくあり続けるだろう」[95]と言っているが，そこには霊性に響く神の声を良心に語りかける声として啓示する神に従うことが求められており，ウェスレーはこれに優る結論はないと考えた。このような良心もしくは霊性にもとづけば，ウェスレーが説いた「キリストとの一致」や「キリストの模倣」も決して不可能ではないと思われる。なぜなら良心がすべての人間に与えられているかぎり，それは決して不可能なことではなく，むしろ自然なことであるから。

　むすび　ウェスレーはイギリス敬虔主義を代表する人物であるが，単

---

92) Wesley, op. cit., p.187-88.
93) Annesley,Universal Conscientiousness, p.187.
94) Wesley, On Christian Beliefs. The standard Sermons in Modern English, vol. 1, p.203.
95) Annesley, op. cit., p.192.

に聖化を重んじた道徳や倫理を説いたのではなく，その思想の根底にはキリスト教的な霊性思想が見いだされる。彼が若い時代に影響を受けたオランダのトマス・ア・ケンピスは新しい敬虔をヨーロッパに広めた神秘主義者であった。この運動は，まずオランダではじまり，フランス，スイスを経てドイツに伝わり，イギリスにも広まった。ウェスレーはその同時代人で神秘主義者であったウィリアム・ローからも大きな影響を受けたが，ウェスレー自身は主にドイツの敬虔主義者ツィンツェンドルフ伯からも深い影響を受けた。ここからウェスレーには神秘主義の傾向が明白にあって，聖化を強調する彼の思想の背景には霊性の特質が見られる。わたしたちがこれまで述べてきたように，彼の霊性はその「聖化」思想を根底から支えており，倫理的な実践のみが強調されていたのではない。そこには「心」や「愛」のような内面性に根ざした「心の宗教」が認められる。それゆえ，すべての人に与えられている霊性の可能性を追求していくことがウェスレーの敬虔主義の究極の目標ではなかろうか。

しかしながらウェスレーはことばの厳密な意味では決して神秘主義者ではなかった。神秘主義の伝統的な用語が多用されているがゆえに，その影響を深く受けていたことに疑いの余地はないにしても，彼はキリスト教的な霊性にもとづいて聖化の思想を展開させたといえよう。彼が神秘主義を全面的に受け入れられなかったのは，神秘主義が陥りがちな孤立した個人へと沈潜しがちな危険性を知っており，神を含めた他者との人格的な関係性を重んじ，そこから人間の内心に深く根ざした霊性や宗教性を啓発しようとしたからではなかろうか[96]。

この意味でウェスレーの思想は世俗化が進行していく世界にあって先駆的なものとなった。この点を最初に指摘したのはマックス・ヴェーバーであった。彼が言うように，18世紀末葉に起こったメソジスト派の「信仰復興」運動は世俗化に対抗する敬虔主義の運動を引きだした。この運動の指導者であったジョン・ウェスレー自身はこの間の状況をその説教のなかで次のように述べて，彼が禁欲的な信仰の逆説的な関連をよく自覚していたことを伝えている。

---

96) この人格的な関係性からウェスレーを新しく解釈した試みは Randy L. Maddox, Responsible Grace. John Wesley's Pracrical Theology, 1994 である。

「私は懸念しているのだが，富の増加したところでは，それに比例して宗教の実質が減少してくるようだ。それゆえ，どうすればまことの宗教の信仰復興を，事物の本性にしたがって，永続させることができるか，それが私には分からないのだ。なぜかといえば，宗教はどうしても勤労（industry）と節約（frugality）を生み出すことになるし，また，この二つは富をもたらすほかはない。しかし，富が増すとともに，高ぶりや怒り，また，あらゆる形で現世への愛着も増してくる。だとすれば，心の宗教であるメソジストの信仰は，いまは青々とした樹のように栄えているが，どうしたらこの状態を久しく持ちつづけることができるだろうか。……純粋な宗教のこうした絶え間ない腐敗を防ぐ途はないのだろうか」[*97]。

これにつづいて「できるかぎり利得するとともに，できるかぎり節約する」者は，また恩恵を増し加えられて天国に宝を積むために，「できるかぎり他に与え」ねばならないと勧告されている[*98]。

彼が活躍した時代には工業化と産業化が急速に進展し，その結果，世俗化が進行し，霊性が危機に瀕し，亡霊化した時期であったため，それを克服するために彼は霊性にもとづいた倫理を強力に説いたのであった。

---

97) ヴェーバー『プロテスタンティズムの倫理と資本主義の精神』大塚久雄訳，岩波文庫，352-53頁。
98) ヴェーバー前掲訳書，35-53頁。

第4章

啓蒙主義の人間観

はじめに

17世紀の後半からヨーロッパ近代文化は啓蒙時代にはいる。そこでは「自然の光」(lumen naturale) と呼ばれた「理性」によって新しい近代的な人間学が創造された。この人間学には合理主義と個人主義という二つの近代文化の特質が示されはじめ、一般には「啓蒙」と呼ばれる思想運動となって開化する。この啓蒙運動はヨーロッパの国ごとに異なる展開を見せるが、その根本的な性格はドイツの画家ダニエル・ホドヴィエッキの銅板画の一つに付けられた表題に端的に示される。そこには「理性のなしとげる最高のわざは今までのところ、さし昇る太陽ほど、あまねく理解される、寓意的なシンボルをもっていない。このシンボルは、これからも長らく最も巧みなものであり続けるだろう。つねに沼沢や香炉や偶像の祭壇の焼いた犠牲から立ちのぼり、理性をかんたんに覆い隠してしまいかねない霧あるがゆえにである。しかし太陽が昇りきれば、霧のごときは何ものでもない」[*1]と記されている。この光は曙光のように冷たいものを生み出すように見えるが、恵み深い暖かみを与える光であると信じられ、理性・自由・幸福が口にされるたびにいつも「光」という言葉が発せられた。それゆえ啓蒙によってさまざまな覆いや障害が取り払われ、心の中に明るい「光」が注がれると人々は感じた。

「啓蒙」(Lumières, Aufklärung, enlightenment) というのは、とくにフラ

---

1) ウルリッヒ・ホーフ『啓蒙のヨーロッパ』成瀬治訳, 平凡社, 17頁。

ンス語のリュミエールによく表れているように，光の隠喩やシンボルで示される事態である。つまり理性の光に照らしてすべてを考察し，伝統的な固定観念（無知や迷信や偏見）を削除して，合理的で普遍的な生活や思想を確立しようとする知的な運動である。この運動は一般的には宗教における正統主義と教条主義に対する批判となり，16世紀のエラスムスが唱道したヒューマニズムの精神の復興であった[*2]。

1 宗教改革から啓蒙主義への時代の変化

エラスムスのヒューマニズムと啓蒙主義　近代ヨーロッパの資本主義のみならず思想の革命も16世紀の宗教改革に起源があるといわれる。プロテスタントの宗教改革者たちは，直接にはその神学によって，間接には彼らが造りだした新しい社会形態によって，17世紀の新しい科学と哲学にいたる道を切り拓き，それによって世界変革の道を準備した。したがって16世紀の宗教改革なしには，18世紀啓蒙主義は語れないといわれる。そのなかでもエラスムスについてギボンは言う。「彼は理性的神学の父とみなすことができる。百年もの深い眠りの後，それはオランダのアルミニウス派，グロティウスやリンボルフやルクレールによってイングランドではチリングワースやケンブリッジの広教会派，ティロトソン，クラーク，ホードゥリー等によって復活させられた」[*3]と。彼によるとエラスムス以後「百年もの深い眠り」の後に近代啓蒙思想が誕生することになる。

エラスムスが活躍した16世紀とそれに続く時代は，トレルチによっても古プロテスタントの時代として近代の啓蒙主義とは一線を区切られる[*4]。この時代区分は厳密には17世紀の中葉に起こった宗教戦争によって生じたと説かれた[*5]。そうすると17世紀も前半と後半とに分割されるがゆえに，

---

2) 詳しくは H. R. トレヴァー＝ローパー『宗教改革と社会変動』小川滉一他共訳，未来社，1978年，第2章「啓蒙主義の宗教的起源」69-126頁参照。なお，ディルタイ『ルネサンスと宗教改革』西村貞二訳，創文社，参照。

3) Gibbon, Decline and Fall of the aroman Empire, ed. Bury (1909), VI, 128, VII, 296.

4) E.Troeltsch, Gesammelte Schriften, Bd., Ⅲ, S.16.

5) このことを最初指摘し，歴史的に実証したのはアメリカの歴史家セオドァ・K・ラブである。彼は17世紀の後半，教派戦争の終わりの段階において，とりわけドイツにおける

宗教改革以後は三つの時代区分があることになる。第一がエラスムスの前期宗教改革，次が17世紀初頭でエラスムスの信奉者グロティウスが活躍した時代であり，最後が17世紀末と18世紀初頭で，ニュートンとロック，ライプニッツの時代である。これら三つの時代は相互に明確に区別された「光」の段階であって，ギボンの言う「百年もの深い眠り」の後に第二と第三の時代が分けられることになる。

　ではエラスムスの思想はどのように啓蒙時代に復活したのであろうか。「エラスムスの時代は教会が分裂することなく合理的に改革できるように思われた教会統一最後の時代であった」[*6]。彼はルターにはじまる激烈な教会分裂に対処して平和を求めて分裂を阻止すべく尽力した。彼はコスモポリタン（世界市民）であった。このようなグローバルな精神は続く第二の時代にもオランダにおける彼の後継者グロティウスによって継承された。彼はエラスムス的な土台の上に教会を再統一するように試みた。さらにこの平和の精神は17世紀の中葉に起こった30年戦争をもってはじまり18世紀啓蒙主義へと続く時代にも継承された。ここには政治や思想において激しい対立はあっても，調和と平和が時代を導いており，和解の精神が見られた。たとえば，ライプニッツは教会統一のためにすべての国の朋友に提携を呼びかけた。だがこの宥和の精神は革命の時代にはいると歴史からその姿を消していった。

　しかし，この事態は別の意味をもっていた。それは宗教戦争によって，人間社会の政治的，法的な生活形態の基盤として宗教が有効であったというような時代が終わったことを意味する。さらに重要なことは，あらゆることが人間の本性に従うという新しい生活態度が生じたことであった。ここに新しい近代的な人間学の形態が立ち現われ，その背後には18世紀の理神論に繋がる精神が誕生したといえよう。したがって17世紀の中葉に起こった歴史の裂け目は，社会秩序が制度的な宗教，つまり実定的な宗教の影響のもとに規定されていた時代が終わったことを意味している。このことは「キリスト教的共同体」(corpus Christianum) の終焉であって，キリスト教的な中世全体の終わりを意味した。フランス革命はこのような古

30年戦争の時代に，全ヨーロッパ史の進展における「深い溝」が生じたという結論を慎重に定式化するに至った。このことについて本書185頁を参照。
　6）　トレヴァー＝ローパー前掲訳書，79頁。

い共同体の最終的な終焉を宣言したのである*7。

　これら革命にいたる以前の時代的・思想的な特徴は幸運にもイデオロギー的な冷戦や熱い戦争からまぬがれたがゆえに，コスモポリタンな知的交流の時代であった。「エラスムスの交際には，地理的なものであれイデオロギー的なものであれ，境界がなく，スコットランドからトランシルヴァニア，ポェフンドからポルトガルまでも拡がっていた。16世紀末の闘争はこの知的統一をうちこわすが，17世紀初頭の平和はそれを復活させた」。それゆえ文化的な交流は，全ヨーロッパ的な規模で浸透し，ヴォルテールが書いているように，「哲学者の間の交流がこれほどまで広がったことはなく，ライプニッツはこれを刺激することに奉仕した」*8のである。ライプニッツ，ロック，ニュートンは確かにこの知的共和国の指導者であった。したがってヨーロッパ啓蒙主義の諸思想がイデオロギー革命や内乱の抗争のさなかに形成されたと一般に言われるけれども，実はこれらの諸思想はイデオロギー的平和と国家間の友好的接近の時代に形成されたのであり，革命の時代はこれを促進したのではなく，妨害し，遅延させたに過ぎない*9。

　理神論の問題　　この啓蒙主義の運動はヨーロッパの各国において異なった形態をとっており，全体としてみると中世以来の教会の伝統を批判した最初の包括的闘争であって，超自然主義的な世界観に対する明白な拒否の態度を示したものの，啓蒙主義そのものを反キリスト教的と見なすのは誤りである。たとえばフランス啓蒙がヴォルテールやディドロに見られるように，奇跡・啓示・預言・キリストの神性・復活などのキリスト教の諸教義を批判し，アンシャンレジウムに対抗する過激な闘争を生み出す源泉となったのに反し，ドイツではレッシングやカントに見られるようにキリスト教の新しい解釈を生み出した。

　これらの運動の歴史を辿ることはここでは不可能であって，そのなかでも心身論と関係の深い理神論とその自然的宗教の問題を採りあげてみたい。

　7）　この点に関して金子晴勇『近代人の宿命とキリスト教』聖学院大学出版会，2001年，200-04頁参照。
　8）　トレヴァー＝ローパー前掲訳書，同頁。
　9）　トレヴァー＝ローパー前掲訳書，80頁。

「理神論」（Deism）という用語は17世紀末から18世紀にかけて活躍したイギリスの著作家と彼らに影響を受けたヨーロッパの思想家たちの思想を指している。彼らはこの世界における神の存在を否定するのではなく，一般的に言って次のような思想傾向をもっていた。

1　キリスト教的啓示の正統的，理性的根拠およびその歴史的根拠への攻撃。
2　一般的にはジョン・ロックの認識論に由来する宗教信仰への理性的アプローチ。
3　宗教的真理の本質としての自然的宗教に対する高い評価。

このような思想傾向は啓蒙主義によるキリスト教批判の中心を占め，その後の聖書神学および自由主義神学などの発展に対しても歴史的に大きな影響を与えた。したがって理神論は，啓示宗教に対して自然的宗教を主張しており，合理性を追求するだけでなく，宗教を理性道徳と結びつけようとした。こうした傾向は，普遍主義的な有神論の精神を継承するものであって，啓蒙時代における宗教的な霊性の表れともいえよう。この傾向はイギリスの思想家チャーベリーのハーバート（Herbert of Cherbury, 1583-1648）によって拓かれた[*10]。

ハーバートの思想的特色はその宗教観に求められる。彼は真理の基準を人々が共有する「万人の同意」（consensus universalis）において捉える。彼は言う，「万人の同意が真理の至上の試金石となるであろう」[*11]と。だが彼はこの一致を経験的な合致とは考えず，認識の基礎を「共通の概念」（notitiae communes），つまり人間の「自然的本能」にとって直接明らかな原理にあると主張する[*12]。そのさい宗教の真理における共通概念として次の五点があげられる。①「至高の力」が存在する。これが神と呼ばれる。②この「至高の力」は礼拝されねばならない。③人間の諸能力をうまく整

---

10) 彼は40歳のとき『真理について』（De Veritate, 1624），『異教について』（De Religione Gentilium, London, 1645）を書いた。彼はフランスの自由思想の影響をうけた英国人であり，その主要な思想傾向は，①非キリスト教的諸宗教，ことにギリシア・ローマ文化の宗教に関心を示し，②宗教的理性への信頼，③人格的信仰の自由を主張した点に求められる（John Orr, Englisch Deism: its Roots and its Fruits, 1934, p. 60-69参照）。

11) B. ウイレー『一七世紀の思想的風土』深瀬基寛訳，創文社，149頁。

12) 「共通の概念とは，それに反駁することのゆるされぬ原則である。……これらの概念のなかにこそ，個人的見解という不純物を除去したときに光り輝く神の叡智の光明がみとめられる」（ウイレー前掲訳書，152頁）。

えたり按配したりすることが神の礼拝の主要な，あるいは最良の部分を形造る。このことは常に信じられてきた。④あらゆる悪と罪は，懺悔によって償われる。⑤現世の後には酬いと罰がある。良心がそれを教える*13。

　イギリスの理神論（デイズム）は宗教生活を宗派の教義という狭い場所から解放し，既成の諸宗教に一つの自然的宗教を対立させる使命があるように考えた。当時，法の思想が神学的な演繹によるのではなく，自然法に求められ，道徳哲学が神の命令に替えて人間性の道徳的素質に求められたように，理神論は教会の教義学に対決して自然的な宗教を構想した。ヴィンデルバンドは言う，「啓蒙全体を一貫する自然的なものと理性的なものとの同一視は，この場合に単に最も明確な形をとつて現はれただけでなく，すでに最初から，歴史的となってしまつた諸形式に対する，18世紀がますます険しいものにして行ったあの論戦的傾向をとつて現はれた」*14と。その結果，自然的なものと歴史的なものとが区別され，歴史的なものは作為にすぎず，堕落したもののように思われ，ついにこの区別は理性的なものと非理性的なものとの区別と一致すると主張されるようになった。

　ハーバートにとって「心」は決してロックが言うようには「タブラ・ラサ」ではなく，むしろ閉ざされた本であった。この本は自然に促されて開かれると，内なるその宝を見せる。この開かれた「心」はすべての人に等しいがゆえに，一般に承認されるべき多数の眞理をそれ自身のうちにもっている。したがって心は宗教上の諸問題に関しても自然の本能を所有し，この本能から理性宗教または自然的宗教が明らかとなる。それゆえ真なる宗教的な精神はただ単純な自然的真理においてのみ求むべきであって，歴史上に出現したすべての付加物はすべて迷いであり，贋物である，と彼はみなした。これはホッブズとは反対の態度であって，ホッブズは一般的な宗教的諸観念を仮定することを避けはしなかったが，それを迷信とみなし，国家の認可によって初めて宗教として尊重されるようにと望んだ*15。

　わたしたちはこの理神論によって近代ヨーロッパの世俗化した社会においても宗教性と霊性とがその深層において保たれていた事実を決して無視

　　13）　B. ウイレー前掲訳書，155-58頁。なお桂寿一『西洋近世哲学史（一）』岩波書店，1951年，81頁参照。
　　14）　ヴィンデルバンド『西洋近世哲学史』第2巻，豊川昇訳，新潮文庫，1956年，53頁。
　　15）　ヴィンデルバンド前掲訳書，54頁。

すべきではない。そこには霊性の普遍性が認められるように思われる。この点に関してトレルチの論文『理神論』が参考になる[*16]。彼によると理神論は啓蒙期の宗教哲学であって、近代の宗教哲学一般の起源となっている。この理神論の基本的な性格はキリスト教の教義に対する理論的・自然科学的、形而上学的な批判であって、この批判は歴史的・地理的にもヨーロッパ世界の認識が広まったことから生じており、経験の地平が拡大するにつれて超自然的な啓示に対して疑問が生じるようになった。この点はポール・アザールの強調するところでもある[*17]。

しかし自然主義思想は同時に理神論ではない。自然的宗教の「自然的」ということばを明確にすることは難しいが、トレルチによると理神論の思想は自由思想であって、この立場からする哲学的な宗教の探究は、時代と場所の相違を超えて妥当する普遍的、規範的な宗教であった。この普遍性、理性性、合理性、理念性ということが、自然的宗教の「自然的」という意味を表している。これに対して信仰対象が自然現象である場合には、自然崇拝と呼ばれ、それはまた「自然宗教」(Natural religion) と称される。したがって自然宗教は未開宗教や原始的な宗教などを意味するが、自然的宗教とは、文化の高いヨーロッパ社会の教養人がもつ宗教思想であることになる[*18]。

それゆえ、わたしたちは啓蒙思想家が宗教に向かって敵対する表面的な言動に目が奪われて、その批判の根底に自然的宗教への理解が存在しており、これが新時代の霊性の発露となっている点を看過してはならない。この意味でカッシラーの次の主張は正鵠を射ているというべきであろう。

「今や論議はもはや個々の宗教的教理やその解釈についてでなく、宗教的信仰自体の本性をめぐって行われた。つまり単なる信仰内容が問題なのではなくて、信仰それ自体のありかた、意図、機能が問題にされねばならない。かくしてとりわけドイツ啓蒙主義哲学にとっては、宗教の解体ではなくしてそれの〈先験的〉な基礎づけとその先験的深

---

16) E. Troeltsch, Deismus, 1898, Gesammelte Schriften, Bd. IV, 1925.
17) ポール・アザール『ヨーロッパ精神の危機』野沢協訳、法政大学出版局、1973年、15-30頁参照。
18) 楠正弘『理性と信仰 ── 自然的宗教』未来社、1974年、11-13頁参照。トレルチの見解もこの書に負う。

化が，すべての努力の目標となった。この努力に照らしてみてはじめて，啓蒙主義時代の宗教的精神の特性が，その否定的および肯定的傾向，その信仰と，不信仰が明らかとなる。わたしたちがこの二つの傾向を統一的に考察しそれの相互依存の実態を認識したときにはじめて，18世紀の宗教哲学の歴史的歩みは真に統一あるものとして，すなわち確固たる思想的中心点から出発した一定の理想の目標を目指す運動として把握されるのである」[*19]。

2 ホッブズ・ロック・ヒューム　イギリス啓蒙思想の人間論

イギリス啓蒙思想はすでに述べたようにハーバートに淵源する理神論の展開から考察できる。それは18世紀の啓蒙思想を導く思想としてとくにフランスへと大きな影響を及ぼした。なかでも理神論は宗教生活を宗派の教義という狭い領域から解放し，既成の諸宗教に自然的宗教を対立させる使命があるように考えた。当時，法の思想が神学的な演繹によって得られるのではなく，自然法に求められ，道徳哲学が神の命令に代えて人間性の道徳的素質に求められたように，理神論は教会の教義学に対決して自然的宗教を構想した。こういう思想潮流がイギリスに起こって来たのは，ホッブズの新しい哲学との対決からであった。

1　ホッブズの挑戦

ホッブズの人間論　ホッブズ（Thomas Hobbes, 1588-1678）は市民革命の動乱の時代（1649年のクロムウェルによるピューリタン革命）とイギリス絶対主義の晩期（1660年の王政復古）とを経験し，名誉革命（1688年）によって市民社会が確立される十年前に死去した。その主著『リヴァイアサン』は「一方ではあまりに大きな自由を主張し，他方ではあまりに多くの権威を主張する人々」による混乱および無秩序の間にあって「保護と服従の相互関係を明らかにする意図」によって革命のさなかの1651年に出版された。

19）　カッシーラー『啓蒙主義の哲学』中野好之訳，紀伊國屋書店，166頁。

彼は人間が本来平等であるという前提から出発する。「自然は人間を心身の諸能力において平等につくった」。この「能力の平等」から目的達成にさいしての「希望の平等」が生じる。そこで二人のものが同一のものを欲し、同時にそれを享受できないときには、敵となり、相手を滅ぼすか屈服させようとする。こうして生じる相互不信から自己を守るためには機先を制して相手を支配するしかない。このような人間の本性の競争・不信・自負によって戦争状態が生じる。「これによって明らかなことは、自分たちを畏怖させるような共通の権力がない間は、人間は戦争と呼ばれる状態、各人の各人に対する戦争状態にある」[*20]。これが彼の有名になった言葉、「万人の万人に対する戦い」(Bellum omnium contra omnes) の意味であって、ヨーロッパの古い格言「人間は人間に対し狼である」(Homo homini lupus est.) と同じ事態を指す。この戦争状態と考えられている自然状態は人間の自然権に由来しているので[*21]、本能的な欲望である自然権を放棄し、平和について理性が示す戒律と諸条項に関し協定を結ぶように導かれる[*22]。

人間論における宗教の意味　『リヴァイアサン』の第1部は「人間について」(De homine) 論じられ、彼の人間論が展開する。これを基礎として彼の政治哲学が考案される[*23]。この著作の冒頭には次のような自然観が記されている。

　「〈自然〉は、人間の〈技術〉によってしばしば模倣される。人間はその技術によって人工的動物をもつくることができる。なぜなら生命とは四肢の運動にほかならず、その運動の源が内部の中心的な部分にあることを考えれば、すべての〈自動機械〉は人工的生命を持つとい

20）　ホッブズ『リヴァイアサン』永井・宗片訳、世界の名著、156頁。
21）　自然権とは「各人が自分自身の自然すなわち生命を維持するために自分の力を自分の欲するように用いるように各人がもっている自由」である。人間は、政府も法律もない「自然状態」においては、自分の身は自分で守るほかなく、そこでは人を殺すことさえ許されており、ホッブズはそうした生きる権利を「自然権」と呼んでいる。
22）　このような思想の背景には当時の混乱した世相が看取される。人間の利己主義が無政府状態にまで進むと、それからの救済には強大な主権の確立が不可欠になってくる。絶対主義的国家主義こそ絶対的利己主義を克服するために要請されていることが知られる。
23）　第1部の第12章には「宗教について」と題された一般的な宗教観が述べられ、宗教と国家との関係は第3部「キリスト教的コモンウェルス」で詳論される。

えるからである。すなわち〈心臓〉とは〈ぜんまい〉,〈神経〉は〈線〉,〈関節〉は〈歯車〉のことであって,これらのものが全身に,製作者によって意図された運動を与えているにほかならないからである。〈技術〉はこれにとどまらず,自然のつくった理性的でもっともすぐれた作品である〈人間〉さえも模倣する。すなわち,〈コモンウエルス〉とか〈国家〉と呼ばれる偉大な〈リヴァイアサン〉を創造するが,それは疑いなく一個の人工人間にほかならない。ただ,この人工人間は,自然人よりも大きくて強く,自然人を保護し防衛することを意図している」[*24]。

ここには明らかに機械論的な人間観にもとづく「人工人間」や「人工国家」が意図されている。しかも「汝自身を知れ」との箴言によって「自己」からの類似をとおして他者をも人類をも推論することが企てられた[*25]。

ここにはホッブズの新しい唯物論的な観点が明瞭であって,従来の政治学者たち(アリストテレス,マキァヴェリなど)とは異なるきわめて包括的で体系的な国家論が彼の人間論から導き出された[*26]。

「人間の本性」の探究　では人間とはなにか。人間は自然と同じく運動する生命体である。それゆえ人間にとっての最高の価値は,生き続ける「自己保存」である。人間の理性はこの「自己保存」にとって何が大事であるかを判断する能力である[*27]。これこそ「理性の戒律」であって,そ

---

24)　「一国民全体を統治しようとするほどの者は,自分自身のなかに,あれ,これの個々の人間ではなく人類全体を読みとらなければならない。それがどんなにむずかしく,どのような言語あるいは科学を学ぶより困難であろうとも,私は私自身の読み方を理路整然と明瞭に書き記してみよう。そうすれば他の人に残される苦労はただ,彼もまた自分のなかに同じものを見いださないかを検討することだけになろう。なぜなら,この種の学説はそれ以外の論証を受けいれないからである」(ホッブズ前掲訳書,53頁)。
25)　ホッブズ前掲訳書,55頁。
26)　「それはホッブズがヨーロッパ大陸滞在中の経験から,「宗教改革」以来,ヨーロッパ全体に吹き荒れた諸国家と諸宗派とが結びついた国際戦争の時代を経験していたことに由来する。さらに,イングランドにおける政治的・宗教的対立を解決するためには,もはや一党・一派の側からのみ立論することはできず,すべての人間が合意できる普遍的な原理から国家論を構築することが求められたことによる。そのさいホッブズはエピクロスに倣って「人間の本性」から政治論を導出した。彼は人間が好みや嫌悪から,政治の目的を見定め,それに沿って政治社会や国家を組み立てるべきだ,と考えた。
27)　「ホッブズの言う理性とは,人間が快適に安全に生きていくための最良の判断能力を言い,人間は生まれながらに,このような能力をもっている。そして,各人の最良の判断

れは「自然法」と呼ばれる。ホッブズは自然法を次のように定義する。「自然法（Lex Naturalis）とは，理性によって発見された戒律または一般法則である。それによって人間は，自己の生命を破壊したり，あるいはその生命を維持する手段を奪い去るようなことを行なうのを禁じられ，またそれを維持するのにもっともよいと考えることを回避するのを禁じられる」[28]。そして第一の基本的自然法は，自己保存のために全力をあげて平和を確保せよ，また第二の自然法では，平和実現のためには各人は自然権を放棄し，「力を合成」して共通権力を作る「契約」を結ぶべきである，と彼は説く。人間は一人ひとりでは弱いが，多数が結集すればその力は強いからである[29]。こうした理性の機能は人間自身からいわば内在的に導き出されており，人間が主体となって行動できるような判断能力や判断基準であった。

感覚論と意志論　人間を主体とする作用は感覚において明瞭である。これまでは外部からの作用によって感覚が生じると説かれていた[30]。これに対し彼は感覚の主体が人間であると言う。この感覚が連続して起こって経験が増大し，それが言葉や推論を通じて結び合わされ，次第により高度な知性や思考や理性が形成される。

　動物には生命的運動と構想力をともなった動物的運動，別名意志による運動がある。意志運動ではあらかじめ心に想像したとおりに動き，話をし，四肢のどれかを動かすような運動を指しており，人間はこれによって自己保存を確保できるような政治社会（コモンウエルス）を構築する。したがって自己保存とは人間の生命的運動を保障し，維持することにほかならない。つまり意志的運動は，生命的運動を活性化し助長する[31]。

能力を集大成するところに，人類共通の普遍的価値が生まれるが，そのような基準やルールとなるものを，彼は理性の戒律すなわち自然法とみなす。

28)　ホッブズ前掲訳書，160頁。

29)　この「人民の力」は，人間の作る社会のなかでは最高の権力であり，したがって，この人民の権力は，国王権力，議会権力，教会権力よりも強いということになる。この「共通権力」をあらわす「力の合成」という観念は，のちのルソーが，『社会契約論』（1762）のなかで「一般意志」という政治用語として表現したものである。

30)　スコラ哲学によれば，感覚の起源は，外部の物体から発せられる粒子が人体に伝わると，そこに視覚や聴覚が生じる，と説かれた。ホッブズの感覚論は，スコラ哲学の誤った理論を暴露し，人間の思考の主体的性格を説き明かした。

31)　こうして，ホッブズは，人間が欲求し意欲するものを善，憎悪や嫌悪の対象を悪

宗教論　ホッブズは宗教の種子を人間のなかにだけ求める。物事の第一原因を知りたがる人間は目に見えないものに畏れをいだき，実体のない亡霊のようなものに恐怖心をもつ。ここに宗教の自然的な根拠がある。このような「想像された見えざる動因」について次のように言われる。

　「このようにして想像された見えざる動因とはいったいどのような物質ないし実体であるか。それは人間の自然の思考によれば，人間の霊魂の実体と同一のものであり，また人間の霊魂は人が睡眠中に夢で見るもの，または目覚めているときに鏡のなかに見るものとその実体は同じであると考えるほかなかった。このような姿は，私たちの想像がつくりあげるにすぎないものであることを知らない人たちは，実在する外在的な実体であると考える。そのために，これを亡霊と呼ぶ。それはちょうど，ラテン人がそうしたものを〈像〉または〈影〉と呼び，精霊（スピリット）つまり稀薄な空気のような物体と考えたのと同様である。……しかし，そうした精霊が無形ないしは非物質的なものであろうという説は，けっして生来の人間の心には入りえなかった。……そこで，自分自身の瞑想によって，無限にして全能しかも永遠なる唯一の神の承認に到達する人々は，神の本性を〈無形の霊〉と定義して，その定義がわけのわからぬものであるよりは，むしろ最初から，神とは人間には理解できないものであり，人間の理解を越えるものであると告白するほうを選ぶのである」*32。

このような考えは典型的な唯物論であり，根本的に無神論の傾向を示す。ヨーロッパの人間学の伝統が伝えてきた霊性は今や「希薄な空気」とみなされ，神の霊は「無形の霊」へと格下げされた。さらに彼は「亡霊についての見方」からはじめて「第一の原因についての無知」，「人々が恐れるも

───────

と呼び，つまり，生命運動を強化し助長する意志的運動を善，その逆を悪と定義づけている。この際，人間はつねに，行動を起こす前に，それを「やったほうがよいか」，「しないほうがよいか」とあれこれ考量するが，ホッブズはこれを熟慮と呼び，熟慮の結果決定された最後の欲求または嫌悪を，意志と呼んでいる。

32）続けてこう言われる。「あるいは，もしも彼らが神にそのような称名（タイトル）を与えるとすれば，それは神性を理解させようとの意図から〈教義的に〉そうするのではなく，むしろ目に見える物体の俗悪さからできるかぎり遠い意味を持つ属性を付与することによって，神を崇敬しようとの〈敬虔の念〉からするのである」（ホッブズ前掲訳書，142-43頁）と。

のへの献身」,「偶然のできごとを予告として受けとること」という四点から「宗教の自然的種子」を指摘する。この種子は自主的な人間と神の権威に服する人間との二種類の人によって育成されたと彼は主張した[*33]。この二種類の宗教の区別は「自然的宗教」と「実定的＝啓示的宗教」の区別となっている。

宗教と国家との関係　16世紀のアウグスブルグの和議によって領主の奉じる宗教を人々が信じるように定められて以来，宗教と国家の関係は新しい時代を迎えた。この時期に西ヨーロッパ諸地域で絶対主義国家群が形成を見ると，各国の民は，政治的主権者（絶対君主や封建領主）とカトリックではローマ法王の命令，あるいはカルヴァン派ではジュネーブの命令とのいずれに従うべきか，という難問に直面するようになった。これに対してホッブズは，キリスト教のコモン・ウエルスにおいては，政治的主権者の命令がローマやジュネーブのそれに優越すると明言した。こうした決着のつけかたは，イングランドではすでにヘンリー八世の「首長令」(1534）以来，トーマス・モアの事件を考えてみるとわかるように，実施段階に入っていた。ホッブズが，他の大陸諸国家の先行思想家たち（マッキヤベリ，ボダンなど）と異なり，また同時代の思想家たち（グロティウス，アルトジウスなど）に魁がけて，「国家を宗教から解放する」難事業を遂行できたのは，国王が聖俗両分野における最高決定者であるという政治的決定がイングランドにおいてすでに定着しはじめていたからにほかならない。

　ホッブズは，イエス・キリストの受難以前には，この地上に「神の国」が実際に存在し，そこでの政治主権者は神であって，予言者たちが神の代行者であったが，イエス・キリストの贖いから「キリストの復活」まで

　33）「一方は自己の創意によって育成，規制してきた人たちであり，他方は神の命令，指示によってそれを行なった人々であった。しかし彼らはいずれも，彼らに依存する人々を服従，法，平和，慈愛そして市民社会に，より適した人間にする意図をもってしたのであった。したがって前者の宗教は人間的な政治の一部であり，地上の王がその国民に要求する義務の一部を教える。これにたいして，後者の宗教は神政であり，神の王国に服して臣民となった人々にたいする戒律を含んでいる。前者にはコモンウンルスの建設者すべてと異邦人の立法者が，後者にはアブラハム，モーセ，私たちの〈祝福された救世主〉など神の王国の法律を私たちにそこから伝えた人々が属している」（ホッブズ前掲訳書，144-45頁）。

「神の国」はこの世に存在しない，という命題を引きだし，「現在における神の国不在論」を大胆にも説いた。こうしてローマ・カトリック教会の国際的な政治支配と国内的な聖俗権力の分割を唱える長老派グループの言動をともに拒否した。そして彼はコモン・ウエルス内の各教会は，各国の政治的主権者のもとで，「イエスはキリストである」という宣教に従事すべきであると力説した[*34]。彼の説がもっている究極の意図は政治世界において内乱と神学論争が絶えないので，「キリストの復活」までは「神の国」がこの世にはないのだから，その間は人びとは自然の法にしたがって生き延びることが神の御心であるというにある[*35]。

ケンブリッジ・プラトン主義の反撃　このように宗教が人間の内面に制限されたことは当時のキリスト教世界の恐るべき混乱と不統一を突いた提案であった。しかし，ここには宗教を抹殺するような恐ろしい危険が隠されていた。というのは論争の煙幕のかげに隠れて，唯物論の哲人ホッブズが，宗教そのものを粉微塵に粉砕しようと考えていたからである。これに反撃したのがケンブリッジ・プラトン主義者たちであって，彼らは哲学が悪魔の一味に荷担するのを防止し，哲学を天使の味方に引き入れるために，プラトン主義を採用し，キリスト教の教えをいっそう新鮮な言葉で述べ伝えようとしただけでなく，その教えの真理が，教義の嵐の遙か上空に，あらゆる純潔な魂が，異教徒たるとキリスト教徒たるとを問わず，入ることのできる聖なる天上界に，揺ぎなく鎮座していると説いた。こうして宗教が真に哲学的なものであること，「理性」が霊的直観の機関であることを示すならば，いがみ合う諸宗派を統一し，無神論者の侵略を打破することができると主張した。こうした「理性」への訴えは，宗教と哲学とがいつの間にか激突しそうになった時代にあって，両者を提携させようとする試みであって，ホッブズを論駁するために企てられた。ここから自然的宗教が説かれはじめ，理神論の展開が起こった。たとえばベンジャミン・ウ

---

34) このようにホッブズが全キリスト教界にたいして「イエスは救い主である」という一点において和解するように説いたことは，宗教問題においては「内面の自由」（何を信じ，何を信じないかは各人の自由）を認め，国家を危機に陥れる危険な教義や行為についてのみ主権者は規制できるという主張である。

35) このことは今日行きわたっている民主主義の原則を述べていたものといえよう。この点に関して田中浩『ホッブズ』研究社，92頁参照。

ィチカットは次のように主張する。

「神はわれわれの歩むべき道を照らすために，二つの光を与えたもうた。〔第一の〕理性の光は神の創造による光であり，〔第二の〕聖書の光は神から贈られた第二の啓示である（109節）。君自身の内なる神を畏敬せよ。神はこの外なる世界のどこよりも，人間精神の内にいます。というのは，われわれは〈そして，この世ではわれわれだけが〉神の似姿としてつくられているからである（798節）。人間の霊は主のともしびである〔箴言20・27〕。〔霊は〕神に照らされ，われわれを照らして神に導く。〈照らされるものが照らすのである〉（916節）」と[36]。

このケンブリッジ・プラトン主義者の理性的神学は明白に理神論の方向に向かった。トーランド，コリンズ，シャフツベリ及びティンダルのような理神論者は，宗教に郷愁を感じていた合理主義者である。彼らは時代精神が正統主義から分離していることを認めたが，理神論が彼らを不信仰に導くとは考えなかった。「自然」は善であって堕落していない。人間は善良であって邪悪ではない。このすばらしい状態を享受しうる術をみがくことが大切であって，それこそ「人間性の達人」（Virtuoso of humanity）にほかならない[37]。このようなケンブリッジ・プラトン主義者たちのホッブズ批判は理神論を生み出したとはいえ，啓蒙思想に対決する霊性の主張として興味深い。同様のことは次に述べるロックについてもいえよう。

---

36) ウィチカット『道徳宗教格言集』には自然的宗教についてなお次のような発言がある。「知識〔真知〕を欠くものに宗教の芽生えはなく，善を欠くものに宗教の真心はない（4節）。宗教の諸原理がわれわれの霊の気質となるとき，われわれは真に宗教的となる。われわれの霊をそうさせる唯一の道は，理性の力でわれわれ自身に宗教の諸原理を納得させることである（28節）。理性は人間生活を統御する神のようなものであり，神の声そのものである（76節）」（『信仰と理性』新井明・鎌井敏和編，お茶の水書房，31-35頁）。

37) 理神論者はキリスト教の啓示にどのように対処したのか。それを全く放棄したのではなく，キリストは自然的宗教のもろもろの真理に，抗いがたき力を与えるために来たと説いた。プラトン主義者ジョン・スミスは救い主が何らかの聖なる真理の体系を作り出そうとはしなかったと言う。つまり「それは救い主が，霊的理解力を成長せしめる最上の方法として，この世を，もろもろの意見や観念においてではなく，真の敬虔と神の如き純潔の模範において，豊かにすることに心を用いたからである。彼の主なる目的は，正しき信仰への最上の，最も手近な方法として，聖なる生活を助長することであつた」（ウイレー『キリスト教と現代』武藤一雄・川田周雄訳，創文社，126頁参照）。

2　ロックにおける理性と信仰

　理神論者たちは，神の啓示に対する信仰がなくても，道徳的で理性的な神論を確立できると考えた。神と人間の運命についての知識が，自然界を注意深く観察することによって理性的に把握できるがゆえに，彼らはキリスト教がそのような普遍的な知識を再確認するにすぎないと考えた。ところがジョン・ロックは理性と信仰を調停する道を探究し，『キリスト教の合理性』（1695年）の中で，ピューリタニズムの信仰と理神論とを統合しようと試みて独自の思想を展開させた。そこで彼の主著の思想をまず検討してみよう。

　理性の認識機能と啓示の真理　　ロックの『人間悟性論』に展開する経験論は，「自然の光」としての「感覚と理性の協働作用」にもとづく認識論である。彼は「一切の生得原理と生得観念」を否定した後に，感覚と反省が，外的，内的対象の諸観念（単純観念）を心に対して認識素材として与え，悟性はこのようにして与えられた諸単純観念から対象の認識（複雑観念）を構成し，またその観念にもとづいて理性は推論する，と主張した。このようにして外的対象の認識も，またその背後にある創造者なる神の認識も可能になる。その場合感覚の果たす役割は，対象としての自然を認識するための素材として外的対象の単純観念を与えることである。この単純観念を用いて悟性によって自然認識が構成されるが，他方また同時に，この外的対象の観念を基として理性が自然の存在の究極的原因を推論することによって自然の創造者なる神の観念に到達することができる。

　しかしながら『人間悟性論』第4巻では「知識の確実性の程度」を論じて，新たに直覚（intuition）の概念を導入するさい「知識は，わたくしにとっては，わたしたちの諸観念のあるものの結合と一致，または不一致と背反の知識にほかならないと思われる。この点にのみ知識は存在する」[*38]が，ロックはこの観念の一致，不一致の知覚の仕方に三つの相違を認め，それを直覚的，論証的，感覚的とする。こうして「その知覚は，①直覚，すなわちある二つの観念を直接に比較することによるか，または②二つ

---

　　38)　ロック『人間知性論』IV, 1, 2.

第4章　啓蒙主義の人間観　　　　　　　　　　　　　　279

の観念の一致または不一致を若干の他の観念の介在によって吟味する理性によるか，あるいはまた，③個物の存在を知覚する感覚による」[39]という。ここに直覚・理性・感覚からなる哲学的三分法が成立する。その各々について説明するとこうなる。
　①　直覚的知識＝「人間のもちうるもっとも明晰で確実な知識」で，「すべてのわたしたちの知識の，すべての確実性と明証はこの直覚によっている」[40]。それは「わたしたち自身の存在」の知識を含む[41]。
　②　論証的知識＝理性の推論による知識で，直覚的知識を前提とする。それは「神の存在に関する知識をも含む」[42]。
　③　感覚的知識＝「外界の有限なる個別的存在に関して用いられる知覚」[43]。

　しかしながら，ロックは『人間悟性論』第4巻第16章「同意の程度」に至って，神の存在の認識に「啓示」の概念を新たに提起する。「啓示」とは，理性の推論によってではなく，「神そのものによる」証言であり，これに対する同意は「信仰」と呼ばれる[44]。ここに「理性と信仰」が問題となり，「理性と信仰は反対ではない」，たとえ信仰が理性と対立させられても，充分な理由によらなければ信仰が起こらないがゆえに，それは理性に反しない[45]。さらに「理性と信仰」は区別され，「信仰は，理性の推論によって作られるのではなく，ある特殊な通知の方法によって神からくるものとして，それを提示する人を信用して，ある命題に同意することである。人々に真理を現わすこの方法をわたしたちは啓示と呼ぶ」[46]と説かれる。とはいえ，啓示の真偽は理性によって判断される。「啓示は，神が

---

39)　ロック前掲書 IV, 3, 2.
40)　ロック前掲書 IV, 2, 1.
41)　ロック前掲書 IV, 3, 21.
42)　ロック前掲書 IV, 3, 21『人間知性論』第四巻におけるロックの神の存在の証明は「わたしたち自身の考察とわたしたち自身の性情のうちに見出すことにより」（同 IV, 10, 6），すなわち自我の直覚的知識にもとづいて，「理性」が推論する。ロックは神の存在に関しては，宇宙論的証明を否定しないが，「自我の存在の直覚的知識」を介する論証的知識に基づいていたと考えられる。
43)　ロック前掲書 IV, 2, 14.
44)　ロック前掲書 IV, 15, 14.
45)　ロック前掲書 IV, ロック前掲書 IV, 17, 24.
46)　ロック前掲書 IV, 18, 2.

それを与えることを喜んだ場合には，理性の蓋然的な推測に勝るに違いない。しかも，なおそれが真実啓示であるかどうかを，またそれを伝える言葉の意義を，判断することは，やはり理性に属する」[47]。また「何事も神の啓示したことは確かに真であって，それについては疑いを容れることはできない。これが本来の信仰の対象である。しかしそれが神の啓示であるか否かは，理性がこれを判断しなければならない」[48]と述べている。

　それゆえ理性によって論証的に与えられる知識は自然的啓示に属しており，「理性は自然の啓示」であると語られる。この場合には理性は感覚や直覚をも含んで働く広義のものと解される。したがってロックの啓示概念は直接的啓示と自然的啓示に分かれ，その双方が理性を最後の「裁判者と指導者」とする[49]ここに信仰と理性は協力関係にあることが明示され，啓蒙主義的思想家としてのロックが信仰を堅持している真実な姿が明らかとなる。

　しかし直接的啓示については，「熱狂」と混同されやすいので[50]，両者の判断基準として次のように言われる。「神はその真理を自然の理性の普通の方法で明示するか，あるいはさもなければ，その真理が神の権威によって神がわたしたちをして同意させようと思う真理であることを知らせ，また理性が誤ることのあり得ないような若干のしるしによって，それが神からのものであることを，わたしたちに確信せしめる」[51]と。このしるしというのは続く叙述によって「奇跡」であることが知られる。「こうして神から啓示を受けた昔の聖人たちは，あの彼ら自身の心の中の確信という内なる光より他のあるものをもっていた。それらの啓示の創造者を彼らは確信せしめる外的なしるしをもっていた」（同）。このように神からの直接的啓示は「奇跡を通じて示される啓示」であるが，それを判別するのは理性である。

47）ロック前掲書 IV, 18, 8.
48）ロック前掲書 IV, 18, 10.
49）ロック前掲書 IV, 19, 14.
50）ロック前掲書 IV, 19, 6.
51）ロック前掲書 IV, 19, 15.

『キリスト教の合理性』は理神論か

ロック晩年に属するこの著作は，道徳を理性の法である自然法とその立法者なる神から考察した『人間悟性論』第4巻と関連している。『キリスト教の合理性』ではキリスト教に継承されたモーセ律法は，神が定めた自然法に合致し，神の被造物なる人間の理性に適合するとみなされた。キリスト教は旧約聖書の預言を実現させたイエスをキリストとして宣教し，これを信仰するように説いた。

この「キリスト教の合理性」についてしばしば誤解を生んでいるのはその最初の部分に展開される原罪論であって，ロックは「原罪」を否定していると批判され，理神論者とみなされた。だが果たしてそうであろうか。そこでこの書の冒頭の部分を引用してみる。

「新約聖書を読む者には誰にでも明らかなことは，救済の教義，したがって福音書の教理が，アダムの堕罪という仮定に基づけられていることである。したがってわれわれがイエス・キリストによって何を回復されるのかを理解するためには，聖書では，われわれはアダムにより何を失ったと説いているかを，考察しなくてはならない。……イエス・キリストを純粋自然宗教の復活者，説教者に過ぎぬと考え，かくて新約聖書の全趣旨を誤るに至ったのである。……このように偏見を持たずに聖書を読む者には，アダムが，そこから堕ちたものは（明らかで），完全な服従の状態であったが，その状態は新約聖書では正義と呼ばれている。もっとも，原義て正義を意味する語は，righteousness〔義〕と訳されているが。そしてこの堕罪により，アダムは平和と生命の樹のあった楽園を失ったのである，すなわちアダムは恩恵と不死を失った。……このようなわけで，聖パウロは，『ローマ人への手紙』5章12節で〈ひとりの人によって，罪がこの世に入り，また罪によって死がはいってきた〉，すなわち死と限りある命の状態が入ってきたと述べているし，『コリント人への第1の手紙』15章22節には〈アダムにあってすべての人が死んでいる〉と述べている，すなわちアダムの侵犯によってすべての人の命は限りあるものとなり，死ぬことになっている。……このような死が楽園でアダムが最初に罪を犯したために，アダムとその子孫にふりかかってきたのであって，イエス・キリストの贖罪がなければ，その死のもとに彼等は永遠に置かれたことであろう。……わたしの記憶するところでは，各人の罪はアダムのみに

負わされている」*52。

　ロックは聖書を引用してから，アダムが神に背いたために，恩恵と不死の楽園を追われ，アダムから生まれた子孫らは有限な生命を送ることになったと言う。そのさいアダムが神への不服従の罪によって万人に行きわたった「死」は身体的な死であると考えられる。それゆえ彼は原罪を否定していない。むしろアダムにおける罪（sin）つまり神への不服従の罪を肯定している。なぜなら原罪思想は彼にとっても福音信仰の根本をなしており，その否定はキリスト教自体の否定となるから。

　さらにロックによると，福音書の救済とは，このようにして，死すべき命になった万人が，イエス・キリストによって甦ることである。その命は，キリストへの信仰によって万人が再び復活のさいに受け取る命である。しかし，それも神の律法に完全に合致した生活をした義人にのみ与えられ，一つでも律法を犯した者は，不義なる者として死後の永生には与れない。しかし，ここにロックは「行いの法」（Law of works）と「信仰の法」（Law of faith）と対立させる。すなわち「行いの法」は神が完全な服従を求める律法の道徳命令であり，これを犯しても，神を信じることによって「信仰の法」によって義とされる。それはイエスをキリストと信ずることによって「信仰の法」に従うことになるから。

　このような救済観は容易に理解されうるもので，神から与えられた理性を正しく用いるなら，万人に明らかである。旧約聖書の預言はイエスにおいて実現し，その行為によって立証されている。したがって，「キリスト教の合理性は，モーセの律法が理性の法であり，自然の法であって，その道徳律は神の法であり，神から与えられた人間の理性に合致するものであること，またイエスを通じてもたらされる神の救済の啓示は，理性によって十分受け容れられるもので，誰でも理解できるものであるとするものである」*53。

　ロックはこのようにイエス・キリストによる贖罪の説明を試みた。彼がキリストの贖罪の意義を認めているかぎり，啓示宗教に属しており，それを否定する理神論者ではない。しかし合理主義の精神はこのテキストの叙

　　52）ロック『キリスト教の合理性　奇跡論』服部知文訳，国文社，9-12頁。
　　53）ロック前掲訳書，249頁。

述にも示されており，当時の理神論の影響が認められよう。とはいえ彼はピューリタンの信仰を明らかに表明しており，ピューリタンたちは聖書にもとづいてイエスと自己との関係を位置づけることによって，イエス・キリストの贖いを信じた。彼らは先祖から罪と死を受け継いだアダムの子孫であり，この状態からイエスによって救い出されたことをカルヴァンの予定の神学によって説いた。ロックは理神論者が神の予定が一部の人たちにのみ妥当するがゆえに，それを排除する点では正当であっても，彼らが「贖いの必要性はないがゆえに，それは存在しなかった」と説いて，イエス・キリストを純粋な自然的宗教の提唱者とみなす点では誤っていると考えた。

ロックは晩年になってから『パウロの手紙註解』を出版し，彼のうちに隠されていた思想を表明した[*54]。彼は法に違反した者を死後において罰する審判の神をとくに強調した。そのさい神は人間の暗闇面を見ており，人間が行為するときの選択の仕方，つまり行動の動機を重んじていると説いた。この点は『人間知性論』でも同じであって，彼は神による処罰がどのような道理と正義にかなっているかを論じた[*55]。したがって彼は理性の判断よりも信仰に意識的に優先権を与えようとした。しかし信仰が優先権をもつのは人間の自然状態の認識にもとづいている。それは決して安定したものではない。「我々が安らいでいて，自然の欲望や〔後天的に〕取り入れられた欲望の誘惑から全く自由であるということは，殆どない。自然の欲求あるいは獲得された習性が積み重ねてきた〔欲望の〕集積からの絶えまない不安の契機が意志を次々に捉えてしまう」[*56]。したがって人間は現世において「種々雑多な不安に取り囲まれ」ており，「さまざまな欲望に悩まされている」[*57]。このように人間の自然的な能力には限界があるため，自律することは不可能であった。

ロックが理性から啓示へと立ち返ったのは，キリスト教の啓示によってのみ人間の道徳的義務が有効に「万人に知られうる」との確信があったか

---

54) この書物の訳はジョン・ロック『パウロ書簡註解』序文，『ローマ人への手紙註解』（上・中・下），『コリント人への第一の手紙註解』（上・下），『コリント人への第二の手紙註解』として「聖学院大学研究所紀要」1997年15号～2000年19号に連載された。
55) ロック『人間知性論』270-71; 340-46; 717頁参照。
56) ロック前掲訳書，262頁。
57) ロック前掲訳書，258-59頁参照

らである。なぜなら神は救い主イエスをとおして信仰の法を宣べ伝え、それによって万人が神の意志に従う生き方を示したからである。実際、イエスの時代からほぼ17世紀も経った後に、イエスの弟子たちが受けたのと同じような信仰を求めることはできない。今日に伝わる伝統的な啓示は、歴史的な推論にもとづくものであって、直接的な経験にもとづくものではない。しかし救済にはイエスがキリストであるとの信仰とキリストの律法に服従する純粋な意志との二つがあれば充分である[*58]。

　このようにロックの思想はキリスト教信仰の上に築かれており、「道徳の原理」と「啓示宗教」の解明が主たる目的であった。彼は自然的宗教と啓示宗教をはっきりと区別し、イエスにおける特殊啓示を力説するがゆえに、彼を理神論者とみなすことはできない。とはいえ彼は『キリスト教の合理性』を執筆した後も神の存在が理性によって論証されうるとの確信をもち続けた。そこには合理主義の精神が支配し続けており、宗教的な救済には蓋然的な判断と信仰とで十分であっても、それだけでは真知の形式に到達できないと考えられた。

3　ヒュームの「人間学」(Science of Man)

18世紀のほぼ半ばにヨーロッパの思想潮流は経験主義に向かって流れはじめた。この経験主義は確かな事実の裏づけを要求し、精神が感覚経験を超えるのを阻止し、科学的証拠あるいは歴史的証拠がはたして神の存在を信じる支えになるかと疑念を懐いた。こうした懐疑主義を一身に体現していたのが、ヒューム (Hume, David 1711-76) である。彼はロックの影響を受け、人間性の経験的な分析から学問を基礎づけようとし、すべての観念の源泉を「印象」(impression) に求め、観念の結合を想像における法則性にあるとみなした。しかし彼は徹底した懐疑論の立場から知識には何らの因果関係はなく、習慣による主観的な確信しか認めようとしなかった。ここでは彼の人間論から宗教思想を問題にする。

---

　58)　信仰は反理性的ではなく、理性を越えた信頼の一形式にほかならない。しかも、信仰とは努力を要求するものであって、それあるがゆえに、無信仰が罪となりうる。この信仰は、善き生を生きるための機会をすべての人間に対して真に開くものであった。ジョン・ダン『ジョン・ロック――信仰・哲学・政治』加藤節訳、岩波書店、148-49頁参照。

『人性論』における自然的宗教　　彼の主著『人性論』(Treatise of human nature, 1739-40) の緒言には自然的宗教と人間学について次のように語られている。

「ところで，あらゆる学問は多かれ少なかれ人間性と関係していること，たとえ学問のうちには人間性からどんなに遠く離れ去っているようにみえるものがあるにしても，それでもやはりいずれかの道筋をたどって，人間性に立ちもどること，これは明らかである。数学，自然学，自然宗教にしたところで，多少とも〈人間〉についての学問に依存しているのである。というのは，これらは人間の審理権のもとにあり，人間の権限，権能によって裁定されるからである。だから，もしわれわれが人間の知性の及びうる範囲と力とをあますところなく知り，推論に際して用いる観念の本性，われわれがそのときに働かせる作用の本性とを明らかにできるならば，これらの学問がどんなに改められ，進歩するか，とても述べることはできないのである。そして，こうした進歩は自然宗教の場合に特に期待できよう。それというのも，自然宗教は神々の本性を教えるにとどまらず，視野をもっと広げて，神々のわれわれに対する配慮，われわれの神々に対する義務をも考察するのであり，したがって，われわれは論究する者というだけではなく，われわれ自身が論究される当の対象の一つでもあるからである。ところで，人間の学がほかの諸学問にとっての唯一のしっかりした基礎であるのと同様に，この人間の学自体に対して与えうる唯一のしっかりした基礎は，経験と観察とにおかれなければならない」[*59]。

これによっても明らかなように，ヒュームによると認識するのに困難な真理といえども人間性の限界のなかにあり，宗教も，単に超自然的な力の本性をわたしたちに示すことに満足せず，超自然的な力の神慮や，神に対する人間の義務を問題にするかぎり，人間学に属する。それゆえ引用文に

---

59)　ヒューム『人性論』土岐邦夫訳，「世界の名著」408-09頁。これに続けてこう言われる。「実験的方法を用いる哲学が，自然についての問題に適用されてから，一世紀以上もおくれて精神上の問題に適用されるようになった」と。そしてベイコン卿と最近の英国の哲学者たちが人間の学を新しい土台のうえにすえる試みを始めたことが述べられる（ヒューム前掲書，409-10頁9)。ここで英国の哲学者というのは彼の注記によると「ロック氏，シヤフツベリ卿（1671-1713)，マンデヴィル博士（1670-1733)，ハチンスン氏（1694-1747)，バトラー博士（1692-1752) など」を指す。

おいて「自然宗教」と訳された言葉は未開社会における原始的宗教ではないがゆえに,「自然的宗教」の意味で理解すべきである。そこで「宗教論」は人間自身が問題にされる人間学の一つとなる。彼にとって人間学は諸学の「首都」(the capital) であり,「中心」(center) であり, 確固とした諸学の「基礎」(foundation) である。こうした「人間の科学はほかの学問にとって唯一の基礎である」にもかかわらず, これまで蔑ろにされてきたので, これを「少し時流に乗せてやること」が自分の使命であると彼は考えた*60。この人間学における「宗教論」の位置は,「道徳論」「政治論」などの諸学との関係において考察すべきであるが, 人間学の内部での諸学相互の関係や, 位置づけなどは考察されていない。とはいえ「宗教論」と「道徳論」における人間のあり方の究明などとの関係から考えると,「宗教論」の取り扱う人間の問題は, 他の諸学の後に来るものであり, とりわけ人間の苦悩に触れるものである。

　ところで「宗教論」自身のもつ問題性からいうと, ヒュームはイギリスの理神論思想の系譜の中に組み込まれ,「イギリス理神論の衰亡過程」(The Decline of English Deism) として扱われる場合が多い*61。またヒュームが先に指摘した彼の先駆者達には*62, 理神論に属する人の多いことも興味深い。イギリス理神論は, たとえ衰亡していてもヒュームでも明らかなように, 宗教の規範もしくは原型として自然的宗教を提示する。そこには特殊な神の存在論証が展開する。これが理神論の重要な課題であって, わたしたちはここに霊性が証しされていることに注目すべきである。

　この自然的宗教の背後には, 人間性に立脚して宗教を基礎づけようとする人間学が前提されており, ヒュームの「宗教論」もこの方向性をとっていて, 唐突に宗教を人間学的に基礎づけようとしたのではない。当時のこのような思想思潮に支えられて, ヒュームは理神論に対する批判と非難が向けられていた宗教問題を巧みに切り抜けようとした。ここでは彼の二つの著作『宗教の自然史』と『自然的宗教についての対話』を採り上げる。

『宗教の自然史』における経験的な宗教論　　ヒュームは『宗教の自然

---

60)　ヒューム前掲訳書, 409-10頁。
61)　John Orr, English Deism, p.165-71.
62)　つまりロックからバトラーにいたる人たちを指す。先の注59参照。

史』(Natural History of Religion, 1751年)のなかで言うように,その強力な知性を「とくに二つの問題」に向けた。その第一は,宗教が理性に基盤をもっているかどうかに関わり,第二は,宗教が人間性のなかに起源をもっているかどうかに関わっていた。二つの問いにたいするヒュームの答えは,はなはだ懐疑的なものだった。それゆえ理神論の衰亡期に位置するヒュームの宗教論を典型的な理神論とみなすことはできず,その自然的宗教は理神論をも疑う懐疑の立場に立っている。

この著作に展開する宗教論は,ギリシアやローマの古代文献にあらわれる人びとを対象とした内容であって,彼らは,彼の時代に生存しているアフリカ人,アジア人,アメリカの原住民と同様に,多神教や偶像崇拝を支持している。だがこのような信仰現象は,単に古代人,未開人,野蛮人の問題ではなくて,彼の周囲に生きているイギリスやヨーロッパの民衆(vulgar)の信仰にも妥当する。ヒュームはこのような庶民の信仰を自然宗教と考え,その内容は偶像崇拝であり,多神教であるという。わたしたちが考察してきた自然的宗教は哲学者が懐いた信仰であったのに,彼の自然宗教は「原初の本能,あるいは自然による最初の刻印」や迷信をともなった庶民の信仰である[*63]。

ヒュームは自らの経験主義の哲学に支えられてその宗教論を民間に広まっている宗教現象にもとづいて構想したがゆえに,そこに登場する人間は当時の農民たちであった。ヨーロッパ思想が近代化していく裏面に,それとはおよそかけ離れた信仰が民間に残存していることが,彼の宗教論によって露呈された。彼は言う,「メダルの裏をかえせ,そして,最も多くの国民と時代とを探究せよ,実際に世の中に流布している宗教の原理を吟味せよ,諸君はこの原理が病人の夢に外ならないということを了解せざるを得ないであろう」[*64]と。このような彼の視点がきわめて重要であって,

---

63) ヒュームは,『宗教の自然史』のなかで旅行家たちと歴史家たちの報告にもとづいて,宗教信仰が人類にひろく行きわたっているものの,普遍的でも一様でもない,と結論づけた。したがって,宗教信仰は「原初の本能,あるいは自然による最初の刻印」から生じたものではありえなかった。宗教は大多数のひとたちの恐怖心から生じた。多神教(ヒュームはこれが信仰の原型だと信じていた)から一神教への移行についても,ひとびとが「理性によってではなく,きわめて俗悪な迷信への,おもねりや恐怖によって,一神教の考えかたにみちびかれた」と考えていた。宗教の起源についてのヒュームの理論のなかでは,恐怖心がもっぱら重視された。

64) ヒューム『宗教の自然史』福鎌・斉藤訳,法政大学出版局,1972年,104頁。

彼の目にはヨーロッパ近代社会が高度な文化を創出してきたその裏面に，理性的なものと病的なものとがともに認められ，そこに人間の真実な姿が捉えられた。彼は言う，「〔宗教現象は〕全体が謎であり，不可解であり，説きえない神秘である」[*65]。実際，ヨーロッパの近代的人間は，教養ある人も，聖者も世俗人もともに，人間の不幸や邪悪さのさ中にあることを認めざるをえない。不満は至る所に噴出していた。このような不満に囲まれながらも，人は不満を避けて死ぬことを望まない。こうした生活には生きることへの希望とそれが脅かされる恐怖が満ちあふれており，宗教はこの恐怖の上に発生する。ここに自然宗教が生まれてくるが，それは固定的なものではなく，ダイナミックであって，祈りのメカニズムによって多神教から一神教まで多様である。合理性の要求から一神教が生まれ，寛容・勇敢・正直・率直な気風から多神教が生まれる[*66]。このように安心立命を求めて生まれる自然宗教がその信仰心のもとで究極的には平穏な情緒を求めていると彼は結論する。

『自然的宗教についての対話』における懐疑主義　『宗教の自然史』のあとで書かれた『自然的宗教についての対話』(Dialogues Concerning Natural Religion)のなかで彼は，先に述べた自然宗教の合理的な説明をすべて粉砕してしまう。その対話は正統派の信心家デメアと理神論者クレアンテスと懐疑家フィロンの三者によって進められる。たとえば理神論の哲学者クレアンテスが存在論的・宇宙論的な証明を使用することを拒否して，次のように言う「先天的な証明は，形而上学的な頭をもっていて抽象的〔で数学的〕な推論になれているひとたち以外には，たいへん説得力のあるものだとは，めったに考えられてきませんでした」と。しかしクレアンテスの弁護する「意向からの論証」も，経験主義による吟味には立ち向かうことができない。おそらくヒューム自身の立場の代弁者である懐疑家フィロンによれば，宗教は理性に基礎をもつものではなく，また論証可能な神にもとづくものではない。彼は次のように反論する。「わたくしたちが知覚する世界をもとにして，世界には原因がある，つまり神が存在する

---

65) ヒューム前掲訳書，105頁。
66) ヒューム前掲訳書，9-13節参照。

第4章 啓蒙主義の人間観

と——〈わたくしたちの観察の領域から、ひじょうに遠く離れている〉にもかかわらず——推論できるのか。いずれにしても、世界の原因が、人間の精神のような精神である必要があるだろうか。世界の原因は、自然そのもののなかにおける一種の生成活動である可能性はないだろうか。あるいは、仮に世界の原因が精神であるとしても、その精神自体にも原因がなければならず、さらにその原因にも原因がなければならない、というぐあいに、これが無限につづくのではないだろうか」この意味では理性の能力は有限である。そこで人間学的な宗教の基礎づけに転換することになる[*67]。

では宗教が人間性のなかに基盤をもっている可能性についてはどうだったか。一部の理神論者たちがいうように、宗教が理性のいだく観念であるだけでなく、生得観念（マシュー・ティンデルの言葉をつかえば[*68]）つまり「人間が最初につくられたときから、わたくしたちひとりひとりの心のなかに書きこまれている」観念だということがありうるのか。この点に関して正統派の信心家デメアと懐疑家フィロンは次のように対話する。

「僕の意見は、正直に言ってこうだ」とデメアは答えた、「つまり各人は自分自身の胸中で宗教の真理を、いわば感得するのだ。そしてなんらかの論考というよりもむしろ、自己の愚かさや惨めさの一種の自覚から、自分自身と全自然が依存しているあの存在から保護を求めるに至るのだ。人生の最善の情景さえも、あんなにも不安であんなにも退屈なので、来世は今なおわたしたちの一切の望みと恐れの対象なのだ。わたしたちは絶えず前方をながめ、祈り、崇拝および犠牲によって、これらの未知の諸力をなだめようと努めるのだ。これらの諸力が、わたしたちを苦しめ圧迫するあれほどの能力をもっていることを、わたしたちは経験によって知っているからだ。わたしたちは、惨めな被造物ではないか。人生の無数のわざわいの真只中で、わたしたちにとってなんの頼みのてだてがあろう、もし宗教がある種のつぐな

---

67) ヒューム『自然宗教に関する対話』福鎌・斉藤訳、法政大学出版局、104, 142頁。このようにいう「不謹慎な懐疑論者」は、ヒュームによると時計（ないし機械）と自然全体とのあいだの類推や、時計職人と自然の「造り手（造物主）」とのあいだの類推が、経験主義からみれば、蓋然的にすぎず、根拠の薄弱なものである。神についての証明は、あきらかに、「完全な証拠」とはいえないものになってしまう。
68) ここでは理神論者ティンデルの『天地創造とともに古いキリスト教』のことが暗示されている。

いの方法を暗示してくれ，わたしたちが絶えずかき乱され，さいなまれているあの恐怖を鎮めてくれなかったとしたならばね」……「僕は事実，確信しているのだが」とフィロンは言った，「すべての人に適切な宗教観を抱かせる最善なそして事実，唯一の方法は，人間の惨めさと悪辣さの正しい描写を用いることだと思うのだ。そしてこのためには，論考や論証以上に雄弁や強力な想像力の才能の方がはるかに要求されるのだ。なぜなら各人が自分の中に感じることを立証することが必要だろうか。必要なのは，できればそれをもっと親密に鋭くわたしたちに感じさせることだけだ」*69。

ここにある「罪の償い」の思想は正統派の神学を，人間の悲惨の感得は自然的宗教の霊性を暗示させる発言である。さらにフィロンは理神論者クレアンテスの神人同形説的な議論を退けた後に，自然的宗教について次のような有神論的な結論を表明する。

「僕は正直に言わなけれはならないことだが」とピュロンが答えた，「自然的宗教（Natural Religion）という主題について僕は他のどれよりも安心して口がきけるのだ。その理由は一つには，僕の知るかぎりこの問題でどのような常識人にもせよ，どのような常識人のもつ諸原理（the principles of any man of common sense）をそこなう可能性が，僕には決してないからなのだ。また二つには，僕を一常識人としてみてくれる人なら誰でも，僕の意図を誤解することが決してあるまいと安心しているからだ。特に君はそうなのだ，クレアンテス，君とは隠しだてのない親友づきあいをしている仲だからね。君は感じとってくれることだろうが，僕の勝手な会談や，僕の特異な論証への偏愛にもかかわらず，精神に刻印されたいっそう深い宗教心（a deeper sense of religion impressed on his mind）をもつ人間や，あるいは自然の示している人知では解きがたい工夫や考案の中で，神が理性に姿をあらわしているというので，神へこれほどねんごろな崇敬心（adoration）を向けている人間は〔僕の〕ほかにはいないのだ。……自然は何物をも無駄には行なわないということは，なんらの宗教的意図なしに自然の所産の瞑想からだけで，あらゆる学派において確立されている一格率であ

---

69) ヒューム前掲訳書，106頁。

る。……仮に一人の神が存在すると仮定しても，その神がわたしたちの感官には直接姿をあらわさないと想定した場合，その神には自分の存在について，自然の全表面にあらわれているもの以上に強力な証拠を示すことができたであろうか。そのような神は，事物の現在の組織を複写し，神自身の技巧の多くを明快に示して，どんな愚かな者でも取り間違いないようにするとか，わたしたちの狭い理解力に対する神の驚異的な優越性を証明しているさらに大きな技巧をわたしたちに瞥見させるとか，またあるいはこのような不完全な被造物からは多数の技巧を完全に秘匿するとか，このようなこと以外に一体先に述べたような神に何ができただろうか。ところで，正しい論考の一切の規則によれば，すべての事実はその本性が許容するあらゆる論証によって支持されている場合，討論の余地がないものとされなければならない。仮にこれらの論証がそれ自体としては，非常に多数ないしは強力でないとしも，その通りなのだ。ましてやこの論題のように，いかなる人間的想造力も論証の数を計算できず，またいかなる知性力もそれらの迫力を評価できない場合，はるかに討論の余地がないではないか」[*70]。

ヒュームは，理性も啓示も信用しない懐疑論者だったが，心の深みにおいては神の存在を認める有神論者であった。彼は無神論者ではなかったが，当時無神論者たちの数は増加していた。彼らは，神の存在に関するいかなる証明も受けいれようとしなかったばかりでなく，無条件的に神の存在を否定していた。ヒュームは理神論に対し疑念を懐いた懐疑主義者であったが，同時に有神論者であって，無神論者ではなかった。彼の思想はスコットランド啓蒙主義の代表者トマス・リード（Thomas Reid, 1710-96）の『常識の原理にもとづく人間の心の研究』（An Inquiry into the Human Mind on the Principles of Common Sense）に引き継がれた[*71]。さらにヒュームの懐疑論はカントの批判主義の理論哲学に大きな影響の跡を残したが，ヒュームの有神論のほうはカントの道徳哲学に引き継がれた。

---

70) ヒューム前掲訳書，141-44（一部改訳）頁。
71) トマス・リード『心の哲学』朝広謙次郎訳，知泉書館，2004年を参照。

3 ルソー・ヴォルテール・ディドロ　フランス啓蒙主義の人間観

はじめに　フランス啓蒙の先導者としてのフィロゾーフ

18世紀の思想家たちは一般にその時代を「哲学の時代」と呼んでおり，「哲学者」(Philosoph ; philosophe フイロゾーフ）と呼ばれるのを好んだ。啓蒙思想はこの時代にヨーロッパに広く行きわたって，古代ギリシアにおいてソフィストたちが活躍した運動が再現された。それも18世紀の中葉になると「哲学者たち」というとき，主として『百科全書』に関与したフランスの著作家たちの一群が意味されるようになった[*72]。その中心人物がディドロであって，彼を助けたのはダランベールであった[*73]。この『百科全書』の公刊は，たちまちにして大成功を収めたが，この著作は聖職者サークル，とりわけイエズス会士たちによって「サタンの聖書」として攻撃され，一時国王の禁令を獲るところまでいったにしても，それも僅かな期間しか効力をもたなかった。人びとはあらゆる分野にわたって高度な知の情報を得ることができるようになり，啓蒙思想が流行となり，全体として思想的に反教権的ではあっても，決して非宗教的ではなかった。

しかし，彼らは制度的な実定宗教としてのキリスト教を否認したために，人間の本性をめぐる問題に新しい刺激を与えた。そのさい彼らはヒュームに倣って「人間の本性はその原理と活動において絶えず同一であり続ける」という思想を受け入れたとしても，その議論には統一性が欠けており，多

[72) この書は詳しくは『百科全書もしくは科学・技芸および手工業に関する解説辞典』と言われ，全36巻で完結した。その第1巻は1715年7月1日に出版され，29年かけて完成した。この企画は，最初フランスの出版社があるイギリスの百科事典のフランス語版として計画したものであったが，出版社と監修者たちの間で話がこわれ，1746年まではドウニ・ディドロが編集を依託された。ディドロという人物を得て，この仕事のために驚くべき多方面な知識人が集まり，彼らの関心は文字どおり百科事典的な広さをもつものであった。

73) ディドロは，両親から神学者になるべく定められていたが，彼は早くから教会の束縛から脱し，啓蒙哲学の断乎たる信奉者だった。ディドロは間もなく『百科全書』の企画を自分自身で引き受け，予約注文でもってこれを財政的に保障した。彼を援けたダランベールは冷静な数学者にして節度をわきまえた哲学者であって，人間の認識の限界を知り，経験と理性とに依存していた。

様な思想が表明された。彼らの人間学とキリスト教の人間学の根本的な相違点は何であろうか。ピーター・ゲイはこれについて次のように言う,「キリスト教徒たちの人間についての考え方がさまざまであったとしても,キリスト教人間学で肝心なのは人間が神に依存した息子であるという点にある。フィロゾーフたちの人間についての考え方がさまざまだとしても,啓蒙主義の人間学で肝心なのは人間が一人立ちできる大人であるという点である」と[*74]。

この『百科全書』に加わったり同調したりした知識人や哲学者のなかには,フランス啓蒙主義に指導的な役割を果たした人物がいた。それら多数の思想家の中からルソー,ヴォルテール,ディドロを選んでとくに理神論と自然的宗教について考察してみたい。

これら三人の思想家の特徴を明らかにするために,わたしたちはフランス啓蒙哲学が宗教に対してとった段階的変化を考えなければならない。①まず17世紀から引き継がれたジャンセニストとジェズイットの論争があり,②自由思想の影響によって18世紀前半に理神論が形成される。③さらに1750年代にディドロ,ドルバックに代表される無神論が成立する。この流れのなかでヴォルテールが②の理神論を,ディドロが③の理神論から無神論への移行期を,ドルバックが無神論の完成期をそれぞれ代表する。それゆえフランス啓蒙思想ではヴォルテールが本来の理神論者であることになる。それに対しルソーはプロテスタントの出身であるため,このようなフィロゾーフの新哲学に対抗しており,フランス啓蒙主義の本流からすると異分子であった。

1　ルソーの思想的な特質

スイス生まれの啓蒙思想家ルソー (J. J. Rousseau 1712-78) はロックの社会契約の考えを受け継ぎ,それをいっそうラディカルに発展させ,その思想はブルボン王朝の圧政下に苦しむフランスにおいてフランス革命,とりわけジャコバン党の指導原理となったといわれる。

ルソーはフランス・プロテスタントの中心地ジュネーヴに生まれ,最初

---

74) ピーター・ゲイ『自由の科学 ―― ヨーロッパ啓蒙思想の社会史』中川久定他訳,ミネルヴァ書房,1982年,1445頁。

トリノでカトリックに改宗し，後にジュネーヴに帰って市民権を回復すると同時に，再びプロテスタントに復帰した。その後，彼は『エミール』の「サヴォワ人助任司祭の信仰告白」を書いて，自然的な良心宗教を告白しながら，啓示宗教であるキリスト教を批判した。それゆえ『エミール』はカトリックとプロテスタントの双方から弾圧された。しかしルソーはそれでもなお，パリ大司教ボーモンへの反論で，「わたしはキリスト教徒である。福音の教えに従う心からのキリスト教徒である。ただし，司祭たちの弟子としてではなく，イエス・キリストの弟子として，わたしはキリスト教徒である」と言い続けた。それゆえ彼は単純に理神論者であるか，それともキリスト教徒であるかを決定できない[75]。ところでルソー自身が自然的宗教を告白しながら，「心のキリスト教徒」と自称した特異な心境と立場は，彼が基本的にはプロテスタントの洗礼を受け，プロテスタントの精神文化のなかで育った思想家であるがゆえに，フランス啓蒙哲学の流れに全面的には一致していないことに由来する。

ルソーは『社会契約論』の冒頭において「人間は自由なものとして生まれた，しかもいたるところで鎖につながれている。自分が他人の主人であると思っているようなものも，実はその人々以上にドレイなのだ。どうしてこの変化が生じたのか。わたしは知らない。何がそれを正当なものとし得るか。わたしはこの問題は説き得ると信じる」[76]と語っている。ここには自然状態と社会状態との区別が含意されているが，この言葉は『エミール』の巻頭言「万物を創る者の手をはなれるとき，すべてはよいものであるが，人間の手に移るとすべてが悪くなる」と酷似している。ルソーは人間の現在の性質のなかに根源的で自然的なものと人為的で不自然なものとを区別し，今は失われている自然状態の光のもとに現在の状態を批判的

---

75) たとえば，ルソーの宗教に関する研究を，『ジャン＝ジャック・ルソーの宗教』において，九百頁にわたって解説したマソンは，ルソーを近代におけるキリスト教の変貌と再生の起点に位置づけ，フランス革命の衝撃を経て，シャトーブリアンの『キリスト教精髄』に結実するロマン主義的キリスト教の本流をなす思想とみなし，ルソーは本質においてキリスト教徒と断定する。しかし，『ルソーの合理主義』の著者ロベール・ドゥラテは，マソンの解釈に全面的な批判を加え，ルソーの宗教はキリスト教であるより，むしろ理神論に近いものと断定する（川合清隆『ルソーの啓蒙哲学 ── 自然・社会・神』名古屋大学出版会，206, 263頁）。

76) ルソー『社会契約論』桑原・前川訳，岩波文庫，15頁。

に考察した[*77]。

　ルソーの思想はその本質において18世紀啓蒙哲学に特徴的な理神論の合理的な自然神学にもとづいている。神は自然的世界の一切の存在と運動の第一原因である。しかし彼はディドロ，ドルバックなど百科全書派の唯物論と無神論に対し有神論でもって対抗しようとする。彼は世界の存在の認識，その認識の真理性，その方法論を学問的に基礎づけないでは，神の存在の論証に入ることはできなかった。そこで「サヴォワ人助任司祭の信仰告白」の冒頭には，ルソーの哲学的認識論が提示された。無神論に対抗するルソーの有神論哲学の基本は，デカルトの二元論であって，唯物論と観念論のいずれをも拒否する。したがってフランス18世紀の啓蒙哲学の主要な思想傾向は，ロックのイギリス経験論の導入によってデカルトの先験的合理主義を批判的に超克することにあった。それゆえ彼は当時のフランスのフィロゾーフと対立することになった。しかし，これらのフィロゾーフたちも彼と同様にイギリス経験論哲学の影響を受けている。したがって『エミール』の「信仰告白」に展開するルソーの認識哲学は，デカルト的二元論と啓蒙哲学の主潮流である経験論や感覚論を折衷する傾向を明瞭に示している。

2　「サヴォワ人助任司祭の信仰告白」におけるルソーの宗教性

『エミール』第4編は「サヴォワ人助任司祭の信仰告白」という表題をもち，「信仰告白」の形式でルソーは彼の宗教観を表明した。ルソーの哲学はフィロゾーフの無神論・唯物論に対抗する有神論の哲学的表明であり，「信仰告白」は無神論者を反駁し，神の存在証明を目的とした形而上学となった。

　この「信仰告白」は二つの部分からなっている。より重要で明晰な，新しい真理に満ちている前半部は，同時代に興隆していた唯物論と戦い，神

---

　77)　ルソーによると自然状態はロックの場合と同じく自由と平等の状態であるが，『不平等起源論』の叙述を参照すると，それは自己愛とあわれみという自然感情をもって平和に生活していた孤立人の世界であった。しかし土地の所有とともに私有が始まり，他人のための労働が必要になると，平和が失われ，知力と欲望が大きく作用して「不平等と貧困と奴隷制の時代」への移行が生じる。これが社会状態であり，これと自然状態とのくいちがいを正すために，つまり社会的人間の自然を回復するために，国家を構成している社会契約が考察の対象とされている。

の存在と自然宗教を確立するために当てられた。

宗教の原始的な形態　ルソーによれば，宗教のもっとも原始的な形態はアニミズムである。最初，人間はあらゆる自然の存在物が自分と同じ仕方で活動していると信じ，万物に生命がみなぎっていると仮定した。その上で自然の諸存在の力は，自分たちの力より勝り無限であるかのように想像し，全宇宙を有形の可感的な神々で満たした。原始宗教がこのような精霊信仰で始まるのは，「わたしたちの感官がわたしたちの知識の最初の道具だから，わたしたちが直接にその観念をもちうるのは，物体的で感覚的な存在だけである」からである。精霊信仰は多神教に発展し，多神教はやがて一神教に移行する。問題はこの多神教から一神教への移行である。それは第一原因の探求によって最上位の観念に到達し，形而上学を実現したことを意味する[*78]。

人間学から理解される自然と宗教　この時代を指導したのはイギリス啓蒙思想であった。とくにデカルトの生得観念を批判したロックは心に刻まれた実践上の生得原理など存在しないことを証明した。こうして道徳的な判断を行う良心にも先験的で超越的性格がなく，その判断は感覚的経験の蓄積にもとづく悟性の習慣的な判断であると説かれた。これに対しルソーは時代の潮流に背を向け，「良心に聞け」という基本姿勢をこの「信仰告白」において理論化し，それを道徳哲学の核心に据えた。そこでは魂の根底に正義と美徳の生得原理があって，これによって良心が善悪の判断と道徳行動を導くと説かれた。

　このような主張の背景には自然と人間に対する独自の思想が見いだされる。人には善を欲する偉大な存在があることが感じられ，人間は自然によって確立された秩序に従っている。このビジョンがルソーが感じとった宇宙の調和という魂の最高のあこがれであった。自然は人間の心の奥底にあ

---

78)「かれらが唯一の神を認めることができるようになったのは，しだいに観念を一般化して，最初の原因にさかのぼることができるようになり，存在するものの体系ぜんたいを，唯一の観念にまとめて，結局のところもっとも大きな抽象である〈実体〉という言葉にある意味を与えることができるようになってからにすぎない」。(ルソー『エミール』今野一雄訳，岩波文庫，101頁)。

第4章　啓蒙主義の人間観　　　　　　　　　　　297

るこの強いあこがれを満たすことができる。だから人間の第一の関心は自然としての人間である。それゆえ人間とは何なのかという疑問は，自然とは何かを知ろうとする問題に先行する。この人間とその運命についての関心こそ彼の思想の出発点であって，自然は人間との関連から捉えられた。それゆえルソーの思想は自然をその第一原因にまで究めようとする形而上学であるよりも，むしろ人間学的であって，思想の核心は人間学に求めるべきであり，自然学は人間学に後続する[*79]。

良心論　　良心論は「信仰告白」の前半の結末部分に位置し，これによってルソーは唯物論者の道徳理論と対決する。良心論は次の言葉で始まる。「こうして，感覚的な事物の印象と，わたしが生まれながらもつ光によって原因を判断させる内面の感情とによって，わたしが知る必要があった主な真理を導き出したのち，わたしにはそこから自分の行動のためにどんな格率を引き出さなければならないのか」[*80]。彼がここから導き出した真理というのは，神の存在・自由意志・霊魂の不滅・神の摂理である。そして彼はそれらの真理から行動の格率を決定すべきであると論じ，良心こそ最高の決議機関であると結論する。「わたしは自分のしたいと思っていることについて自分の心に聞くだけでいい。わたしがよいと感じていることはすべてよいことなのだが悪いと感じていることはすべて悪いことなのだ。いちばんすぐれた決疑論者は良心なのだ」[*81]。

したがって良心とは「魂の奥底にある正義と美徳との天賦の原則」である。これによって善悪を知ることができる。この「内部の光」によってわたしたちは個人的な善と同時に普遍的な秩序を認識できる。これこそあらゆる人間とあらゆる民衆に妥当する普遍的な道徳法則である。それは同時に自然の光によって明らかにされる神であり，理性の神が形を変えて感情の神となったものである。これは人間が信仰を失って，自分の理解力の内

---

79)　グレトゥイゼン『ジャン・ジャック・ルソー』小池健男訳，法政大学出版局，1979年，262-64頁参照。
80)　ルソー『エミール』前掲訳書，第四編，163頁。
81)　ルソー『エミール』前掲訳書，第四編，164頁。この箇所で良心の本性についてルソーは言う，「わたしは依然として，自分の方法に従っていきながら，それらの規則を，わたしは高遠な哲学原理からは引き出さないで，それらがわたしの心の底に自然の手によって消し去ることのできない文字で書かれているのを見出す」と。

に依存根拠を求めたときにはじめて信ずるようになった神である[82]。

　ルソーはこの良心を「感情，本能，衝動」という概念で規定すると言うが，そこには理性が含まれていない。助任司祭はいう，「理性そのものから独立している良心という直接的原理を，わたしたちの本性のいくつかの結果として説明することは不可能であるとは，わたしは思わない」[83]と。良心を理性から独立した原理とするこの立場は，良心と理性を同一視する近代自然法学者やカントとは相違する[84]。それゆえルソーの良心論の特質は良心を理性から分離し，良心に感情を原理として立てている点にある。したがって良心の生得原理は本能，感情，衝動という三つの概念から捉えられる。しかしルソーが良心を道徳的本能と呼ぶとき，動物のような本能ではなく，「良心は魂の声であり，情念は肉体の声である」という比喩的な意味でそう呼ばれる。つまり良心の機能が本能に似て生得的で直感的性格をもっていると彼は主張する。この生得性はむしろ内心の感情によっていっそうよく表現される[85]。彼は性善説に立ってキリスト教の原罪説を否定し，「自然の最初の衝動」はつねに正しいと主張し，この衝動と良心との関係を説いている。

　宗教感情に立つ宗教　サヴォワの助任司祭の話によれば，あらゆる人間とあらゆる民衆のための普遍的な道徳は良心によってひとりひとりの人間に明らかにされる。それは自然の光によって明らかにされる神であり，理性の神が形を変えて感情の神となったものであり，人間が信仰を失って，自分の理解力の内に保護を求めたときにはじめて信ずるようになった神である。このような神は啓蒙思想と融和させられたものであって，良心感情にもとづいて要請される。この良心感情に立つ宗教は制度的な実定的宗教

---

　82)　「良心はけっして欺くことがない。良心は人間の真の導き手である。良心と魂の関係は，本能と肉体の関係に等しいし，良心に従う者は自然に服従しているのであり，迷うのではないかという恐れを少しもいだくことがない」（ルソー前掲訳書，164頁）。
　83)　ルソー前掲訳書，172頁。
　84)　ルソーは形骸化した理性主義の近代自然法学を，良心を核とする独自の倫理思想によって批判し，その合理主義批判を通して良心論を形成した。
　85)　「理性はわたしたちをだますことがあまりに多い。わたしたちは理性の権威を拒否する権利は十二分に獲得することになっただけだ。しかし，良心はけっしてだますようなことはない。良心こそ人間のほんとうの案内者だ。魂にたいして良心は，肉体にたいする本能と同じようなものなのだ」（ルソー前掲訳書，164頁）。

に属さず，むしろ理神論的な自然的宗教に属し，だれの神でもない普遍的な神である。それはキリスト教の啓示という特質をすっかりなくしてしまった抽象的な神である。したがって，いかなる人間もこの神に献身することはない。しかし，この種の宗教感情において根本的に欠如しているのは永遠者と出会う基礎的な体験である。それゆえ人格的な神との関わりはどこにも見られない。それでもルソーは自分がキリスト教徒であることを主張してやまなかった。しかもプロテスタントの信仰を彼は表明した。とはいえルターのような「神の前に立つ良心」という個人的な宗教体験の表明はここにはなく，自然な良心感情といった人間性が表明されているにすぎなかった。それでも，わたしたちはここに啓蒙時代における霊性の発露を見いだすことができるであろう。

著名なルソーの研究家グレトゥイゼンは適切にも次のように語っている。

「この神は宗教的体験から生まれたものではなく，人間によって見られることも，体験されることもない。ところでルソーの魂は，ひじょうに豊かな感情に恵まれ，ひじょうに強い渇望に支えられていたが，宗教の領域では創造的ではありえなかった。昔の宗教的な天才が身につけていた力，つまり信仰による見方をもっていなかった。18世紀のフランスには新しい形態の宗教感情は生まれなかったが，ルソーもこの点でまさに18世紀の人間だった。……ルソーの生きた時代には，人間は宗教について深い考察を行なった。宗教を批判するにしても，高く評価するにしても，その態度には変わりがない。欠けているのは宗教的所与の直接性である」[86]。

わたしたちは啓蒙時代においては（すでに考察したイギリス啓蒙思想のもとでそうであったように）自然世界の主としての，また道徳の至高の擁護者としての神がさまざまに変貌をとげながら表明されたことを，ルソーばかりかフランス啓蒙哲学においても見いだすであろう。そこには理性の圧倒的な光明のもとに宗教とは関係のない動機が混じっていても，その内奥に宗教的で真剣な渇望があることを見逃すわけにはいかない。

---

86) グレトゥイゼン前掲訳書，312-13頁。

3 ヴォルテールの理神論

イギリスに初めて興った理神論の展開についてすでに考察したさいに明らかにしたことであるが、理神論とは一般的にって神の存在は認めるが、啓示宗教とその教義も認めない人々の哲学的立場といわれる。それは啓示宗教を拒否しても、神の存在は認めて自然的宗教を信じる人々の思想である。フランスにおいて理神論を代表するのはヴォルテール（Voltaire 1604-1778）である。彼は、すでに青年時代から、「わたしはキリスト教徒ではない。しかし、それは汝〔神〕をいっそう愛するためである」と明言し、生涯キリスト教に対する否定的態度を堅持した。これに対し正統派のキリスト教からは理神論者が信仰を口にしていても、本心では神を信じてはいない無神論者にすぎない、と攻撃された。しかし今日ではヴォルテールはキリスト教徒ではないとしても、無神論者ではなく、理神論者と称するほかはないとみなされる。つまり彼は、神は信じても啓示宗教を認めない啓蒙思想家なのである。

ヴォルテールの理神論的立場は、『哲学書簡』（1734）において、すでに明白であって、理神論の全貌がここに明瞭となった。彼はイギリスの新事情を紹介しながら、そこでの信仰の自由に触れ、キリスト教の一セクトであるクエーカーの信条を紹介し、洗礼、聖体拝受などキリスト教の秘蹟が非合理的であることや、聖職者の無用性を暴露する。つまり宗教は、無知な民衆の軽信や狂信から生まれたものにすぎないというのが彼の基本主張なのである。

『哲学書簡』におけるヴォルテールのキリスト教批判は、軽妙な文体に包まれ、その毒が幾分緩和されてはいるが、その批判にはすでに痛烈なものがある。神の霊感に触れ、神がかり状態になったクエーカーの創始者の中に彼はイエスの狂信に駆られた一人の男しか認めなかった。こうして一方でキリスト教に冷笑を浴びせかけ、他方でイギリスにおける寛容、宗派の自由を賛美し、反キリスト教的な理神論の立場からロック、ニュートン、ポープ、クラークなどへの賛辞を惜しまない。このフランス啓蒙思想の記念碑的作品は、ヴォルテールが詩人からフィロゾーフに転向した画期的作品でもあった。それが出版されると直ちに弾圧され、匿名の著者に逮捕状が発せられた。そうなると彼の批判はますます激烈となり、穏健なルソー

第4章　啓蒙主義の人間観　　　　　　　　　　301

とは異なる相貌を呈するようになった。このような批判的理神論は，理神論者によるドグマチックなキリスト教に対する合理主義的批判となった。

　この書になかで展開する彼のデカルト批判とロックの弁護，またパスカルに対する批判をここでは参照し，彼の思想的特質を指摘してみたい。まず彼はデカルトを批判して言う。

　「わが国のデカルトは，古代の誤謬を見つけ出すために，といってもそれに自分の誤謬を置き換えるためにこの世に現われたのだが，それにどんなに優れた人間でも盲目にしてしまうあの体系的精神に引きずられて，彼の説によれば物質が延長と同一物であると同様に，霊魂は思考と同一物であることを証明できると思いこんでしまった。彼の断言するところでは，人間はいつも思考しており，霊魂が身体にやってくるときにはあらゆる形而上学的観念をそなえており，神，空間，無限を知り，すべての抽象的観念を持ち，要するにすばらしい知識でいっぱいなのに，母の胎内から出る際に，気の毒なことにこれら一切合財を忘れてしまうというのである」[87]。

　次にロックの新しい認識論を讃美してから，ロックの宗教論に対する批判が妥当しないことを指摘して言う。

　「ロックは，生得観念を打ち破り，人がいつももものを考えていると信ずるうぬぼれとはきっぱり縁切りしたあとで，あらゆるわれわれの観念は感覚を通ってやって来ることを明らかにし，われわれの単純な観念や複合されてできた観念を検討し，人間の精神をそのいっさいの活動において見守り，人間の話す言葉がどれほど不完全なものか，われわれは常に言葉をどんなに間違って用いているものかを教えている。おしまいにロックは人間の知識の範囲，というよりもその無に等しいことの考察に及ぶ。……人びとは，ロックが宗教を打ち倒そうとしていると叫び立てた。けれどもこの問題では，宗教はまったく無関係だったのである。これは純粋に哲学的問題で，信仰や啓示とは全然無関係なのである」[88]。

　この作品の終わりにはパスカルの『パンセ』に対する批判が展開する。

87）ヴォルテール『哲学書簡』中川信訳，世界の名著，116頁。
88）ヴォルテール前掲訳書，118頁。

彼はパスカルの原罪説を嫌悪し，自己の楽天的な思想を吐露して次のように言う，「概して，パスカル氏がこれらの『パンセ』を書いた精神は，人間を醜悪な姿のもとに示すことにあったように，私には思える。……この卓越した人間嫌いに対抗して，私はあえて人類に味方しよう」[89]と。したがって彼はパスカルの基本的主張である「人間の偉大と悲惨」の弁証法的な思想を全く理解できない。それなのに彼は批判して言う，「キリスト教はただ単純性と慈悲と友愛とを教えるものである。これを形而上学的に当てはめようとするのは，それを誤謬の源泉にしようとすることである」[90]と。もちろん彼の立場は哲学者のそれであって，宗教家のそれでもない。「哲学者たちが宗教を説いたことはけっしてなかった。問題は彼らの哲学を論破することなどではない。哲学者で，神から霊感を受けたと称した者など全然ない」[91]。したがって彼は自己愛に関しても哲学者の思想しか理解できず，それに反論したり，パスカルの「三つの秩序」[92]を全く理解できないでその文体が「朦朧体」であると揶揄することしかできなかった。

4 ディドロの唯物論

フランス啓蒙思想における唯物論を代表するディドロ（Didorot, Denis 1713-1784）は，両親から神学者になるべく定められていたが，早くから教会の束縛から脱し，啓蒙主義の哲学の断乎たる信奉者であった。この時代にエルヴェシウスがロックの認識論によって強く影響を受け，人間の精神をも唯物論的に解釈したが，ディドロはこのエルヴェシウスの『人間論』（1772）に対してさらに批判を加えながら，自分の唯物論を確立した[93]。

---

89) ヴォルテール前掲訳書，213-14頁。
90) ヴォルテール前掲訳書，214頁。
91) ヴォルテール前掲訳書，215頁。
92) 本書第3部第2章2節を参照。
93) ディドロ自身が，「石も感じる」という命題によって，物質的感性を発生論的に説明した元祖であった。彼はコンディヤック同様，大理石の彫像を登場させる。この石の彫像は動くことも，感じることもできない。この石の彫像はどのようにして感じることができるようになるか。ディドロは大槌を持ち出し，まず大理石の像を粉々に砕く。この石の粉は時間とともに風化し腐植土となる。次に彼は，その腐植土に植物の種をまく。土を養分にして成長した植物を人間が食し，その養分を人間の身体が吸収し，消化する。こうして大理石像の一部は，人間の身体と同化し，人間の身体において感性を得たとは言えないだろうかと彼は論じた。（川合清隆前掲訳書，236頁）。

ディドロはエルヴェシウスを批判して次のように言う，「著者の形而上学全体からは次のような結論になる。判断，または対象相互の比較は，比較しようとするなんらかの関心を前提とする。この関心は，幸福でありたいという欲求から必然的に生ずる。欲求はその源泉を物質的感性のなかに見出す。これが，はるか遠方から引き出される結論である。このような結論は，人間より動物一般によりふさわしい」。それゆえ彼によると最初にあるのは物質的感性であって，ここから形而上学的な飛躍をすべきではない[94]。そこでディドロは人間精神の能力を感覚能力と記憶力に見いだす唯物論の見地に立ちながら，伝統的な唯物論への不満を表明し，新しい人間学を説こうとする。かつてデカルトは「わたしは考える，ゆえにわたしはある」と言ったのに対し，エルヴェシウスは「わたしは感じる，ゆえにわたしは気持ちよく感じたい」と言おうとした。だが，ディドロはホッブズに倣って「わたしは，感じ，考え，判断するのであるから，物質の塊がわたしのように有機的に組織されていれば，感じ，考え，判断することができる」と言うべきだと主張した。

ディドロは唯物論者のように人間を有機的な「物質の塊」として把握する。彼は感性と判断力を同一視するエルヴェシウスの唯物論には「浅薄な」基準しかないことを洞察していた。彼はホッブズが感覚と思考と判断をそれぞれ質的に異なるカテゴリーの能力とみなしている点に同意した。この区別のなかに彼は人間と動物との差異をおき，「身体的なものと精神的なものの区別は，感じるだけの動物と理性で推論する動物の区別と同じくらい堅固なものではないのか」と言う[95]。それゆえ，快・不快の感覚原理によるエルヴェシウスの功利主義的説明には満足しないところにディドロの唯物論が目指した高みがあるといえよう。とはいえ唯物論の説明が未だその人間精神の崇高さの次元にたどり着けないからと言って，彼は唯物論を放棄するわけではない。彼は唯物論者にとどまったが，感性と理性のほかに崇高な精神性を模索した思想家であったのではなかろうか。ここに過激なフランス啓蒙のさなかにも否定し尽くされない霊性のかすかな兆しを認めることができないであろうか。

---

94) 川合清隆前掲書，236-37頁からの引用。
95) 川合清隆前掲書，237頁からの引用。

この点はディドロの「哲学者」を参照すると明白である。彼は次のように言う。

「哲学者にとって理性は，キリスト教徒にとっての恩寵に相当する。キリスト教徒は恩寵によって行動に決定づけられるが，哲学者は理性によって決定づけられる。ほかの人々はただ情念に流され，反省がその行動に先立たない。闇の中を歩いているようなものである。ところが哲学者は，情念にとらわれた場合でも，反省したあとでなければ行動しない。夜には違いないが，こちらは松明をかかげているのだ。……哲学者の非常にすぐれた点は，判断をくだす適当な理由がない場合，いずれともきめないでおれることである。……哲学者は，反省によって人一倍，他人といっしょに生活し，他人の信頼と尊敬を得，友情と感謝の義務を果たすことに多くの魅力と快感を見出すようにできている。こういう気持はさらに，理性の自然の光がそこへ導いていった宗教によって心の底ではぐくまれている」[*96]。

また，彼は自己の宗教観を『基本原理入門』のなかで次のように要約して述べている。

「神という言葉で，人が，自然，宇宙の生命，普遍的な運動を意味するなら，わたしは神の存在を信じます。さらにこの言葉で，一切を配列し，そのあとは勝手に第二原因に作用させておく最高の知性を意味するとしても，それでもまだわたしは神の存在を信じます。……しかし，それ以上のものを意味するとなると，もうわたしには信じられません。〔それに対し〕啓示というものは，司祭たちが，諸民族を支配するために使う手段だと，わたしは思います」[*97]。

さらに自然的宗教について最後にこう言われる。

---

96) ディドロ「哲学者」野沢協訳，「ディドロ著作集」第2巻，「哲学Ⅱ」法政大学出版局，240-44頁。

97) ディドロ『基本原理入門』小場瀬卓三訳「ディドロ著作集」第1巻，「哲学Ⅰ」（前出）168頁。続けて次のように言われる。「理性は，最高存在がつくりだしえた，またはつくりだすべきであったものの絶対的審判者なのだと認めることを，あなたは約束しますか。約束します。……さあ，これで本当に人間の名に価するものが生まれました。今こそ，あなたに自由をそっくり返してあげるために，『エミール』，『精神論』，および『哲学辞典』の著者の名において，あなたをキリスト教から解放します。あなたはいまこそ，真の哲学者になったのです。そして，自然のしあわせな弟子のうちに加えられたのです」。この三つの著作は三位一体のように考えられており，反キリスト教的な表現である。

「宗教はなんですか。この男が信奉するのは，自分の心の底に書きこまれているのを発見した宗教です。最高存在にたいして，もっとも純粋であるとともに，また，この存在にもっともふさわしい敬意を表する宗教です。ある時代とある場所には存在しないような宗教ではなくて，あらゆる時代とあらゆる場所に通じる宗教です。時代の終末までもつづくであろう宗教です。なぜなら，この宗教の法は人間の心のうちにきざみこまれているからです。これに反して，他の諸宗教は，ただ古びていくだけなのです」[*98]。

それゆえに彼の思想は人間一般の宗教的な本性に関する理解において揺れ動いている。たとえば彼はファルコネへの手紙の中で「人間の心は代わる代わる聖域にもなり，下水にもなる」と告白している[*99]。わたしたちはここに啓蒙主義者によって霊性が自然的宗教の源泉として否定しようにも否定しきれないでいる事実を認めざるをいない。

4 ライマールスとレッシング　ドイツ啓蒙主義の人間観

カントは『啓蒙とは何か』という小品において，啓蒙思想を単に合理主義という知的態度に求めず，理性による自律として捉えた。彼はいう，「啓蒙とは人間が自己の未成年状態を脱却することである。……それだから〈あえて賢こかれ〉，〈自己みずからの理性を使用する勇気をもて〉。これが啓蒙の標語である」[*100]と。啓蒙とは自己の理性を使用すること，つまり理性による自律をいう。また道徳において自律とは自己が自己自身に対して法であること，あるいは自ら立法すること，したがって法が自己の外にあるのではなく，わたしたちの内にあることをいう。それゆえ自律は法を欠いた主観的恣意ではなく，理性による生き方であって，法に反する欲求，願望，快楽に従うのは他律的生き方となる。

この理性的自律は自主独立せる近代的市民の生き方であり，それは同時に封建的旧体制を批判し，新しい社会を形成しようとする革命を惹き起こ

---

98) ディドロ前掲訳書，170頁。
99) Didorot, Correspondance, VII, 59.（1767, 5, 15）.
100) カント『啓蒙とは何か』篠田英雄訳，岩波文庫，7頁。

す力をもっていた。この批判的理性の名によって世界を変革したフランス革命ではカトリシズムとの衝突のゆえに理性はラディカルになり，反宗教的にさえなったが，信教の自由なアメリカでは宗教と理性は統合されるかたちで革命を起こした。それに対しイギリスでは理神論が栄え，神を創造者として認めるも，啓示を否定し，神の干渉なき自然的宗教が説かれた。それではドイツではどうであったろうか。ドイツ啓蒙主義の代表者はレッシング（1729-81）であった。しかし，彼は単なる啓蒙主義者ではなく，それに対する批判者でもあった。そこで彼が関係したライマールスをまず問題にしてドイツの啓蒙主義の特質を捉えてみたい。

1　ライマールスの理神論と自然的宗教

ドイツの啓蒙主義はヘルマン・ザムエル・ライマールス（Hermann Samuel Reimarus 1694-1768）によって衝撃的なかたちで歴史に立ち現われてきた。それは彼の死後レッシングによって公刊された断片的な文書によって興った[*101]。

　ライマールス自身が生前に公刊した最大の業績は，義父ファブリキウスが着手したが未完成であったローマの歴史家ディオ・カッシウスの『ローマ史』を完成させ，刊行したことである。これによって彼の文献学者としての手腕と批判精神が世に認められた。自著として生存中に出版されたのは『自然的宗教の最も優れた真理についての論述』（Abhandlung von den vornehmsten Wahrheiten der natürlichen Religion, 1754）であり，ヨーロッパの各語に訳された。

自然的宗教の真理性　　この著作によると自然的宗教の要請とキリスト教の要請とは一致しており，互いに補足し合う関係にあって，自然的宗教

101）　ライマールスは，1694年12月22日にハンブルクで牧師の子として生まれ，12歳まで父の手で教育された。12歳から16歳まで，後に義父となるファブリキウスの教えを受けた後，16歳のときにギムナジウムに入学，20歳からイエナ大学で神学，古代語学，哲学を学ぶ。1716年から19年までヴィッテンベルク大学哲学部助手，「マキャベリ以前のマキャベリズムに関する論述」によって19年に員外教授，20年から21年にオランダ，イギリスを旅行，帰国後，前職に復帰，27年にはハンブルクのギムナジウム教授（東洋語）となった。彼は1768年に平穏な一生を終えた。その死後娘のユリーゼが，父の草稿をレッシングに託し，それが世に現れるや否や，多くの論争が起こることになった。

はキリスト教の準備的段階であると主張された。したがって彼はドイツ啓蒙主義の形成期に生をうけ，理性と啓示との関係が問われ，伝統的な正統主義が敬虔主義と啓蒙主義との双方から攻撃を受けた時代に生涯を送った学者であった。したがってライマールスは公の立場としては正統主義的ではないとしても，キリスト教を擁護する側に立った。こうしたキリスト教擁護の立場から，彼はラ・メトリの人間機械論やスピノザの汎神論を攻撃した。

しかしライマールスが主張した「自然的宗教」は，その本質においては制度的な実定宗教や信仰告白と切り離されていた。ここに彼の自然的宗教の特徴が認められる。自然本性にもとづく真理とは，「神の存在，世界の神への依存，神の特性が自然の内にあるとの表明，肉体と魂の二元論，理性的・感覚的存在に可能である至上の完全性なる人間の使命，人間に対する神の特別な摂理と，神義論によるその弁明，徳の高い者がこの世で達せられるよりも更に高い至福への上昇を認める手段である不死」などであるが，それに対し「罪，負債，恵みと救いは，実定宗教に属する」と主張され，イギリス啓蒙思想で考察したように一般に説かれた「自然的宗教から実定的宗教への移行に関する示唆」がやはり欠如している*102。

ライマールスの基本的信念によれば特定の歴史や伝統に結びつく宗教は，「不自然な啓示への要求」にもとづいており，どれも根拠がなく，制度的にして実定的で，歴史の偶然に立っており，これによって「全ての人間が幸福になれるなどと言う宗教は，ナンセンスである」。彼は「事実，しかも大地の片隅で起きた事実に基づく宗教，そんな宗教のために人間が造られたわけではない」と言う。そのような偶然の要素には，普遍的な拘束力もなく，合意を可能にする力もなく，また普遍化できない。歴史における特定の場所や時間において起こったことは偶然的で普遍的意味をもちえない。

こうして「制度的＝実定的なもの」と「本性的＝自然的なもの」とが分離されて，対立的に立てられた。イエス・キリストの場合には「歴史のイエス」と「永遠の神の子」に分離されてしまう。これは人間イエスを永遠

---

102) ここにあげたライマールスの学説の要点はバイアー『ヨーハン・ゲオルグ・ハーマン』宮谷尚美訳，教文館，195頁に依っている。続く引用も同書による。

の原型であるキリストから切り離し，聖書における人間性をその神性から切り離すプロセスとなる。そこから「自然的なもの」とは，根本的にそれが「実定的」(positive)でないものと規定された。こうして両者は個別と普遍のように切り離されてしまい，カントが「経験的なもの」と「理性的なもの」とを「経験的なもの」と「先験的なもの」とに分離したのと同様になる[*103]。そして自然的宗教のみがどこでも誰にも妥当する普遍的な真理を示すとの結論に達する。

公表しなかった論文の思想　しかし，彼は個人的にはこれと全く異なる思想をもっていた。彼は公表しなかった『理性的神崇拝者の弁明あるいは擁護書』(Apologie oder Schutzschrift für die Vernünftigen Verehrer Gottes)では，先の公表した著書とは全く異なる思想を展開している[*104]。前者では少なくとも公には自然的宗教はキリスト教の準備的段階であるとしたのに対して，この著作では，彼は自然的宗教がキリスト教に取って代わるべきだと，つまり合理主義的立場から理性が啓示に完全に取って代わるべきだと主張した。

　当時ライマールスを取り巻いていた神学思想は，「聖書のみ」に権威を認めるプロテスタンチズムの原理に則って，聖書をキリスト教真理の絶対的な証明であるとするルター主義であった。これに対決する仕方で彼は自然的宗教，あるいは理性的なキリスト教をめざして，啓示宗教に対する攻撃を企てていた。この著作は未完成のために公刊されなかったのではなく，ライマールスは自らの思想に殉死しないように，また時代が未だ彼の思想を受け止めることのできるほど成熟していないと考えたからである[*105]。

---

　　103)　カントの『学部間の闘争』(1798)の「哲学部と神学部の間の闘争」の部分では，ライマールスにおいては理念的なかたちで極めて明らかに示された分離の意味で偶然性と先天性の区別が述べられる。「様々な教義は，……偶然的で啓示論であるか，あるいは〈道徳的〉である。それゆえ，必然性意識と結び付き，先天的に認識可能な信仰の〈理性論〉である」。啓示と理性とは，偶然と必然性のごとく分離して立てられている。理性を信じることは啓示を信じることに対立し，必然的なことは偶然的なことに対立し，歴史的なものや時間的なものは先天的に認識しうる永遠なものに対立する（バイアー前掲訳書，196頁）。
　　104)　これらの著作を編集した『弁明』は1972年にドイツのインゼル書店から二巻本として出版されたが，1700頁に及ぶ大作である。また彼の思想には，ライプニッツ，ヴォルフの合理主義の哲学，イギリス旅行の結果と考えられるロックやトーラントなどに言及しているところから，イギリス理神論の影響を見ることができる。

レッシングは1770年にブラウンシュヴァイク大公の委託を受けて，かつてライプニッツもその職に就いたことのあるヴォルフェンビュッテル図書館の司書となった。1772年から「ヴォルフェンビュッテル大公図書館の貴重なる文献より歴史及び文学に対する寄稿」を刊行し，そのなかの文献を次々に刊行した折りに，彼はライマールスの遺稿をこの図書館に埋もれていたものであると見せかけて「無名氏の断片」(Fragment eines Ungenannten) という表題で公表した。

　たとえば「理神論者に対する寛容について」(Von Duldung der Deisten) を公表した。この断片の中で，ライマールスは隠れた理神論者として，ユダヤ教徒や異教徒が寛容に扱われているにもかかわらず，理神論者はそうではないという状況を攻撃した。その原因として彼は，使徒たちがメシアというユダヤ的観念でもってイエスを描いていた点をあげた。ライマールスによれば，イエスは理性的で実践的宗教の教師だったから，彼の理性的で倫理的教えに従う者はだれでもキリスト者である。したがって理神論者もキリスト者であると言えるので，寛容に扱われるべきだと主張した。

　次には「無名氏の草稿から啓示に関する更にいくつかの断片」が公表された。その中で「すべての人間が理性的根拠にもとづいて信じうる啓示の不可能性」(Unmöglichikeit einer Offenbarung, die alle Menschen auf eine gegründete Art glauben können) は，神が一人びとりの人間に特殊な啓示を行うことは不可能であると主張する。その理由として，奇跡を継続的に行うことは，神が自分で創造した自然の秩序を自ら破壊することになり，そのため神は自己矛盾に陥ることになるという点を挙げた。彼によれば，そもそも啓示が起こりうるとすれば，ごく稀な機会に特定の個人に対して起こりうるにすぎず，それ以外の人々は，彼の証言を信じるほかはない。これらの人々には，直接的啓示ではなく，啓示に関する人間的証言だけが与えられている。だが人間的証言がすべて真実であるとは限らず，したがって神的啓示の安全な保証はない。また啓示から時間がたてばたつほど証言のもつ信憑性は失われて行く。しかも聖書本文の解釈は解釈者によって実にさまざまであって，実際のところ，彼らは聖書の中に自分自身の教えを

---

　105)　レッシング『理性とキリスト教』谷口郁夫訳，新地書房，166-67頁参照。この訳では「自然宗教」と訳されている natürliche Religion を「自然的宗教」と改めた。

見ているにすぎない。また使徒たちは啓示された教義の伝達手段として文書を書いたのではなかった。それゆえ特殊な啓示というものは，現代人にとっては問題になりえないのであって，時間と空間を超越する自然的宗教のみが万人に救いを与えることができるという。

　『イエスと彼の弟子たちとの目的について』　さらに，歴史家ライマールスには『イエスと彼の弟子たちとの目的について』という論文があって，これによってキリスト教史上もっとも大きな旋風が巻き起こった。つまりこれが端緒となって「史的イエスの問題」が発生した。

　イエスの「目的」，すなわちイエスが追求した意図と，彼の弟子たちの「目的」とを区別しなければならない，とライマールスは言う。イエスの意図は，「わが神，わが神，どうしてわたしをお見捨てになったのですか」という十字架上の叫びから理解しなくてはならない。この叫びによって，イエスはその目的が失敗したことを言い表している。すなわち，イエスはユダヤの政治的メシヤであって，この世の国を建設し，ユダヤ人を外国の支配から解放しようとした。十字架上の叫びは，イエスがその「目的」を達成できなかったことを示す。ところで弟子たちの「目的」はこれとは全く違っていた。彼らは自分たちの夢が破られたのを目の当たりに見たのであった。彼らは何をすべきであったか。もとの仕事にもどる気などなかった。とすれば何によって生きればよかったか。彼らはイエスの死体を盗むという自衛策を講じ，イエスの復活と再臨の使信をつくりあげ，このようにして仲間を集めた。したがって弟子たちがキリスト像の創作者なのである[106]。

　大きな興奮がまき起こり，多くの非難がいたる所から寄せられた。だが，これまで見過ごしにされてきた事柄を彼は正確に認識していた。つまり彼は歴史上のイエスと宣教されたキリストとが，同一人でないことを認めた。歴史と教義とは別のものである。このライマールスから史的イエスの問題が始まった。

　ライマールスは「史的イエス」と「宣教されたキリスト」が同一でない

　106）　シュヴァイツァー『イエス伝研究史』上巻，遠藤彰・森田雄三郎訳，白水社「シュヴァイツァー著作集」第17巻，71-75頁。このイエス伝研究の第一版は『ライマールスからヴレーデまで』（1906年）と名づけていた。

こと，歴史と教義とは別であることを説いた。これにより大きな興奮と憎悪が生じたが，啓蒙主義の批判的精神は定着するようになった。レッシングが真の信仰を喚起しようと願ってこの遺作を発表した勇気は彼を偉大にした。こうして歴史学的研究によって聖書も歴史的に制約された一文献であることが示めされ，正統主義の聖書無謬説に攻撃が加わえられた。

　福音書がイエスについての絶対に信頼できる使信を伝えているということは，古代では確かなことであった。その当時はこのことに何らの疑問もなかった。したがって啓蒙主義時代以前の福音書研究は，主として四福音書を書きなおしたり，調和させたりすることに限られていた。実際のところ新約釈義というのは教義学の補助学科であった。18世紀の終わりになって初めて，史的イエスと教会によって宣教された福音書のキリストとは同一ではない，という認識が生じた。このことを素朴な方法で発表したのが，ライマールスのこの論文であった。

　この議論は今日ではまことに馬鹿らしく，素人くさいといえよう。というのは，イエスは政治的革命家ではなかったから。わたしたちの資料は，イエスが当時の熱狂的，国粋主義的傾向に対して烈しく立ち向かったことを，信頼できる形で明らかに証明している。しかしライマールスが史的イエスは福音書，とくにヨハネ福音書が記しているキリストとは異なる人物であったと主張したことは，少なくとも原則的には正しかったのではないだろうか。史的イエスとは一体誰だったのだろうか。

　シュヴァイツアーの『イエス伝研究史』　　この問いに答えようとするのが，まさに始まろうとしていた啓蒙時代のイエス伝研究であった。この研究は自由神学によって，つまり教会の教義に対する戦いのなかで引き起こされた。史的イエスに関するこの研究全体は，教義から自由になろうという試みを表している。人間としての「ナザレのイエスに帰れ」というのが合言葉であった。キリスト論的教義ではなく，イエスの人格と宗教が決定的なものとなった。このような合言葉のもとに沢山のイエス伝が生まれた。シュヴァイツアーによると合理主義者はイエスを道徳の説教者として，理想主義者は博愛の権化として，美学者は天才的な語り手として，社会主義者は貧しい者の友，また社会革命家としてイエスを描き，一方多くの似而非学者はイエスを材料として，虚構を作り上げている。こうしてイ

エスは近代化されてしまった。これらのイエス伝は，純粋な理想像なのである。その結果は，各時代，各神学，各著者がイエスの人格のなかに，勝手な理想を見つけ出すことになった。どこが間違っていたのであろうか。それは気がつかない間に，教義の代わりに心理学とか幻想とかが密輸入されていたことにある[107]。

　シュヴァイツアー（Schweitzer, Albert 1875-1965）は，イエス伝研究の結果をその『イエス伝研究史』の結語において次のように要約した。「イエス伝研究は注目すべき経過をたどってきた。それは，史的イエスを見いだすために出発し，やがて彼を真の教師および救い主としてわれわれの時代に入り来たらせうるであろう，と考えた。それは，何百年このかた彼を教会教理の岩に縛りつけていた紐帯を解き放った。そしていま一度生命と躍動が具体的形姿をとってよみがえり，史的人間イエスが彼自身にふさわしくされるのを見て，歓喜した。しかし彼は立ち止まることなく，われわれの時代を通り過ぎて，彼本来の時代に帰って行った」[108]と。これこそ，1778年に生まれたイエス伝研究の味わった著しい経験であった。イエスはイエス伝研究によって教会の教えに縛られていた岩から解き放たれ，生き生きしたものとなり，現代にまで踏み込み，わたしたちの時代の人間となった。しかし彼はここにとどまってはおらず，わたしたちの時代を通り越して彼の時代に帰ってしまった。シュヴァイツアーは教理と生ける生命との関連を，基礎的な生きた宗教心を欠いている，拘束された宗教心と自由な宗教心の関連として次のように述べている。「拘束された宗教心と自由な宗教心は，神の国の欲求および希望とイエスの霊の交わりとがそれらにおいてふたたびある基礎的な強力なものになるときには，互いに関連をもつようになる」[109]。ここで言われている宗教心は霊性と言い換えること

　　107）　すべてこれらのさまざまなイエス伝は，例外なくこの心理学と幻想という二つの手段を用いて，イエスの人格を描いた。資料だけに責任があるのではなく，勝手に作り上げた心理学的構造に大きな問題があるとシュヴァイツアーは言う。その彼がマタイによる福音書10・23を引き合いに出して，終末が遅延していることに対する失望からイエスに苦難の道を選びとらせた大転機が生じたとしたのは，彼自身が心理学的構成という誤りに陥ったことを示している。それは正に悲劇であった。このようにエレミアスは「史的イエスの問題」（『新約聖書の中心問題』川村輝典訳，新教出版社，12-13頁）で述べている。

　　108）　A. Schweitzer, Geschichte der Leben-Jesu-Forschung, 1913, S.631-32. シュヴァイツアー『イエス伝研究史』下巻，遠藤彰・森田雄三郎訳，白水社「シュヴァイツァー著作集　第19巻」305頁。

ができる。実際，イエスの霊がわたしたちの霊性に働きかけていなければ，何ら意味ある出来事もを起こらない[*110]。

2 レッシングの啓蒙主義

レッシング (Lessing, Gotthold Ephraim 1720-1781) はこれらライマールスの断片に「刊行者の抗弁」(Gegensätze des Herausgebers) を付して出版した。そのなかで，彼はライマールスを擁護し，今後現われるであろう正統主義からの非難を前もって反撃した。その中心点となる文章をここに引用しておこう。

「文字は霊ではない，そして聖書は宗教ではない。従って，文字に対する，あるいは聖書に対する反駁は，霊に対する，あるいは宗教に対する反駁ではない。というのも，聖書は明らかに宗教に属していないものをも含んでいるからである。……また，聖書が存在するより以前に宗教は存在した。宗教は，福音書記者や使徒が教えたが故に真なのではない。彼らはその宗教が真であるが故に教えたのである。書かれた伝統は，宗教の内的真理から説明されなければならない，そして書かれた伝統はすべて，宗教が内的真理を持たないならば，宗教に内的真理を与えることはできない。信仰は奇蹟としるしによって強められた理性に，そして理性は理性的に語る信仰になった。実定宗教全体は，理性の宗教を新たに是認するもの以外の何物でもない」[*111]。

この「刊行者の抗弁」から明らかなように，レッシングとライマールスは，必ずしも完全に一致しているわけではない。レッシングの啓示理解は，『人類の教育』から理解されるように，ライマールスよりも遥かに深いものであった。レッシングはイエス伝を初めて歴史的に捉えようとしたライマールスの意義を，古い宗教が根本的に変革できる余地を与えうるものと

---

109) シュヴァイツァー前掲訳書，320頁。
110) 事実，イエスはわたしたちの時代の人間ではなく，旧い契約の預言者の言葉を語り，旧い契約の神を説教したナザレの預言者であった。しかし今やシュヴァイツアーの譬喩をもっと辿って行くならば，イエスは彼の時代にもとどまっておらず，それからも抜け出してしまうであろう。イエスはナザレのラビや後期ユダヤ教の預言者でもなかった。彼は遠くに行き，復活節の朝の薄明の中に歩み入り，シュヴァイツアーがその書物の最後に述べているように，「わたしに従って来なさい」という言葉を語る，見知らぬ，無名の人となったのである（シュヴァイツァー前掲訳書，320頁）。
111) レッシング前掲訳書，170-71頁。

して理解した。それゆえ彼は論争を望み，論争のきっかけを与えるために「無名氏の断片」を刊行した。予測したとおりにこれらの断片に対しやがて反論が起こってきた。たとえばシューマンは「キリスト教の真理に対する証明の明証性について」論じたが，「刊行者の抗弁」は問題にしなかった。彼はとくに「すべての人間が理性的根拠に基づいて信じうる啓示の不可能性」という論文を採りあげて論駁した。

それに応えてレッシングは『霊と力の証明について』(Über den Beweis des Geistes und der Kraft, 1776) という小冊子を匿名で出版した。ここでレッシングは，シューマンによるライマールスの批判と聖書の弁護を「偶然的な歴史の真理は，必然的な理性の真理の証明とはなりえない」という言葉をもって論駁した[*112]。ある歴史的命題は歴史的命題以上のものではなく，歴史的命題が永遠的結果を引き起こすことはありえない。それゆえキリスト教の歴史的命題を証明したからといって，あるいはその誤りを証明したからといって，それは歴史的結果以上の結果はもちえない。歴史的真理と永遠の理性的真理のあいだには超えることができない「忌まわしい広い溝」がある[*113]。キリスト教の真理は理性的で永遠的な真理であるがゆえに，理性的で永遠的な証明を要する。したがって聖書が聖霊の助けによって書かれたと説く，聖書霊感説が否定され，聖書は単なる人間的証言を編纂したものであるとみなされる。これはライマールスが説く「すべての人間が理性的根拠に基づいて信じうる啓示の不可能性」を意味し，レッシングによって「何度真剣に飛躍を試みても越えることのできない忌まわしく広い溝」と呼ばれる。

レッシングは，豊富な文学手段を用いてとりわけイロニーという手段を用いて，同時代の神学関係者がライマールスの徹底的な攻撃に遭いながらも無益なやり方でキリスト教の真理を弁明していることを明らかにしよう

---

112) だが，これはライマールスの弁護を意図していない。というのも，レッシングの論じているところからすれば，ライマールスは歴史的批判をもってキリスト教の真理の批判たりうると考えている点において，シューマンは歴史的根拠の弁護によってキリスト教の真理の弁護たりうると考えている点において，両者とも誤っているからである。すなわち，或る歴史的事実の承認もしくは拒絶が，キリスト教の承認もしくは拒絶であるというライマールス及び正統主義者の根本的前提そのものが，レッシングによれば，そもそもの出発点における誤謬なのである。

113) レッシング前掲訳書，16頁。

第4章　啓蒙主義の人間観　　　　　　　　　　　　315

とした。つまり，その批判者であったシユーマンたちが「キリスト教の真理に関する証明の確実性」を確保したいと望みながらも，もっとも注目すべき点を看過していたからである。それは『霊と力の証明について』の末尾に暗示され，『ヨハネの遺言』において明瞭に指摘された。ここで問題となる「真理の証明」という知的営みは，近代的理性によって真理を「客観的」に立証しようとして，最初から決定的に重要な契機を隠蔽してしまっていることである。近代の観察する理性は対向する実在をまずもって「対象」として捉える。そのさい実在の生気や全体性は捨てられて，理性によって意のままに処理される死せる姿しか示されない。こうしてはじめて，理性に適った方法で対象が認識可能となり，意のままに処理される。それに対しレッシングの方法は登場人物が対決者と対話を交わしながら一つの筋に引き込んでいく「演劇的筋道」(Theaterlogik) によって「具体的な説明」を与えようとする。これが「霊と力の証明」（Ⅰコリント2・4）であって，この回答は連作である『ヨハネの遺言』で次のように示される。

臨終を間近にしたヨハネがその弟子たちのところに連れられて行ったとき，彼が挨拶した言葉は「幼子達よ，互いに愛しあいなさい」という言葉であった。この言葉について次のように語られる。

「私　アウグステイヌスの物語っているところによると，或るプラトン主義者が，〈初めに言があった，云々〉というヨハネ福音書冒頭の言葉は，あらゆる教会において，その一番良く見える目につく場所に金の文字で書かれるに値する，と言ったそうです。

彼　勿論だとも。そのプラトン主義者の言う通りだ。うん，プラトン主義者か。プラトン自身でさえ，ヨハネ福音書の冒頭の言葉以上に崇高なことはきっと書けなかったに違いない。

私　そうかも知れません。同じ表現を借りて言えば，哲学者が書いた崇高なものをあまり重んじない私としては，ヨハネの遺言こそ，あらゆる教会において，その一番良く見える目につく場所に金の文字で書かれるに遥かに値する，と信じているのです」[114]。

対話はヨハネが説いた愛（つまりキリスト教的な愛）とキリスト教との

---

114) レッシング前掲訳書，22頁。

関連について「キリスト教の教義と，この教義の上に築かれていることをキリスト教自身も承知している実践的なものとは別物だからです」と述べられ，その相違点が実践的な愛とその上に築かれた教義との違いとして指摘される[*115]。

　レッシングによれば，宗教の真理は教えとその承認という知的な営みよりも，生ける霊と愛の力とに現われる。したがって霊性は実践的な愛のさなかにあって宗教の真理を証しする。だが理性によってはそれはできない。それゆえ「幼子たちよ，互いに愛し合いなさい」という金言は，外典として伝承されたヨハネの「遺言」であるが，レッシングによってこの短編では何回も反復されることによって効果的に演出される。これが，断片論争で問題となったキリスト教の真理をめぐる問いに対するレッシング独自の肯定的解答であった。

　劇作『賢者ナータン』における「三つの指輪」の譬え　レッシングは劇作『賢者ナータン』で回教とキリスト教とユダヤ教の出会いを扱い，諸宗教の相対性を説き，キリスト教の本質はすべての真の宗教と同一であって，それが愛であると主張した。なかでも「三つの指輪」の寓話にそれを圧縮して提示した。ここではユダヤ教，イスラム教，キリスト教の三つの宗教が，敵対的な憎悪を超克して和解すべき途を示し，「人間性」に立った宗教の道を説いた。彼はこの話の筋をボッカッチョの『デカメロン』から得ている[*116]。その話は要点だけを示すと次のようになる。

---

115)　だが，キリスト教の教義を受け入れ，信仰を告白することとキリスト教的な愛を実行することとどちらが困難かと問われる。「彼　後者のほうが遙かに困難だと私が認めても，あなたには何の役にも立たないでしょう。私　私の役に立つはずがないじゃありませんか。彼　私がこんなことを言うのは，あの人々は地獄への道を彼ら自身にとって骨の折れるものにしているのが，ますますもって滑稽だからです。　私　どういう点でそうなのですか。彼　キリスト教的愛というくびきが彼らにとって苦しいものでなくなるわけでも，賞賛に値するものとなるわけでもないとすれば，何のために彼らはそのくびきを負っているのだろうか」（レッシング前掲訳書，26頁）。

116)　『デカメロン』の第一夜第三話の「三つの指環」の話はこうである。バビロンのスルタン・サラディンは，戦争と彼自身の浪費癖のため甚しく窮乏した揚句，アレクサンドリアで高利貸をしているユダヤ人メルヒゼデクに借款を申し入れようとした。しかしこの貪欲なユダヤ人は金を貸しそうにもないので，サラディンは一計を案じ，彼を呼び寄せて一つの難問を課した，「お前は賢いしまた宗教のことにも精しいそうだからユダヤ教，イスラム教，キリスト教の三者のうち，どれを最も真実なものと考えるか，それを聞かせてくれ」と

昔さる富裕な男が一個の貴重な指環をもっていたが、この指環を珍重するあまり、息子たちのうちでこれを相続した者が家長になるという家憲を定めた。こうして代々相伝された指環は、遂に三人の息子をもつ父親に渡った。息子達はいずれも気立がよくまた父に従順であったから、父も彼ら三人を分け隔てなく愛した。指環の由来を聞知っていた息子たちはいずれも家宝の指環をぜひ自分に与えてほしいと懇願した。人の好い父親は当惑のあまり、秘かに細工人に命じて、原物通りのものを別に二個作らせた。出来上った品は、父親でさえ本物と殆んど見分けがつかないくらい精巧であった。父親は三人の息子を一人ずつ呼んで別々に指環を与え、やがて世を去った。父の死後、三人の息子たちは各自に自分こそ家伝の指環の相続者であり家長であると言い張ったが、三個の指環は互いに酷似しているので、何人も遂にその真贋を見定めることができなかった。こうして正統な相続人は誰かという問題は、決定せられないまま今日に及んでいる。
　このように三つの宗教は、父なる神がそれぞれ三民族に与えたものであるが、そのいずれが真であるかは、これら三個の指環の場合と同じく、未だに決定されない。これが利口なユダヤ人による回答で、サラディンによってかけられたわなは巧みに外された、というのである[*117]。
　ところがレッシングの劇作では父子相伝の指環は、その所有者を神にも人にも愛せられる者にするという不可思議力を具えており、指環を帯びる者は常にこの力を確信していなければならない。さて父親が三人の息子たちに一つずつ与えるために別に作らせた二個の指環は、原物と寸分も違わないので、指環そのものによっては、もはやその真贋を分別することができない。これを決定するものは別になければならないが、それは指環がもっている不可思議な力に対する確信である。ところがいま指環をめぐって

いうのである。この利口なユダヤ人は、直ちにサラディンの計略を看破し、当の質問に答える前にまず一つの小話を聞いてほしい、と前置きし「三つの指環」の替え話を語り出した。
　117）　ボッカッチョのこの話には、12, 3世紀ごろラテン語で書かれた『ゲスタ・ロマノールム』からも追加されているが、これだけなら、巧妙に仕組んだ、機智に富む説話にすぎない。レッシングは、『賢者ナータン』では「三つの指環」の筋を『デカメロン』に借り、またメルヒゼデクを、同じく『デカメロン』中の別話（第十夜第三話）から取ったユダヤ人ナータンに代えた上で、彼らしい新解釈を加えた。『ゲスタ・ロマノールム』伊藤正義訳、篠崎書林、1988、356-57頁、ボッカチオ、『デカメロン』（一）野上素一訳、岩波文庫、1971年、111-16頁参照。

相争っている三人の兄弟は、互に憎悪し合うという目前の事実によって、皆この確信を失ってしまった。すると今まで指環の不思議な力とされていた、その所有者を神にも人にも愛せられるものにする力は、指環そのものにあるのではなく、その確信を支えるもの、つまり善良な心情と愛にあるのでなければならない。それゆえ問題は指環の真贋から離れて、心のあり方に移った。もし三人の息子が、同じように心を清めて、神にも人にも愛せられるようになれば、その徳は三個の指環に薫陶されて、指環はまた元の不思議な力を回復すること、ちょうど心が清ければそこに天国があるのと同じである。それゆえ息子たちが訴え出た法廷の裁判官は、どの指環が真であるかという判決の代りに、めいめいが徳を積み、神に帰依して、もし子孫の代に指環のもつ力が発揮できれば、指環の真偽は問題でないばかりか、一切がそのまま自ら解決するとの忠告を授けた。ここにはレッシングの宗教観における霊性の表明がある。

『賢者ナータン』における新しい霊性　理性によって自律した近代的な人間の運命は自我を頼り、合理主義に立たざるをえない。そうすると霊性は後退し、消滅するのであろうか。しかしレッシングは啓蒙主義の洗礼を受けながらも、霊性に従う理性のあり方を追求している。その姿は彼の文学作品である『賢人ナータン』に鮮明に描き出された。それは理性の時代においてわたしたちが内なる霊性をどのように自覚することができるかという問題である。そのさい霊性は一般的に超自然的な領域に関わっているため、それをどのように把握し直すかが問われた。

　レッシングはこの作品のなかで偶然的な出来事を超自然的な奇跡にまで創作しようとする態度を退け、日常些細な現実のなかに偉大なる神の手を捉えるという認識の大転換を敢行した。「この劇は天国も地獄も、天使も悪魔も出さないばかりか、昔から続いている奇跡の信仰に反対する態度をはっきり打ち出している。レッシングの『賢者ナータン』は文学と現実の世界から奇跡を締め出した。それも、うわついたやり方でなく、神の創造に対する畏敬の念からである」[*118]とリューティは語っている。

---

118) 昔から神話や伝説、さらに昔話や民話では神や神々、さらには人間の不思議な行動も超自然的な奇跡という形で物語られている。リューティ『昔話の本質』によると、演劇にしてもギリシア悲劇を見れば明らかなように、ディオニシオスを祀る祭儀から起こった。

第4章　啓蒙主義の人間観

　先にも述べたように『賢者ナータン』はユダヤ教徒，キリスト教徒，イスラム教徒が世界宗教である三つの制度的で実定的宗教の対立を「人間性の宗教」の立場から和解に導くことを主題にしたドイツ啓蒙主義を代表する作品である。主人公のナータンは「人間性をもっとも包括的に，もっとも物静かに，そしてもっとも純粋に体現した人物」（ウイーゼ）であって，彼の理性の用い方は「神の声を聞き取る理性」として神律的にして自律的である[119]。ここでは自然のなかに神の奇跡的な働きを看取する理性について考えてみたい。

　この作品のはじめのところを少しだけ辿ってみよう。ナータンは裕福な商人であるが，旅に出ている間に家が火事になり，その娘レーハはそこから若い神殿騎士によって救い出される。しかし，その救い主はどうしても見つからない。そのうちに彼女には神殿騎士の白いマントが天使の翼のように思われてくる。こうして彼女は「天使に助けられた」と言い出し，遂に奇跡を信じるようになる。彼女は旅から帰ってきた父親を説得しようとして次のような対話がナータンとレーハおよび侍女ダーヤとの間に交わされる。

　レーハ　天使さまのいらっしゃることや，また神様がご自身を愛する人達のために奇跡をお示しになるということを，わたくしに教えて下さったのはお父様ご自身ではございませんの。わたくしは心から神様を愛しておりますわ。

　ナータン　そして神様のほうでもお前を愛しておいでになる，それだからこそお前やお前のような者のために，二六時ちゅう奇跡を行なっていら

戯曲もその延長線上に発展した。ヨーロッパ中世の戯曲では復活祭劇やクリスマス劇が上演されたが，そこには聖者キリストの復活や生誕の奇跡を祝い，奇跡劇は聖者の不思議な運命をたたえている。近代にはいるとゲーテの『ファウスト』などにも，その主人公を「魔女の厨」や「ヴァルプルギスの夜」のように魔術的な奇跡の圏内に導き，黄泉の国へ赴かせ，最後には天上界へ導く超自然的な旅を物語っている。しかし，ゲーテの時代に，不思議な奇跡物語に抵抗する運動が始まり，啓蒙主義がその音頭をとり，18世紀から19世紀にかけて写実主義と自然主義に傾いていった。その境界に立つのがレッシングの『賢者ナータン』であり，超自然的な奇跡物語が終焉した（リューティ『昔話の本質』野村浩訳，ちくま学芸文庫，213頁）。

　119)　ウイーゼ『レッシング』67頁（安酸敏眞『レッシングとドイツ啓蒙』創文社，190頁および196-97頁参照）。

っしゃるのだ。いや，もっとずっと昔からお前たちのために奇跡を行ってこられたのだよ。

　レーハ　まあ嬉しい，そうでございますの。

　ナータン　お前を救って下さったお方が，本当の天使さまでなくて，ただの神殿騎士だとしても，それだからといってお前の救われたことが奇跡でないとは言えまいよ，もっともそう言ってしまうと，いかにも平凡なまるっきり当り前のことのように思われるかも知れないがね。だが奇跡の至極といえば，真の奇跡というものはごく平凡な仕方で起こるし，また起こって然るべきだというところにあるのだよ。こういう有りふれた奇跡がないとしたら，子ども達が奇跡だなどと囃し立てずにいられないようなものまで，いやしくも物の道理を弁えている人が，奇跡なんどという名を与えはしなかったろうよ。

　ダーヤ　まあ，旦那様ったら，そんなむつかしい理屈ばかりおっしゃって。ただでさえ昂奮していらっしゃるお嬢様のおつむがこわれてしまいますわ。

　ナータン　お前は黙っておいで。ねえ，レーハ，お前を救い出して下さった方がただの人間だということだけでも，立派な奇跡じゃあないかね。それにその方がサラディン様に助命されたことだって到底小さな奇跡であろう筈がないよ[*120]。

　対話の中にある言葉，「だが奇跡の至極といえば，真の奇跡というものはごく平凡な仕方で起こるし，また起こって然るべきだというところにあるのだよ」こそ神の創造のわざに対する賛美なのであって，特別な奇跡物語を創作する必要はないとナータンは語る。それに対し娘のレーハは自分の体験を奇跡物語にして神を賛美したいと願った。このことはダーヤの異議にもよく現われている。「でも旦那様，こんなこと申しあげてなんでございますが，お救いなさったお方を天使さまだと考えても構わないではございませんか。そのほうが，測り知れない根本の原因にそれだけ近づいたという風に感じられはしないでしょうか」。しかし，これは冷静なナータンから見ると真実を曲げて誇張した感情の産物に過ぎない。感情が高ぶっ

---

　　120)　レッシング『賢者ナータン』篠田英雄訳，岩波文庫，17-19頁。

第 4 章　啓蒙主義の人間観　　　　　　　　　　　　321

て奇跡物語を捏造するのではなく，神の創造のわざを自然のなかに洞察しなければならない。「捏造」と「創造」とは正反対の行為である。捏造は「鉄の壺を銀の壺」と思い込み，「それだけ神様に近づいたと感じる」ような感情的な思い上がり，つまり「慢心」なのであって，空想的な子供じみた態度であると叱責される。そこでナータンは娘の夢想を冷ますために，神殿騎士が病気になっていると言って，彼が単に人間に過ぎないことを娘に自覚させる。その対話で彼は次のように語っている。

　ナータン　いや，お前の方がその方を殺したんだよ。こんな風にして殺し兼ねなかったのだ。ねえ，レーハ，わしがお前に遣るのは毒ではなくて薬なんだよ。さあ，しっかりおし，またご病気でもあるまい。いや決してご病気ではないよ。
　レーハ　きっとね。お亡くなりになったんじゃないわね。ご病気でもないわね。
　ナータン　そうだとも，お亡くなりになるものかね。神様は善行には必ずお報い下さるよ，この世でしたことはやはりこの世でね。さあ，もういい。だが，信心深い夢想というものは，善行よりもずっと造作のないものだということが判ったろうね。心のきりっとしない人間に限って，信心深い夢想に耽りたがるものなのだ。ときには自分でもそういう下心に気付いていないことはあるかも知れないが*121。

　ナータンは娘にその活発な空想力の産物「信心深い夢想」に陥っている状態から現実に目覚めさせていく。こうして「天使の奇跡」を創作するような空想力をして人間としての有限性の自覚に導くために，まずは「騎士は病気かも知れない」という想像をかき立てる。成熟した人は事柄の本質を理解できるのであって，奇跡が必要なのは未成熟な子どもたちである。実際，昔話も神話や伝説に劣らず奇跡的な世界を描いている。しかし，そこでの物語は一つの真実な世界を象徴的に指し示しているのであって，それなしには人は人生を全うすることができない。事柄の本質を理解できる人には自然の出来事のなかに神の手を感じ取ることができる筈である。そ

121）　レッシング前掲訳書，24-25頁

こに霊性の導きによって統制された理性の働きが，人間としての成熟した理性の作用が要請される。それゆえレーハは人間として理性的にも成熟することによって癒されたのである[122]。

こうした創作によってレッシングは，信仰の必然性と歴史的「実定的」媒介の必然性を排斥しないで，むしろそれをはっきりと理性の内に取り込んでいる。もちろん，そうした媒介や歴史というものは，教育的理由から見たときに必要な道筋と言える[123]。

理性と霊性（信仰）　賢人ナータンは「無垢な正しい人」であるにもかかわらず，災難にも似た悲劇に見舞われた。だが，やがてそれを乗り越えて，本来の「冷静で落ち着いた理性」を取り戻す。そのとき彼の理性は穏やかな声で彼に言う。それでも神は存在する，不条理と思える一切の出来事もすべて神の御意なのだ，と。そして彼がとっくに頭では理解している隣人愛の精神を，いまや身をもって実践するようにと彼を促す。ナータンは理性のこの命令に聴き従い，新しい自己として一歩を踏み出す決意をする。しかし，このとき彼の意志はもはや単なる自律的な意志ではなく，先行する神の意志に聴従しそれと合致しようとする意志である。「わたしは欲します，もしわたしが欲することをあなたが欲しておられさえすれば！」(Ich will! Willst du nur, dass ich will.) というナータンの言葉は，ひとたび一切を否定され絶望の淵を彷徨ったナータンが，いまや霊的な主体として，あるいはより正確には，霊性に導かれた理性として，甦ったことを示唆している。

それゆえナータンは決して単なる近代的な理性人ではなく，彼の理性も単なる近代的で自律的な理性ではない。賢者としてのナータンの原点は，「わたしは欲します，もしわたしが欲することをあなたが欲しておられさ

---

122)　リューティによると「驚くべき奇跡を夢みたり，軽々しく信じたりする性癖は克服された。レーハは謙虚に冷静に現実を見つめ，自己の責任において行動すべく決心する。〈平凡な運命やわれわれの目の前にある自然がそもそも神秘と奇跡に満ちている〉という謙虚な認識は，18・19世紀に，実生活，学問，文学においてみごとな実を結んだ」(リューティ前掲訳書，222頁)。

123)　「レッシングは，ハーマンのように〈永遠の真理〉に関して〈絶えず時間的である〉と述べることなどできなかったろう。ところがハーマンにとって真理は，最終的な意味，すなわち終末論的意味で「時間の娘」である」(バイヤー『ハーマン』宮谷尚美訳，教文館，202頁参照)。

第 4 章　啓蒙主義の人間観　　323

えすれば」という受動－能動の二重化された意志の構造にある。これは霊性に裏打ちされた理性である。ナータンにおける理性は，何よりも先ず「神によって与えられているものを聞き取る能力，ないしはそれに直接気づく能力」を意味しており，それゆえそれは「［神の声を］聞き取る理性」(eine vernnehmende Vernunft) であって，神の啓示に開かれ，超越からの声に傾聴する「信仰的理性」(glaubende Vernuft) である。これは当然その本質において自らの限界をわきまえている「限界理性」(Grenzvernunft) に他ならない*124。

　次にこのような事態を『人類の教育』に展開する啓示と理性の関係として考察してみよう。彼はこの著作で人類がいまや理性の時代に達したことを哲学と宗教における歴史的進展の思想によって明らかにした。自律的な理性は神の霊によって教えられるもので，理性の時代は聖霊の時代の実現である。そこには次の三つの主張が唱えられた。

　A　「かつては啓示が彼らの理性を導いた。それがいまや，理性が突如として彼らの啓示を解明した」(§36)。── これは旧約時代のユダヤ民族の歴史的事実にもとづく記述的言説である。

　B　「啓示された真理が啓示されたときには，もちろんそれはまだ理性の真理ではなかった。しかしそれは理性の真理となるために啓示されたのである。啓示された真理は，いわば算術の先生が生徒たちに，多少なりとも計算の方向づけにできるようにと，前もって言っておく計算の答え (Facit) のようなものであった」(§76)。── こちらは事実的な裏づけのない明白な仮説である。

　C　「啓示された真理を理性の真理へと発展させることは，もし啓示された真理が人の役に立つべきであるとすれば，絶対に必要なことである」(§76)。── これはすでに見たように，Bから必然的に出てくる課題を定式化した仮言的命題である。

　A，B，Cいずれにおいても，啓示は理性に先行する。理性は啓示に導かれながらそれを追い求める，あるいは追い求めなければならない。そしてある時点で，理性は啓示に追いつきそれを捉える，あるいは捉えなければならない。こうして啓示の真理が理性の真理となる，あるいはならなけ

---

124)　安酸敏眞前掲書，197頁参照。

ればならない[*125]。

　啓蒙思想を説いている『人類の教育』においても啓示と理性は密接な関連を保っており，自律に立つ啓蒙主義の時代にも啓示概念の継続が考えられ，「新しい永遠の福音」への発展が説かれた。それゆえ「完全な啓蒙」と「心の純粋性」とは，人間が「徳を徳それ自体のために愛し」（§80），「善なるがゆえに善をなす」（§85）ようになる，そういう完全性の段階を意味する。このような理性の完成の理想は「宗教的に基礎づけられた理性概念」（der religiös fundierte Vernunftbegriff）であり，理性は純粋な真理が神にのみ帰属することを承認する，成熟した人間理性であって，自己の限界性の自覚から霊性に導かれている。

---

125) 安酸敏眞前掲書，254-57頁参照。

第5章

カントとヘルダーの人間学

―――――――

はじめに　カント哲学の一般的特徴

　カント以前の合理論は啓蒙時代に入ると，経験論との対決を迫られていた。合理論の哲学は理性によってあらゆる存在の認識が可能であると説き，「独断的形而上学」を打ち立てていた。当時，この哲学の代表者はヴォルフであり，カントも初めヴォルフ哲学の影響をうけた。他方，経験論の哲学は，経験が認識の唯一の源泉である，と主張するものであるが，ヒュームが認識の客観的妥当性を否認して以来，懐疑論に傾斜し，客体的世界の認識にも疑いをいだくにいたった。カントは，このヒュームによって「独断のまどろみ」が破られ，哲学の方向転換を強いられた。彼は理性自身の認識能力を学問的に検討することを通して合理論と経験論とを総合する批判哲学を樹立した。

　カントによると「批判とは理性が，一切の経験からはなれて追求できる，あらゆる認識に関しての理性能力一般の批判を意味する」[*1]。理性能力の吟味によって認識は経験の範囲内で認められ，これを越えては認識は成立しないとされ，理性の正当な要求は保証され，不当な越権行為のすべてを拒否する法廷がもうけられた。これが「純粋理性批判」である[*2]。この批

---

　1)　カント『純粋理性批判』高峯一愚訳，世界の大思想，河出書房，19頁。
　2)　純粋理性の「純粋」とは「一切の経験からはなれた（独立した）」を意味し，純粋理性は経験をこえた思弁的理性とも解される。だが，純粋理性が経験から独立しているとはいえ，元来，認識能力として，経験を無視しているのではない。「われわれの認識はすべて経験をもってはじまる。だが，それだからといってわれわれの認識がすべて経験から生じるのではない」という批判哲学の根本命題が示しているように，経験は認識の素材，もしくは

判によって理性の認識能力が検討され，近代における理性の主権と地位が確定されたのである[*3]。

　初期のカントにはドイツ敬虔主義に培われたキリスト教的な枠組みが残されているが，完成期の著作にはそれも原則的に消滅し，神学からの哲学の解放という14世紀のオッカムからはじまった運動は，その最終段階に達し，近代の黎明期に人間の主体性の自覚を端的に示す「自由意志」はいまや理性的な「自律」(Autonomie)」として完全な自己実現に達した。この人間観の完成した姿は『啓蒙とは何か』における啓蒙の定義に示される。

　「啓蒙とは人間が自己の未成年状態を脱却することである。しかし，この状態は人間自らが招いたものであるから，人間自身にその責めがある。未成年とは，他者の指導がなければ自己の悟性を使用し得ない状態である。また，かかる未成年状態にあることは人間自身に責めがあるというのは，未成年の原因が悟性の欠少にあるのではなくて，他者の指導がなくても自分からあえて悟性を使用しようとする決意と勇気とを欠くところに存するからである。それだから sapere aude〈あえて賢かれ〉,〈自己みずからの悟性を使用する勇気をもて〉——これが啓蒙の標語である。……ところでかかる啓蒙を成就するに必要なものはまったく自由にほかならない。なかんずく，およそ自由と称せられるもののうちで最も無害なもの，すなわちあらゆる事柄について理性を公的に使用する自由である」[*4]。

　カントが終わりに指摘する「理性の公的使用」というのはたとえば理性を政治家が現実的政策に使用するのではなく，つまり実用的な使用ではなく，反対に学問的に吟味し，客観的に使用することを言う。この種の理性使用の自由によって彼は理念的体系をめざし，理念から現実を批判的に吟

「質料」にすぎず，認識能力が質料に与える「形式」によって，認識が成立するのである。かかる認識能力の形式は経験から独立した「先天的」(アプリオリ a priori) なものでありつつ，対象についての経験が可能となる条件であるがゆえに，そのような認識能力の諸機能は「先験的」(transzendental) といわれる。

　3) 批判哲学の方法は「先験的方法」である。それは認識の対象に意識が関わる仕方を解明する。こうして認識はわたしたちの認識能力により可能となるのであって，従来考えられていたように，認識が対象にしたがうのではなく，むしろ対象がわれわれの認識にしたがわねばならない。このような考え方の転回は認識論上「コペルニクス的転回」といわれる。すなわち星群を観察している者を回転させ，逆に星群を静止させたのである。

　4) カント『啓蒙とは何か』篠田英雄訳，岩波文庫，7-9頁。

味したため，理想主義的な特質を帯びるようになった。

ここではカントの業績をまず人間学的な区分法について検討し，そのあとで彼が考えていた人間学について考察する。

1 哲学的人間学の三分法

カントの偉大な業績はまず認識論における「先験的な分析」にもとづいて心の作用を三つに区分して学問的に厳密に検討した点に求められる。

感性・悟性・理性　彼はプラトンの伝統に立って理性を理性と悟性とに分け，これに感性を加えて三つの認識機能，理性・悟性・感性を解明した。彼は主著『純粋理性批判』において三つの心の機能を明らかにし，近代的な認識論を体系的に完成した。そこでは心の認識機能が感性・悟性・理性に分けて批判的に検討された[*5]。この感性・悟性・理性という区分法は中世のスコラ哲学以来「理性」の代わりに「知性」が立てられてきたし，中世の神秘主義によっては「霊性」がその地位を占めてきたが，近代にはいると合理主義の支配のもと変化が生じてきた。そこでは近代社会を支配した科学的な精神によって悟性知が尊ばれてきたことが影響しており，形而上学的な知が後退している。悟性的な人間とは頭脳明断な行動の人で，利潤を追求するにあたって目的合理的に活動する人間像を意味する。これに対し，今日，感性の復権が説かれているのは当然であろう。

感性の問題　ここでは感性の理解に潜んでいる問題点を指摘しておきたい。『純粋理性批判』の第1部は「先験的感性論」であって，そこでは感覚によって捉えられたデータを心が受容する機能について解明された。感覚を単なる情報源と考えるならば，そこから知識を構成することは主観の認識機能である感性と悟性に委ねることができよう。彼にとって感性とは空間と時間という二つの関係形式にすぎず，内容がすべて捨象されたものであった。だが感性は元来内容のない単なる形式でも，機械的な受容機

---

5) そのあらましと分類表は序文の2節に記されているので参照していただきたい。

能をもっているのでもなく,個々の感覚によって受容機能が多様であることをカントは見落としていた。感覚の作用は古代以来とくに視覚が重んじられ,認識とはよく見ることを意味した[*6]。というのは視覚にはある種の構成的な作用が備わっているからである[*7]。さらに視覚は対象との距離を前提として成立し,触覚は対象に直接触れて働くがゆえに,視覚の遠隔感覚と触覚の近接感覚という感覚性質の相違は歴然としている[*8]。

　もちろん何らかのものに触れることから認識は出発する。ものとの直接的な触れあいが認識の出発点ではあっても,感覚の相違によって外界の印象の与えられ方が異なっているのではないか。ゲシュタルト心理学が解明したように,感覚的なデータは特定の形を備えたものとして把握される。それに反しカントの場合には感覚的なデータが統一を欠いた雑多な形で与えられており,こうした多様な印象や表象が悟性のカテゴリーを通して結合され,知識を構成すると考えられた[*9]。しかし,わたしたちは視覚と触覚とでは印象の与えられ方がかなり相違している点に注目すべきである[*10]。またヘルダーが指摘したように聴覚も遠隔感覚ではあるが,視覚とは別種のもので,音が鼓膜を直接刺激するがゆえに,距離の感覚は弱まり,外から侵入して来た他者の声をじかに聞くことによって情緒的な反応を強烈に引き起こす[*11]。ここから触覚に対して見ることと聞くことの人間学的な区別が重要となってくる。しかし触覚にも優れた「合一」感覚があって,霊性の作用はこの「神秘的な合一」(unio mystica)によって解明

---

6) 本書第Ⅰ部第1章「ホメロス」の箇所を参照。

7) たとえば視覚と聴覚では人間の生活感覚が異なっており,そこから文化の相違も生じる。とりわけ視覚と触覚では,色彩と硬柔・寒暖のように,刺激するものが全く相違しているばかりではなく,そこには対象との距離の有無という大きな差異がある。

8) この点にフリードマンが注目し,「カントは理性批判の入り口で〈感性〉を受容的認識と端的に等置視し,……感性的世界知覚を触覚という公分母に還元するという呪縛にとらえられた。カントは特殊な触覚感性を全感性に広げたのである」と批判する(ヘルマン・フリードマン『形態の世界』1930年,46頁。プレスナー『感覚の人間学』,講座「現代の人間学7」「哲学的人間学」白水社,234-35頁参照)。

9) 「感性的な直観において与えられた多様は,必然的に統覚の根源的・総合的統一のもとに属する。なぜならこの統一によってのみ直観の統一は可能であるからである」カント『純粋理性批判』前掲訳書,117頁。

10) 触覚が近さや距離のないことを特質としているのに対し,視覚は遠く隔たったものにまで射程を伸ばしているし,この距離によって事物を対象として冷静に把握することができる。

11) ヘルダー『言語起源論』木村直司訳,80-81頁参照。

される*12。ところが合理主義者カントには残念ながらこのような理解もセンスも全くない。実際，生きた身体は世界に対し感覚器官を通して結びつき，自分が立てた計画によって組み立てられた一定の枠組みを形造っている。感覚器官のなかでも視覚は遠隔感覚として，触覚は近接感覚として，嗅覚と味覚は両者の中間に位置するものとして世界に関わっている。わたしたちは感覚によって知覚し，傾聴し，味わい，嗅ぎ分けながら世界のなかで生活している。ここに原初的な「生活世界」が与えられている*13。それに対しカントはその当時確立された測定的な自然科学のもとで感覚のデータを考慮してきたが，それは感覚の豊かな内容の一局面に過ぎなかった。その後発達してきた歴史学，社会科学，心理学，文化人類学によって感覚のデータは質的に高められ，量的に膨大になった。それゆえ感覚は自然科学のもとだけでなく，文化世界との接触のもとに拓かれる豊かな経験を取り入れて人間学的に再考すべきである*14。

悟性と科学知　理性の認識機能のなかでも悟性によって構成される科学知がもっとも重要である。悟性の機能は感覚によって与えられた直観の多様を概念へと統一する判断である。この判断における統一作用は「カテゴリー」（範疇）と呼ばれ，これがあらゆる認識の根底に存する意識の統一作用である先験的統覚によって起こっている*15。彼はカテゴリーを論

---

12) 霊性の作用は神秘主義のなかに育成されてきたが，広く人間の超自然的な感覚や信心と結びついて説かれている。神秘主義は「神秘的な合一」によって特質が明らかになる。金子晴勇『ルターとドイツ神秘主義 ―― ヨーロッパ的霊性の根底学説による研究』創文社，12-17頁参照。

13) 「生活世界」に関しては金子晴勇『人間学講義』第2章参照。この生活世界は反省以前の直接的な経験によって把握される。だが，この器官である感覚の道具的性質は認識論的な反省によって初めて自覚されるものにすぎない。だが，この反省の力は自己をも超えて世界に関わっている存在として自己を対象化する。こうして世界は無限な広がりをもって自己の前に現われる。

14) 「わたしたちが人間やその遺産との接触のなかで，また一方音楽を聴くといった芸術的な接触のなかでなし能うような了解作用とはいったい何を意味しているのか」とプレスナーも問題提起をおこなってから音楽の分析を試みている（『感覚の人間学』（前出）234-35頁）。

15) カテゴリーが対象にたいして妥当するのは，多様な直観の諸表象がカテゴリーを媒介として，秩序づけられ，結合され，意識の統一へともたらされるからである。だから対象への関係は意識の必然的統一性にほかならず，意識の統一性なしには対象にたいする認識は全く不可能となる。意識の統一性はすべての表象にともなう「われ思う」という純粋自己意識の作用であり，これをカントは「先験的統覚」と呼んだ。

理学の判断表から導き出したが，その狭さが批判の的になり，歴史的範疇（ヘーゲル）や実存範疇（ハイデガー），また範疇間の法則（ニコライ・ハルトマン）などがその後に追加された。

カントはカテゴリーの正しい適用を吟味してから，その不当なる適用から生じる従来の形而上学を批判した。カテゴリーが経験の対象を超えて超経験的な対象にまで拡張して適用されるとき，真理らしい外見を与える仮象が生じる。この種の認識機能は「理性」と呼ばれる。理性は悟性によって得られた多くの認識を先天的に統一する機能をもち，この統一のための概念が「イデー」（理念）と呼ばれた[*16]。だが，イデーは悟性による認識に究極の理性統一を与え，経験的認識をできるかぎり拡張し，体系的統一を与える方向を指示する「統制的原理」であって，現象のうちには与えられていない対象をカテゴリーを用いて規定する「構成的原理」ではない。統制的使用しか許されないイデーが誤って構成的に使用されるときに先の仮象が生じる。これは避けがたいものであるが，厳にしりぞけられねばならないものと，カントは考える。

理性と霊性　このように理性の認識機能が学問的に厳密に検討された上で，従来の伝統的な形而上学が批判された。この認識機能は主観自身に備わっているのであるが，これが誤って神・自由・永生という超経験的な対象に適用されるとき伝統的な形而上学の誤謬が生まれる。確かに理性はその形而上学的な素質のゆえに解答できない問いによって苦しむ運命をもっている[*17]。それゆえ理性の機能は意識の論理的で機能的な事実であるに過ぎず，わたしたちはそれを経験的な対象の限界内に適用すべきである。しかし啓蒙時代においては理性批判が徹底的に行われたため，理性の使用が「統制的原理」に限定されたとはいえ，この作用にはかつての「霊性」

---

16) イデーには「霊魂の不死」「自由」「神」の三つがあり，霊魂は「合理的心理学」に，自由は世界という外的現象の総括に関連して「合理的宇宙論」に，神は「合理的神学」に，それぞれイデーを提供し，伝統的形而上学を構成している。

17) カント『純粋理性批判』第1版「序」高峯一愚訳，河出書房，17頁。「人間の理性はその認識のある種類において奇妙な運命をもっている。すなわち，それが理性に対して，理性そのものの本性によって課せられるのであるから拒むことはできず，しかもそれが人間の理性のあらゆる能力を越えているから，それに答えることができない問によって悩まされるという運命である」。

に期待された機能が含まれている点を想起すべきである[18]。さらに霊性概念が内包している信仰の側面は後述するように，道徳の領域に，とりわけ心情の領域に表出されている。

ここにカントの理性論の偉大な功績があって，その認識批判は「信仰に場所を提供するために，理性を批判しなければならなかった」と言われるように[19]，宗教を新たに基礎づける任務をはじめからもっていた。そのためには人間の認識機能を理論的に解明するだけでは充分ではなく，現実の人間をありのままに捉え直さなければならなかった。哲学は人間を自然の最終目的とみなし，幸福と文化を実現させることによって生活を向上させたとしても，それだけでは人間の尊厳という「創造の究極目的」に達したとはいえない[20]。というのは，自然の意図としては人間は本来そうであっても，現実には「悪への性癖」をもち，自然的欲望である傾向性に従い，格率（個人的なよい生き方の指針）を転倒させているからである。この現実に直面すると，ドイツ啓蒙主義を代表する思想家カントの哲学も根底から動揺してくるが，実際は人間の本質的理解が先行しているからこそ，彼は現実をも厳しく把握することができたといえよう。

2 カントの道徳的（実践的）人間観

そこで道徳の領域におけるカントの偉大な貢献について次に述べなければならない。彼の思想の特質は理性による自律にもっともよく現われている。

理性的自律の思想　彼は近代的な理性にもとづく自由の意識によって道徳の原理を，理性以外のものに依存する他律を退け，理性的な自律に徹

---

18)　本章5節を参照。
19)　カント『純粋理性批判』第2版「序」高峯一愚訳，河出書房，36頁
20)　Kant, Kritik der Urteilskraft, Werke in 10 Bden, Bd. 8, S.559.「人間こそは創造の究極目的である。なぜなら，人間が存在しなければ，相互に従属した目的の連鎖には，究極の基礎となってこれを支えるものがないことになるであろうから。ただ人間においてのみ，しかも道徳性の主体としての人間においてのみ，もろもろの目的に関する無制約的な立法が見いだされ，この立法だけが人間に，全自然が目的論的にそれへ従属しているところの究極目的たる資格を与えるのである」。

することによって確立した。カントによると実践的な主体である意志は「ある法則の表象に従って自己を行為へ決定する能力」であるが，意志は理性によって作られた普遍的な立法に服して行為するよう義務づけられている。そこから「意志の自律とは，意志が（意志作用の対象のあらゆる性質から独立に）かれ自身に対して法則となるという，意志のあり方のことである」[21]と規定された。ここから「意志の自由」というのは「自律すなわち自己自身に対する法則であるという意志の特質」として説かれた[22]。こうして自然必然性の支配する経験的領域と自由の支配する内面的領域とが区別され，外的世界から内的世界への沈潜によって自由意志は自律としての完全な実現を見るにいたった。

では自律の根拠はどこに見いだされているのであろうか。外的原因から全く自由なものは人間のうちにある理性の能力である。悟性が感性的表象を判断により結合する働きであるのに対し，理性はそのような表象からも自由であり，理念の下で純粋な自発的活動をなし，感性界と知性界を区別し，知性界に属するものとして「人間は，彼みずからの意志の原因性を，自由の理念のもとにおいてしか考えない」。それゆえカントは理性の純粋な自発性のうちに自律の根拠をとらえた[23]。

「**理性律**」　こうしてカントにおいて自由意志はいっさいの他律を排して自律に徹する「理性的自律」として完成を見た。しかし，この自律は「わたしの内なる道徳的法則」という「実践理性の事実」に形而上学的根拠をもっており，厳密には「理性の法則に服する行動の仕方」であるがゆえに「理性律」（Logonomie）というべきである[24]。カントは理性的自律を確立するに当たって神学から独立し，人間自身に即して考察した。そこにはライプニッツにいたるまで神学を前提となし，またすくなくとも神学

---

21) カント『人倫の形而上学の基礎づけ』(1785) 野田又夫訳, 世界の名著「カント」278頁。
22) カント前掲訳書, 92頁。
23) しかし，このような理性の把握の仕方は近代的主観性の究極の姿を露呈する。しかもこの主観性はすべての人に普遍的に妥当していて，知性界は意志に法則を与えているため，道徳法則は同時に感性界にも所属するわたしたちには定言的（断言的）命法，つまり義務としてのぞんできている。
24) この点をはじめて指摘したのはマックス・シェーラーであった。金子晴勇『マックス・シェーラーの人間学』創文社, 303頁参照。

を含めて哲学を確立してきた西欧の伝統からカントは訣別しようとしている点が明白である。そして神に替わって登場するのが「わたしの上なる星をちりばめた空とわたしの内なる道徳法則」[25]であって，それに対する彼の感嘆と崇敬の念は，これまで考察してきた啓蒙時代の自然的宗教と同じである。とはいえ近代の啓蒙思想に等しく認められた自然的宗教はカントにおいて変貌し，ついに人間性が宗教的な畏怖の対象にまで高められており[26]，観念的にさえなって疑似宗教もしくは代用宗教の特質を帯びている[27]。

二元論的な人間観　終わりにカントの二元論的な人間観について述べておきたい。彼は人間を二つの側面から考察する。第一は自然界に属する「現象人」（homo phaenomenon）であり，第二は，同時に可想的超自然界に属する「本体人」（homo noumenon）である。「現象人」としての人間は自然に属する人間を指し，その性格は基本的に経験的であり，生物進化の頂点に位置する。有機体としての生命はある種の目的合理性をもち，物理的自然界の機械的必然性とは異なる内的な合目的性をそなえている[28]。

自然の意図としては人間は本来このようであっても，先にも指摘したよ

---

25)　カント『実践理性批判』波多野・宮本・篠田訳，岩波文庫，317頁。この法則の内容が「実践理性の事実」として示されているところでは，それは自然法および十戒と同じ内容のものである。また道徳法則の意識はすべての人に見られる所与の事実と考えられている。この道徳法則が神聖でなければならないというのは，この法則が人間の本性からも社会的必要からも導きだされないで，神的性格のゆえに宗教的尊崇の対象にまで高められていることから生じている。

26)　カント前掲訳書，181頁。「人間はなるほど非神聖ではあるが，しかし彼の人格に存する人間性は彼にとって神聖でなければならない。全宇宙において人の欲しかた人の支配しうる一切のものは，単に手段として用いられうる。ただ人間および彼とともに一切の理性的存在者は，目的そのものである。すなわち彼の自由の自律の故に，神聖な道徳的法則の主体である」。

27)　ルターが神の律法を実現できないことから，神と人との分裂を良心で感得しているのに対し，カントでは内的人間が理念的人間と現象的人間に分裂し，前者が後者を良心の「内的法廷」において裁くことが起こっている。こうして道徳法則に従う理念的人間は尊厳をもち目的自体であって，「彼の人格に存する人間性は彼にとって神聖でなければならない」とみなされている。

28)　自然界には外的合目的性が見られる。たとえば無機物は植物の手段となり，植物は動物の，草食動物は肉食動物の，それぞれ手段となり，すべては人間の手段となる。人間は自然の最終目的である。それは，人間のみが悟性によって自然万物を多様な目的にかなって秩序づけることができるからである。

うに現実には「悪への性癖」をもち，自然的欲望である傾向性に従い，個人的な生き方である格率を転倒させている。これこそ彼の言う「根本悪」（das radikale Böse）であり，人間の本性を根底的に破壊する。というのは「本体人」としての人間は，自然界に属するため，感性に触発された傾向性に従い，快楽や自愛また幸福を求めて，理性に従う本来的な歩みから逸脱しやすいからである。実際，幸福への傾向性それ自体は悪ではないにしても，傾向性によって道徳法則の違反が生じるがゆえに，それは悪となる。そこから道徳法則は定言命法の形をとり，義務と傾向性との激しい対立が生じ，傾向性に打ち勝って義務に服さなければならないと説かれた[*29]。

3 『実用的見地における人間学』

カントは人間学の歴史においてもきわめて重要な位置を占めている。なかでもカントがその著作『論理学講義』のなかで提示した提案がもっとも注目に値する。

人間学の構想　彼にとると哲学の全分野は次の四つの問いに要約され，しかもそれらの問いはすべて人間学に帰する。

「1, わたしは何を知ることができるか。2, わたしは何をなすべきか。3, わたしは何を望むことが許されるか。4, 人間とは何か。第1の問いには形而上学が，第2の問いには道徳が，第三の問いには宗教が，そして第4の問いには人間学が答える。……最初の三つの問いは最後

---

29)　この二元論は『実践理性批判』の終わりで「星空と道徳法則」を説いたところでは次のように語られる。「私は，この二物を暗黒のなかに閉されたものとして，あるいは超越的なもののうちに隠されたものとして，私の視界のそとに求め，もしくはただ単に推測することを要しない。私は，現にこれを目のあたりに見，この二物のいずれをも，私の実在の意識にそのままじかに連結することができるのである。……これに反して第二の景観〔可想界の〕は，叡知者としての私の価値を，私の人格性を通じて無限に高揚するのである。道徳的法則はこの人格性において，動物性にかかわりのない —— それどころか全感性界にかかわりのない生を私に開顕する。少なくとも，私の現実的存在がこの法則によって合目的に規定されているということから推知せられる限りでは，まさにこの通りである。そして私の現実的存在のかかる合目的規定は，此世における生の条件や限界に制限されているのではなくて，〔来世にまで〕無限に進行するのである」（カント『実践理性批判』前出317-18頁）。

の問いに関連しているから，結局，わたしたちはこれらすべてを人間学と見なすことができよう」*30。

このように哲学全体を人間学に還元する試みは，これまで考察したように，実はカントの批判哲学全体の構成と展開の中に移されていって，批判哲学の展開のなかに認められるのであるが，人間学として彼が一般学生に講義した『実用的見地における人間学』(Anthropologie in pragmatischer Hinsicht 1798) では主に「経験的人間学」が論じられた*31。

そこでは人間知や世間知といった世俗的な生き方，たとえば「怜悧」(Klugheit) のような他人に巧みにとりいって影響を与える「実用的人間知」について論じており，人間の全体的本質を問う彼によって先に立てられた根本問題は扱われていない。このカントの提出した問いについてさまざまな解釈がなされているが，一般的にいって啓蒙主義の時代には，カントが予感していたにもかかわらず，人間存在の全体はいまだその存在の深みにまでは探求されていなかった。

しかし彼自身は，すべての問いが最終的には人間学に帰着すべきであると語っていたがゆえに，人間学には元来，単なる応用哲学に優る意義が与えられていたはずである。だが，批判哲学に彼が着手することによって人間学の理論的部分はそこに移され，応用的・実用的部分が『実用的見地における人間学』に残されたといえよう。それゆえ，彼の人間学の本来の姿は三大批判書ならびにこれに準ずる著作に求めなければならい*32。

二種類の人間学 さて，こうした彼の人間に関する哲学の全体的な構想の中にあって人間学はどのような位置を占めているのであろうか。確かに『実用的見地における人間学』という表題に示されているように，そこ

---

30) I. Kant, Logik, ein Handbuch zu Vorlesungen. Phil. Bibl. S,273 このカントの問いに関する解釈としてハイデガー『カントと形而上学の問題』木場訳（理想社）第38節とブーバー『人間とは何か』児島訳（理想社）第2部第3章を参照．

31) この一般講義としての人間学の詳しい成立事情に関しては Norbert Hinske, Kants Idee der Anthropologie, in: H. Rombach hrsg., Die Frage nach dem Menschen, 1966, S.410-27; John H. Zammito, Kant, Herder, the Birth of Anthropology, 2002, p.221-53. を参照．

32) たとえば『プロレゴーメナ』とか『人倫の形而上学の基礎づけ』などを参照．なお，「実用的」という言葉には①幸福に関係する②実践的な事柄に関わる③他人を使用することに関係するという三つの意味が含まれている．くわしくは P. R. Frierson, Freedom and Authropology in Kants Moral Philosophy, 2003, p.50-56参照．

には世界と世間とに深く根を下ろした具体的人間が考察の対象となっており，近代市民社会における人間像の特色が浮き彫りになっている。これによってカント哲学の人間的な基礎も明瞭になった。人間学の課題については次のように言われる。

「体系的にまとめあげられた人間知の学（人間学）は，生理的（physiologische）見地のものであるか，あるいは実際的（pragmatische）見地のものであるかのいずれかであろう。生理的見地の人間知は，自然が人間から作り上げるものの探求にかかわり，実際的（実用的）人間知は，人間が自由に行為する存在者（freihandelndes Wesen）として，自分自身を作り，あるいは作ることができ，また作るべきであるものにかかわっている」[*33]。

ここに二種類の人間学が区別される。前者は人種・民族・習俗からなる博物学的研究を含んでいるので，今日の自然人類学にも通じる。また後者には感性の諸様態・快不快の感情・激情・性格などの心理学的考察も含まれているので，世界における自己形成という意味での応用的人間学が展開する。

人類の性格「理性的能力を付与された動物」　カントの人間学は生体的自然の体系のなかでの人間の性格を重要な特性と考える。その性格は「理性的動物」に求められ，理性によって「自ら選んだ目的にしたがって自分を完成させる能力」，つまり「自らを創造する性格」と理解される。「その場合人間は，第一に自分自身および自分の種を保存し，第二にそれらを訓練し教化し，家族の共同生活に適するように訓練し教育し，第三にそれらを社会たるにふさわしい組織的な全体として統治するのである。ところでこの場合，地上における可能的な理性的存在者一般の理念と比較しての，人類の性格的特徴はといえば，次の通りである。すなわち自然は，人類のうちに不和の萌芽をおき，人類自身の理性がこの不和から和合を，あるいは少なくとも和合への不断の接近を作り出すことを望んだ」と彼は言う[*34]。そしてこの目的を実現させることが人類の特性と性格の形成と

---

33) カント『人間学』塚崎智訳，世界の大思想「カント」河出書房新社，167頁。
34) カント前掲訳書，418頁。また「世界公民的見地における一般史の構想」(1784) の第四命題にも同様な思想が展開する。「自然が人間に与えられている一切の自然的素質を発展せしめるに用いる手段は，社会においてこれらの素質の間に生じる敵対関係にほかならな

第5章　カントとヘルダーの人間学　　337

なっている。実際そのために素質としての社交性が与えられており，現実には悪への性癖が認められるとしても，道徳的素質は生得的なものとして付与されている。「人類にとってその自然的使命は，より善きものに向かっての絶えざる進歩に存する」[*35]と言われる。

　これを実現するには人間知が不可欠であって，一つの例として「怜悧」についての議論を取り上げてみよう。

　「怜悧」とは何か　　人間には他人に影響を及ぼす能力が授けられている。この能力には名誉・権力・金銭という三つの力が含まれている。これらの内のいずれかによって人は他人を支配し，自己の意図を実現するために利用できる。ところがこの力に対する人の傾向性は情念によって名誉欲・支配欲・所有欲となり，これに溺れるとき，愚か者となり，自己の究極目的を逸脱させることが生じる。だが，ここでは知恵ではなく単に「阿呆を操縦する怜悧」だけが論じられる。この怜悧の術について彼はまず当の人間の内的価値に相応しい「名誉」と外見だけで充分であるような「名声」とを区別し，名誉欲とは名声を求める努力であると規定する。これは不当な要求である「高慢」に由来するから，それに対し「ただお追従をいっておけばよい」，こうしておけば思いのままに支配することができる，と彼は「怜悧」な人間知を語る。そこには高慢についての鋭い洞察があって，高慢とは自分と比べて他人を軽蔑する心であり，あらかじめ自分を卑劣と感じている者のほかには心に思いつかない態度である，と洞察深く説明される。また支配欲の情念のほうはそれ自体不正であって，ホッブズが洞察したように，他人によって支配されるという「恐怖」に発し，時機を逃さないで他人を支配して有利な座につこうとする欲望である[*36]。これは他人の自由を侵害することから，直ぐにも反抗を呼び起こすため，賢明ではない。つまり怜悧ではないと彼は言う。

い。しかしこの敵対関係が，ひっきょうは社会の合法的秩序を設定する原因となる」。『啓蒙とは何か』前掲訳書，29-30頁。
　35）　カント『人間学』（前出）421頁。
　36）　この思想はホッブズの「自然権」の行使にも出ているものである。第Ⅲ部第4章2節「ホッブズの挑戦」参照。

4　三つの人間の素質

ところでカントの『人間学』によると，人間には三つの素質がある。①物を使用する「技術的素質」，②「人を自分の意図に合わせて用いる」「実用的素質」，③「自由の原理に従って法則の下で自他に対してふるまう」「道徳的素質」をもっており，これによって他の動物から人間は分けられる*37。これらの素質はみな理性使用をめざす人間の根源的素質である。さらにカントは「人間の定め」(die Bestimmung des Menschen) について述べ「人間は自らの理性によって……自らを開化し (kultvieren)，文明化し (zivilisieren)，道徳化する (moralisieen) ように定められている」と言う。これは先の三つの素質に一致しており，技術的素質によって自己を開化し，実用的素質によって文明化し，道徳的素質によって道徳化する。これが人間の使命である*38。

なお『宗教論』では，三つの「善への根源的素質 (ursprungliche Anlage zum Guten)」について語り，①「動物性 (Tierheiet) への素質」，②理性的な動物である「人間性 (Menschheit) への素質」，③それに加えて引責能力をもつ「人格性 (Persönlichkeit) への素質」とをあげている。最後の人格性への素質は，道徳法則を実現する素質であり，「道徳法則に対する尊敬を感ずる能力」と規定される*39。

ここにカントの人間学的三分法があって，身体は第一の動物性への素質として与えられているが，第二の素質である人間性への素質によって理性的に導かれることができる。しかしこの理性も第三の人格性への素質から道徳法則を究極目的としなければ，さまざまな悪徳が生じる。こうして身体・理性・人格性 (精神) が全体として円錐形のように構成されていることが認められる。この構成のなかでも理性がもっとも重要な位置を占めており，カントの『人間学』では「人類の性格」に言及して「人間は彼自ら選んだ目的にしたがって自己を完成する能力をもつものであるから，彼は

37) カント『人間学』(前出) 419-21頁。
38) カント前掲訳書, 421頁。
39) カント『宗教論』飯島・宇都宮訳「カント全集」第9巻, 444-47頁。

自ら創造する性格をもつもの」であり，「理性能力を付与された動物である人間は，自分自身を理性的動物たらしめうる」と言う[*40]。しかし，この理性も単なる技術的能力や恰悧に生きる実用的能力にとどまらないで，最終的には道徳化による人類の完成をめざすと言われる[*41]。したがって理性は「理論的意図においても，実践的意図においても，自らの使命の全目的と完全に適合して自らの道をあらかじめ指し示すことができる」と語られる。これこそカントの「理性信仰」であって，信仰や啓示に先だって人間の根底に置かれるべきであると主張された[*42]。この理性信仰は単なる主観的な確信や思いなしではなく，確固たる根拠をもっている。この根拠こそ実は「霊性」に当たるものであって，カントはこれを「心情」の機能のうちに捉えている。

5 心情（Gesinnung）の機能と伝統的な霊性

カントの理性信仰が心情に根拠を置いている点を明らかにするために彼が「心情」をどのように捉えているかを問題にしてみたい。

心情の人間学的考察 カントは人間の理性的な意志を心の根底において基底づけており，この根底である「心情」（Gesinnnug）について『人間学』と『宗教論』でどのように考えられているかを考察してみよう。

---

40) カント『人間学』（前出）417-18頁。
41) カントは『道徳形而上学原論』のなかで，無条件に善なのは「善意志」であると言った有名な箇所で，「理性」が「意志に影響を与える」「実践的能力」として与えられるかと問い，「理性の真の使命は，なにかほかの意図において手段として善い意志ではなく，それ自体において善い意志を生むことであるに違いなく，まさしくこのことのために理性が必要とされた」篠田英雄訳，岩波文庫，29頁と語っている。
42) カントは「理性信仰」について次のように言う，「それゆえ純粋な理性信仰は，思弁的思索家（der spekulative Denker）が超感性的対象の領野でのかれの理性の旅路において，それによって方向を定める道標もしくは磁石であって，通常の，だが（道徳的に）健全な理性をもつ人間は，理論的意図においても，実践的意図においても，自らの使命の全目的に完全に適合して自らの道をあらかじめ指し示すことができる。そしてこのような理性信仰はまた，ほかの一切の信仰，いなそれどころかあらゆる啓示に対してさえも，その根底に置かれなければならない」（アカデミー版全集VIII-142）。詳しくは宇都宮芳明『カントの啓蒙精神』岩波書店，179-85頁を参照。

「自分の心術の中にある性格を自覚している人は，その性格を生来もっているのではなくて，いつの場合にもそれを獲得したのでなければならない。またつぎのように見なすこともできる。すなわち性格の確立ということは，一種の更生，すなわち人間が自分自身に対してなす一種の厳粛な誓約のようなものであり，この更生と，そしてこの変化が彼のうちに起こった時点とを，新しい時期を劃するもののように彼にとって忘れがたいものとするのである」[43]。

　ここでは Gesinnung が「心術」と訳されているが，それは一般的には「個人がもつ根本的な心的態度・心根・心情」（広辞苑）を意味する。これはドイツ神秘主義の伝統である「魂の根底」（Seelengrund）に相当することばであって，理性よりもいっそう深く人格の根底に関与する。そこにはカントが認めているように人間の全体の急激な変化，つまり「心情の革命」が回心や告白と似た現象として起こっている。同じことが『宗教論』でも言及され，まず，「道徳法則を自らの格率のうちに採用するかしないかという，自然的性癖から発現するところの選択意志の能力または無能力は，善きまたは悪しき心（Herz）と名づけられる」[44]と言われる。この「心」は伝統的には「心情」の姉妹概念である。これはまた「最高の根底」とも言われる。すなわち「われわれはこの心情を，あるいはむしろその最高の根底を，選択意志の何かある最初の時間活動から導出することができないので，われわれはこの心情を選択意志に生来属する性質（この心術は実際は自由のうちにその基礎をもつのであるが）と呼ぶのである」と規定される[45]。

　しかし，宗教論では人間の現実の姿が「根本悪」として考察されたため，心情の転換が問題とされた。ここから『人間学』と同じく心情の革命と改善とが語られるようになった。「もし人間がその格率の根底において腐敗しているとするならば，彼が自分の力によってこの革命を実現し，自分から善い人間になるということは，いかにして可能なのであろうか？　しかも義務はそうあることを命ずる，がしかし，義務がわれわれに命ずるのは，われわれにとって実行可能なことだけなのである。この事態が一体化しう

---

43)　カント『人間学』（前出）384-85頁。
44)　カント『宗教論』（前出）47頁（訳文の一部変更）。
45)　カント前掲訳書，42頁（訳文の一部変更）。

るためには，思考法には革命が，だが性向（これは前者を妨害する）には漸進的改革が，必然的でなければならず，したがってまた人間にとっても可能でなければならない，とするほかない」と主張された。こうした心情の革命は「それによって悪い人間であったところの彼の格率の最高の根拠を，類いまれな不動の決意によって逆転させる（そしてこれによって新しい人間を着る）ならば，その限りにおいて彼は原理と思考法とに関して善を受け入れることのできる主体である，がしかし，たえざる作用と生成のうちにおいてのみ，善い人間である，ということである」と補足される。このことは神の観点から次のように言い換えられる。「このことは，心情の（選択意志のすべての格率の）英知的根拠を見通す者，すなわち神にとっては，現実に善い（神の意に適った）人間であるということにほかならない。そしてその限りではこの変化は革命とみなされることができる」[*46]と。

このような心情の機能はヨーロッパの伝統においては霊性の作用として説かれて来た[*47]。それゆえ啓蒙時代の理性の優位の下にあっても，カントは霊性の作用を保持していたと言えよう。

心情倫理の問題　このように心情に基礎をおくカントの倫理学はマックス・ウェーバーによって「心情倫理」と言われ，結果を重んじる「責任倫理」と区別された[*48]。心情倫理の特質は行動を考察するとき動機の純粋性を重要視することに求められた。カントの倫理学では快不快・自愛・幸福追求によって動機づけられた行為は傾向性にすぎないとされ，「義務のために義務を負う」態度のなかに動機の純粋性が求められた。そこには道徳法則を重んじ，これを尊敬する態度が前提されており，きわめて心情的であって，心の内面性である霊性から倫理的な行動が理解されていたと思われる。しかし義務を重んじるカントの倫理学が社会的な責任を軽視するはずがない。それゆえカントの場合には自己責任が主たる関心となり，ウェーバーの「結果」を考慮する目的合理的な行動様式が退けられており，この場合にはカントによって実質的な幸福を願う「傾向性」に行動がもと

---

46)　三つの引用文ともカント前掲訳書，73-74頁からの引用。
47)　心情と魂の根底の関係について詳しくは本書第Ⅲ部第6章4節を参照。
48)　マックス・ヴェーバー『職業としての政治』参照。

づいていると判断された。

良心と神　カントの倫理学では心情とならんで「良心」（Gewissen）の理解も重要であって，カントは初期の『倫理学講義』で良心を「内的法廷」として規定し，良心が告発者であるのに対し自愛は弁護人であって両者は対決し合うと説いた[*49]。この著作では彼は良心を神的立法者に結びつけ，神的法廷の代理人であるという。

「良心はすべて自然なものではあるが，この自然な良心の根底には，超自然的な法則，或は啓示された法則が存することはあり得る。良心はわれわれのうちに次のような神的法廷を提示する。すなわちその第一は，良心はわれわれの心情と行為とを，法則の神聖性と純粋性とに則って判決する。第二には，われわれは良心を欺くことができない。第三には，良心は神の遍在と同じくわれわれに現在しているから，われわれはこれから逃れることができない。したがって良心は，われわれのうちなる神的法廷の代理人であり，決して毀損されてはならないものである」[*50]。

晩年の『人倫の形而上学』の徳論でも彼は良心を内的法廷の意識と呼んでいる。そのさい法則や義務が提示され，行為がそれに適っているか否かが判定される。

「良心とは，法則を適用するいちいちの場合に，人間のまえにその義務を示して，彼を赦したり断罪したりする実践理性である。したがって良心は客体に関係するのではなく，ただ主体に関係するだけであり，したがって責務とか義務とかではなくて，さけることのできない事実なのである」[*51]。

良心は行為する主体に関与し，行為が義務に適っているか否かを「まるで他の人格の命令でやっているように考えぬわけにはいかない」[*52]とカ

---

49) パウル・メンツァー編『カントの倫理学講義』小西・永野訳，169-70頁。
50) パウル・メンツァー編，前掲訳書，171頁。
51) カント『人倫の形而上学』森口・佐藤訳，世界の名著，555頁。
52) カント前掲訳書，599頁。

ントは言う。このような他者は理想的人格としての神と考えねばならない，と彼はみなしており，神を心の内的審判者として立て，次のように言う。「ところで，一切のものにまさって権威をもっているこのような道徳的存在者こそ神とよばれる。したがって良心とは，その行ないのゆえに神の前に果たすべき責任の主観的原理と考えられねばならないであろう」[*53]と。

　カントの良心論はこのような神学的側面を残しているが，理性において神を捉えるかぎり，神は単なるイデー（理念）となり，人間は道徳的に立法する神聖な存在者たる実践理性に服従すべきことが説かれた。このようにカントにおいて良心は神律的特質を残しているが，そこには啓蒙思想によるキリスト教の世俗化の跡が明瞭に刻まれており，道徳的な自律への方向性が深く刻み込まれている。とはいえ良心が霊性と同じ機能をもっている点で注目すべき現象でもある。この作用はさらに理論理性における「理性の統制作用」においても把握できる。

6　理性の統制作用と霊性の機能

人間学の三分法の中で理性が霊性によって導かれている姿を次に考察してみよう。カントの場合には一般的な科学知が悟性で表現されているのに対し，理性には科学知を全体として体系化する機能が付与されている。そのさい理性の道具的な「構成的使用」は誤謬を生み出す「仮象の論理」として厳しく退けられるが，知識の体系に全体として方向づけを与える機能は理性の「統制的使用」として認められる。この関係は一般的な表現で言い換えれば理性と霊性との機能的な関連を形成している。

　理性の統制的使用　カントの説くカテゴリーは悟性の純粋な機能であって，「思考形式」である。カント以前でアリストテレスが十の範疇をとらえていた。カテゴリーはカテゴレイン（述語する）に由来する。たとえば対象が量の規定によって述語されているとき，この「量」が範疇であり，量は対象のうちに実在している基本的性質，つまり属性であると考えられ

---

53)　カント前掲訳書，600頁。

た。それに対しカントのカテゴリー（範疇）は実在の形式ではなくて，悟性の判断の形式であって，主観のうちに働く「われ考う」という意識の統一性（彼はこれをあらゆる対象意識にともなう「統覚」という）にもとづいている。このような主観のうちの「純粋自我」に備わる思考形式としてカテゴリーをとらえたところにカントの哲学の近代的性格がよくあらわれている。

　カントはカテゴリーの正しい適用を説いてから，その不当な適用から生じている従来の形而上学を批判する。そこには，本当はないのに在るかのように思わせる「仮象の論理」が働いている。ところでカントにとって「理性」は「推理」の機能である[54]。したがって，それは悟性によって得られた多様なる認識を統一し，知識の体系をつくる働きである。その統一作用のために用いられるのが「理念」（イデー）であり，従来の形而上学は理念として「神・自由・不死」の三者を想定してきた。カントはこのイデーの道具的使用の誤りを指摘し，それを統制的に使用すべきことを説いた。ここにカントの伝統的形而上学に対する批判と彼自身の認識の形而上学が展開する。

　霊性の統制的機能　このような「統制的使用」はカント以前においてもヨーロッパ思想史において考えられていた。たとえばルターは「霊」が理性を統制する働きをもっていると説いた[55]。この「霊」は理性の光も自然の陽光も照らさない，したがって暗闇のなかにある神の住まいであって，そこに内住する神の言葉の語りかけを聞いて信じるという機能を備えもっている。タウラーにおいても「荒野という〈根底〉で呼びかけて，すべてをよりよい方向に導く愛すべき声に従おうとする場合」[56]に神との触れ合いが成立すると説かれた。この「霊」は人間の最内奥を指しており，

　54）　推理とは既知の命題から未知の命題を導きだす作用である。たとえば「AはBである」と「BはCでない」という二つの既知の命題から，「ゆえにAはCでない」という命題が推論される。

　55）　彼は霊の自然本性的性質について「第一の部分である霊（Geist）は人間の最高，最深，最貴の部分であり，人間はこれにより理解しがたく，目に見えない永遠の事物を把握することができる。そして短く言えば，それは家（Haus）であり，そこに信仰と神の言葉が内住する」（M. Luther, WA. 7, 550, 28-551, 9. 全文の引用は第Ⅲ部第1章2節の「『マグニフィカト』における人間学的三分法」を参照）と語った。

　56）　Johannes Tauler Predigten, übertragen von G. Hofmann, 1961, S.336.

その信仰において聖さを保っているが，信仰が失われると，霊は神の前に死滅し，堕落する。したがって「霊」は信仰によって「魂」なる理性を導き，統制する働きをもっている。すなわち「霊がより高き光である信仰によって照明し，この理性の光を統制しないならば，理性は誤謬なしにあることは決してありえない。なぜなら理性は神的事物を扱うには余りに無力であるから」[*57]と言われる。このような統制の下に秩序が確立されないなら，人間生活の混乱が生じる。その有様をルターは次のように語っている。「もし霊がもはや聖くなくなれば，何ものももはや聖くはない。さて最大の戦いと最大の危険は霊の聖さにおいて生じる」[*58]と。実際，秩序には当然このような統制の作用が内在している[*59]。カントの理性にはこのような機能が認められているところに伝統的な霊性が影響していることをわたしたちは認めることができる。ここにドイツ敬虔主義の伝統のなかに育ったカントが啓蒙主義の支配する時代にあっても宗教性をとどめている事実にわたしたちは注目しなければならない。

7 同時代人ハーマンのカント批判

次に同時代人のカントに対する批判を採り上げてみよう。そのなかからまずハーマンをここでは問題とし，ヘルダーについては後に論じる。

　ハーマンはカントから数学の教科書を一緒に作ろうと誘われ，それに答えてカント批判を吐露するようになった。彼は認識ということに伴われがちな高ぶりを深く洞察していた。とりわけ数学を模範とする統一的原理によって，世界の学問的秩序を確立し，そこから個々の認識を演繹するという学問の志向が，認識主体に世界にまさる高い地位を授けて，その支配へ

---

57)　M. Luther, WA. 7, 551, 6ff.
58)　M. Luther, WA. 7, 551, 28ff. さらに「さてもしそのような……霊が保たれるなら，それによって魂と身体は過誤や悪しきわざを犯さずにとどまりうるが，霊に信仰がない場合，魂と全生活が正しく誤りに陥らないようにすることは不可能である」と説かれている（ibid., 552, 34ff.）。
59)　この秩序の作用をアウグスティヌスは愛が「関連づける」働きのうちに捉え，パスカルは「目標に向けて関連あるものを関わらせる」のうちに捉えている。詳しくは金子晴勇『愛の思想史』129-40頁と196頁を参照。

と導くようにしていることを見抜いていた。こうした近代的な主観性に立つと，人間は自らを自然から切り放し，これに命令する神の位置に立つことになる。

　こうした高ぶりの道を見越して，ハーマンは人間の被造物性に固執する。自然は人間の被造性を人間に伝える「言葉」であると彼はみなし，神と人との「伝達的」（つまり対話的）関わりの内に自然をも一緒に加えるように説いた。つまり創造物としての自然は，人間が被造物であることを教える人間の伴侶なのであって，人間の支配の対象ではない，と彼は言う。彼はここで，理性の認識の営みを，個別的なものと見る。そして，その働きを仮説と見なす。それは仮説であるばかりか，実り豊かな「思いつき（発想）」として対話における真理形成に与るものである。しかし，それが仮説的な足場としての役割を忘れ，普遍的認識の礎石として振舞うことを，ハーマンは限界を踏み越えた越権行為と見なす。ここから彼はカントの自己充足的な学問観と真理観を批判した。このことは批判期におけるカントの超越論的思考をも先取りする批判であった[60]。

　またハーマンは『ソクラテス追憶録』で「理性が君らに与えられているのは，君らが賢くなるためではなく，君らの愚かさと無知とを認識するためである。モーセの律法がユダヤ人を義とするためではなく，その罪をいっそう重くするために彼らに与えられているように」[61]と語って，「独断のまどろみ」からの覚醒を促したばかりか，「自己認識の地獄墜ち」を警告する。後年カントは，『道徳形而上学』また『学部の争い』において，ハーマンの言葉を引用し，「ただ自己認識の地獄墜ちのみが，我々を神に至らせる途を拓く」[62]と記している。それはカントの記憶に残されたハーマンの問いかけの刻印の深さを伝えている。しかし全体として見るなら，カントはハーマンの真の意図をくむことはなかった。二人の関係はもっぱらすれ違いのように見える。

　さらにハーマンが自然的宗教を批判するとき，理性の自己絶対視が攻撃

　　60）川中子善勝『ハーマンの思想と生涯』第6章「ハーマンとカント」教文館，150-92頁参照。

　　61）ハーマン『ソクラテス追憶録』I, 379. 川中子善勝，前掲書166頁からの引用。ハーマンの著作の翻訳は『北方の博士・ハーマン著作選』川中子善勝訳，2002年，沖積舎から出版された。

　　62）ハーマン前掲書II, 164. 川中子善勝，前掲書166頁からの引用。

の対象となり，理性の自己神化・偶像化が批判された。そのさい理性が律法と同一に扱われ，その所有が人間の自負を招き，自己神化にまでいたって，神と人との真の関わりを損なわせる点が批判された。理性と律法はそのような自己絶対化の源となる。元来，律法はキリストに向かわせる養育係である（ガラテヤ3・24）のに，律法追求のもたらす罪の倒錯が誤謬の根源となった。したがって理性の「訓育」は，律法の役割と同様であり，人間を無知の自覚へと導くべきである。

　さらにカントが感性と悟性とに分離して認識を構成させた点が批判の対象となった。ハーマンは感性と理性との一致を強調して次のように主張した。「しかし，感性と悟性が，人間の認識の二つの幹として一つの根より生じ，こうして前者によって対象が与えられ，また後者によってそれが考えられるという場合，さて何の必要があって，自然が結び付けたものを，かくも乱暴かつ僭越的，独断的仕方で分かつのか。両方の幹は共に，その共通の根の分化と分断によってこと切れ，干からびないであろうか」[63]。彼は，感性と悟性の関わりにも生きた細やかな消息のあることを告げ，同時に，腑分け的にこれに関わる分析的手法の僭越な自負を暴き出す。ハーマンにとっては，感性と悟性の一体の場こそがまさしく言葉なのである。

　　「言葉は感性的能力と論理的能力を持っている。目に見え，発音できる対象として，それらは，その要素と共に感性と直観に属している。しかし，その構成と意味の霊に従っては，悟性と概念に属している」[64]。

ハーマンによると言葉と一緒になってこそ理性にはその根底に染み透るまでに感性的なものが与えられ，これによって満たされている。それゆえ理性の純化の名のもとに感性を締め出すことは，言葉を排除することに留まらず，理性そのものの無化につながる。これがハーマンのカント批判であった。同様に言語からのカント批判はヘルダーによって行われた。

---

63) ハーマン『理性の純粋主義の再批判』III, 286, 川中子善勝，前掲書177頁からの引用。
64) ハーマン前掲訳書III, 288, 川中子善勝，前掲書177-78頁からの引用。「この二つ（音と字母）はまた，人間の全認識と理性との真の感性的要素でもある。最古の言葉は，音楽であった。それは全ての時間尺度とその数関係に体を備える生きた原像であった。最古の文書は，絵画また線描であった。それ故，時間と空間の概念は，視覚と聴覚という二つの高貴な感官の持続的な影響を通して，悟性の全領域の隅々にまで自らを一般化し，不可欠のものとしたのである」(同上)。

8　ヘルダーの人間学

　ヘルダー（Johann Gottfried Herder 1744-1803）はカントの教えを受けながらも独自の人間学を提唱し，啓蒙主義からロマン主義への転換を導いた[*65]。なかでも有名な『言語起源論』(1772)では言語神授説を批判し，言語が人間の本質である自由から生じ，人間の歴史を可能にすることを説いた。また文化人類学的な人間学を創始しており，『人間性形成のための歴史哲学異説』(1774)ではフランス啓蒙主義の批判から彼は各時代，各民族の固有の価値を強調し，一種の感情移入による個体性の神秘を捉えることによる歴史理解を説き，歴史主義の先駆となった。さらに大作『人類史の哲学考案』(1784-91)では，自然のみならず人類の歴史をも〈神の現れ〉とみなし，自然と歴史の発展を統一的に捉えようとする。また『純粋理性批判のメタ批判』(1799)や『カリゴネー』(1800)は，批判期のカントが理性を言語から，美的感情を感性的条件から純化したことを批判する。ヘルダーの思想は，現代の哲学的人間学，解釈学，文化哲学，言語哲学に大きな影響を与えた。ここでは啓蒙主義の「冷たい理性」ではなく「過去の墓場の枯骨に生命を吹き込む才能，創造的な想像力」が働いている[*66]。

　ヘルダーは人間の精神が生みだした人間の内的構造に目を向けた。人間が歴史をとおしてこの構造を創造し続けて来たから，それは人間に近づきやすくまた開かれている。たとえば神話，言語，宗教，詩などは人間的認識に真に適している対象であって，ここから理性によっては把握しがたい人間性の神秘が開示される。彼は時代を風靡していた啓蒙思想を批判し，新時代の学問を言語，詩，歴史の考察によって樹立し，人間学にも新しい創造的な視点を提供した。とくに言語論や人類史の領域でそれは探究され

---

65) ヘルダーは東プロイセンのモールンゲンに生まれ，1762年から64年までケーニヒスベルク大学で医学，神学，哲学を学び，前批判期のカントの講義を受けるとともに，ことにハーマン，シャフツベリ，ルソーなどから影響を受ける。64年から69年までリガで教師，69年にリガを去り，フランスでディドロ，ダランベールらと交友するとともに，啓蒙主義の一面性を批判した。71年から76年までビュッケブルクの宮廷牧師，76年以降ワイマルの教会牧師を務める。

66) バーリン『ヴィーコとヘルダー』小池錠訳，みすず書房，29頁参照。

た。このようにして彼は独断論的なヴォルフや主観主義的なカントのようなドイツ啓蒙主義の哲学に対し批判的に対決した。彼は啓蒙主義が「理性」のみを偏重し，人間における他の霊的で心的な力をすべて束縛し，圧迫せずにはいないと説いた*67。

『言語起源論』における人間学　ヘルダーの最初の研究論文（言語の起源に関するかれの懸賞当選論文）で，神が言語を授けたという歴史的な「起源問題」は一転して人間学的な考察によってその本質理解へと高められた。もちろん歴史的観点は廃棄されなかったのであるから，歴史問題が体系問題と結びつけられたと言うべきであろう。そこに展開したのは言語の発展史ではなくて，「精神の現象学」である*68。

　人間学的に観察するならば，人間は動物に比べると「欠陥動物である」。しかし，この欠陥のゆえに，言語機能というそれを「代償する胚種」が備わっている*69。人間は生物学的に見ると欠陥や欠点が多く見いだされるので，それを補填するために言語をとおして「自由な空間」である活動の余地を手に入れる。彼によるとコンディヤックは動物を人間に，ルソーは人間を動物に還元して言語の起源を論じたが，ヘルダーによると人間の言語は人間に固有なものであって，自然本性的にすでに理性的存在である人

---

67) ヘルダーはカントのような厳密な体系的思想家ではない。彼は，分析しようとしないで，直観しようとする。具体的でない知識，直観的形態により満たされていない知識はすべて彼には空虚と見なされる。それゆえ理性の偏重と圧制に対してヘルダーは彼の師ハーマンによって教えこまれた基本的原則を援用する。それは人間がなしとげねばならないことは，力の集中と不屈な統一とから出てくるのであって，力の分散は退けるべきであるという原則である。そこには個体性の神秘は概念的な分析や一般概念への整序，また法則の定立によっては解明できないことの認識がある。ヘルダーの人間学については Harald Henry, Herder und Lessing. Umrisse ihrer Beziehung, 1941, S.80-92を参照。

68) ヘルダーはこの現象学をヘーゲル哲学とは異なった意味で理解している。ヘルダーにとっては，精神の本性によってあらかじめ限定され，前もって規定された，たしかな行程は存在しない。ヘーゲルの精神現象学は内在的必然性をもって一つの現象から他の現象へ移行するリズミカルな弁証法の三段階構成をとっている。ヘルダーはまたデカルトやカントのような数学や物理学をモデルとした観念的な思考では言語に通じないと考える。というのは話し言葉はけっしてたんなる音響や音声に尽きず，それは何かあるものを意味するから。言葉は組み合わさって「談話」となり，この談話は一つの主体から他の主体へと伝わり，会話を交わすうちに双方をたがいに結びつけながら存在する。

69) ヘルダー『言語起源論』（前出）31-32頁。ゲーレンはこの観点から彼の人間学を構成している。ゲーレン『人間－その本性および世界におけるその位置』平野具男訳，法政大学出版局，32-33頁。

間のうちに初めから存在する。この言語は学的認識や文化を形成するために通過すべき段階である。言語は事物についての知識がそこでだけ成立し,それが次第に完成してゆける媒体をなしており,命名行為は,学的な認識にいたる不可欠の前段階と条件である。ここからして,言語理論が認識論を構成するさいの不可欠の要素となっている事実と理由とが明らかになる。言語は感覚が直接的にわたしたちに提供する内容や関係の単純な模写ではない。つまり印象のたんなる引き写しではない。言語はむしろ精神的活動の一定の基本方向,つまり心的な精神作用の総体であり,この作用のうちではじめて現実の精神活動の新しい側面が開示される。

「人間はかれに固有の内省意識の状態におかれ,この内省意識(反省)をはじめて自由に作用させることによって,言語を発明した。では反省とは何だろうか。言語とは何だろうか。この内省意識は人間に固有な特質であり,その種属にとって本質的である。したがって言語も,言語の独自の発明もそうである。言語の発明はそれゆえ,かれにとって,かれが人間であるのと同じく自然である」[*70]。

ヘルダーによるとこの内省の力によって対象の命名がなされ,内面の標識語が言語として発明された。ヘルダーと同じくカントの弟子でもあるウィルヘルム・フォン・フンボルトは,このような事態に対して,「言語はできあがった所産〔エルゴン〕でなく,機能的活動(Funktion)〔エネルゲイア〕である」という表現をもって対処した[*71]。このことは後の言語の人間学的考察にとってきわめて重要な貢献である。

ロマン主義的な個人主義と国民思想　　言語論と同じく重要な点はヘルダーがロマン主義の影響を受けることによってロマン主義的な個人主義が国民という視点でも表明されたことである。この国民という思想は18世紀における啓蒙思想の一般化と普遍化への傾向に対する反対表明であって,

---

70) ヘルダー『言語起源論』(前出)41頁。

71) フンボルト『言語と人間』岡田隆平訳,冨山房,85頁。言語はけっして単純な所産ではなくて,たえず新しくなりつつある連続的過程である。そして,この過程の進むのに応じ,人間にたいして,かれの「世界」の輪郭もますますより明白にまたより決定的に区劃される。名称は,したがって,できあがった現にある対象的直観に,外的な知的記号(Kennzeichnen)として,単純に接合されるのではなくて,名称のうちで知的習得(Kennen=Lernen)の一定の道程が,すなわちその仕方と方向とが表現される。

すでにフィヒテの『ドイツ国民に告ぐ』(1808年)にある「諸国民の個性」に表明されていた*72。彼は青年時代にラトヴィアのリガ市からフランスまで船旅をしたときの記録『旅日記』のなかでそれぞれの国の特性が目のまえに展開するのを見て、「国民」と「国民精神」という思想をいだくようになった*73。

　だが「国民」という思想も、はじめは純粋に文化的・人道的な性質のものだったが、フランスの侵略に対抗するあいだに次第に政治的な色彩を帯びるようになった。彼の自然観が自然の機械的な規則性から転じてその豊かさと多様さに深い感銘をうけたとの同じく、彼は諸国民の歴史にも多様性があると考えた。彼によると、

　　「歴史の過程のなかで、それぞれの〈国民〉は独特の性格、すなわち〈精神〉をもつようになり、この〈精神〉がとくに宗教・言語・文学のなかにあらわれる。〈国民〉は、契約や人間の意志によって形成されるのではなく、有機体が成長して、最終的にはそれを構成する個々の部分よりも大きな生きている全体となるのと同様に、成長する」*74。

精神が国民という組織体を通して形成されるのは、生命体における心身関係に等しいというのである。これによって精神（Geist＝霊）・魂・身体の人間学的な三分法が見いだされる*75。彼は主としてドイツ人に訴えかけて、文学の偉大な伝統があることを想起させ、自分でも民謡を収集し、「わたしたちは昔話を通して霊の国にはいる」と明言し、ギリシア・ローマの古典とフランスの模倣から自由になるように説いた。こうして彼はドイツ国民が独自の創造的な活動によって文明に対して重要な貢献をなしう

　　72）フィヒテ『ドイツ国民に告ぐ』第13講演、大津康訳、岩波文庫、291頁。「精神的な〈自然〉は、人類の本質を、きわめて多様な差異を見せる諸個人のかたちであらわし、また一般には、諸国民の個性のかたちであらわすほかなかった。これらの諸国民のそれぞれが、束縛されることなく、その特性にしたがって発達して形をなす場合にだけ、そしてまた、これらの諸国民のひとつのなかにいる個人が、個人としての特性だけでなく、国民としてのこの共通の特性にしたがって発達して形をなす場合にだけ、神性のあらわれが、あるべきすがたで反映されるのである……」（一部改訳）。

　　73）ヘルダーは『旅日記』嶋田洋一郎訳、93, 99, 120頁においてモンテスキューの「一般精神」を個々の国に適用し、国民性の特色を問題にする。

　　74）バウマー『近現代ヨーロッパの思想』鳥越輝昭訳、大修館書店、412頁からの引用。

　　75）ヘルダー『旅日記』（前出）28頁、121-30頁で将来探究する人間学の構想を描いている。

ることを力説した。この精神にもとづいて彼の人間学が新たに構想されるようになった。

　『人類史の哲学考案』における人間学　　ヘルダーは『人間性形成のための歴史哲学異説』のなかで民族や時代が「奇蹟と神秘」に満ちた個性的な奥行きをもっていることを最初から着目していた。この点を彼は次のように主張した。

　「一民族，一時代，一大陸の全体を描いたとする。だが，何を描いたことになるのか。描いているつもりの言葉が何を捉えたというのか。……描くなどと言っても不完全きわまるものだ。いくら誤解されても当たり前だろう。人間の個性がどんなに表現の困難なものであるか……わずか一国民の性格にさえどんなに深い奥行きがあることか。……暮らし方，習慣，必要，国土や空の特性を生き生きと描き出すことがこれに加わらなければなるまい」*76。

　この「深い奥行き」こそ人間に宿っている霊性ではなかろうか。彼によると一国民や一時代の性格は個性的なものであって，啓蒙主義の観念的な理性によっては把握できず，「時代のなかに，風土のなかに，歴史全体のなかに，一切のなかに感情移入をしなければならない。そうしてのみ君は言葉を理解できるようになる」*77。このヘルダーが造語した「感情移入」（Einführung）とは単に自分の考えを他者に移し入れるという心理学的な意味ではなく，反対に他者の側に身を置いて考えるということである。それは「人間本性が善において自立した神でないならば，それはすべてを学び，前進によって形成され，徐々に戦いながらますます先へ歩みを進めなければならない」*78ということによって明らかである。

　ヘルダーはその後『人類史の哲学考案』（1784-91）という大作にとりかかり「発展」（Entwicklung）という概念によって歴史を把握し，「人類の教育」と「人間らしさ」に向かう人類の歩みを大がかりに追跡した。「わたしはおもうに，人間種族の教育とその歴史の哲学は，人間性，つまりそ

　76）　ヘルダー『人間性形成のための歴史哲学異説』小栗浩・七字慶紀訳，世界の名著，98-99頁。
　77）　ヘルダー前掲訳書，100頁。
　78）　ヘルダー前掲訳書，102頁。

れだけがわたしたちを人間となす，個人の共同作業が真にあると同じく，確かに存在する」[79]。この「人間性」（Menschheit Humanität）とは「人間らしさ」，「人間らしい本質」であって，それは直立姿勢にあらわれているように「人間はアントローポス（Anthropos）であり，自己の上と周囲を眺める被造物である」[80]。それゆえ人間は理性と自由にふさわしく高尚につくられており，他者に対する同情をふくめて繊細な感覚と衝動とをもっていることを指している。しかも「伝統があり，身体が形造られるように，人間は成り，また形成される」[81]と彼は言う。したがって「人間らしい本質」は「既成のものではないが，潜在的に実現可能なものである。それゆえ人間はゲーレンが説くように訓育の生物である。「わたしたちは，実際には，未だなお人間ではなくて，日毎に人間となるのである。自己自身から何も所有していないで，すべてを模範・教え・訓育によって獲得し，それにしたがって形を受け取る，蝋型のようである」[82]。とはいえ，そこにヘルダーは「神の像」としての人間の真の姿を捉えた。

「神よ，あなたは動物には本能を与え，人間にはあなたの像と宗教とヒューマニティを魂の中に刻んだ。彫像の輪郭は暗い深い大理石の中に横たわっている。ただ人間は自己を自ら彫り，形成することはできない。伝統と教え，理性と経験がそれをなさなければならない。しかもあなたは人間がその手段を欠くようにはしなかった。正義の規則，社会の法の原則，人間にはとても自然であるような婚姻と愛である一夫一婦制，子供への思いやり，恩人と友とに対する敬虔の念，もっとも強力にしてもっとも恵みに富む存在である神に対する感情ですら神の像の特徴であって，この感情はあちこちで抑制されたり，完成されたりして，至るところでなお人間の根源的な素質として現われている。人間がこの素質に気づくや否や，決して絶望してはならない」[83]。

---

79) J. G. Herder, Ideen zur Philosophie der Geschichte der Menschheit,1965, hrsg. von Heinz Atolpe, 2 Bünde, IX-1, Bd. I, S. 337 この著作の研究として Erich Fülling, Geschichte als Offenbarung, Studien zur Frage Historismus und Glaube von Herder bis Troeltsch, 1956, S.16-27; Michael Landmann, De Homine. Der Mensch im Spiegel seines Gedankens, 1962, S.295-312を参照。なお，訳出に際してはヘルダー『人間史論』（全4巻）鼓常良訳，白水社，1948年を参照したが，すべて改訳した。しかし，この訳書の巻と頁をカッコでもって示す。

80) J. G. Herder, op. cit., III, 6: Bd. 1, S.109 （II-158-65頁）。

81) J. G. Herder, op. cit., IX, 1: Bd. 1, S.338 （II-182-83頁）。

82) J. G. Herder, op. cit., IX, 1: Bd. 1, S.340 （II-185頁）。

ここにある「神に対する感情」は後にシュライアーマッハーの提唱した「絶対的依存の感情」と同じように人間の霊性を示唆する[*84]。というのは「神の像」とは「霊性」の別名でもあるから。だが，この霊性を土台として「伝統と教訓，理性と経験」から文化による発展が説かれるようになった。今や彼にとって歴史は一つの連続する鎖であって，その一つひとつの輪が，「あらゆる世紀と大陸と世代とにわたる神の叙事詩」を成していると説かれた。とはいえ，この考えは啓蒙主義の進歩説とは異質であった。「人間らしさ」は，価値ないし指導原理であって，それぞれの文化が独特のしかたでそれに近づくけれども，たぶんこの世のどの文化も完全には実現できないものであった。それでも彼は歴史のもつ発展的な側面を把握し，楽観的に「人間らしさ」が進展しているとみなした。

　このように人間の本来の姿は人類史の発端にある歴史的事実と見なされているようである。そこには人間を全体的に統一する姿が見られる楽園があって，この楽園から人類は文明の進歩につれてますます離反してきた。ただ詩だけが，その最古の根源的な形式で，この楽園への回想をわたしたちに提示する。そこには「自然に帰れ」の標語によってルソーが描いた「原始的なもの」や原初的なものへの憧憬は見られず，『人類史の哲学考案』で到達した究極的形態では，総体の目標はもはやわたしたちの背後になく，前方にあって，それとともに彼の思想も弁証法的になり，精神的諸力の分化はもはや根源的統一からの単なる離反や認識の一種の堕罪とは見なされず，この分化は積極的な意味と価値とを獲得するにいたった。それゆえ真の統一は，精神的諸力の分離を前提し，この分離から再建される統一である。したがって，すべての精神的な「歴史」は，収縮（Systole）と膨張（Diastole），分離と再統一とが絶えず新たにされるプロセスをとっている。このような深められた観点から精神的なものの個々の要素が，その真の個別性と自律性とに到達する。そのとき，それらの要素のどれ一つとして他の要素に単純に従属しているのではなく，各の要素が同じ権利をもつものとして全体とその構成に介入している。純粋に歴史的な意味でも，端的に「第一のもの」や「第二のもの」，また絶対的な「より先のもの」や

---

83) J. G. Herder, op. cit., IX, 5: Bd.1, S.377-78 （II-232-33頁）。
84) ヘルダーの霊性（プネウマ）に関しては Harald Henry, op. cit., S.24-27を参照。

第5章　カントとヘルダーの人間学　　　355

「より後のもの」はなに一つない。歴史は精神的事実と見なされるが，それは決して時間のうちでたがいに分離し抗争する諸事件のたんなる継起ではない。それは変化のただなかで永遠に現在的なものである。

　個別的な歴史の叙述に際してヘルダーはキリスト教よりもむしろゲルマン民族の中世に注目した。彼は中世を「独特の」時代と考え，そこでは若々しい動きが衰弱していた文明にあらたな活力をもたらしたと言う。彼はロマン主義的精神にしたがって中世を統一・神秘性・「神聖なものへの感覚」を特徴とする偉大な「信仰の時代」として理想化した[*85]。

　ヘルダーは『人類史の哲学考案』の中で「宗教は人間の最高の人間性（Humanität）である」という結論に到達した。もちろんカントも同様な発言をしたであろう。しかしカントのもとでは人間性がどれほど宗教的に考えられたとしても，その考察が人間の本性にとどまっているかぎりでその内容が貧弱であった。それに反してヘルダーはこのような崇高に達するためには，人間が神の啓示に直面し，それに巻き込まれる歴史的存在であると説いてやまなかった。それゆえ宗教は彼のもとでは人間を教化してくれる教師となり，きわめて曖昧で，危険に満ち，迷宮だらけの人生に助言を与えてくれる慰め役となった。この宗教によって人間は訓育されて，啓示される神を子どものように信じ，経験し，感受することによって霊性を育んできたのである[*86]。しかし，カール・バルトが主張するように，ヘルダーの「普遍的に作用する純粋な人間性」という理想，つまり「地上での完全性と至福というもうひとつの理想」への訴えかけが問題であって，これが価値判断の規範となり，これによって啓示者イエスも測られるというヒューマニズムの問題点が認められよう。もちろん歴史的啓示の契機のほうがヘルダーの思想的な特徴であり，人間性の理想のほうは「啓蒙主義の様式における不可避的な二股をかけた身の保全」として理解されるべきで

---

　85)　この点では，ノヴァーリスのほうが典型的だった。ノヴァーリスは，そういう「神聖なものへの感覚」が，その後の「理性の時代」には消えてしまったと考えていた。中世はまた，職人が腕をふるっていた趣味のよい時代で，（いまでは無慈悲な産業主義によっておびやかされている）騎士道の黄金時代だったといわれることも多かったと言う。

　86)　カール・バルトは言う，「人間の存在はヘルダーによれば，その歴史性ゆえに神の啓示への参与を，疑いもなくおよそ可能なかぎり直接的に含んでいる。……ヘルダー的な神学にとっては，啓示の現実性は体験ないし歴史のなかに，きわめて強力に与えられていると思われたので，それは啓示の正当性を改めて問うことから免れることができると考えた」（バルト『十九世紀プロテスタント神学　中』安酸敏眞他訳，新教出版社，195-96頁）と。

ある*87。

　終わりにカントの『純粋理性批判』を言語の観点から批判したヘルダーの言語観がこの大作において人類史の観点から次のように語られていることを紹介しておきたい。

　　「言語のない純粋理性はこの地上で一つのユートピヤである。それは心の情熱や社会のあらゆる傾向についても同じことがいえる。言語のみが人間を人間らしくした。それは言語がその情緒のすさまじい流れを堰き止め，それに言葉によって合理的な記念碑を据えたのである。アンフィオンの竪琴が都市を建設したのではない。いかなる魔法杖も砂漠を緑の園には変えはしなかった。人間の偉大な伴侶である言語がそれを実現した。言語によって人間は相互に歓迎しながら，合致し，愛の同盟を結んだ。言語が法律を創りだし，諸種族を結合した。言語によってのみ人間性の歴史は子孫が相続する心と魂の諸形式を伝えることを可能とした」*88。

　　「かつて人間の精神が考え出したこと，昔の賢人たちが考えたことも，摂理がわたしに許すならば，言語によってのみわたしのところに届く。言語によってのみ，わたしの思索する魂は，最初のまた恐らく最後の思索する人間の魂に結合する。要するに言語はわれらの理性の特質であり，理性はこれによってのみ形態を獲得し，自己を伝える」*89。

　「言語のない純粋理性」（eine reine Vernunft ohne Sprache）とはカント哲学を指しており，言語を欠いた単なる「純粋理性」に対する批判は先述のハーマンの批判と同じである。ここには人間の精神が言語という身体性をとおして心や魂の内なる理性の思索が他者に伝達されるという人間学的な発想が認められる。ヘルダーは生涯をとおして牧師の務めに従事し，啓蒙主義によって危機に陥った人間性と霊性の復権を主張し続けたといえよう。

　　87）　カール・バルト前掲訳書，202頁。
　　88）　その事例として続けてこう言われる。「今もなおわたしはホーマーの創作した英雄を見，オシアーンの嘆きを感じる。これらの歌手や歌われた英雄の影は疾くの昔に地上から消えてしまっているけれども。口から出る，うごく息がこれらの者を不死にし，その姿をわたしの前に現わす。死者の声がわたしの耳の中にあり，わたしは彼らの既に沈黙した思想を聞く」。ここにある「息」（Hauch）は「霊」（プネウマ）を意味する。
　　89）　J. G. Herder, op. cit., IX, 2: Bd. 1, S.346（II-192-3頁）。

第6章

近代哲学における霊性の復権

―――――

はじめに

　わたしたちはこれまでヨーロッパ近代の人間学を人間学的区分法にもとづいて考察してきた。近代文化の特質の一つは合理主義の精神によって霊性・理性・感性の区分のうち理性を偏重した点に求められる。この点を啓蒙主義の歴史的発展をとおしてこれまで考察してきた。そのさい，この啓蒙思想のすべてに自然的宗教が通底している事実を指摘することができた。どんなに合理主義に徹していようとも自然的宗教を何らかの形で残していない啓蒙思想はなかった。その意味で自然的宗教こそ啓蒙時代の宗教であった。とはいえ実在する神の感得は，当然のことながらルソーで典型的に示されたように宗教的な基礎経験となっていなかったし，カントの場合には理性的にのみ論じられた結果，神は思想上の単なる理念（イデー）もしくは道徳的な要請という形で残存したにすぎず，それは希薄化していって，文化を支える力が失われ，やがて「神の死」を宣言するニヒリズムが登場することになる。しかしながら啓蒙思想も深まるに応じて霊性の復権が叫ばれるようになった。その端緒はシュライアーマッハーの『宗教論』であった。この書は正式には『宗教を軽蔑する教養人への講話』と題されており，啓蒙思想によって宗教を蔑視する時代の傾向に対する警鐘の書であった。彼は時代の精神を熟知しており，時代の自然的宗教を破壊することなく，それを批判しながら真の宗教性を育成しようとした。そこにわたしたちは霊性の復権を求める声を聞き逃してはならない。
　霊性とは一般的に言って聖なる神と出会い，その存在を感知する機能で

ある。わたしたちにはこの聖なる存在に関与する可能性として総じて一般的啓示と特殊啓示との二つの道が与えられている。前者は宇宙・自然・歴史・精神世界の諸事実によってすべての人に近づきうるものであり、後者は特定の人物（根源的聖者）のもっていた神との関係・人格的な存在・業績・教え・言説・伝承によって生じるものである。霊性は前者から始まって後者に移るプロセスをとると考えられる。もちろん両者のあいだには啓示を受容する人間自身の内面的な成長が認められるし、その移行過程は連続的か非連続的かという問題も残っている。

　霊性の作用には一般的啓示に属する自然的宗教の役割も大きく、自然の偉大な存在（たとえば霊峰富士）に触れて感得される場合には、聖なるものに対する畏怖の感情はきわめて大きな意義をもっている。なぜなら心に潜んでいる霊性がそれをとおして覚醒されるからである。しかし畏怖が外面的な恐怖になると反対に霊性は消滅してしまう。宗教的な畏怖の感情が生起するときには、世界に対する通常の安定した意識は危機状態となり、未だ人格的な特殊啓示が与えられていなくとも、したがってイエスとか仏陀とかいった歴史的人格を媒介して成立する「実定的宗教」（positive religion）とならなくとも、そこには霊性の育成に役立つような契機が見られる。この種の一般的啓示はたとえばシュライアーマッハーによって「宇宙の直観」と呼ばれている。ここで宇宙とは存在と生起の全体、つまり世界・自然・人類・歴史などを意味する。彼は言う、「宗教は宇宙を直観せんとし、宇宙自身の表現と行為とのなかにあって、敬虔の念をもって宇宙に耳を傾けようとする。宗教は、小児のような受身の態度で、宇宙の直接の影響によってとらえられ、満たされようとする」と[*1]。この直観はまた「絶対依存の感情」とも言い換えられ、オットーの「被造物感情」につながっている。

　これと同じく啓示の契機も特定の歴史的人格から離れて一般的に考察されるため、一般的な啓示は霊性の自然本性的な本質を解明するためには不可欠であり、このような霊性の自然的基礎にもとづいて初めて、人格的な特殊啓示も意義あるものと成るといえよう。たとえば人間の優れた自然本性である理性や意志にしても、実際に使用してみるとその存在の脆さや弱

---

1) Schleiermacher, Über die Relgion, Ph. B., S.29.

さを露呈することが経験される。また優れた賜物である繊細な心も病める魂となりやすく，人間らしい良心でもその疚しさを感じやすく，傷つきやすいために，絶望に導かれてしまう。このような弱さのために人は必然的に自己を越えた超越者や永遠者を求めざるをえない。それゆえ自然的な本性は，それ自体では積極的で肯定できるものではなく，むしろ消極的で脆弱な性格をもっている。こうした認識によって自然本性は永遠者を求め，特殊啓示にいたる基礎となっている。その基礎となっている心の運動こそ霊性の作用である。したがって，霊性は最初の段階では救済を求める問いや願望となって発動する。このような経験をわたしたちは宗教的基礎経験と呼ぶことができよう。この基礎的な経験は他ならぬ人間学的な考察によって解明できるように思われる。というのは宗教を否定するように見える時代思潮をも含めて，その時代と社会とを担っている人間の生の根底には感性や理性を越えた霊性の目覚めを引き起こすような基礎的な体験が認められるからである。

　わたしたちはこれまで人間学の歴史を霊性・理性・感性の三分法にもとづいて考察してきたのであるから，こうした視点に立ってヨーロッパ近代啓蒙思想以後の歩みを霊性の復権の試みとして考察することができる。

1　シュライアーマッハーの心情論と信仰論

ドイツ敬虔主義の伝統は19世紀の偉大な神学者シュライアーマッハーに受け継がれ，ヨーロッパ的な霊性の形成に大きく貢献している。家庭と学校教育におけるヘルンフート派の影響のゆえに彼は「新ヘルンフート派」また「高次のヘルンフート派」[*2]と呼ばれたり，彼自身が青年時代に啓蒙思想の洗礼を受けているにもかかわらず，初期の代表作『宗教論』が啓蒙主義の宗教蔑視者に向けて書かれ，しかも敬虔主義に立った駁論書であったために，「ドイツ敬虔主義の遺産執行人」とも言われた。彼こそ啓蒙主義

---

　　2)　シュライアーマッハーは18歳のとき，ヘルンフート的敬虔に猛烈に反発して，啓蒙合理主義的神学に移行し，イエスの神性を否認し，人類の罪を購うイエスの代理的苦難の教義を否定した。しかしシュライアーマッハーは30代の初めになってふたたび，自分が「高次のヘルンフート派」であると知った。

によって培われた批判的意識にもとづいて生ける実在としての神を捉え，キリスト教信仰の真理を学問的に立証することによって近代プロテスタント神学の父となった。

シュライアーマッハー（Schleiermacher, E.Daniel 1768-1834年）はヘルンフート派が経営するバルビーの神学校で教育を受けたが，啓蒙思想の影響によってこの神学校の頑迷な信仰生活に耐えられず，ハレ大学の神学部に転校した[*3]。ハレでは当時の有力なライプニッツ主義者エバーハルト（J. A. Eberhard）の指導の下にプラトンとアリストテレスを学び，とくにカントの書物を熱心に読んだ。このあいだに初期の思想の基本線となる「神と心情」との関係の萌芽が認められる[*4]。さらにベルリンで牧師をしているあいだに，ロマン主義の文学者と親しく交わり，啓蒙主義の宗教蔑視の精神に対し宗教を弁護して宗教の一般的本質を論じた『宗教論』を書いた。

宗教の本質的な理解　『宗教論』では「宗教の本質は知識でも行為でもなく，直観と感情である」と簡潔に語られる。したがって宗教は知識や哲学でもなく，行為や道徳でもない。とくに啓蒙主義者が蔑視するような幼稚な哲学でも，カントが説いたように道徳の付録でもない。哲学は「宇宙を分類してそれぞれの本質に分かち，存在するものの根底を追求し，現実的なものの必然性を演繹し，自分自身のなかから世界の実在性と世界の法則とを紡ぎ出す」。こうして哲学は素朴に実在しているものから観念的世界を造りだす。それに対し宗教は人間が能動的に産出するものを超えたもの，「人間がそれに対し根源的に受動的なものとみずから感じるもの」，宇宙としての実在から生じる「高次の実在主義」である[*5]。

この実在をとらえる働きがシュライアーマッハーによって「直観」とか

3）シュライアーマッハーの父は，フリードリヒ大王の軍隊付きの説教者としてカルヴァン派の教会に属していたし，母も牧師の家に生まれ，信仰が厚い人であった。彼は幼児から敬虔な信仰によって育てられたが，両親とともにヘルンフート派の敬虔主義の運動に加入し，同派の教団学校に入り，敬虔主義の教育を受けた。

4）カントによって心情が喚起された。「神は心情に注意する，と私は信じます。神にとって主要な問題は，自己の欠点を克服するために私たちが実際に苦しんでいるかどうか，そのために最大限の努力をしているかどうかであります」とある（大島豊『シュライエルマッヘル編』第一書房，1940年，89頁）。

5）Schleiermacher, Reden, op. cit., 31.

「感情」といわれる。この直観は受動的なものであるから，高次の実在の作用によって生じる。「あらゆる直観は，直観されるもの〔対象〕の直観するもの〔主観〕への影響から，すなわち直観されるものの本源的にして独立せる行為からでてくる。こうして直観するものは，直観されるものの行為を直観されるものの性質にしたがって受け取り，総括しかつ会得する」*6。また直観は主体における有意義な体験となって生じるので「感情」とも呼ばれる。さらに直観の対象はロマン主義の概念によって「宇宙」とも言われるが，それは，また「一者」「全体」「無限者」「永遠の世界」「天上のもの」「世界精神」とも言いかえられるように，万有に働きかける創造的主体としての神性を意味し，有限なる存在が自己の有限性の自覚によってこの無限者なる神性と合一するところに，宗教は成立する。ここにわたしたちは神秘的合一をめざすドイツ神秘主義のモチーフを見いだすことができる。

　シュライアーマッハーの宗教観を端的に表明した言葉によると「宗教は宇宙を直観しようとする」ものであり，その本質において「心情」(Gemüt) に関わっている*7。彼にとって「宇宙」つまり宗教の世界は「宗教的風景で飾られた画廊であり」，この画廊のなかに万物は置かれている。人は「神聖にして，価値ある」ものを直観する。「人間は生まれながらいろいろな他の素質をもっているように，宗教的素質をも具えている」と彼は語っている。彼は啓蒙主義の時代にあって秘密に満ちた「神性」の活動を自己の心情という魂の「根底」において受容し，宗教の根源を心情に求めることによって形式主義や信条主義から宗教を解放した。

ドイツ敬虔主義の影響　彼が青年時代に宗教的な懐疑に陥ったとき，内心の深みにおいて人間性の神秘に触れる経験をした。彼は言う，「わたしは人間として人間性の聖なる神秘について自分が考えることを語りたい。それはわたしがまだ青春の激情のなかで，未知のものを追い求めていたとき，すでにわたしの内にあったものである。それは，わたしが思索し生活するようになってからも，わたしの存在の最も奥深い内的な動因とな

　6）Schleiermacher, op. cit., S.31.
　7）Anschauen will sie [＝Religon] das Universum, (Braun, Schleiermacher, Werke, IV, S. 240.)

ったものであり，時代と人類の激動がいかなる仕方でわたしを揺り動かそうとも，それはわたしにとって永遠に最高のものとして留まるであろう」[*8]と。この種の宗教的な傾向は父祖の敬虔主義に由来するものであって，啓蒙思想の洗礼を受けたときにも失われることなく厳に存在していた。だからこう言われる。

　　「宗教はわたしを生んだ母胎であり，その聖なる暗闇の中でわたしの若き生命は養われ，まだ閉ざされていた世界が準備されていた。わたしの精神はまだ外界のさまざまな印象，すなわち経験や学問を見いだす以前にもうそのなかで息づいていたのだ。……したがって宗教について何事か語ろうとする者は，それを何処ででも聞いたわけでないのだから，必ず自らすでにもっていたのでなければならない」[*9]。

　したがって，宗教は彼にとって神や不死といった教義とは全く異なる，自己の存在の根底にある現実であった。その場所は神秘主義の用語をもって理性の光が射さない「聖なる暗闇」(heiliges Dunkel)とか「人間性の神聖な秘義」(heilige Mysterien der Menschheit)とか呼ばれており，次のような確かな必然的な根拠をもっていた。「それはわたしの本性の抗し難い，内的必然であり，神の召使なのだ。それは宇宙のなかでわたしの地位を定めるもの，わたしをしてわたし自身たらしめるものである」[*10]。彼の存在の背後には意志を超えた必然的な力が存在し，その呼びかけに応えて宗教体験が生じる。この種の体験は各人に固有にして直接的な体験であって，概念によって一般化できない，個別的な内的性質のものである。この固有な領域を彼は心情に求めて次のように語る。「宗教は，人それぞれの優れた魂の内部から必然的に自ずと湧き出てくるし，それが何の制約も受けずに支配を行う固有な領域は心情のなかにある」[*11]，また「宗教が存在し働くとき，それは独自な仕方で心情を動かし，無限を直観するという作用に

---

8) Schleiermacher, op. cit., S.3.

9) Schleiermacher, op. cit., S.8. ここでは啓蒙主義の影響について「疑い深い眼から神や霊魂不滅の思想が消え去ったときも，宗教はなおもわたしのもとに留まり，わたしの生活を導いてこれを活動させ，わたしを教えて徳も欠点ももったままのわたし自身の分割し難い存在を神聖なものとして保たせ，しかもただこの宗教によってのみわたしは愛と友情とを学んだのであった」と彼は続けて語っている。

10) Schleiermacher, op. cit., S.3.

11) Schleiermacher, op. cit., S.20.

すべての活動を溶かしこむ」*12と。

「心情」（Gemüt）の宗教　　そこで次に，心情がどのように理解されているかを考察してみよう。そのさい注目に値するのは，心情の場所的表現である。それは『宗教論』の初めのところでは「神殿」として語られる。世俗的な知識に満足した「あなたがたは，見捨てられた神殿（Tempel）に詣でもしなければ，また神聖なる静寂（heilige Stille）のうちに神性（Gottheit）を崇拝しようともしない。……諸君の信ずるところによれば，人類と祖国，芸術と学問こそ一切を残りなく包摂し，諸君の心情は（Gemüt），これによって完全に満たされるにいたった」と時代精神の世俗的な傾向を彼は批判する*13。そこには神秘主義に特有の用語が多く用いられており，心情が超越者に対する感情であるのみならず，神の宿る場所，神殿として把握されている。しかもこの心情の場所に永遠者は宿ることなく，そこに近代的主観性が座を占め，自己の世界を自ら創造し，自己の創造者となったがゆえに，かえって自己の真の創造者を喪失した点が暴露される。だが実際はこの心情こそ神が人間に語りかけてくる場所にほかならない。実際，この点こそタウラーやルターが，その後の神秘主義者らが強調して止まなかったことである。シュライアーマッハーもこの伝統にしたがって次のように語っている。

「わたしは，宗教がまず心情（das Gemüt）に話しかけてくるその最も内面的な深みに諸君を導きたい。そしていったい宗教が人間性の如何なる素質から現われるものなのか，如何にしてそれが諸君にとって最高のものであり，最も価値高いものであるかを示したいのである。わたしは諸君を神殿の尖塔の上に導き，神殿の全体を展望させ，その最も奥深い秘密を発見させたいのである。……諸君は人間の普通の立場を超越することができ，人間の行為と存在の根底（Grund seines Tuns und Denkens）を発見せんがために，人間的存在の内面へ到る困難な

---

12)　Schleiermacher, op. cit., S.14.
13)　「すでにこの世の生活が，諸君が望むがままに極めて豊かにかつ多面的なものとなった。それゆえ諸君にはもはや永遠者は不必要となった。諸君は自ら一つの宇宙を創造したのだから，自己の創造者のことを思う必要がなくなった」と彼は皮肉を込めて近代精神の自己充足性を批判する（Schleiermacher, op. cit., S.1.）。

途を避けようとしないからである」[*14]。

宗教的な「心情」はここでは人間存在の「根底」であり，この根底なる心情で起こる出来事は魂と永遠者との婚姻という「神秘的な合一」をもたらす崇高な瞬間である[*15]。それは「霊的生活の誕生日」と言われ，「神の直接の働き，神の御霊の感動として現われる彼の宗教の起源についての奇跡」でもあって，「それを理解するにはその最初の啓示を探究することに努めなければならない」[*16]と語られる。

このようにして人間の心情には世界全体がその真の相のもとに現われ，それに感能するとき，「超越論的な生命の根源」（transzendentaler Lebensgrund）としての内的感情が湧出し，この感情に支えられて，自己存在，知識，行為，判断が生まれ，「存在することのできるすべてのものは，宗教にとって真実で，不可欠な無限者の形象」となる[*17]。こうして「敬虔な心情の持ち主にとっては，宗教はすべてのものを，神聖でないもの，卑俗なものさえも神聖にし，価値あるものにする」[*18]。

「魂の根底」（Seelengrund）と「心情」との関連　　ドイツ神秘主義の歴史を顧みても明らかなように，神秘的合一が生じる場所は「魂の根底」（grunt）であるが，この根底概念はとくにタウラーで顕著に示されているように「心情」（gemüte）と同義的に用いられた。彼は人間学的三分法を用いて，魂の最高の能力もしくは部分を gemüte と呼んだ[*19]。この「心情」

---

14) Schleiermacher, op. cit., S.11.
15) 「人間が一般に宗教の領域に初めて進み入る崇高な瞬間を今一度観察してみたまえ。……すなわち，この瞬間は彼の生涯においての特定の一点であり，彼には全く独得な精神的な活動の序列中の一項である。……それに続く全宗教的生活はこの瞬間，またこの瞬間に心情を襲う状態，そしてその瞬間と過去の貧しい意識との関係に結合し，いわば発生論的にそこから発展して来るから，それは各個人においても独特なあくまで規定された人格をもつとともに彼の人間としての生活そのものをもつのである」（Schleiermacher, op. cit., S.148.）
16) Schleiermacher, op. cit., S.149.
17) Schleiermacher, op. cit., S.37.
18) Schleiermacher, op. cit., S.37.
19) 本書第Ⅱ部第5章「ドイツ神秘主義の心身論」参照。そこではタウラーの次の言葉が重要である。「人間は一人の人間ではあるが，あたかも三つの人間であるように存在している。最初は外面的で，動物的，感覚的な人間である。第二は理性的な諸能力をもった理性的な人間である。第三は魂の最高能力である gemüte である。このすべてが一人の人間である。こうして人間の中にはさまざまな種類の意志があり，その各々はそれ自身の仕方に基づいている」（Vetter, Die Predigten Taulers, S.348, 22ff.）

は魂の最高の部分であるのみならず,同時に「自分自身に傾く魂の根底」とあるように,内面に向かう心の動きを指していた。この点はルカ福音書10・27の「心を尽くして」の説明にも示されている[20]。

ここでは心情は「霊の習性」として獲得されたものであり,その活動性もしくは意志として魂のもろもろの能力を貫いており,能力の源泉や尺度として,それらの能力を基礎づけ,かつ,方向づけていると説かれた。この概念は「魂の根底」(grunt der selen) と同義に解されている[21]。このように根底が神の住まいを言い表しているのに対し,心情はその根底の動きを表明する。たとえばこう言われる。「心情 (Gemüt) つまり根底 (Grund) は,魂が自分自身の内に入って行くよう永遠に努力し,引き寄せられるように,魂のなかに植え込まれている。そこで人間の霊 (Geist),つまり根底は永遠への傾きであり,根源 (Ursprung) に再び向かう帰趨性 (Grundneigen) をもつ」[22]と。したがって心情は根底と同義であっても,霊のように知的な力だけではなく,心のあり方を加味しており,理性や意志を動かす力でもある。それゆえ心情は「生きる力の源泉,霊の全体的な演出力の根源的で統一的な中心,その素質のいかなる方向にも向かう個人の魂の生きる無尽蔵な力」とも「思想と感情との全体性」とも規定されている[23]。

シュライアーマッハーは,ドイツ神秘主義や敬虔主義が以前「心情」によって主張し続けてきたのと同じく,人間には宗教的な素質がその存在の深みに具わっていることを認める。「人間は生まれながら他の諸々の素質をもっているように,宗教的素質をも具えている」[24]。しかし,この素質の育成は「小賢しい,実際的人間 (der verständige und praktische Mensch)」

---

20)「それから〈心を尽くして〉とある。そこにおいて他のいっさいが包み込まれ,また存在しているものは〈心情〉(gemüte)と呼ばれる。それは他のすべてのものに形相・意義・重さを与えている。この心情はすべてを抱擁し,すべてに貫いている。それは精神の習性 (Habitus mentis)である。……心情はもろもろの能力よりもはるかに高く,内的である。もろもろの能力はすべてその力を心情から所有し,心情の内に存在し,心情から流れ出ている。それはすべてのものにおいて何らかの尺度を超え出ている。それは全く単純であり,本質的であり,形相的である」(Vetter, op. cit., 350, 1ff.)

21) Vetter, op. cit., S.350. 26ff.
22) Hofmann, op. cit., S.412.
23) K.Grunewald, Studien zu Johannes Taulers Frömigkeit, 1930, S.9 : Ozment, Homo spiritualis, p.15-19.
24) Schleiermacher, op. cit., S.80.

によって阻まれてしまうとしても，讃美歌やコラールまた宗教音楽の美しい音調に触発されて宗教的な感動を喚起し，素質を再び回復させ，育成することも可能となる。というのは宗教は「誰もの優れた魂（Seele）の内面から自ずから必然的に湧出し，……宗教本来の領土は心情（Gemüt）に属し，……その最内奥の力によって最も高潔な人や最も立派な人を感動（bewegen）させ，その内的本性に応じて識られるに相応しいもの」[*25]であるから。

このようにシュライアーマッハーにおいて「霊性」が「宗教の素質」として把握されており，人間学の三分法が霊性・理性・感性として明らかになる。

　　『信仰論』における人間学と霊性　　シュライアーマッハーの人間学はカントの『実用的見地における人間学』の構成と似ており，その内容からいって，心理学と生理学とに区別される。心理学が「精神活動」や「理念」さらに「最高最深の意味での道徳」への関心と規定されているがゆえに，心理学は精神的な視点からの人間学といえよう。それに対し生理学は身体から見られた人間学にほかならない。彼は『信仰論』と『キリスト教倫理学』〈1822/23〉の中で罪から清められ，再生した人間の行動を考察するさいに，一般の「自然心理学」と次元を異にした新しい「キリスト教心理学」が必要となったが，これは「キリスト教人間学」（christliche Anthropologie）の別名にすぎなかった。

　彼は完成期の大作『信仰論』において宗教を「絶対的依存の感情」（schlechthinnige Abhängigkeitsgefühl）と規定した。彼によると宗教は人間が能動的に産出するものを超えたものにもとづいており，「人間がそれに対し根源的に受動的なものとみずから感じるもの」によって「子どものような受動性で捉えられ，満たされようとする」[*26]。したがって，この実在をとらえる働きがシュライアーマッハーにより「直観」（Anschauen）とか「感情」（Gefühl）といわれていても，それは永遠者からの働きによって生じるがゆえに，本質的には受動的なものである。それは超越的な実在の側

---

25) Schleiermacher, Glaubenslehre, Bd. 1, S.108, 5.
26) Schleiermacher, op. cit., Bd. I, S.29; 31.

第6章　近代哲学における霊性の復権　　　367

からの作用によって覚醒される受容性にほかならない。

　『信仰論』においては人間学はとくに「人間の根源的完全性」(die ursprüngliche Vollkommenheit des Menchen)」によって考察されており[27]，そこでは人間の「本源的な素質」(Uranlage) がアウグスティヌスの神へ向けられた方向性と同じく，「神意識への方向性」(die Richtung auf das Gottesbewusstsein) として認められ，人間はこうした「神的意識」へと発展する可能性を「内在的衝動」として備えもっていると説かれた。それは「高次の実在の意識」(das Bewusstsein des höhsten Wesens)」[28]であるとみなされ，この神意識は「人間の魂に本来的で生得的なる傾向」[29]であると考えられた。このような人間における自然本性の本質的要素は「絶対依存の感情」とも人間生命の普遍的要素とも呼ばれた[30]。

　これは先に指摘したようにシュライアーマッハーの霊性を端的に言い表しているものであるが，この人間自然本性に内在している「神意識」は「罪」(Sünde) によって毀損されても，それは「人間の根源的完全性」と絶対的に矛盾するものではない。なぜなら神の恩恵によって与えられる赦しにおいて「罪」からの解放が可能だからである[31]。人間はこの神の恩恵の働きを感受して初めて本来のあるべき姿にまで純化される。このような救済はすべて一人一人の「経験」(Erfahrung) にもとづいて理解されるべきであって，理論的に解明することはできない[32]。

　このような恩恵は「聖霊」の働きを介して人間に授けられるがゆえに，信仰も「聖霊」の働きの賜物にほかならない[33]。この聖霊の働きによって「神的実在と人間的自然本性の合一」(die Vereinigung des göttlichen Wesens

---

27) この状態は初版の『信仰論』(1821-22) によると，「まず第一に聖霊による生命の復活もしくは身体と霊魂の連帯にあり，次いで第二に環境世界による認識能力の惹起もしくは理性と自然の連帯にあり，そして第三に共通感情による個人感情の活発もしくは個人と種族の連帯にあると，そして結局それぞれの状態が最高存在の意識と合致していることもしくは低次と高次の自意識の連帯にある」と規定される (Schleiermacher, Kritische Gesamtausgabe, 1 Abt. 7, 1, 1980, S.236)。

28) Schleiermacher, Glaubenslehre, Bd. I, § 10, S.27.
29) Schleiermacher, op. cit., Bd. I, § 5-3, S.36.
30) Schleiermacher, op. cit., Bd. I, § 6, S.41.
31) Schleiermacher, op. cit., Bd. I, § 89, S.269.
32) Schleiermacher, op. cit., Bd. I, § 61, S.325.
33) Schleiermacher, op. cit., Bd. II, § 124, S.268.

mit der menschlichen Natur）が生じており，しかもこれが「信仰者の全生活に生命を吹き込む共通精神の形において」（in der Form des das Gesamleben der Gläubigen beseelenden Gemeingeistes）」与えられる。神から来る聖霊は「神的なもの」（etwas Göttliches）」であり[34]，この「神的なもの」が「人間自然本性と合一すべきであり，合一しなければならない」と規定される。さもなければ，それは「信仰者の魂に生きて働く霊力とはならない」と説かれた[35]。

この『信仰論』においては先に『宗教論』で「心情」に求められた霊性は今やいっそう厳密に「敬虔な心情の運動」のなかに探究された[36]。この敬虔について「敬虔（Frömmigkeit）──それはすべての教会的共同体の基礎をなすものであるが──とは，純粋にそれだけを考察すれば，知識でも行為でもなくて，感情の，すなわち直接的自己意識の一つの的確な姿である」と言われ，「教会の本質的なつとめとみなすことができるのは，敬虔を維持し，秩序づけ，促進することだけである」と主張された。この敬虔の「感情は，その継続中，〈動かされたもの〉として〈自己の内にとどまること〉であるのみならず，また〈動かされること〉（受動作用）としては，主体によって働きかけられないで，主体のうちにのみ生じる。したがって感情は，それがまったく感受性に属するがゆえに，またまったく〈自己の内にとどまること〉でもある」[37]。敬虔な感情は自己を超越した者に受動的に関わりながら，それ自身のうちにとどまっている。こうした敬虔な感情の多様な表現に共通な要素こそ「絶対的な依存の感情」と言われる。

敬虔な感情は自己意識の根底にある一様態であり，宗教的な感動となった感情である。『信仰論』第4項ではこの敬虔な感情が次のように規定される。

「敬虔の多様な表現にもかかわらずそれらすべてに共通な要素──それによって敬虔は同時に他のいっさいの感情から区別される──したがって敬虔のつねに変わらない本質は，われわれがわれわれ自身を絶

---

34) Schleiermacher, op. cit., Bd. II, §123, S.261.
35) Schleiermacher, op. cit., Bd. II, §123, S.263.
36) Schleiermacher, op. cit., Bd. I, §31, S.165.
37) Schleiermacher, op.cit., Bd. I, §3, S.14-18.『キリスト教信仰』今井晋訳,「現代キリスト教思想叢書1」白水社，128頁以下を参照し，部分的に改訳した。邦訳の頁は以下カッコによって示す。

対的に依存するものとして、いいかえれば神と関係するものとして意識することである」*38。

　この感情には自己意識の二つの要素があって、その一つは主体だけの存在を、もう一つは主体と他者との共存を表現するのである。そこから「自発的活動性」と「受容性」が導き出され、「自己意識は圧倒的に活発な自発的活動性をあらわすとしても、つねに触発された受容性という先立つ瞬間に関係づけられ、この瞬間によって原初的な敏活性がその方向をうけとるのである」と説かれた。

　総じて自己意識は世界内における自己存在の意識としては、世界とわたしたちとの共存の意識であるがゆえに、自己意識は自由感情と依存感情とに二分されており、自由と依存との均衡ある交互作用の中に置かれている。「この両者から合成された自己意識の総体とは主体とともに措定された他者との交互作用のそれであることになる」。神との関係においては自由感情を伴わない「絶対依存の感情」それ自体というものはない。したがって、「この感情は同じ根拠から、われわれになんらかの仕方であたえられるべき対象の作用から発するということは断じてありえないのである。なぜなら、そのような対象にたいしてはつねに反作用が起こるであろうし*39、またこれを自発的に放棄するとつねに自由感情をともに包含するようになるであろうからである。それゆえ、絶対依存感情も、厳密にいって、個別の瞬間そのもののなかには存在しえない。なぜならこの個別の瞬間はその全内容について、つねにあたえられたものによって規定されている。すなわち、われわれが自由感情をもつ対象になるものによって規定されているからである。しかしながら、まさにわれわれの全自発的活動性に随伴し、したがって、それはけっしてゼロではないから、またわれわれの現存在全体に随伴し、絶対的自

---

38) Schleiermacher, op. cit., §4, S.23（137-38頁）。
39) この点に関して次のように説明されている。「なぜなら、いっさいの外的にあたえられたものは、つねにまた、たとえ小さくはあっても、反作用の対象としてあたえられなければならないからである。あの神の表象をなんらかの知覚しうる対象に転化することは ── その神の表象をまったく恣意的な象徴化として意識したり、また意識しつづけるのでなければ ── つねに一つの頽落である。たとえそれが一時的な転化すなわち神の顕現であるにしても、あるいはまた、神が知覚しうる永続的な個体として表象される構成的な転化であるにしても」（Schleiermacher, op. cit., §5, S.30. 146頁）。

由を否定する自己意識こそ，それ自体，たしかに絶対依存の意識である。なぜなら，それはわれわれが絶対自由感情をもつにあたって必ずそれにかかわるべきものは，まったくわれわれから起こらねばならないのと同じ意味で，われわれの全自発的活動性はわれわれの外からくるものであるとする意識であるからである。しかしながら，いっさいの自由感情なしでは絶対依存の感情もありえないであろう」[40]。

それでは絶対的依存の感情と「神」とはどのように関係しているのであろうか。シュライアーマッハーは言う，「われわれの受容的かつ自己活動的現存在のこの自己意識のうちにともに措定された〈由来〉（woher）こそまさに神という言表で表示されるべきであり，そしてこのことがわれわれにとって，神という言表の真に根源的な意味であるということである」[41]と。この〈由来〉は時間的存在の全体という意味での世界ではなく，世界のいかなる一部分でもないと言われる。したがって神の概念には何らかの対象性が全く見られない。絶対依存の感情自体が神についてのなんらかの先行する知識によって制約されているといったことはない。敬虔の基礎形式をなすこの感情を，何らかの対象物によってほとんど人間以下のものと関係づけてはならない。もちろん，神についての根源的知識をけっして否認しようとするものではなくて，彼はそれをただキリスト教信仰論においては問題とはなりえないものとして度外視しようとする。なぜなら知識自体は敬虔とは直接的な関係をもっていないからである。知識とは関係のない感情の領域が重要である。神という表象は，絶対依存の感情の直接的な反省もしくは表現以外のなにものでもない[42]。したがって「自己を絶対に依存的なものとして感じること」は「自己自身を神と関係するものとして意識すること」を意味することになる。ここには神の意識と自己意識とが分かたれないものとして，したがって人格的関係存在として捉えられている。それゆえ絶対依存の感情において神は根源的な仕方でわたしたちの感情の

---

40) Schleiermacher, op. cit., §4, S.28（143頁）．
41) Schleiermacher, op. cit., §4, S.28（143頁）．この神概念について詳しくは石井次郎『シュライエルマッヘル研究』新教出版社，162頁参照。
42) この感情には「神とはわれわれにとって，まずこの感情においてともに規定するもの，またわれわれがこのわれわれの〈個別存在〉をそこに開示させるものを意味するにすぎないのであるが，この表象のそれ以上の内容はすべて，その指示された根本内容〈絶対依存の感情〉から始めて展開されなければならない」（Schleiermacher, op. cit., S.30, 145）．

なかに与えられていることになる。神の啓示が語られる場合においても，有限的な人間存在に付随する絶対的依存性とともに敬虔な感情が与えられている。これこそ近代における霊性の復権の試み以外の何ものでもない。

『キリスト教倫理学』における霊性　このような霊性は『信仰論』に次ぐ大作である『キリスト教倫理学』においてどのように展開されているかを次に問題にしたい[*43]。この作品は共同体に生きる現実の人間を考察しており，なかでも聖書において現実の人間が「霊」と「肉」に分裂し，矛盾的な対立に陥っている点を重要視する。

　ここで問われている「霊」とは，「キリストが人間と結合してのみ本来的となる原理」を意味する[*44]。この霊は聖書の心身論で考察されたように，「神の息」(プネウマ) の働きによって人間の内に吹き込まれたと考えられている。これによって人間は霊的存在となるが，これは肉との対立を生じさせる。ところで「精神」(Geist) という言葉は，キリスト教的なことを考慮しないと，一般的な人間的な知性であるヌースを意味するが，キリスト教的な観点からは「霊」(プネウマ) を意味する。「そしてプネウマに対してヌース自身は肉として対立する」と言われる[*45]。したがって一般的な意味でのヌースは理性の働きをもっていても，キリスト教的な観点からは「肉」(サルクス) に属する。しかしヌースは「知性の組織体」(der Organismus der Intelligenz) として感性的で身体的な生命よりもプネウマに近い。それゆえプネウマは原動力として内面的な仕方でもって，人間性の精神的生命の全体であるヌースと一体となった場合には，それは「心情」(Gesinnung) と呼ばれ，外面的な仕方でもってプネウマがヌースを介して人間の感性の機能と一体となった場合には，心情に対立して「才能」(Talent) と呼ばれる[*46]。プネウマが内面的にヌースと一体となった場合には，「理性」は「聖霊の器官」(Organ) となっている[*47]。また「理性」

---

43)　この箇所は L. E. Wissmann, Religionspädagik bei Schleiermacher, 1934 および，この論文の要約である武安宥『シュライエルマッヘル教育学研究』昭和堂，262-80頁の示唆に負うところが多い。

44)　Schleiermacher, Christliche Sittenlehre, S.60.

45)　Schleiermacher, op. cit., S.301.

46)　Schleiermacher, op. cit., S.305-07.

47)　Schleiermacher, op. cit., S.86.

が完全であるだけ，それだけ理性は「聖霊」の完全な器官でありうることも知る必要がある[*48]。この聖霊のヌースに対する働きについて次のように言われる。

> 「聖霊はまず初めに共通のロゴスであるヌースをもっぱら捉えてしまう。これは表象能力と欲求能力との二重の形でわたしたちに与えられている。しかし表象能力と欲求能力は人間のその他のすべての組織をとおして，心理的物理的組織をとおして明らかになり，浸透される。だが，わたしたちは引き続いて，人間の本性と，それもその一部である普遍的な本性との関係は，人間における知性がその力を個々の人間に制限すべきではなく，外的な世界へと移っていくべき地点であると主張しなければならない。したがって才能形成と本性の形成の両者は，人類の保存と全知への発展のために結合し，同一の過程として考察すべきである」[*49]。

この外から働きかけてくる聖霊を受け入れる「受容性」(Receptivität)が人間には用意されていなければならない。それについて彼は言う，「こうした影響を受け入れるためにはそれを受け入れる能力がなければならない。こうして自己意識に変化が生じ，わたしたちにまず第一に起こるのは霊が感情の中に，直接的な自己意識のなかに浸透し，理性と意志の二重性のなかに移りゆくことによって霊が自立性となることが次に生じる。というのは霊は直接的な自己意識のなかで絶対的な意味で受動性としてとどまるからである」[*50]。ここで自己意識は神の霊を受容する能力にほかならない。しかも「理性と意志の二重性が霊にとって完全に器官として付与されている」と主張された[*51]。

そうすると聖霊を受容し，その語るところを聴くことができるのは，「理性」なのであって，聖霊によって霊化された「理性」こそ信仰や神の認識のための人間に固有な器官であることになる。こうした理性の作用は古代においてはプロティノスが「神的なヌース」と言った性質のもの，中世ではアンセルムスやトマスによって「信仰の知性」(intellectus fidei)と

---

48) Schleiermacher, op. cit., S.18, 31, Anm.441.
49) Schleiermacher, op. cit., S.442.
50) Schleiermacher, op. cit., S.372.
51) Schleiermacher, op. cit., ibid,

呼んだものである。これはすべての人に自然的な所与として備わっている理性ではなく，神の言葉を聞いて信じる理性である。このような理性は今日では知性と呼ぶべき性格をもっている。

ここでシュライアーマッハーのキリスト教人間学における基本的主張を自然と恩恵に関して補足的に説明しておきたい。彼は言う，「一般の人間的な意味で精神となり，かつ，精神となりうるものは，それ自体においても，その他の機能との結合において考察しても，自然の最高形態である。だがキリストの出現と彼からはじまるプネウマの伝播は恩恵である」*52と。このことは人間における感受性によっても明らかである。精神のもつ感受性は，一般的にいってまず「直接的自意識」である「感情」として現われ，次いで「理性」であれ「知性」であれ，「理解力」や「意志」をともなって現われる。この時点で初めてそれは「自発性（Spontaneität）」をもつことになる。こうして感受性は理性とともに作用し，理性はまた身体とともに働いている。それゆえ身体なしには理性がなく，理性なしには感受性はないが，「神の霊」が注がれることによって霊化して神の霊を受容する器官となりうる。この人間の精神と神の霊との区別が，自然と恩恵の区別としてあるからこそ，キリスト教人間学は成立する。ここに精神の感受性がキリスト教的な霊性として成立しているといえよう。

このような霊性の理解に対しては，ルドルフ・オットーやブルンナーによる批判があるとしても，彼は単に心理学的に宗教を理解しているのではなく，実在する生ける対象との関わりにおいて現象学的に霊性を捉えている*53。このようにして「感性」が霊性と関連するとき，宗教的な独自の

---

52) Schleiermacher, op. cit., S.314. 人間と神や理性と聖霊との間には明確な区別が敷かれている。彼は，「神の霊」が「わたしたちが理性と名づけているものから高次に発展したものにすぎない」(nur eine höhere Entwicklung ist von dem, was Wir Vernunft nennen)」と言ってはいるが（Schleiermacher, op. cit., S.313)，この発展にはキリストの啓示よる契機が含まれているがゆえに，非連続の連続という弁証法が看取される。また神を理性に置き換えているときもあるが，それは「制約された人間理性」(beschränkte menschliche Vernunft) を指していないと明示されている（Schleiermacher, op. cit., S.314)。

53) Otto, Das Heilige, 1963, S.10-11 ; E. Brunner, Das Wort Gottes und Mystik, S.173はともにシュライアーマッハーを心理主義の側面を批判し，彼が「内在主義的立場」(Immanenzstandpunkt) に立っていると主張した。しかし彼の信仰が超越的に実在する神に深く根ざしているがゆえに，そういう批判は妥当しない。これに対する反論として Ernst Benz, Die ewige Jugend in der christlichen Mystik von Meister Eckhart bis Schleiermacher, in: Urbild und Abbild. Der Mensch und die mythische Welt, 1974, S.549-98.（邦訳，ベンツ『キリスト教神秘主義における永遠の

作用である「感得」の機能が働いていると言うべきである[*54]。彼は啓蒙主義の洗礼を受けながらも敬虔主義の伝統を守って霊性を根本に据えて新たに神学の確立に立ち向かった。

2 シェリングとヘーゲルの三分法

カントに続くドイツ観念論はカントが未解決のまま残した問題をめぐって展開する。そのうちの最大の問題はカントが認識の対象に関して「現象」（物の現われた姿）と「物自体」（物の本体）とを区別し、そこから世界を見える「感性界」と見えない「可想界」とに二分し、これに対応する主観の能力を理論理性と実践理性とに分け、二元論の立場に立っていた点である。ドイツ観念論はこの二元論を一元化することを目ざし、カントが理論理性によっては認識できないとして排斥した絶対者である神の概念を再び哲学の中心に導入した。

　ドイツ観念論は外界の事物を認識の対象として立てる主観をまず問題にし、意識が純粋な理性的思惟によってどんなに真理認識において確実であっても、それが有限的であるかぎり、なお疑うべきであるがゆえに、意識は絶対者なる神から真理を導き出さねばならないと考えた。こうして、まずフィヒテは自我もしくは自己意識を「絶対的自我」の純粋な行為から導き出したが、それは自己意識を超えて意識を導く理念であった。またシェリングは主観と客観との根底に絶対者を考え、絶対者において主観と客観の「同一」を説いた。フィヒテの「絶対的自我」の概念はシェリングによって絶対者とみなされ、絶対者は「知的直観」によって把握されると説かれた。ヘーゲルもこの二人と同様に福音主義の神学者として出発し、カントの宗教論の影響を受けながら哲学をキリスト教の観点から再考し、キリスト教の受肉という神の人間への関与の観点から従来の哲学を批判した[*55]。

若さ』山内貞男訳、「時の現象学」Ⅱ、平凡社）、および武藤一雄『神学と宗教哲学との間』創文社、82-90頁を参照。
　54）　金子晴勇『人間学講義』第7章「感得作用と霊性」101-16頁参照。

シェリングに対する敬虔主義の影響　　先に考察したようにツィンツェンドルフ伯爵の敬虔主義の信仰覚醒運動がシュライアーマッハーに影響し，霊性の復権が説かれたが，この流れとは別に南ドイツのヴュルテンブルクの敬虔主義が文献学的聖書学者ベンゲルなどによって起こり，一般市民層や農民のあいだに広がっていった。このヴュルテンブルク派の敬虔主義のなかからエーティンガーが出て，ベーメの神秘主義の影響のもと合理性と倫理性を含む信仰神秘主義によって精神と自然を統合する「神智学」を説いた。彼の説は初期のシェリングやヘーゲルに影響を与えている。

この敬虔主義は自然神秘主義の特質をもっていた。それはルターの同時代人パラケルスス（Paracelsus, 1493-1541）の自然哲学にまで遡ることができる。これまでの神秘主義的な宗教体験が一般的にいって世間や自然の万象から人間が離反する「離脱」から説かれてきたが，彼により初めて自然の被造世界をとおして神の存在の神秘的な認識にいたりうると説かれ，宗教体験のうちへと自然を組み入れることが始った[56]。この思想はヤコブ・ベーメ（Jacob Böhme, 1575-1624）によって受容され，自然と神秘主義が体系的に総合されるにいたった[57]。ここから「神のうちに一切を見，一切のうちに神を見る」という神と万有との総合的認識が試みられ，自然・神・人間の三者を神の意志の三形態による生成とみなし，人間のうちにはこの三原理が胎蔵されていると説かれた。こうして自然が宗教体験のうちに受容され，自然と世界とを霊性のうちに受容することによって，自然はもはや主観性の外に立つ異質な世界ではなく，自然と自我とはその根底において同一の生命により原理的に生かされている。ここからシェリングは同一哲学を主張するようになったが，そこから自然哲学の方向へと移行していった。その初めは人間へと関心が向けられ，人間におけるきわめ

55）　青年時代のヘーゲルの神学論文に関して細谷貞雄『若きヘーゲルの研究』未来社の詳細な研究を参照。

56）　パラケルススによると新しく生まれた者は霊的な新しい身体が授けられる。キリストが説くように「人を活かすものは霊である」（ヨハネ6・63）。それゆえ「人間に生命を授けるのは，この霊である。すなわち，この霊こそが，人間に不朽の身体を授けるのである。事実，死ぬ肉には，何の価値もない。死すべき肉は，何の役にも立たないのである」（「キリスト教神秘主義著作集16」「近代の自然神秘思想」教文館，56頁）。

57）　ベーメは人間存在の霊的解明によって神および自然の認識に立ち向かい，人間の観念が，自然の外にあって自然を超越しているだけでなく，神の生命によって全自然の「根底」にまで拡大深化され，独自の「根底」や「無底」（Ungrund）の学説が説かれるようになった。

て現実的な悪の問題と取り組んでいる。そのさいベーメが追求した悪の問題こそシェリングのベーメ研究における決定的な意味をもったのであり[*58]，これによって有名な『人間的自由の本質』(1809) が書かれた。彼は初期においては「自然」が「精神」なしには，つまり「実在」は「観念」なしにはありえない，と説いていたが，人間へと研究対象が向けられ，「観念的なもの」である人間における「実在的なもの」とは何かという問題意識が生まれてきた。この実在する人間には，物体や空間ではなく，生命や衝動といった「力動的なもの」(Dynamisches) がともなわれていると考えられるようになった。実はベーメ思想との出会いがこのような変化をシェリングにもたらしている[*59]。

エーティンガーと三分法　ドイツの近代自然神秘主義においても三分法は知られていた。たとえばエッカルツハウゼン (Karl von Eckartshausen, 1752-1803) の『自然の魔法の力』(1819) には次のように人間学の三分法が語られている。

「人間は，①からだ，②魂，③精神（ガイスト）から成る。創造の物語から明らかなように，神が人間を創るまえに，世界全体と世界に属する万物がまず創られた。人間こそは，創造の傑作，自然全体の要約（コンペンディウム）であって，大きな世界に見出される万物を内に含み，そのため賢者によって小さな世界，ミクロコスモスと名づけられた」[*60]。

彼は身体・魂・精神について考察を試み，魂が霊的本体と身体的本体とから合成されたものであるのに対し，精神は神の心と直接的に関係し，神からの生命であると説いている。

ところがベーメの影響を受けたエーティンガー (Friedrich C. Oetinger,

---

58) 1816年にシェリングはナポレオンのドイツへの進撃の煽りを受けてヴュルツブルクからミュンヘンへと移住した。彼は七年間に及んだエルランゲン滞在期を除くと，1841年までミュンヘンにいたが，そこでフランツ・フォン・バーダーを介してベーメとドイツ神秘主義に触れている。

59) H. Fuhrmans, F. W. J. Schelling: Über das Wesen der menschlichen Freiheit, Philipp Reclam. 1974, Einleitung, S.18-22参照。

60) エッカルツハイゼン『自然の魔法の力』，「キリスト教神秘主義著作集16」「近代の自然神秘思想」教文館，348頁。

1702-1782）は豊かな霊性思想を展開させたが，人間学的な三分法に対しては聖書的でないとして二分法を採用した。彼の著名な『聖書辞典』においては精神と神の霊との生命的な関連を述べているが，テサロニケ第一の手紙5章23節の三分法に言及していても，マタイ福音書10章28節のイエスの言葉によって魂と身体との二分法を聖書の人間学的区分法とみなした。

「この魂と身体の二つによって自然的な区分がある。しかしテサロニケ第一の手紙5章23節によって三つを数えるべきだとしても，パウロは三つの部分を確定していることにはならない。というのは信仰者を成り立たせているものが三つであっても，それは三つの構成的部分ではないから。なぜならパウロの意味では人間は霊か肉かであるから」[61]。

したがって彼によると霊は「神性の第三位格」であり，「自然本性とは異質の上より来たる力」であって，「魂よりは高次の原理」であるがゆえに，霊が信仰者の魂に内住するとき，それは「派生的な存在であっても，神性の充満から区別されない」（ens derivativum, sed non divisum a plenitudine Deitatis）と説かれた[62]。

シェリング哲学における三分法　このようなエーティンガーを経てシェリングへと流れ込む思想はシュワーベンの敬虔主義のうちに培われたベーメの思想であって，その影響の跡は，シェリング自身の沈黙にもかかわらず，きわめて明瞭である[63]。シェリングはさらに『近世哲学史講義』

---

61) F. C. Oetinger, Biblisches Wörterbuch, 1849, S.338. 彼の霊性についての思想は霊と同義語であった心によくあらわれている。「心はすべて，霊的にせよからだ的にせよ，火のような力の源泉を表す。それゆえ聖書は理性と意志について語るだけでなく，心や魂や理解やその他の力についても語る。理性や意志という言葉は，あまりにも少しのことしか言い表していないからである」（ibid., S.254）。

62) Elisabeth Zinn, Die Theologie des Friedrich Christoph Oetinger, 1932, S.371参照。

63) E. Benz, Schellings theologische Geistesahnen, 1955. ベンツはベーメの神の誕生というテーマとシェリングの積極哲学の存在学説との内面的な一致を強調している。それは初期のシェリング哲学を導いていた根本的な関心にも表れており，たとえば1792年の学位論文で堕罪の問題を取り上げていること，人間の「悲惨さの起源」を解明しようとした『根源悪について』や翌年の『神話について』などの論文の主題にその発想が明らかに告げられている。そこで彼は結論として「ベーメの哲学とシェリングの積極哲学との関係は神話学と学問との関係に相当している」（ibid., S.32）と語っている。なおエーティンガーのシェリングに対する影響については F. O. Kile, Die theoligischen Grundlagen von Schellings Philosophie der Freiheit, 1965, S.71-94参照。

（1827）でヘーゲルを批判し，独自の哲学を提唱するにいたる。彼によるとヘーゲル哲学は純粋思惟の論理的運動にすべてを解消する消極哲学（negative Philosophie）である。これまでの哲学は「存在するものの本質」（das Was）を求めてきたが，今やそれを転換して「現実に置かれている事実」（das Dass）に立脚する積極哲学（positive Philosophie）でなければならない，と説かれるようになった。この積極哲学は遺稿「神話と啓示の哲学」において体系的に叙述された。こうした哲学は同じく遺稿として残された対話の作品『クララ ── 自然と霊界との関連について』（1809-12?）において開始しており，そこには人間学的な三分法の伝統を回復する試みが見られる。

対話者クララは霊的な直感力に秀でた女性であった。彼女は修道士に言う，「わたくしたちの内に，単なる感覚的存在とは別の存在，つまり霊（Geist）が生きているということだけは，お認めになりますでしょう，とクララが尋ねた」[64]。もちろんこれは認められるが，彼女に欠けているのは霊的な直感を秩序立てて説明する悟性（Verstand）の力である。「悟性を用いようと決心しさえすれば，すべてのものが，直感のなかで見たと思っているよりももっとはるかに輝かしくすばらしく見えるはずだ」[65]。それゆえ霊の世界に没入しないで，霊を含めた全体的な人間を捉えなければならない。ここから人間学の三分法が語られるようになる。

「そもそも全体としての人間とは，この三つのもの，からだ（Leib）と精神（Geist＝霊）と魂（Seele）からなる全体ということになりますか。そう思いますわ，とクララは言った。でも，この三者をひとつの全体とする結合については，いったいどのように考えたらいいのでしょう」と問われる。

しかし対立する二者を結びつけるのはいっそう高次の存在のように思われるが，魂が精神やからだよりも高次のものとはいえないので，三者の新しい関係が次に提案される。

「私は問いをつづけた ── そもそも，この三者のうちのひとつが唯一

---

64) Schelling, Clara oder Über den Zusammenhang der Natur mit der Geisterwelt, Schellings Werke, Münchener Jubiläumsdruck Vierter Ergänzungsband, 1959, S.119. シェリング『クララ』「キリスト教神秘主義著作集16」「近代の自然神秘思想」教文館，415頁。

65) Schelling, op. cit., S.143. シェリング前掲訳書，440頁。

第6章　近代哲学における霊性の復権　　　379

それだけで他の二者を結びつけるものだなどと言いうるのでしょうか。三者のいずれもが、他の二者を結びつけるものともなっているのではないでしょうか。精神は魂をとおしてからだに入り、一方、からだも魂によって精神のなかへと高められます。魂が精神と関わるのは、そこに同時にからだが存在するかぎりにおいてであり、またからだと関わるのは、同時に精神が存在するかぎりにおいてなのです。なぜならば、精神とからだのいずれが欠けても、魂は統一体として、すなわち魂として現実に存在することができないからです」*66。

　この三分法の理解できわめて注目に値するのは霊・魂・身体が分けられながらそれぞれが他に対して全面的に関係しているという点である。すなわち「三者のいずれもが、他の二者を結びつけるものともなっているのではないでしょうか」と明言されている点である。そうすると死の理解においても霊のからだがすでに形成されていて、それが死を契機として完成されるというすばらしい思想に発展している。

　「魂が死後、霊的になると言うと、魂が死ぬまえは霊的でなかったということになります。そうではなく、すでに存在しているにもかかわらず、この世ではむしろ束縛されて現れている魂のなかの精神的霊的なものが解き放たれて、魂のからだに近い部分を支配するものとなる、と言うべきだったのです。この世の生においては、魂のからだに近い部分が霊的な部分を支配しているのですが。また、からだがはじめから霊的なものでないかのように、かの高次の生において霊的になるなどとも言うべきではなかったのです。からだの霊的な面は、この世では隠れ従属するものとなっていますが、あの世では顕れ出た支配的な面となるのです」*67。

　シェリングによると神の創造は今なお継続しており、物体的なものをたえず霊的なものへと高め、霊的なものがたえず物体的なものへと降っていき、両者がついには浸透し合って、一つとなることによって最終目的が実現される。そして「まさしく人間が、その最終的な定めに従って、もっとも高くもっとも繊細な霊性（Geistigkeit）へと高められなければならないので

---

66) Schelling, op. cit., S.148. シェリング前掲訳書、447頁。
67) Schelling, op. cit., S.155. シェリング前掲訳書、456頁。

す。なぜならば，もっとも上のものがもっとも下のもののもとにやって来ないかぎりは，創造は安息することができないからです」と結ばれている*68。

ところがヘーゲルは有名な『精神現象学』の序文で観念論期におけるシェリングの同一哲学を「暗闇の中の牛」と述べて批判し，弁証法の論理をもって登場してくる。

ヘーゲルの弁証法と三分法　そのさいヘーゲル (Georg Wilhelm Friedrich Hegel 1770-1831) は，キリスト教の三位一体の教えにもとづいて，真の絶対者が初めから有限者を自己のうちに摂取することによって，みずから有限者として変化しながら動的に発展する，と説いた。このような絶対者の「弁証法的運動」が「真理」であり，「真理は全体である」。またこの全体としての真理を把握するのが「絶対知」である。この絶対知にまで日常の意識を導くのが『精神現象学』のテーマである。それゆえ，それは「意識の経験の学」とも言われ，「自然的対象的意識」が「感覚的確信」・「知覚」・「悟性」を経て，「自己意識」にいたり，さらに「理性」・「精神」・「宗教」という段階を通って「絶対知」に達することによって哲学的精神の最高段階にいたる。意識はこの絶対知において一切の対象を純粋思弁的に洞察し，それによって自己を精神として完全に知る。このようにして感性・理性・精神は弁証法的運動に組み入れられ，これまで考察してきた人間学的な三分法は意識の発展段階をそれぞれ表すものとして統一的に解釈されるようになった。

弁証法はヘーゲルにおいてはすべてを説明する論理体系となったが，三分法の観点から見ると，カントが学的に構想した科学知である悟性の問題性を克服するために提起されたといえよう。ヘーゲルによると悟性的認識はその狭さゆえに必然的に矛盾に陥らざるをえない。そこで彼は悟性的認識の一面性を暴露し，この一面性のゆえに陥った矛盾を契機にして全体的な真理に達する方法を弁証法として説いた。弁証法は人間的な思惟の本性に属しており，豊かな経験の世界に，つまり歴史，文化，社会（政治・経済）の領域というきわめて豊かな内容に立ち向かい，それを発展の相にもとづいて考察する*69。

---

68) Schelling, op. cit., S.210. シェリング前掲訳書，517頁。

この内容豊かな「世界」のなかで認識し，かつ，行動する理性こそ「精神」（Geist）にほかならない。この精神はヘーゲルのもとでは同時にキリスト教的な霊性をも含んでいる。なぜなら彼はキリスト教の精神にもとづいて絶対者を有限的なものと対立しているとみなさず，絶対者が有限性にまでくだり，有限的なるものを克服すると説いたから。ここに絶対者と有限者との媒介が成立する。この媒介の背後には神学的和解の概念が立っている。また，彼は『歴史哲学』ではキリスト教的な自由の精神が世俗に適用され実現されるプロセスを歴史とみなし[70]，宗教的な「表象」を哲学的な「概念」に翻訳するだけでなく，歴史をキリスト教の世俗化として肯定的に把握した。

　しかし宗教の内容はキリスト教の観点から見ると世俗化されることになった。世俗化にはヘーゲルのように肯定的に把握する解釈と，信仰の喪失のように否定的に把握する解釈とが別れるが，ヘーゲルを全面的に批判したフォイエルバッハは，信仰を喪失した世俗化の視点から，宗教を人間の願望の投影であるとみなし，「神学の秘密は人間学である」と主張する[71]。彼によると宗教とは幸福を欲する人間の本能から生まれた願望であり，この願望をかなえてくれるものが神である。つまり人間が欲する自己の姿を理想化したものであるから，神学とは実は人間学である。こうして「神とは人間の像である」というキリスト教人間観と正反対の結論を導き出した[72]。

　このように近代の理性論は展開しており，神を排除して理性が自律し，やがて無神論の時代に突入していった。とはいえ近代の理性論は何らかの形で神を問題とせざるをえなかったし，霊性を全く無視することもできなかった[73]。

---

69)　「哲学の内容は，生きた精神の領域そのもののうちで生みだされ，また現在生みだされつつある内容，意識の世界，意識の外的および内的世界となされている内容にほかならないということ，一口にいえば，哲学の内容は現実であることを理解していなければならない。この内容を最初に意識するものが，いわゆる経験である」（ヘーゲル『小論理学』上巻，松村一人訳，岩波文庫，68頁）。

70)　ヘーゲル『歴史哲学』上巻，武市健人訳，岩波文庫，78頁。

71)　フォイエルバッハ『将来の哲学の根本問題』村松・和田訳，岩波文庫，97頁。

72)　この見方は「人間は神の像である」というキリスト教思想を逆転させたものである。この点に関して金子晴勇『ヨーロッパの人間像』185-86頁参照。

73)　ヘーゲルの弁証法は後期になると認識の弁証法よりも存在の弁証法として説かれるようになり，世界観的な色彩を強くするに応じて観念的になった。マルクスはヘーゲルを批

哲学体系における人間学の意味　まずヘーゲルの人間学から考察していきたい。彼はカントの実用的人間知を批判しながら人間学を自己の体系の中に位置づけた。その試みは彼の中期における哲学体系を代表する作品『エンツュクロペディー』によると、哲学の全体系は論理学・自然哲学・精神哲学の三部構成となる。そのなかの精神哲学の細目は次のようになる。

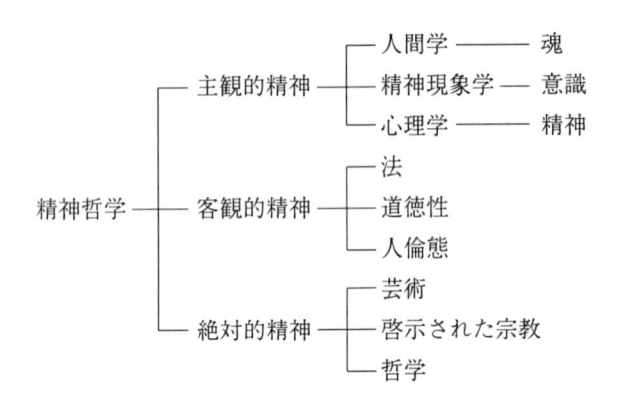

```
                        ┌─ 人間学 ───── 魂
          ┌─ 主観的精神 ─┼─ 精神現象学 ── 意識
          │              └─ 心理学 ───── 精神
          │              ┌─ 法
精神哲学 ─┼─ 客観的精神 ─┼─ 道徳性
          │              └─ 人倫態
          │              ┌─ 芸術
          └─ 絶対的精神 ─┼─ 啓示された宗教
                        └─ 哲学
```

　こうした体系的な見地から彼はまずカントの人間知としての人間学を批判する。カント的な人間知について緒論では次のように語られる。「人間知とは，一部はただ一般的なもの・人間そのものの認識，そしてそのことによって本質的に精神の認識を前提してのみ意味をもっており，一部は精神的なものの偶然的な・つまらない・真実でない諸々の現実存在を取り扱いはするが，しかし実体的なもの・精神そのものへは迫っていかないような知識である」[74]と。彼によると「汝自身を知れ」という命法は単に個人的な特殊性や弱点などの認識に止まってはならないのであって，人間自体における真実なもの，つまり普遍的な精神としての本質の認識を意味する。このような精神は自然を前提として具体的に現象しており，「いっそう低い段階はいっそう高い段階においては単に形式として現存しているにすぎない」ような発展のもとに考察されなければならい。この発展は精神の自

判し，唯物弁証法を確立し，キルケゴールは概念によってはとらえられない実存の弁証法を説き，やがてマルクス主義と実存主義の世界観が時代を風靡するようになった。シュルツ『近代形而上学の神』岩波哲男訳，早稲田大学出版部がこの問題を全体として論じている。
　74) ヘーゲル『精神哲学』上巻，船山信一訳，岩波文庫，7頁。

己自身に対する関係という主観的精神から，自己によって生み出された世界である実在的な客観的精神を通って，永遠に自己を産出する絶対的精神への道行きとして叙述される。この発展の第一段階となっているのが「人間学」である。ヘーゲルが主観的精神の三段階的な弁証法的発展について語っているところを要約するとこうなる*75。

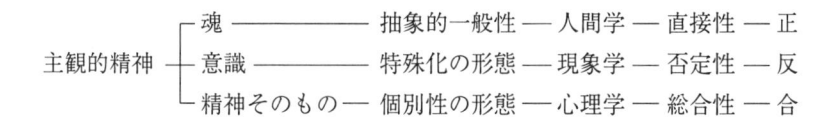

主観的精神 ─┬─ 魂 ──────── 抽象的一般性 ── 人間学 ── 直接性 ── 正
　　　　　　├─ 意識 ─────── 特殊化の形態 ── 現象学 ── 否定性 ── 反
　　　　　　└─ 精神そのもの ── 個別性の形態 ── 心理学 ── 総合性 ── 合

それゆえ，人間学は精神の直接的で自然的なあり方を対象とし，精神にとっては外面的な実在性，自然によって与えられたあり方を考察することになる。

「したがって，われわれはなお自然のなかにとらわれている精神・自己の肉体性に関係させられている精神・まだ自由でない精神から始めなければならない。人間のこの基礎は，もし我々がそういってよければ，人間学の対象である。……人間学における最初のものは，質的に規定された魂・自己の諸々の自然規定に拘束された心である。(ここには例えば人種の区別が属する)。魂は自分の自然性とのこの直接的な合体から抜け出て，自分の自然性との対立および闘争へ入っていく」*76。

この観点から「魂」(Seele)は身体と結びついた生命原理という働きとして考察される。魂は睡眠と覚醒とのリズムに従っており，季節の交替，時刻の交替，年齢によって変化するし，性的にも分化し，地理的な自然にしたがって人種の相違を形成する。また体験，感覚，触覚といったもっとも単純な形式が魂にふさわしく，さらに家族や個人の気質・才能・性格・骨相・性癖にしたがって多様である。それゆえ「魂は，その完成し自己自身のものとなった身体性において個々の主観そのものとして存在する」*77

---

75) 『エンテュクロペディー』におけるこの部分に展開するヘーゲルの人間学に関する研究はほとんど行われてこなかったことがフェッシャーによって指摘された（Iring Fetscher, Hegels Lehre vom Menschen, 1970, S.11)。これに対しグリーンによって詳細な研究が行われた。Murray Greene, Hegel on the Soul. A speculative Anthropogy, 1972, p.59-156参照。

76) ヘーゲル前掲訳書，62頁。

77) ヘーゲル前掲訳書，62頁。

と言われる。

　しかし魂はここから精神として純粋思惟にまで発展し，もはや身体に拘束されない状態にまで発展する。したがってヘーゲルは人間学において，デカルトやスピノザの伝統的二元論とは逆に，未発達の精神である魂が身体と緊密に一体化して結びついている点から出発した。このような心身の一元論は卓見と言うべきであり，心は自我としてその身体的状態にもとづいて自己を知るのであって，純粋な思惟するものとして観念的に自覚するのではない。彼によると人間を動物から区別するのはこのような思惟であるとしても，人間学においてはこの区別が未だ自覚されていない心身状態を具体的に解明し，この区別が「根底において」潜在的にのみある状態が次第に明瞭に出現してくる点を叙述する*78。

　ヘーゲルの人間学の特徴は人間をその自然的直接性において生活に密着して捉えている点である。人間の自己認識の最初の姿は反省以前のこうした形態に求められなければならない。その意味で彼は人間学が人間の具体的あり方にかかわることをよく理解しており，出発点としては正しい。こうした方法は主観をまず確立した上で，いかに対象にかかわるかという観念論的な想定から解放されており，人間をその世界内の行動の全体的広がりから解釈している。こうした立場は『精神現象学』においても基本的には変化していない。しかし理性の概念化作用が進行するに応じて，人間の意識において神の自己認識が展開するという形而上学的視点が前面にあらわれ，観念論的傾向が強まった。

　ヘーゲルの世俗化された精神　　ヘーゲルの時代には歴史的意識が高揚し，ランケやニーブルさらにはモムゼンなどが輩出した。ヘーゲルはフランス大革命のような歴史の大きな変化をつぶさに経験し，人間の精神を単なる主観的精神から進んで客観的精神において把握するようになった。そこには「精神」の概念が歴史をとおして自己を実現するものとして理解された。それゆえ精神は「行為的な理性」として理解されるようになった。この理解はゲーテのファウスト像が本質において「行為的人間」である点

---

　78)　この意味でのヘーゲル人間学の詳細な展開については Murray Greene, op. cit. の詳細な研究を参照。

と一致する。だが彼はこれにも満足しないで、精神を絶対的精神として把握しようとし、宗教を積極的に受容して、宗教的で超越的な次元へ向かった。彼は哲学者としてキリスト教を哲学に取り入れたが、そのさい彼は宗教的な「表象」を哲学的な「概念」に「翻訳する」ように努めた。

　たとえばヘーゲルは『歴史哲学』のなかでキリスト教の神学的歴史観、「摂理が歴史を支配している」という命題を哲学に翻訳し、「理性が世界を支配している」[79]とみなし、歴史哲学的仮説を立てた。すなわち精神の本質は自由であるから、歴史のなかに理性を実現する精神は自由の意識の実現であり、単なる個人的恣意、関心、欲求、行動のようなものではない。それゆえ「世界史が理性的に行なわれて来たのであって、世界史は世界精神の理性的で必然的な行程であった」[80]、「世界史とは自由の意識の進歩を意味する」[81]といった言葉のなかにヘーゲルの歴史哲学の根本思想がある。この自由の意識は世界史の三段階を経て発展してきていると彼は考えた。その要点を示すと次のようになる。①東洋人は、精神そのもの、あるいは、人間そのものが、それ自体で自由であることを知らない。というのは彼らはひとりが自由であることを知るだけだからであるが、このひとりは専制君主であるほかなく、自由な人間ではない。②ギリシア人においてはじめて自由の意識が登場するが、ギリシア人もローマ人と同様、特定の人間が自由であることを知っていただけで、人間そのものが自由であるとは知らなかった。だから彼らは奴隷を所有し、美しい自由な生活と生存を保証されたが、その自由は偶然の、はかない、あだ花にすぎなかった。次の③ゲルマン人につてはこう言われている。

　「ゲルマン国家のうけいれたキリスト教においてはじめて、人間そのものが自由であり、精神の自由こそが人間のもっとも固有の本性をなすことが意識されました。この意識は、まずはじめに、精神のもっとも内面的な領域である宗教のうちにあらわれましたが、この原理を世俗の世界にもうちたてることがさらなる課題であって、その解決と実行には、困難な長い文化的労苦が必要とされました。キリスト教をうけいれたからといって、たとえば奴隷制がすぐに解体されることはな

79）ヘーゲル『歴史哲学』上巻、武市健人訳、岩波文庫、69頁。
80）ヘーゲル前掲訳書、65頁。
81）ヘーゲル前掲訳書、79頁。

かったし，ましてや，国家に自由が浸透し，政治体が自由の原理にもとづいて理性的に組織されるといったことはなかった。自由の原理を世俗の世界に適用し，世俗の状態に自由を浸透させ自由を確立するには，長い時間の経過が必要で，その経過が歴史自体なのです」[*82]。

このようにヘーゲルはキリスト教の理念が歴史において実現してくる過程を世俗化として弁証法的に捉えた。そのさい彼は歴史における世俗化のプロセスを考察しながら，「絶対者は結果である」と語るとき，キリスト教的な神の国思想である千年王国説の巨大な企てがめざされたといえよう。ここでは世俗化は肯定的な意味で語られているが，宗教の霊的次元を現実の政治世界に移しながら，宗教の超越的な霊性を行為的な理性である精神の次元に引き下げるという点では，否定的な世俗化となっている。彼は総じてキリスト教を歴史的な勢力として評価しているように思われるが，宗教哲学講義ではシュライアーマッハーと同様に心情を重んじた点を忘れてはならない。これを次に考察してみたい。

心情と「神の存在証明」における高揚感　ヘーゲルによると人間と動物の基本的な差異は思考にあって，動物は感情をもつにすぎないが，人間は思考するばかりか，思考のなかでもっとも内的な座を占める宗教をもっている。彼は言う，「人間が神のことを考えるということは，人間が感覚的で外面的で個別的なものを超えて高まっていくという歩みをも言い表している。……この高まりは，感覚的なものやたんなる感情を超えて純粋な境地へ歩み出ることである」[*83]と。ここにはシュライアーマッハーの「絶対依存の感情」に対する批判も看取される。「感情は今とても人気がある。それはわれわれが何かを感じるとき，われわれ自身が個人的，主体的に自分固有の特性をもって居合わせているからだ。……感情の温かみは，

---

82)　続いて次のように言われる。「原理そのものとその適用（現実の精神と生活へのその浸透）とのちがいについてはさきにもふれましたが，このちがいは歴史哲学の根本命題であって，思想の本質をなすものとしてそれをしっかりおさえておかねばなりません。ここではこのちがいが，自由の自己意識というキリスト教の原理をめぐってうかびあがっていますが，ちがいは，その本質からして，自由の原理一般をめぐっても生じてきます。世界史とは自由の意識が前進していく過程であり，わたしたちはその過程の必然性を認識しなければばなりません」ヘーゲル『歴史哲学講義』（上）長谷川宏訳，岩波文庫，39-41頁。

83)　ヘーゲル『宗教哲学講義』山崎純訳，創文社，47頁。

私が私の特殊性を失うことなく事柄にかかわっていることを意味している。これは人間学的な一面である。感情のなかでは血が煮え立ち，心臓のまわりが熱くなる。それが感情というものの性格である。感じるというこうした〔心身を貫く〕複雑な全体が，心胸とか心情と呼ばれているものである。……人間が心情のなかにもっているものはそのひとの人格性というもっとも内面的なあり方にかかわっている。義務や法（正義・権利）や宗教は，それぞれ私が倫理的，合法的，宗教的である場合にかぎり，私と一体である。私の現実はそれらのなかにあり，それらは私の現実のなかにある」*84。

　ところで宗教的な知は一般には教育や躾けによる知識によって授けられるがゆえに，制度的で実定的な宗教である啓示された宗教を媒介とすべきである。その場合には，この宗教への信仰は本質的に啓示によって媒介される。しかし宗教的な知は外面的なものではあっても，いったん信仰をもつと，宗教は自己意識のうちにのみあるようになる。他方，内的な面に眼を転じて，信仰や確信が媒介されたものであることを捨象するなら，「われわれは直接，神について知る。これはわれわれ自身のうちにおける啓示である」という直接知の主張がなされる。ここにヘーゲルは霊性に当たる「宗教心」を捉えている。彼によると「実定的な啓示も教育も〔精神の〕外から働きかけて宗教心を人間のなかに機械的に生じさせるようにして引き起こすことなどできない」。それは「人間は何ごとも学ばず，もともと自分のうちにもっていたものをただ思い出すだけだ」というプラトンの想起説と同じである*85。それは「一つの呼び起こし」（Erregung）と見なすべきである。したがって「宗教，法（正義・権利），倫理など精神的なあらゆるものは人間のうちにただ呼び起こされるだけである。人間は精神それ自体であり真理は人間のうちにあり人間において意識にもたらされる」*86。ここで論じられる「宗教心」はわたしたちがこれまで研究してきた「霊性」を意味する。したがってヘーゲルがドイツ神秘主義が育んできた霊性の伝統を保持していることが知られる*87。

84）ヘーゲル『宗教哲学講義』山崎純訳，創文社，65-66頁。
85）プラトン『メノン』81c-d.
86）ヘーゲル前掲訳書，88-89頁。
87）キリスト教の受肉や祭儀が精神に対してどのように影響し，絶対的な哲学を成立さ

さらに「神の存在証明」は有限なものから無限なものへの移行の形式であって，この移行の内容をなすのは精神である。この移行を推論の形で表せば，「もろもろの有限な精神が在る。けれども有限なものは真理をもたず，有限な精神の真理と現実はひとり絶対的な精神である。有限なものは真実の存在ではない。有限なものはそれ自身において，自身を撤廃し否定する弁証法である。しかもこの否定は無限なものとしての肯定，端的に普遍的なものとしての肯定である」。これは精神の移行であるから，最高の移行であって，神の存在証明において述べられている事態である[88]。

ヘーゲルの初期の文章を引用すれば，「絶村者はすでに現存している。そうでなければ，いかにして求めるということが可能であろうか」[89]と言っているように，神の存在論的証明は，神の存在が人間の存在に先立つことを前提にして可能となっている。ここにはいわば循環論が認められるが，彼が考察しているのは無限なる神へ向かう有限なる人間の〈高揚〉（Erheben）であって，ここに彼は人間精神における積極的な宗教的根拠を見いだす。こういう理解の根底には「自分自身が霊でないものがどうして霊を認識できようか」，また「神的なものにたいする信仰は，信仰する人自身のなかに神的なものがあることによって初めて可能である」，さらに「有限なる生命から無限なる生命への人間の高揚が宗教である」という思想があって，これが『宗教哲学講義』での発言「神の現存在についての証明は，無限なるものへの〔人間の理性や人間の精神の〕高揚についての記述にほかならない」にまでいたっている[90]。こうしたヘーゲルの発想には，エックハルト，タウラー，ヤコブ・ベーメといったドイツ神秘主義の伝統と，ルターの「有限は無限を受容しうる」（finitum capax infinitum）という論点が継承されており，この「高揚」によって認識の主観性を克服する。ここにヘーゲルは哲学の神学に対する優位を主張する[91]。

この「高揚」はシュライアーマッハーが「心情」概念において捉えてい

せているかに関しては Emil L. Fackenheim, The Religious Dimension in Hegel's Thought, 1967, p.116-54 の叙述を参照。
　88）ヘーゲル前掲訳書，106-07頁。
　89）ヘーゲル『フィヒテとシェリングの哲学体系の差異』（ズルカンプ版全集）II. S.24.
　90）ヘーゲル同全集 XVI. S.165. この点に関して青木茂『ヘーゲルのキリスト論』南窓社，33頁参照。
　91）青木茂前掲書，33-34頁。

た霊性の運動であって,ヘーゲルとの差異は感じられない[*92]。わたしたちはここに霊性の復権の試みがなされていることを看過すべきではない。

3　メーヌ・ド・ビランの人間学

フランスの哲学者にして政治家であったメーヌ・ド・ビラン（Maine de Biran 1766-1824）はヘーゲルと同じくフランス革命時代に活躍し，カントの影響を受けながらデカルトを批判して新しい人間学を構想した。

デカルトのコギトに対する批判　彼は主著『人間学新論』（1823-24年）において「動物的生活」・「人間的生活」・「霊的生活」からなる新しい人間学を確立した。動物的生活というのは知性を欠いた衝動や激情の領域で営まれ，人間の内にある無意識的にして無意志的なものにもとづいている。動物は自分が感じていることを知らないで感じ，生きていることを知らないで生きており，動物には自我が欠如する。自我の意識をもつのは人間であって，その意識は活動的で自由である。したがって「わたしは考える，ゆえにわたしはある」とデカルトは言ったが，ビランは理性よりも情意にもとづき「原始的事実」と称した意志と外的表現との結合を力説し，自由の能動的意識に立ってデカルトを批判し，次のように主張する。

　「もしデカルトが,〈わたしは考える。ゆえにわたしはある〉ということによって全ての学問の第一原理を,それ自身で明証的な第一の真理を立てると信じたとすれば,わたしは,より決然たる仕方で,そしてこの度は内観の異論のない明証をもって,〈わたしは活動する。わたしは欲する。或いはわたしは活動を思惟する。それゆえ,わたしは自らが原因であることを知る。それゆえわたしは現実に原因或いは力として在り,或いはわたしは現存する〉とよりよく言いうるであろう」[*93]。

　わたしが事物のように対象化されたなら,わたしはもはやわたしではな

---

　92)　ヘーゲルとシュライアーマッハーとの関係について山崎純『神と国家　ヘーゲル宗教哲学』創文社, 99-122頁参照。
　93)　メーヌ・ド・ビラン『人間学新論』増永洋三訳, 晃洋書房, 72頁。

い。わたしの身体は多くの事物のように対象となる客体であるが，意志と努力によってわたしのものであるがゆえに，主体である。彼はデカルトのように心身を分離しないで，結合して考える。それゆえ人間は心身の統一たる現実存在として捉えられており，実存主義の先駆となった。さらに「現象と実在，存在と外見は自我の意識のなかで一致する」とあるように，カントの現象と本体との二元論は，自我意識のなかで意志の力によって結びついている。

理性的な思考の身体的性格　彼の思想的な特質は思考を身体との密接な関連のもとに考察した点にある。実際彼は19世紀の初頭からすでに，理性的な思考の身体的性格を洞察し，それらを彼が内感の原初事実と呼ぶものから出発して演繹してゆこうとした。

内感の原初事実 (faits primitifs du sens intime) とは，メーヌ・ド・ビランがその哲学の出発点として見いだしたものである。それはデカルト哲学で言えば「わたし考える，ゆえにわたしはある」に当たるものである。しかしデカルトのこの「わたしは考える，……」は彼の目には一つの抽象であって，そこから出発して哲学を打ち樹てるのに充分な原理ではなかった。彼は思考よりもいっそう具体的にして実在的であって，しかも原初的な事実を原理すなわち出発点として求め，それを内感の原初事実に見いだした。それでは内感の原初事実とは何か。それはほかでもない，努力の感情 (sens de l'effort) そのものである。それは意志的努力 (effort voulu) にともなう感情と言ってもよい。われわれが何事かを意志し実行しようとする時に感じる一種の緊張感，努力感を，メーヌ・ド・ビランは，そこから人間のあらゆる認識が展開してくる原初事実であり，あらゆる認識が前提すべき原理であるとする。それは哲学体系の理論化の原理となるような論理的原理ではない。そうではなく生き，かつ，行動する身体的存在の認識活動の出発点という意味での原理である。

このような原初事実は，意志的なものとして意識の一つであるが，それは純粋な意識そのものではなく，意志を阻み，妨げるものについての意識であり，身体とその筋肉収縮についての意識でもある。メーヌ・ド・ビランの『心理学基礎論』には「内感の原初事実とは意志的努力のそれにほかならない。意志的努力は有機体の抵抗と，あるいは自我を原因とする筋肉

感覚と,不可分である。したがってこの事実は,たがいに区別はされるが,分かれて在るのではない,二項間の関係である」との言葉がある。身体だけでも努力感はない。意志あるいは自我だけでもやはり努力感はない。区別はされるが分離はされえない意志と身体という,この二項のあいだに成り立つものこそ努力感であり,それが,人間がその認識活動の最初に経験するものだと彼はいう。彼にとって単なる自我そのものは抽象の産物であり,原初事実の名に値しない。身体も,ましてや筋肉感覚も同様である。原初的でありうるのは両者の関係であり,それが努力感である。それは身体との共存の感情でもある。「自我は身体の共存(coexistence du corps)の感情,ないし直接の内的な覚知なしには自覚的に存在しえない。共存の感情こそ原初事実である」との言葉もある。身体との共存の内的な直接的な把捉こそ努力感であり,この努力感はそれなしには自我が対自的,意識的にありえないもの,したがってデカルト的なコギトに先立つものである。このような努力感をビランは哲学の出発点に置く。彼の哲学がすぐれて身体的主体の哲学の名に値するものであることは明らかであろう。このように努力感から出発してさまざまの基本的諸観念が説明されており,「力」の観念もその一つである*94。

こうした行動と自由に立った人格性こそ人間的生活の核心をなしているが,彼によると霊的生活は神を求め,神と一つになって生きる超人間的生活である。霊性は神の霊感を受けた受動的生活によって成立する。霊は祈り,愛する。この霊的な愛はいと高きところからくる無我の愛である。人間は動物的にも,人間的にも,霊的にも生きる,統一的生活を生きる存在である。ここにわたしたちは,ヨーロッパの伝統に立脚した近代人間学における霊性の復権の試みを見ることができる。

人間学の三分法　『人間学新論』第三部「精神の生命」はグイエによって編集された『日記』から抜粋されたものである。次にここから人間学の三分法で重要と思われる観点を挙げてみたい。
① **人間は神と自然との中間存在である**　人間は自然と神との中間にある

---

94) この原初的事実についての考察は『人間学新論』第4章「根源的事実」に展開する。だが『心理学基礎論』における内感の原初事実についての学説は三輪正『身体の哲学』行路社,85-87頁に依る。

存在であるというのがメーヌ・ド・ビランの人間学の根本規定である。彼は次のように言う。

「人間は神と自然との中間にいる。人間は，その精神によって神につながり，その感覚によって自然につながる。人間は，その自我，その人格，その自由を自然に吸収させ，肉体のすべての欲求，すべての衝動に身を任せて，自然と一体となることができる。また，人間は，アリストテレスの学派が完全に無視したが，プラトン主義が特徴づけ性格づけたし，キリスト教がその真実のタイプに引き戻すことによって完成した優れた能力の働きによって，その自我を吸収し，そのようにして或る点まで，神と一体となることができる」[*95]

このように人間は神と自然の中間に位置するが，神と一つになることによって自我の感じを失い，神のうちに吸収される。これが魂としての人間の特質であって，それは「絶対的で独特な対象と一体になる」という動的な作用をもっている。しかし，この一体化の作用によって魂という実体が神のうちに吸収されてしまうのではない。したがって魂は存在の最低段階である自然と最高段階である神に向かう動的な存在であるが，それでも自然と神に同化するのではなく，両者への関係のなかで生きる存在なのである。

② **人間に固有な状態は行動の自由と人格である** この中間的存在の特質は行動の自由と人格に求められる。彼はこの点について次のように言う。

「その中間の状態においては，存在はその行動の自由とともに，その人格をもっている。その状態こそは意識（conscium），自己支配（compos sui）なのであって，人間の固有で自然な状態である。そこでは人間は，生来の全能力を振るうのである。またそこでは人間は，自らの動物的性質に駆られた奔放な欲望に対して戦い，情念に抵抗し，想像のあらゆる誘惑や逸脱に抵抗し，このようにして自らの精神力をそっくり表わし出すのである。……霊魂は向上のこの状態においては，神聖になったり，動物的になったりする」[*96]

③ **情念の世界とその意義** このような自然的な情念は人間的な世界を創

---

95) ビラン『人間学新論』佐藤博之訳，開明書院，187頁。
96) ビラン前掲訳書，187-89頁。

出する。それは一方で有機的生命である動物につながり，他方では神の生命に結びついている。有機的動物の生命との関連に関して次のように言われる。「自然的情念は，その起源を有機的生命のなかにもっていて，人間のなかにある前に，動物のものである。感覚的な有機体の保存と種族の増殖に関する欲求は，このような情念である」。ところで他者に密接に関係するのが「社会的情念」であって，それは人間のなかでいつも自然的情念に結びつき，複雑になっているが，ここにおいて初めて動物的生命から人間の生命へといわば上昇する。「ここから感受性に働く想像の作用や意志・理性・関心の闘いが行われるようになる。また心を引きつける多くの感情が生まれる」。ところでこの領域における情念の世界は人間の想像力によって生まれる自発性にもとづいている。この自由で精神的な人間は「人間同士が共通する欲望や趣味を一緒になって満たすことによって味わう愛の情念とあらゆる共感的な喜びとを作り上げる」。しかし，この世界の上にはさらに高い世界があって，もろもろの情念を導いている。

　④　**人間の生命的構造連関とキリスト教**　そうすると情念の世界には三つの生命が関連することになる。第一は有機的生命であり，第二は人間の社会的生命であり，第三は神の生命である。第二と第三の生命間の関係について次のように言われる。

　　「人間の第二の生命は，この第三の生命に高められるために与えられているに過ぎないように思われる。第三の生命においては，人間は感情と情念の束縛から解放されている。またそこでは，すべての感覚的性質が沈黙しているので，魂を導き，神の光のようなものでそれを照らす守護神の声が聞かれる。またそこでは，自我によって意志されないもの，または至高な力，その中にこの自我は吸収され，混ぜ合わされるが，そのような力によって示唆され与えられないものは，結局，感覚や想像の中で行なわれないようになっている。原始的な状態，そこから人間の魂は降りて来たのであり，そこへさかのぼって行こうと切に願っている」（同頁）。

　この第三の生命を人間に明らかにするのがキリスト教だけであって，それはこの生命間の神秘を説明する。そこでは自然的な感受性にもとづく生命や人間の理性や意志の生命よりも優れた生命が明らかにされる。キリスト教以外の他の哲学理論もその高さまで到達しなかった。古代ストア派の

哲学者マルクス・アウレリウスの哲学は高貴なものではあるが，第二の生命の限界を出ないし，意志や理性の力が感覚的生命の感情と自然的な情念よりも優れていることを誇張するにすぎない。だが第三の生命は魂を至高な力のなかへ導き，理性と意志とを引き上げる。そこでは特別の努力もなしに魂は完全性と幸福の状態に向けて吸収される。これこそ神秘的な「拉致」(raptus) の経験を示唆している*97。

⑤ 「霊感」としての「霊性」　人間の魂には有機体の感情と並んで内省的な哲学する生命が認められる。前者によって人間は魂を身体のなかに没入させることができる。しかし後者によって神的生命に向かうことができる。そのためには魂は自己自身に向けて集中しなければならない。これは神秘主義の言う「離脱」に当たる。ビランはこれを「哲学的生命」と呼んで，「内的省察のなかにあるのは哲学的生命である」と言う。だが，この生命は魂に与えられた理想に向かって「その魂を自らの外に連れ出すこともできる。魂は，このようにして燦然と輝く優れた圏のなかに入ることによって，身体の引力に全く反する引力に従い，そこに吸収されて，その自我の感じをその自由とともに失うこともできる。それは霊感による神秘的な生命であり，人間の霊魂が到達できる最高の段階である」。これが可能なのは生命の最高の段階が人間の魂のなかにあって，魂がその至高な対象と一体となり，その生まれ出た起源に帰ることによる。このように魂はその知的な性質によって神との結合に向かうことができるが，他方その感覚的または動物的な性質によって物体と身体との結合に向かうこともできる。ここにはゲーテのファウスト的な分裂した人間像があらわれていると言うことができよう*98。

⑥　キリスト教の人間学的意義　彼は先に第一の有機的生命，第二の社会的生命，第三の神の生命に分けて人間を考察していたが，これら三つの生

---

97) ビラン前掲訳書，190-91頁。
98) ビラン前掲訳書，192-93頁。「このことが人間を休息させない二重の傾向なのである。どのように純粋で高級な霊魂でも，地上的な傾向にしばしば支配されるし，他方，動物的生命に完全に身をゆだねている霊魂でも，これとは別の性質の要求にもっとしばしば悩まされる。運命や自然が与える燦然としたあらゆる賜にあずかることのない，多くの不幸な人々の内心を悩ませている不安や倦怠や苛立ちといったものは，その要求をよく表わしている。すべての被造物はうめく」。

命の間にある関係をストア主義とキリスト教との対比をとおして人間学的な意義を解明する。それを彼は次のように述べている。

「ストア主義は，能動的生命の中にある高級なものを教えてくれるが，動物的な性質を捨てるし，精神の生命に基くものを全く認めていない。しかもその実践のモラルは人間の力を超えている。キリスト教だけが全体を包み込む。キリスト教は人間の性質のどのような側面も包み隠さないが，また人間が高い救いを必要としていることを教え，そうすることによって，人間の惨めさと弱さを利用して，人間をその目的に導くのである」[*99]。

メーヌ・ド・ビランはデカルトのように心身を分離させないで，結合して考える。それゆえ人間は心身の統一たる存在として捉えられており，感性によって動物的な生活にも，精神によって神的な生活にも向かうことができる。さらに「現象と実在，存在と外見は自我の意識のなかで一致する」とあったように，カントの現象と本体との二元論は，自我意識のなかで意志の力によって結びついている。こうした行動と自由に立った人格性こそ人間的生活の核心をなしている。だが霊的生活は神を求め，神と一つになって生きる超人間的生活である。そこに霊性が働いているが，それは神の霊感を受けた受動的生活において成立する。霊は祈り，かつ愛する。この霊的な愛は至高者からくる無我の愛である。人間は動物的にも，人間的にも，霊的にも生きる，統一的生活を生きる存在である。ここに霊性の復権の試みとヨーロッパの伝統な三分法の復活が実現している。

4　キルケゴールの実存の三段階説

ヘーゲルの思想体系は歴史的にはフランス革命の自由の精神と新しい歴史学の影響を受け，弁証法の方法によって確立された巨大な試みであった。とりわけ世界史の弁証法的発展を説く晩年の思想はもはや人間から出発するのではなく，むしろ人間は世界理性の自己実現のための道具に過ぎなかった[*100]。こうして人間の安住の地であった宇宙（コスモス）は近代の黎

99）ビラン前掲訳書，195頁。

明期にコペルニクスの無限空間によって突破され，今や精神が自己を実現した世界史には安住の住処が見いだされないことが分かった。この住居を喪失することによって疎外された現実をマルクスは社会的例外者であるプロレタリアートのなかに，キルケゴールは例外者的実存である単独者のなかに見いだし，ヘーゲルの思想体系を徹底的に解体する。この解体された歩みをキルケゴールは「解体の時代」と呼んだが[101]，それは思想史において主として次の三つの方向をとった。それはフォイエルバッハによる人間学的解体・マルクスによる弁証法的唯物論への解体・キルケゴールによる実存への解体である。

フォイエルバッハはその人間学を『将来の哲学の根本命題』のなかで次のように要約して語っている。「新しい哲学は人間の土台としての自然をも含めた人間を，哲学の唯一の，普遍的な，最高の対象とする。だから人間学を，自然を含めて，普遍学とする」と[102]。こうして彼は哲学を人間学へと還元していったが，この批判を現実の政治・経済の批判に向けたのがマルクスである。だが前者が感覚的唯物論を説いたのに対し，後者は歴史的に発展している物質的土台（生産力と生産関係によって動的に展開する物質）に立つ唯物弁証法を説き，ともに人間学の三区分のなかで感性の側面を強調した。

実存思想の出発点　キルケゴールはフォイエルバッハの唯物論とは正反対の精神の立場を新たに把握し直して歴史に登場する。彼は多くの実存的な思想家と同じく独自の体験から出発する。苦悩と憂愁に閉ざされた青年時代の体験はすでにギーレライエの手記において思想として結実した。

「わたしにとって真理であるような真理を発見し，わたしがそれのために生き，そして死にたいと思うようなイデーを発見することが必要なのだ。いわゆる客観的真理などをさがし出してみたところで，それ

---

100) ここには『歴史哲学』で説かれたヘーゲルの「理性の狡知」があるとも言えよう。彼は弁証法的に発展する歴史，時間的に予見される直線的な時間のなかに人間の新しい世界住居を建てようとした。しかし，理性の狡知という考えは人間が理性に翻弄されているロボットにすぎないことを語り，疎外の現実を言い逃れしている。

101) キルケゴール『単独者 ── わたしの著作活動についての二つの覚え書き』(1846-47年)（『わが著作活動の視点』所収論文）を参照。

102) フォイエルバッハ『将来の哲学の根本問題』村松一人・和田楽訳，岩波文庫，92頁。

がわたしに何の役に立つだろう。……わたしに欠けていたのは，完全に人間らしい生活を送るということだった。単に認識の生活を送ることではなかったのだ。かくしてのみ，わたしはわたしの思想の展開を，客観的と呼ばれるもののうえに，いな，断じてわたし自身のものでもないもののうえに基礎づけることなく，わたしの実存の最も深い根源とつながるもの，それによってわたしが神的なもののなかにいわば根をおろして，たとえ全世界が崩れ落ちようともそれに絡みついて離れることのないようなもののうえに基礎づけることができるのだ」*103。

この手記には「真理は主体性である」という彼の根本思想が表明されている。この主体的な真理を彼はつねに人格の主体性に求め，近代思想を次々に批判しながら，実存としての精神を確立した。その思想の特質をいくつかあげてみよう。

① **個別的存在の主体性** まずヘーゲル的概念の立場は客観的真理を思弁的に冷静に考察していると自負していても，思弁的思惟は一般者や概念を問題にしても，個別的な主体にかかわらない。それが在るという，個別的事実としての存在は「わたし」とか「あなた」とかの人間的存在の事実における個別性をいい，これこそ彼の唯一の現実である。ヘーゲルは理性的なものと現実的なものとをその生成において一致するとし，存在と本質を統一的に把握した。マルクスがこのヘーゲル的な理性的な本質の歴史における現実化を批判したのに対し，キルケゴールはそのような現実化の原理そのものに欠陥を見いだした。彼はカントにしたがい，本質と存在とを区別し，ものの本質はその一般的本性にかかわり，概念において捉えられるが，ものの存在は現実存在（実存）として概念によって把握されえない。とくに人間的存在において，その個別（個人）は類（人類）に対し無限に優っていると彼は主張した。

② **実存の三段階的発展** 次に彼はロマン主義的審美主義の批判をとおして美的実存から倫理的実存への自覚による発展を語る*104。さらに神を道徳法則におきかえたような道徳主義や普遍的倫理にたつ倫理的実存を批判する。『おそれとおののき』ではこの点が「倫理的なるものの目的論的停

---

103) 桝田啓三郎『キルケゴール』（世界の名著）20頁からの引用。
104) 初期の著作『あれか，これか』において，とくに「人格形成における美学的なものと倫理的なものの均衡」という論文においてこの点が詳述されている。

止」の可能性として問われ，普遍倫理を超出する宗教的実存が明らかにされた*105。

③ **質的・飛躍的・実存的弁証法**　宗教的実存の概念は「神の前に立つ個人」をいう。実存とは「単独者」，つまりひとり一人としての個人を意味する。この個人はカント的な自律せる個人であるが，論理的また道徳的主観というような普遍的な一般者ではなく，憂愁・不安・絶望・罪の中にある個別的に存在している個人である。この個人は大衆化し平均化された一般公衆に対しては「例外者」としての実存であり，社会から疎外されて孤独な生のうちにあるが，大衆化した社会と対決するソクラテス的実存である。キルケゴールは19世紀の前半に属しながら，すでに近代の終末現象である大衆社会の怖るべき作用を熟知していた。このような現実のなかで人間はいかにして自己の実存にいたるのかと彼は問う。実存は神によって与えられ，信仰によって飛躍的に達せられる。この自己の実存にいたる道を彼は質的・飛躍的・実存的弁証法と言い，ヘーゲルの弁証法と区別する。ヘーゲルの弁証法は量的・連続的・思弁的であり，とくに世界歴史の考察において自他のいっさいは同質なものとして均等化され，次第に量的に増大しながら弁証法的に進展する。そこには自己の質的独自性と差異，自己自身の発展，倫理的真摯な態度が喪失している。ヘーゲルは人間としてもっとも重要なこと，つまり自己自身の問題を忘れ，「世界史的に吼え，体系的にわなないている」。

関係としての自己　このようにしてキルケゴールは人間の本質を思弁的「認識」にも，道徳主義的「行為」にも，ロマン主義的「体験」にも依存せしめないで，主体的な「信仰」においてとらえ直した。彼は代表的著作『死にいたる病』の本論の初めのところで人間を「関係としての自己」として捉え，次のように語った。

「人間は精神である。しかし，精神とは何であるか。精神とは自己である。しかし，自己とは何であるか。自己とは，ひとつの関係，その関係それ自身に関係する関係である。あるいは，その関係がそれ自身

---

105) キルケゴールの三段階説についての詳しい説明は G. マランツク『キェルケゴール　その著作の構造』藤木正三訳，ヨルダン社を参照。

に関係するということ、そのことである。自己とは関係そのものではなくて、関係がそれ自身に関係するということなのである。人間は無限性と有限性との、時間的なものと永遠なものとの、自由と必然との総合、要するにひとつの総合である」[106]。

ここではヘーゲル的な「精神」が「自己」として把握し直され、この「自己」の規定には「無限性と有限性」、「時間的なものと永遠的なもの」、「自由と必然」という対立関係として自己の内なる要素が静的に措定されており、これを前提として自己がこの関係に「関係する」という態度決定によって自らを実現する。したがって決断という動的な行為によって自己が形成される。このような自己内関係において決定的なことは自己が自己自身に対して一定の態度決定をする点である。それは対象に対して距離をおいて冷静に観察するという傍観者的な主観ではない。したがって「思惟するもの」としてのデカルト的自我でも、カントの超越論的主観性でもない。自己は「もの」としての実体ではない。そうではなく「関係する」行為者、つまり決断する主体性として把握された。これが「対立する両項の間で決断する」新しい「精神」の理解である。

さらにキルケゴールの人間学的前提からすると、人間は「心身の総合として精神」である。彼は心身を総合する精神から人間学の三分法について次のように明言する。「人間はだれでも、精神たるべき素質をもって造られた心身の総合である。これが人間という家の構造なのである。しかるに、とかく人間は地下室に住むことを、すなわち、感性の規定のうちに住むことを、好むのである」[107]と。ここに「精神・心・身体」の三者が明瞭に区分されている。この三分法はヘーゲルが『エンテュクロペディー』で説いた「魂・意識・精神」の三分法と比較される。キルケゴールはヘーゲルのこの有名な三分法の用語と意味を転換させようと試みた。「しかし、その結果はもとの〔ヘーゲル〕学説の時折意味不明な改竄どころではなく、むしろ人間についての創意に富む理論となった」[108]。心身の総合として

---

106) キルケゴール『死にいたる病』桝田啓三郎訳、世界の名著、435-36頁。ここに展開する「関係としての自己」の詳しい分析について稲村秀一『キルケゴールの人間学』番紅花舎、97-120頁参照。
107) キルケゴール前掲訳書、474頁。
108) James Collins, The Mind of Kierkegaard, 1954, p.205.

の精神は人間において同時的に存在する三つの要素であって，心・身体・霊（精神）は行為する人間の内面において「精神による心身の総合」として把握された。問題は精神である霊のあり方であって，これが心身にどのように関係するかと言う形で中心問題が立てられた。しかし強調点は精神によって与えられるこの総合そのものの上に置かれた。

　この「精神」（Geist）こそ先に「自己」（Selbst）として語られているものであるが，『死にいたる病』全編の叙述によると，精神は自己の内なる関係において何らかの不均衡に陥るとき，絶望と苦悩の状態に陥る。そのさい「精神」は「身体」と「魂」に対して総合する第三者ではあっても，このような関係に精神を置いた永遠者，つまり神との関係において，絶望を克服することが可能となる*[109]。このような神的可能性が「信仰」にほかならない。「精神の有限性と無限性の構成契機は相互に齟齬を来している。なぜなら精神は無限な神，つまり精神としてその存在の源泉そのものから自己を切り離しているから」*[110]。ここでの「精神」（Geist）は人間学的には神との関係に立つ「霊」とも訳すことができる。しかもこの精神はヘーゲルを通過することによって「行為」という動的な作用となっており，自己内関係という水平的関係ばかりか同時に神関係という垂直的次元をも内包しており，立体的構造のなかで質的に飛躍する「信仰」を秘めている。こういう「精神」こそキルケゴールの「霊性」を意味する。

　したがってキルケゴールの霊性は心の単なる認識機能としてではなく，神との関係を決断的に生きるか否かという特質を帯びている。これは信仰をも表現するがゆえに，キリスト教的な「霊と肉」の関係に立たされている。そうすると「心身の総合としての精神（霊）」の三分法は自然本性的な三分法「霊・魂・身体」とは異質の「霊・肉」の実存的関係となっていることが知られる。

---

109) 「精神活動という規定のもとでは，心と肉体とのあいだの関係は，ひとつの単なる関係でしかない。これに反して，その関係がそれ自身に関係する場合には，この関係は積極的な第三者であって，これが自己なのである。それ自身に関係するそのような関係，すなわち自己は，自分で自己自身を措定したのであるか，それとも或る他者によって措定されてあるのであるか，そのいずれかでなければならない。それ自身に関係する関係が他者によって措定された場合には，その関係はもちろん第三者ではあるが，しかしこの関係，すなわち第三者は，やはりまたひとつの関係であって，その関係全体を措定したものに関係している」（キルケゴール『死にいたる病』桝田啓三郎訳，世界の名著，436頁）。

110) Louis Dupré, Kierkegaard as Theologian, p.143.

したがってキルケゴールの「関係としての自己」には「自己内関係」と「神との超越的関係」との二面があり、『死にいたる病』では前者の心理学的な解明から後者の神学的な解明に進んでいる。それゆえ自己が決断の主体的行為によって本来的な自己となるのは、永遠者なる神との関係のなかで遂行される。この宗教的実存において絶望が根絶された場合の自己の状態は、「自己自身に関係し、自己自身であろうと欲することにおいて、自己は自己を措定した力のうちに透明に根拠をおいている」と定義され、これはまた「信仰の定義」でもあると説かれた[111]。

『不安の概念』における精神の総合作用　この精神の総合作用についてキルケゴールはさらに『不安の概念』において立ち入って考察している[112]。そこには次のような特質が認められる。

① **心と精神との相違**　心と精神との相違が無垢において指摘される。というのはキルケゴールはヘーゲルの人間学で説かれていたと同様に、次のように主張した。「無垢は無知である。無垢において人間は精神（Geist）として規定されないで、彼の自然性と直接に統一されて、心として（seelisch）規定される。精神は人間のなかにあって夢をみている。この見方は聖書の見方とまったく一致するもので、聖書は無垢における人間が善悪を区別するだけの知識はないものとして、カトリックの功徳についてのあらゆる妄想にとどめを刺している」[113]。無垢は心の自然的で直接的なあり方であって、その無知のゆえに精神の領域には入れられない。無垢において精神は「夢見る精神」として存在する[114]。「無垢においては、アダムは精神としては夢みる精神であった」[115]。この自然的な直接態である無垢の状態は不安によって破られる。

② **心身を総合する精神**　心身を総合するのは第三者の精神であって、こ

---

111) キルケゴール『死にいたる病』桝田啓三郎訳, 世界の名著, 436-37頁。
112) キルケゴールの『不安の概念』における人間学的な三分法については次の詳細な研究を参照。Johannes Sløk, Die Anthropologie Kierkegaards, 1954, S.77-88; Walter Schulz, Die Dialektik von Geist und Leib bei Kierkegaard. Bemerkungen zum〈Begriff Angst〉, Theunissen/Greve, hrsg., Materialien zur Philosophie Sören Kierkegoords, 1979, S.347-65.
113) キルケゴール『不安の概念』田淵義三郎訳, 世界の名著, 238頁。
114) キルケゴール前掲訳書, 240頁。
115) キルケゴール前掲訳書, 246頁。

こに人間学的三分法が次のように提示される。「不安が姿を現わすということ、この点にすべてはかかっている。人間は心的なものと身体的なものとの総合である。しかしこの二つのものが、もしも第三のものに統一されなければ、総合ということは考えられない。この第三のものが精神である」[116]。この精神は「結びつける役」であって、心身を結びつける瞬間に総合を立てる。動物にはこの総合がない。それは性的区別が本能として芽ばえることによって知られるが、人間はまさしく総合だから、「精神は自分自身を定立する瞬間に、総合を定立する。だが、総合を定立するためには、精神はまずその総合をかきわけて区別しなければならない。そして感性的なものの極限が性的なものにほかならない。人間は精神が現実的となる瞬間に、はじめてこの極限に達することができる。それ以前には、人間は動物ではないにしても、さりとて本当の意味で人間でもない。彼が人間となる瞬間に、はじめて同時に動物でもあることをとおして人間となる」[117]。もちろん感性には罪性はなく、また感性自体が罪性を意味しない。そうではなく「キリスト教がこの世にはいってきて、救いということが定立されてからこのかた、感性は精神に対して異教世界には見られなかったような対立の光のもとに置かれるようになった。この対立は、感性が罪性であるという命題を強化するにはまさにうってつけのものである」[118]。この変化は心身の変化ではなく、精神の規定が神との関係において霊性として立てられ、霊となるか肉となるかという決断に立つようになったから生じた変化である。

霊性は宗教的な実存を意味する　キルケゴールが人間の本来のあり方として求めているのは、「神の前に立つ個人」である。『死にいたる病』の前半と後半とはこの「神の前」という宗教的規定によって分かれる。この区別によって倫理的な生から宗教的な生への転換が生じる。そこでは「信仰」という神に対する人格的関係が考察される。同時に単独者の道はひるがえって他者を隣人として愛する実践に向かう。この隣人はすべての者を等しく隣人として立てながら自ら他者に対して隣人となる主体的行為であ

---

116) キルケゴール前掲訳書、240頁。
117) キルケゴール前掲訳書、246-47頁。
118) キルケゴール前掲訳書、274頁。

第6章　近代哲学における霊性の復権

り，なによりも隣人が神との信仰関係を回復するように働きかける。これが「愛のわざ」である[119]。これに対し，自然的な愛は美的直接性として快楽を追求するがゆえに，自己否定的な愛の本性によってそれは拒否される。そのわけは，人間における愛の関係のなかに今や超越者にして永遠者なる神が中間規定として介入してきているからである。

ところでキルケゴールは『哲学的断片の後書』において自然的宗教と啓示宗教の関係を問題にし，そこから「宗教性A」(Religiosität A)と「宗教性B」(Religiosität B)を区別して論じた。このことは霊性の理解にとっても重要な意義をもっている。なぜなら実定的宗教であるキリスト教が啓示宗教であるがゆえに，「宗教性B」に属していても，「宗教性A」に属する自然的宗教を拒否しないで，それを何らかの形で肯定しているからである。ヨーロッパ近代の哲学思想はとくに啓蒙思想によって実定的な制度的な宗教を批判してきたが，そのさい自然的宗教は認めざるをえなかった。そして多くの場合，自然的宗教は実定的宗教を拒否したにもかかわらず，なお啓示宗教との関連を保っていた。キルケゴールはキリスト教が「宗教性A」を否定的に突破する「宗教性B」として逆説的な宗教であることを明瞭に説いた。しかし彼は両者のあいだに「内的有機的な結びつき」がある点を示唆している。同様に霊性においても宗教的な成熟と自己否定的に永遠者に結合することは歴史において絶えず説かれてきたといえよう[120]。

キルケゴールの実存思想の意義は理性の概念的立場からは決して捉えられない単独者としての実存を主題として哲学的思索をなしている点に求められる。憂愁・不安・絶望・罪・死などによって人間は全体として憂愁な気分の情態におかれている。キルケゴールの天才的能力はこのように気分づけられている人間の存在を美的・倫理的・宗教的実存として明瞭な規定を与えたところに発揮された。こうしてヘーゲルの理性的で概念的な思弁哲学は実存へ解体されることになった。それゆえ，キルケゴールの実存思想の強調点は単独者，一人ひとりの個人となる点に置かれた。このように個人の実存的な自己となることを求めているかぎり，それは個人の自主独

---

119) キルケゴール『愛のわざ』武藤一雄，芦津丈夫訳，「キルケゴール著作集15」白水社，99頁。
120) 武藤一雄『宗教哲学の新しい可能性』創文社，5-6頁参照。

立性，もしくは自我の発見に出発した近代思想の極致であるが，そこには個人の人格性が，彼が「公衆」と呼んだ大衆の水平化による挫折をくぐりぬけ，それを突破して，本来的存在へと回復されることが求められた。このような単独者の主張は単独者それ自身を決して自己目的としているのではなく，単独者が自覚的に神の前に立つため，また神および他者との本来的な人間関係を回復するため，という一つの明瞭な目的をもっていた。単独者となることはこの目的にいたるために通過しなければならない過程なのである。「子供の結婚は醜い」と彼が語っているのはまさにそのことを指しているのであって，結婚のような他者との社会的関係には人間的自己の成熟が，単独者の生成が必要条件となっている。

このようにしてキルケゴールの実存思想の特質は，近代の終末を物語る大衆の出現を預言者的洞察の下に見ぬき，大衆社会のなかに埋没し，「実存を欠いた現存在」（ヤスパース）として自己を喪失している人格の尊厳を取りもどそうと激しい戦いを挑んだ点にあるといえよう。

人間学的三分法の観点から見ると，キルケゴールはエラスムスとルターによって説かれた区分法の回復者であるといえよう。しかも主体性の時代を通過することによって霊性を段階的に感性と理性の上位に立てるだけではなく，感性と理性を総合する動的な第三者として把握し，心身の関係において行為的決断によってそのつどに愛のわざに向かう存在として霊性を把握した。こうして霊性の復権を説いた優れた人間学が実現している。

「精神」概念の実存哲学における世俗化と変質　キルケゴールの実存概念には精神が心身の総合をとおして自己を実現するという基本姿勢がみられた。しかもこの総合は自己内関係と神関係との二重構造によって動的に展開していた。彼以後にその影響を受けながら登場する現代の実存哲学者たちはこの構造を受け継ぎながらも，同時に精神における信仰を世俗化しており，霊性のなかにある精神が信仰から離れるのに応じて霊性は希薄化し，亡霊となっていく。このことは「実存」概念がその後どのように定義されているかを見ると判明する。

たとえば，ヤスパースは『実存哲学』のなかで，このキルケゴールの実存規定に忠実に従いながら実存を次のように定式化した。「実存は自己自身に関係し，そのことにおいて超越に関係する自己存在である。この超越

により自己存在は自らが贈られたものであることを知り，超越の上に自らの根拠をおくのである」*121。ヤスパースの超越者の体系にはこのような有神論的性格が認められるが，これは次のハイデガーへの移行の過渡的段階である。いずれにせよキルケゴール的関係の二重構造は形式的には残っている。

ハイデガーは『存在と時間』で実存についてこう述べている。「現存在がそれへとこれこれしかじかの態度をとることができ，またつねになんらかの仕方で態度をとっている存在自身を，わたしたちは実存と名づける。……現存在は，おのれ自身を，つねにおのれの実存から，つまり，おのれ自身であるか，あるいはおのれ自身でないかという，おのれ自身の可能性から，了解している」*122。彼は自己存在との関係のなかで実存を捉え，神との関係を問わないがゆえに，超越は自己への超越となっている。

この思想はサルトルの無神論において極端なまでに明確化されている。「わたしの代表する無神論的実存主義はいっそう論旨が一貫している。たとえ神が存在しなくても，実存が本質に先立つところの存在，何らかの概念によって定義されうる以前に実存している存在が少なくとも一つある。その存在はすなわち人間，ハイデガーのいう人間的現実であると，無神論的実存主義は宣言する。実存が本質に先立つとは，この場合なにを意味するのか。それは，人間はまず先に実存し，世界内で出会われ，世界内に不意に姿をあらわし，そのあとで定義されるものだということを意味する。実存主義の考える人間が定義不可能であるのは，人間は最初は何者でもないからである。人間は後になってはじめて人間になるのであり，人間はみずからが造ったところのものになる。……人間はみずから造るところのもの以外の何者でもない。以上が実存主義の第一原理なのである」*123。

キルケゴールに典型的に示されているように，人間は世界から逃れ，孤独のままで交わりをもちうる神のうちに自己を確立する霊性を求めてきた。しかし最後に人間は神に向かうことができない状態に達した。ニーチェの「神は死んだ」という言葉の根底にあるものはこのような状態であって，人間は自分自身のみにかかわる以外にないのみならず，みずからを自

---

121) K. Jaspers, Existenzphilosophie, 1964, S.17.
122) ハイデガー『存在と時間』原・渡辺訳，世界の名著，80頁。
123) サルトル『実存主義とは何か』伊吹武彦訳，人文書院，18-19頁。

己の創造者なる神の位置にまで高めている。ここでの自己神化は霊性の完全な排除において成立する。そこでは，これまでヨーロッパ人間学での最高価値であった神が積極的に否定された。最高価値の否定はニヒリズムを拓来した。それは自我の肥大化によって「神の触」を生じさせ[*124]，霊性の光を消滅させるにいたった。これが理性的自律という啓蒙思想が生み出した現代的帰結であった。そこでは自己の絶対視が，自己を神とすることによっていわゆる「神の死」を招来したのである。

しかし，このような現代の実存哲学の発展の陰に潜んでいて，人々に注目されてこなかった人間学の存在をわたしたちは想起する必要がある。人間学は現代の科学的な成果を充分に採り入れながら人間の全体性を再度捉え直すことによって人間の新しい可能性を探求し続ける。それゆえ，わたしたちは現代における人間学の成立を新たに学問的な広がりを考慮しながら解明しなければならないが，次にはキルケゴールの死の翌年に出版されたイマヌエル・ヘルマン・フィヒテの『人間学』を近代ヨーロッパ人間学の最終的な試みとして考察してみたい。

5　イマヌエル・ヘルマン・フィヒテの人間学

ドイツ観念論を創始したゴットフリート・フィヒテもカント主義にもとづいて宗教哲学を論じた注目すべき思想家であったが[*125]，近代人間学の歴史ではこの大フィヒテの息子であるイマヌエル・ヘルマン・フィヒテ (Immanuel Hermann Fichte, 1796-1879) の『人間学——人間的な魂の学説』(1856) のほうがいっそう重要な意味をもっている。彼はボン大学とテューリンゲン大学で教え，人格の独自性の観点からヘーゲルの神概念が一般者へと解消されている点を批判し，当時の人びとに警告を発した。彼は自然科学と有神論とを結合できることを確信し，超自然的な限界領域に立ち

---

124) ブーバー『かくれた神』三谷好憲・山本誠作訳，みすず書房を参照。
125) ゴットフリート・フィヒテは初期の著作『啓示とは何か。あらゆる啓示批判の試み』北岡武司訳，ウニベルシタス541，で有名となり，宗教哲学については『浄福なる生への指教』高橋亘訳，岩波文庫があって，独自の神秘的傾向が認められるほか，『無神論論争』磯部忠正訳，創元社によって彼に対する批判と対決した。

入って，神知学的な特色をもった人間学を説いた。事実，この書は「人間学」という表題を掲げた最初の大作であって，ヨーロッパの人間学の歴史にとって記念すべき業績となった。彼はその序文でこの著作の唯一の根本思想として理性では解明できない人間における謎を指摘した。この謎というのは人間における永遠なるものと時間的なものとの逆説的な関係であって，言い表すのに困難な事態であるが，それでも「唯一つ残存する真理の結果」を明示している。というのは，わたしたちが彼岸的で超越的な生命の存在を主張すると，それによって事物の感覚的な見方が否定されることになり，時間的なものを滅ぼすような結果となるが，それでもそれは全く経験できない超自然的な領域に隠されているのではなく，此岸の生活のなかに現に事実として現われており，その本来的な現実性を示すからである[126]。

人間における永遠なものと時間的なもの　フィヒテが人間学的な探求において解明しようとした謎，彼にとって人間が主題となった局面は，人間における永遠なものと時間的なものとの相互関係である。そこには人間のなかで永遠的なものが時間性の形式へと組み込まれながらも，現に現われているという稀なる経験が考察の対象となっている。彼は次のようにそれを語っている。

「人間を悩ます謎のすべての中心となっているものは彼のはかなさであって，それは人間に対して，また人間において現象しているすべてのものが，絶え間なく逃走し，消滅することである。このはかなさを理論的に解明し，実践的に克服することに成功するならば，そのとき初めて人間は自己の内面の秘密を解消するであろう。人間が彼にただ熱狂と感激をもって現われうる，自己自身の永遠性を親しく確信することによって，今や精神の永遠の行為を実現するか，もしくは彼が本来所属している永遠の世界を，はかなさの仮象を貫いて，少なくとも信仰によって大胆に捉えようとするとき，謎を解消するであろう」[127]。

フィヒテは永遠と時間との双方の領域を二元論的に分離することによっ

---

126) Fichte, I. H., Anthropologie. Die Lehre von der Menschlichen Seele, 1856, xv.
127) Fichte, I. H., op. cit., S.6.

てではなく,「人間自身の時間的な現象において彼の内的な永遠性を示すこと」を人間学の課題となした。19世紀の中葉にヘーゲルの哲学体系との関連において,人間の永遠性は人間自身の永続性によってどの程度確認されるであろうかという問いが,新たに立てられ,議論された。この問題がフィヒテの哲学のなかに現われており,彼の人間学的考察の中心に据えられた。これは彼の『人間学』のみならず,その後の著作『魂の存続と世界における人間の地位』(1867)においても論じられた[*128]。

人間存在の所与からの永遠の可能性　フィヒテにとって人間は自己の根源と使命にしたがって考えると,永遠的で超自然的な存在である。このことは客観的な側面からの自然的な環境における人間の地位,つまり宇宙における人間の地位においても明らかである[*129]。また,主観的な側面では人間の自己感情の多様な形式においても明らかである,と彼は主張する。彼は客観的な側面と主観的な側面との双方の関連を叙述しながらその「全体を貫通する経験命題」を提示する。それはすべての生命体に見られる自己発展の可能性であって,すべての存在は「自己の本能と自己の内的な定めの衝動をもって,そのテロスに適合するように装備されている」という命題によって示され,そこから人間学も開始する。

　そのさい,一般に言える事実は生命体には何ものも欠けているものはなく,余計なもの,各々の目的に一致しないような能力は,何も授けられていないという事実である。したがって有機体にはその本来的な生き方に矛盾しているような能力は存在していないことになる。ところが人間はあらゆる生命体のなかでも自然の世界に調和しておらず,動物のようには環境世界に直接的に組み込まれていない。むしろ人間は絶えざる否定に直面し,改変や分裂に巻き込まれ,世界を統括するさいに自然との分裂を起こす。それゆえ,この否定しがたい不調和は,人間存在の意味が自然的な生のなかだけに求められず,かえってそれを超えた領域,そこから自然的な領域の不調和が何らかの意味をもち,それが必然的に起こらざるをえないことを示すような領域を,求めざるをえなくなる。

128) M. Landmann, De Homine. Der Mensch im Spiegel seines Gedankens, S.434.
129) 「宇宙における人間の地位」という主題はマックス・シェーラーやゲーレンの立てた壮大な人間学的構想の先駆である。

「別の言葉で言えば、人間は自己自身に対して理解しがたい謎、心理学的に矛盾という不調和を来した集合体である。そのさい彼は、他面において、撤回できないように固着している存在形式を絶えず否定するように駆り立てられる。そのとき、すでに根源的に、かつ、始源からある永遠的な〈超自然的なもの〉が彼のうちにないならば、そうはなりえない。超自然的なものはかの戦いのなかでまさしく意識されるようになり、打ち負かしえない確信にまでなっているはずである」[*130]。

フィヒテが強調している思想は、人間が内面的に永遠性を求める存在であるということである。しかし永遠と言っても、それはプラトン哲学のイデアのように無時間的な永続性でも、類概念のような論理的な抽象物でもない。むしろ人間は、事実、現実的な個別的な精神（Individualgeist）であって、そこでは「永遠の出来事が出現するドラマ」が実演されているような存在である。したがって永遠性は普遍性と同義ではなく、むしろ最高の個人性と人格性とに関係していると考えるべきである。ここから彼は人間学的な考察を用いて自己の神学的な結論を引き出した。そのさい彼はカントに従い、ヘーゲルとは意図的に対決して、反復することのない個人の一回性において人間存在の彼岸的、超時間的な徴表を捉えている。この視点はキルケゴールの実存概念と通じる特徴をもっている。したがって精神は彼にとって「人間を不滅とする原理であって、個別化するもの」である[*131]。

人格や精神としての独自性、および心情　それゆえ人間が誕生するときには超自然的な原理がともに働いており、物理的な「不断の因果連関」をもたず、したがって自然のなかにはなく、自然からでは不可能な、新しい精神的な存在が生まれる。

「（両親による）自然的な誕生にさいしては同時に原初の（両親をともなわない）生殖が入ってくる。そのさい、この両者の生殖の彼岸にあるものと本来的に個別化するものとが協働しており、個別化するものは、独創的な精神の刻印と鋭く刻み込まれた精神的な固有性の刻印を新たに発生した有機的な萌芽に押すのである。各人は〈超自然的に〉

---

130) Fichte, I. H., Seelenfortdauer, S.288.
131) Fichte, I. H., Anthropologie. Die Lehre von der Menschlichen Seele, 1856, S.327f.

（超生命的に）誕生する。なぜなら人格性はまさしく先在的なのであって，単なる両親の影響からは遠ざかっているから。……両親は完全な意味で産む存在ではない。それは生命的な素材を提供する〔にすぎない〕」*132。

　人間は人格的であり，個人的に存続するように定められた。彼は生物のなかで唯一なものとして個別的な魂の先在性をもっており，「精神的な独自性を鋭く刻印されたものとして」自然的なあり方に先行している。したがって個別的な人間の誕生は他の生体のプロセスとは全く相違する。それはあらゆる自然の最初の発生とよく似ている。つまり最初の発生時にはそれまでなかったものが生まれ，前にあったものからは導きだされないものがそのとき現存するからである*133。

　精神の独自性と個別的な本性に相応しいのが精神の創造的な独自性であり，それは歴史をもっている。人間がすべての生命体と本質的に区別されるのは，歴史を形成する働きである。精神が生み出した形である歴史をもって，自然の反復する循環は突破される。無限に同じことが反復する自然界の循環運動に対し，それとは原理的に異質な作用が絶えざる発展と新しいものを生みだす。自然の存在ではすべてが完了しており，改良や改善の余地がない。自然には完全性が内属している。しかし人間はすべての存在において無限に完全となっていくことが求められており，発見と工夫とによって常に新しい形が生み出される。

　人間が本来もっている個別化する働きは「独創的精神」（Genius）とか「天才」（Genie）とか呼ばれる。こういう人間の作用をカントは『判断力批判』で解明し，美学の教説として採り入れたが，フィヒテによって今やそれが「人間の正しい完全な経験概念」に適用された。その中心は「心」（Herz）であって，経験を越えているが人間の本源的な本性を表す。この人格の中心は認識や思考，意欲や感情といった精神的な能力に先立っている層に由来し，「心情」（Gemüt）とも呼ばれる。こうした「心」や「心情」概念はこれまで考察してきたように人間存在の深みや深淵を指していた。それはフィヒテにとっても無意識の領域に存在するもので，当時支配的な

---

132) Fichte, I. H., op. cit., S.532, 538.
133) Fichte, I. H., op. cit., S.569.

ヘーゲル哲学に反発して彼はこれに新しい意義を付与した[*134]。人間の完全な精神性はヘーゲルでは単にその頂上だけが照らされている建物に比較され、それを支える多くの関連・資質・能力は真っ暗な深淵のうちに置かれた。しかし「個別的な人間におけるこの無意識の側面はその本性の隠された富と秘密とを開示しており、ここに人間が全宇宙に組み込まれている道筋がある」。実際、人間における「天才」は創造的なすべての力を表現しているとしても、その根は反省し思考する意識の狭い領域にあるのではなく、隠された、感覚的で経験的なものに先行する無意識の秘密の領域にあると説かれた[*135]。

霊感としての霊性　こうした観点からわたしたちがこれまでヨーロッパ人間学の歴史をとおして考察してきた人間学的三分法の問題が採り上げられ、理性と霊性との関連についてフィヒテは考察し、人間の理性は霊性によって強化されないときは、無力であると考える。理性が意識や自己意識にまで到達したときには、それは「完全に展開した精神の特徴的な印」にして「わたしたちのなかで真に人間化する働き」ではあっても[*136]、理性が超感性的な領域から解き放たれると、つまり人間の内に聳え立っている能力との連関から切り離されることになって、同時に大きな制限を受け、「無力となって」働きが狭められ、暗くなってしまう。そのときには完全な精神がもっていた根源的な豊かさと晴朗さを損失してしまう。このような精神の作用は、そこにはファンタジー・予感・霊感・良心現象も属しているように、人間のアプリオリな能力である超感覚的な霊感と創造的な形成力を直接受容することと密接にかかわっている。天才の生産力のすべてはこのアプリオリな能力に依存する。天才は人間の可能性のすべてを完全に展開させることに努める。そこには理性によっては捉えられない「霊感」（Eingebung）が働いている。この点を彼は次のように説明する。

　「これまでの心理学が感性的で反省的な精神生活の此岸だけを知り、かつ、認めていたので、あの無意識の〈霊感〉の領域は心理学には全

---

134) 先の節でわたしたちが考察したようにヘーゲルにもドイツ神秘主義の「心情」概念が影響していた。
135) Fichte, I. H., op. cit., S.14.
136) Fichte, I. H., op. cit., S.569.

く近づきえなかったし，説明できないままであった。ここからのみすべての精神的な生産性と思想を生み出す働きが由来するので，霊感は完全に普遍的な性格をもっている。これによって人間は自然の単なる循環を超え出ることができる。とりわけ人には〈予感〉(Ahnung) と呼ぶものや〈知的な本能〉(intellektueller Instinkt) あるいは〈良心の声〉(Stimme des Gewissens) というものが告げられる」[*137]。

人間には理性的な能力が認められるだけでなく，この理性は永遠者の働きを予感し，その良心によってその声に耳を傾けることをとおして，無意識のうちに働く霊感の領域に参入することができる。この上からの働きを受容するのは「霊性」によってのみ可能である。理性だけが人間による創造的な行為を可能にするのではなく，霊性も「精神における唯一の新たに創造する作用」なのである。人間は霊性を神の贈り物として受容し，感得することができる。この内なる神的な力は，外から強力に抑圧する何か異質なものとは感じられない。人間は自由な意志をもつ主体として自律的であるばかりか，神の働きを受容しながら生きる神律的な主体である。神の摂理はこのことを実現するために，人間を世界に遣わしたのである。神は自分の代わりに人間を遣わし，本来は神のわざであるものが彼において実現するように欲せられる。したがって永遠者は人間の行動の時間的で現世的な姿のなかに隠れており，人間の名前の下に活動し，人間を自分の代わりに登場させている。このことが『人間学』の末尾では次のように語られている。

「全く有限的で感覚的である人間が感動させる力によって捕らえられうるということは明らかに奇跡であって，人間の内に神が現在する明白な神秘である。この力は人間を自身を超えて高め，自己の感覚的な我意を否定しながら，まさしくこのことによって自己自身の存在を確かなものとする」[*138]。

このように有限な人間が永遠な存在によって生きる意味を捉えているところにフィヒテの人間学の特徴がある。それゆえ彼にとって人間学は神学によって完成されることになる。したがって彼は『人間学』の結論の部分

---

137) Fichte, I. H., op. cit., S.11f.
138) Fichte, I. H., op. cit., S.608.

で人間学の最後的な基礎づけと解明を神学をとおして次のように行っている。

「人間学はその究極的な目標のためには，霊の創造的なわざを認めてのみ可能な，徹底的な自己認識をなさねばならない。こうして人間学は〈人間の知恵〉（Anthroposophie）へと高められる。あらゆる側面から証明されているように，まことに徹底的に究明するためには，人間の精神は神の霊の現臨と確証を自己において知覚することなしに，自己を認識できない。したがって自己を省察する唯一完全なる観点は，人間をとおして輝く神の活動において人間的自己の真実な姿を見いださせることである」[139]。

グレートイゼンはかつて人間学とは人間についての自己認識であると明瞭に定義したが[140]，フィヒテは真の自己認識が感性や理性によるのではなく，霊性によってのみ可能であるとの結論に到達した。というのは人間の究極の秘密は心の深みに宿る神の働きを受容して初めて感得されるからである。このような機能は霊性に属するといえよう。

「霊感」と「予感」の人間学的意義　フィヒテが霊性の作用として説いた霊感と予感は，本章のはじめにシュライアーマッハーの宗教的直観をとおして考察したように，独自の認識機能をもっている。オットーはシュライアーマッハーを批判的に継承し，フリースとデ・ヴェッテが提唱した「予覚」の学説を継承しながら霊性の機能を説いている[141]。彼は『聖なるもの』で次のように語っている。

「わたしたちは聖なるものをその現象において純粋に知り認める何らかの能力を予覚（Divination）と名づけよう。……〈自然的〉ではない，つまり自然の法則にしたがって説明しえない出来事に突き当たって，それを何かの〈徴し〉として認めることにより予覚が成り立つ。……この予覚と〈徴し〉の理論はおおかたの理解では真正なものであ

---

139) Fichte, I.H., op. cit., S. 607-08.
140) B. Groethuysen, Philosophische Anthropologie, 1909, 2 Aufl. S.3.「あなた自身を知れというのが，すべての哲学的人間学のテーマである．哲学的人間学は自己省察であり，自己自身を捉えようとする人間の絶えず新たになされる試みである．」
141) R. Otto, Kantisch=Fries'sche Religionsphilosophie, 1909, S.11-21. J. F. Fries, Handbuch der Religionsphilosophie, 1832, S.27-36.

り，厳密で，また厳密に考えられた証明である。それは合理的な内実をもっている。そして理解力すなわち概念と証明を用いる反省力は，ここで予覚能力として要求される。……予覚能力は，建徳的で教義的な言葉では〈心における聖霊の証明〉(testimonium spiritus sancti internum) という美しい名称の下に隠れている。この名称は，予覚能力そのものを予覚によって，つまり永遠の真理自体である宗教的理念にしたがって，把握し判断するときには，単に比喩的に正しいのみではなく，唯一の正しい名称である」[*142]。

　聖なるものが超自然的出来事として現象している場合，それを聖なるものの「徴し」として認識することがここでは「予覚」と呼ばれている。また「聖霊の証明」といわれるものは人間の霊性を超えて語りかけてくる神の霊による証しである。それゆえ人間の霊性は神の霊的な導きによって超自然的な出来事を理解し[*143]，その「徴し」の象徴的意味を感得できることになる。したがって「予覚」は将来の「予感」の意味が含まれている[*144]。

　このように見てくると霊性には独自の法則性が存在していることが判明する。霊性はやはり何といっても「内面性」である。しかし，この内面性は，シュライアーマッハーが指摘した神殿の構造と同じく，上に向かって開かれている。そこには神への「対向性」が所与として認められる。それゆえ，この霊性は聖なるもの自身によって充たされる以外には安息は決して見いださない。この安息についてアウグスティヌスは美しい言葉でもって「あなたはわたしたちをあなたに向けて造りたまい，あなたのうちに憩うまで，わたしたちの心は不安に駆られる」と語った。それゆえ人間の心に宿る不安は，キルケゴールやフィヒテにおいても人間存在における霊性の次元を開示するといえよう。

---

142)　R. Otto, Das Heilige, 1963 (1936), S.173f.（『聖なるもの』山谷省吾訳，岩波文庫，227-29頁）。
143)　キルケゴールでは予感が「通常の因果的関連を破る仕方で意識の内部に生起する諸現象を受容する働き」であり，信仰による神との対話への促しとなっている。
144)　したがってラテン語の divinare に由来するドイツ語の Divination という語は「予知」とか「予感」といった将来の先取りと占いの意味を元来もっている。予覚のキケロにおける意味については金子晴勇『人間学講義』第5章1節 (3) を参照。

あとがき

　本書は副題に記しているように心身論を中心としたヨーロッパ人間学の歩みを，古代ギリシアのホメロスからはじめて，近代哲学に至るまで考察した研究である。もちろん心身論といっても，人間学的な区分法にもとづく研究であって，「魂と身体」の二分法と「霊・魂・身体」の三分法がヨーロッパ思想史においてどのような思想的展開を見たかを解明したものである。このような問題意識はアウグスティヌスとルターの研究やエラスムスの初期代表作『エンキリディオン』の翻訳をとおして次第に芽生えてきたのであって，この研究を開始する最初のきっかけは大学院生のころ読んだディンクラーの『アウグスティヌスの人間学』の巻末にあった「二分法か三分法か」という付録論文から問題の所在を教えられたことであった。なかでも今日重大な関心が寄せられている「霊」や「霊性」の問題を，心の認識作用として解明できることが，歴史研究をとおして次第に明瞭となり，これによってヨーロッパ人間学の全体像を解明する視点が与えられるようになった。こうして「霊性」・「理性」・「感性」という認識機能の解明によるヨーロッパ思想史の研究が半世紀にわたって続けられ，ここにようやく完成するに至った。しかし，それは余りに大部な著作となったので，マックス・シェーラーに始まる現代ヨーロッパの人間学の部分は『現代ヨーロッパの人間学』という形で分割して出版することにした。

　わたしの人間学に関する思想は『人間学講義』知泉書館，2003年に述べられており，本書はこの著作の姉妹編であって，前に述べた人間学の本質がどのようにヨーロッパの思想史において展開しているかを考察したものである。とはいえヨーロッパ人間学の全体を余すところなく論じることは現在のわたしの力量を超えているので，これまでと同様に心身論の視点にしぼって問題史的に扱うことにした。そこで以前あつかった問題史的な

主題だけをあげてみると, 『ヨーロッパの人間像』における「人間の尊厳と神の像」, 『愛の思想史』における「愛」, 『近代自由思想の源流』における「自由意志」, 『恥と良心』における「良心」, 『アウグスティヌスの恩恵論』における「恩恵」などである。

　本書の内容は聖学院大学大学院で講義したことが土台となっている。ほぼ十年前に大学院が発足した当初から, ヨーロッパ人間学の講義を担当し, はじめは「カントとヘルダーの人間学」を論じ, 断続的であるが4年間にわたって講義を続けてきた。したがって本書には既発表の論文類は含まれていないが, これまでの研究成果を通史的に書き改め, 全編を書き下ろしたので, 通読しやすい書物になっているといえよう。しかし思想史の研究にふさわしく原典に逐一当たって研究したので, 研究の客観的な完成度は高まったかもしれないが, それだけ難解さが付きまとうようになった。さらに大学院生を前にした講義であったから, 一般常識的な要素を教育の観点から加えたため, 幾分は概説書の色彩も帯びている。

　出版に当たり知泉書館社長小山光夫氏のご好意と激励を絶えず受けてきたことを新たに想起し, 深甚の謝意を表する次第である。

　　2008年5月12日

　　　　　　　　　　　　　　　　　　　　　　金　子　晴　勇

参 考 文 献
(本書で引用した文献のみ)

序 論
キルケゴール『死にいたる病』桝田啓三郎訳，世界の名著，1966年
トレモンタン『ヘブル思想の特質』西村俊昭訳，創文社，1977年
植村正久『霊性の危機』警醒社，1899（明治32）年
金子晴勇『近代人の宿命とキリスト教』聖学院大学出版会，2001年
金子晴勇『マックス・シェーラーの人間学』創文社，1995年
金子晴勇『近代自由思想の源流』創文社，1987年

第Ⅰ部 古代ヨーロッパの心身論

第1章 古代ギリシア人における魂と身体
ホメロス『イリアス』（上）松平千秋訳，岩波文庫，1992年
ホメロス『オデュッセイヤ』（上）松平千秋訳，岩波文庫，1999年
ギルバート・マレー『ギリシア宗教発展の五段階』藤田健治訳，岩波文庫，1971年
ガスリー『ギリシア人の人間観』岩田靖夫訳，白水社，1978年
山本光雄訳編『初期ギリシア哲学者断片集』岩波書店，1965年
ソポクレス『オイディプス』藤沢令夫訳，岩波文庫，1969年
ソポクレス『アンティゴネー』呉茂一訳，岩波文庫，1961年
プラトーン『パイドーン』池田美恵訳，新潮文庫，1983年
プラトーン『饗宴』森進一訳，新潮文庫，1984年
出隆『ギリシャ人の霊魂観と人間学』勁草書房，1967年
R. B. Onians, The Origins of European Thought, About the Body, the Mind, the Soul, the World Time, and Fate, 1954
イエーガー『ギリシャ哲学者の神学』神沢惣一郎訳，早稲田大学出版部，1960年
W. K. C. Guthrie, Orpheus and Greek Religion, 1966
ニルソン『ギリシア宗教史』小山宙丸，丸野稔，兼利琢也訳，創文社，1992年
スネル『精神の発見』新井靖一訳，創文社，1974年

カッシーラー『言語と神話』岡三郎・岡富美子訳,国文社,1972年

第2章　ギリシア哲学の心身論

プラトーン『ソークラテースの弁明』田中美知太郎訳,新潮文庫,1983年
プラトン『ゴルギアス』加来彰俊訳,岩波文庫,1967年
プラトン『アルキビアデス』世界文学大系「プラトン」田中美知太郎訳,筑摩書房,1972年
プラトン『国家』藤沢令夫訳,上下,岩波文庫,1979年
C. A. Van Peursen, Leib Seele Geist Einführung in eine phänomenologische Anthropologie, 1959
プラトン『ティマイオス』種山恭子訳「プラトン全集12」岩波書店,1975年
アリストテレス『形而上学』出隆訳,岩波文庫,1966年
アリストテレス『デ・アニマ』桑子敏雄訳,講談社学術文庫,1999年
プロティノス『エネアデス』『プロティノス全集』中央公論社,第2巻,田之上頭安彦訳,1987年
ロイド『アリストテレス』川田殖訳,みすず書房,1973年
F. Brentano, The psychology of Aristotle in paticular Opeactive intellect, trans, by R. George, 1977
Grabmann, M., Mittelalterliche Deutung und Umbildung der aristotelischen Lehre von Nous poietikos, 1936
F. M. Cornford, Plato's Cosmology. The Timaeus of Plato, translated with a runningcommentary, 1952
I. Singer, The Nature of Love. From Plato to Luther. 1966
E. Brehier, The Philosophy of Plotinus, 1958
金森賢諒『プラトンの神学と宇宙論』法蔵館,1976年
金子晴勇『愛の思想史』知泉書館,2003年

第3章　ヘブライズムの心身論

The Works of Philo. Complete and Unabridged. Trans. by C. D. Yonge, 1995
Hans Leisegang, Der heilige Geist. Das Wesen und Werden der mystisch-Intuitiven Erkenntnis in der Philosophie und Religion der Griechen, 1967
R. Bultmenn, Theology of the New Testament, vol. I,.trans. by K. Grobel, 1952
ヴォルフ『旧約聖書の人間論』大串元亮訳,日本基督教団出版局,1983年
『ギリシア語新約聖書釈義事典』教文館,第3巻,1993年
キュンメル『新約聖書の人間像』松木真一訳,日本基督教団出版局,1969年
ケーゼマン『パウロ神学の核心』佐竹明・梅本直人訳,ヨルダン社,1980年

トレモンタン『ヘブル思想の特質』西村俊昭訳, 創文社, 1977年
グッドイナフ『アレクサンドリアのフィロン入門』野町啓他訳, 教文館, 1994年
佐野勝也『使徒パウロの神秘主義』第一書房, 1935年
大島力「詩編における霊性」『キリスト教と文化』第20号, 青山学院大学, 2004年

第4章　キリスト教教父哲学の心身論

エイレナイオス『異端論駁』Ⅲ小林稔訳, 教文館, 1999年
テルトリアヌス『護教論』鈴木一郎訳, 教文館, 1987年
テルトリアヌス『プラクセアス反論』土岐正策訳「キリスト教教父著作集」13巻, 教文館, 1987年
クレメンス『ストロマテイス』第5巻, 秋山学訳,「中世思想原典集成2」平凡社, 1995年
Lactantii Opera Omnia 2 Vols. paris, 1844
オリゲネス『諸原理論について』小高毅訳, 創文社, 1978年
オリゲネス『ヨハネ福音書注解』小高毅訳, 創文社, 1984年
オリゲネス『雅歌注解』小高毅訳, 創文社, 1982年
ニュッサのグレゴリウス『人間創造論』秋山学訳,「中世思想原典集成2」平凡社, 1992年
グレゴリオス『雅歌講話』大森正樹他訳, 新生社, 1991年
Marbach, Die Psychologie des F.Lactanz, Hall, 1891
J. Daniélou, Origen, 1955
Heinrich Karpp, Probleme altchristlicher Anthropologie. Biblische Anthropologie und Psychologie bei Kirchenvätern des dritten Jahrhunderts, 1950
John P. Cavarnos, The Relation of Body and Soul in the Thought of Gregory of Nyssa, in: H. Doerrie hrsg., Gregor von Nyssa und die Philosophie, 1976
G. P. Conger, Theories of Macrocosm and Microcosm in the History of Philosophy, 1967
ラウス『キリスト教神秘思想の源流』水落健治訳, 教文館, 1988年
金子晴勇『ヨーロッパの人間像』知泉書館, 2002年

第5章　アウグスティヌスの心身論

『アウグステイヌス著作集』教文館, 1979年～。全30巻34冊の予定
M. Grabmann, Augustins Lehre von Glauben und Wissen und ihr Einfluss auf das mittelalterliche Denken, 1930
Dinkler, E, Die Anthropoligie Augustins, 1934
Vernon J. Burke, Augustine of Hippo: The Approach of the Soul to God, in: The Spirituality of Western Christendom, ed. by E. Roanne Elder, 1976

U. Duchrow, Sprachverstädnis und biblisches Hören bei Augustin, 1965
J. P. Burns, The Development of Augustine's Doctrine of Operative Grace, 1980
金子晴勇『アウグスティヌスとその時代』知泉書館，2004年
金子晴勇『アウグスティヌスの人間学』創文社，1982年

第Ⅱ部　中世ヨーロッパの心身論

はじめに

Bernardus, De gradibus humilitatis et superbiae, Sancti Bernardi Opera, Romae, 1963
K. H. Zur Mühlen, Nos extra nos, Luthers Theologie zwischen Mystik und Scholastik, 1972
ルクレール『キリスト教神秘思想史2』「中世の霊性」平凡社，1997年
岩村清太『ヨーロッパの自由学芸と教育』知泉書館，2007年

第1章　スコトゥス・エリウゲナにおける人間の地位

ボエティウス『哲学の慰め』畠中尚志訳，岩波文庫，1940年
Eriugena, De divisione, naturae MPL 122: Periphyseon, Division of nature, trans. by J. O'Meara, 1987
エリウゲナ『ペリフュセオン』今義博訳，『中世思想原典集成6』平凡社，1992年
R. L. シロニス『エリウゲナの思想と中世の新プラトン主義』創文社，1992年

第2章　アンセルムスとベルナールの心身論

『アンセルムス全集』聖文舎，古田暁訳，1980年
聖アンセルムス『クール・デウス・ホモ』長沢信寿訳，岩波文庫，1989年
アンセルムス『瞑想と祈り』古田暁訳，教文館，2007年
Sancti Bernardi Opera, Romae, 1963
ベルナール『雅歌の説教』金子晴勇訳「キリスト教神秘主義著作集2ベルナール」教文館，2005年
ベルナール『恩恵と自由意志について』梶山義夫訳，「中世思想原典集成10」平凡社，1997年
ハスキンズ『十二世紀ルネサンス』別宮・朝倉訳，みすず書房，1989年
Aulen, Christus victor. An Historical Study of the Three main Types of the Idea of the Atonement, 1953
Wilhelm Hiss, Die Anthropologie Bernhards von Clairvaux, 1964
Bernard McGinn, Western Christianity, in: Christian Spirituality, vol. I, 2000
ルクレール『修道院文化入門』知泉書館，2004年

第3章　トマス・アクイナスとボナヴェントゥラの心身論

S. Thomas Aquinatis Questiones Disputatae. Tomus II, Marietti, 1953

Thomas Aquinas, The Soul. A Translation of St. Thomas Aquinas' De Anima, trans. by John Patrick Rowan, 1951

S. Thomas Aquinatis, Summa Theologiae, Latin text and Einglish, trans, by Blackfriars, 1963ff.

トマス・アクイナス『神学大全』第6巻，高田三郎・大鹿一正訳，創文社，1962年

トマス・アクイナス『神学大全』第7巻，高田三郎・山田晶訳，創文社，1965年

トマス・アクイナス『神学大全』第2-2部，第23巻，稲垣良典・片山寛訳，創文社，2001年

ボナヴェントゥラ『神学綱要』関根善明訳，エンデルレ書店，1991年

ボナヴェントゥラ『魂の神への道程』長倉久子訳，創文社，1993年

稲垣良典『トマス・アクイナス哲学の研究』創文社，1970年

Ian Hislop, The Anthropology of St Thomas, 1949

渡部菊郎『トマス・アクイナスにおける真理論』創文社，1997年

F. ファン・ステンベルゲン『トマス哲学入門』稲垣良典・山内清海訳，文庫クセジュ，1990年

高橋亘『アウグスティヌスと第13世紀の思想』創文社，1980年

第4章　スコトゥスとオッカムの心身論

Duns Scotus, Opera Omnia, Olm, 1968. Reprografischer Nachdruck der Ausgabe Lyon, 1639

Duns Scotus, Quodlibetales questiones, God and Creatures, trans. by F. Alluntis and A. B. Wolter, 1975

Scotus, Opus oxoniense,（オックスフォード講義録）

Ockam, Quodliberta Septem, : Opera theologica IX.（オッカム『七巻本自由討論集』注解Ⅰ，渋谷克美訳，知泉書館，2007年）

コプルストン『中世哲学史』箕輪秀二・柏木秀彦訳，創文社，1987年

リーゼンフーバー「トマス・アクイナスから近世初期にかけての自由観の変遷」，松本正夫他編『トマス・アクイナスの研究』創文社，1975年

金子晴勇『近代自由思想の源流』創文社，1987年

第5章　ドイツ神秘主義の心身論

M. Eckehart, Deutsche Predigten und Traktate, hrsg. J. Quint, 1955

H. Büttner, Meister Eckeharts Schriften und Predigten, 1934

J. Tauler, Predigten, übertragen v. G. Hofmann, 1961

『エックハルト』植田兼義訳，「キリスト教神秘主義著作集6」教文館，1989年

『タウラー全説教集』全3巻，ルカ・橋本訳，行路社，1989-94年

金子晴勇『ルターとドイツ神秘主義』創文社, 2000年

第Ⅲ部　近代ヨーロッパの人間学と心身論

はじめに

Ernst Troeltsch, Die Bedeutung des Protestantismus für die Entstehung der modernen Welt, 1906, 2Aufl. 1911. トレルチ『近代世界に対するプロテスタンティズムの意義』堀孝彦訳「トレルチ著作集」第5巻, ヨルダン社, 1984年

E. Troeltsch, Gesammelte Schriften, Bd.4. 1922

Th. K. Rabb, The Struggle for Stability in Early Modern Europe, 1975

F. L. Baumer, Main Currents of Western Thought, 1978

パネンベルク『近代世界とキリスト教』深井智朗訳, 聖学院大学出版会, 1999年

金子晴勇『近代人の宿命とキリスト教』聖学院大学出版会, 2001年

第1章　エラスムスとルターの人間学的三分法

D. Erasmus, Ausgewählte Schriften, Bd.III, 1967

Johannes Tauler Predigten, übertragen von G. Hofmann, 1961

M. Luther, Kritische Gesamtausgabe, Weimarer Ausgabe, 1883- =WA.

M. Luther, Ausgewälte Werke, Calwer Ausgabe, Bd, V, 1931

エラスムス『エンキリディオン』金子晴勇訳, 宗教改革著作集2「エラスムス」教文館, 1989年

R. R. Post, The Modern Devotion. Confrontation with Reformation and Humanism, 1968

エレーヌ・ヴェトリーヌ『ルネサンスの哲学』二宮敬・白井泰隆訳, 白水社, 1972年

ブルックハルト『イタリア・ルネサンスの文化』柴田治三郎訳,「世界の名著」1966年

ゲーリッシュ『理性と恩寵』倉松・茂泉訳, 聖文舎, 1974年

金子晴勇『ルターの人間学』創文社, 1975年

金子晴勇『ルターとドイツ神秘主義』創文社, 2000年

第2章　デカルト学派の心身論とその批判

デカルト『方法序説』落合太郎訳, 岩波文庫, 1970年

デカルト『哲学の原理』桂寿一訳, 岩波文庫, 1964年

デカルト『省察』三木清訳, 岩波文庫, 1950年

パスカル『パンセ』前田・由木訳,「世界の名著」1968年

マルブランシュ『真理の探究Ⅰ』竹内良知訳, 創元社, 1949年

Malebranche, Von der Erforschung der Wahrheit, Drittes Buch, Übersetzt von A. Klemmt, PhB., 1966

ライプニッツ『人間知性新論』米田優訳，みすず書房，1987年
G.W. Leibniz, Die Theodicee, übers. v. A. Buchenau, Phil.Bib., 1925
ライプニッツ『単子論』河野与一訳，岩波文庫，1951年
ライプニッツ『形而上学叙説』清水富雄・飯塚勝久訳，「世界の名著」1969年
M. Scheler, Die Stellung des Menschen im Kosmos, 1962
ゲーレン『人間学の探究』亀井裕訳，紀伊国屋書店，1999年
桂寿一『デカルト哲学とその発展』東京大学出版会1966年
シュヴァリエ『パスカル』松浪・安井訳，パンセ書院，1952年
メルロ＝ポンティ『心身の合一 —— マルブランシュとビランとベルグソンにおける』滝浦静雄他訳，朝日出版社，1981年

第3章 敬虔主義における霊性
第1節 ルターから敬虔主義へ ヴァイゲルの認識論

S. Franck: Paradoxa, hrsg. v. H. Ziegler, 1909
W. Zeller, Die Schrifften Valentin Weigels, 1940
ヴァイゲル『キリスト教についての対話』山内貞男訳，創文社，1997年
R. Jones, Spiritual Reformers in the 16 th and 17th Centuries, 1928
Valentin Weigel, Ausgewälte Werke, herg. von S. Wollgast, 1977
Maier, Der mystische Spiritualismus Valentin Weigels.1926
コイレ『パラケルススとその周辺』鶴岡賀雄訳，白馬書房，1987年
山内貞男『近世初期ドイツ神秘主義研究 ルター，ヴァイゲル，アルント —— ドイツ神学との係わりを基礎として』1987年
金子晴勇『近代自由思想の源流』創文社，1987年

第2節 シュペーナーとドイツ敬虔主義の霊性

P. J. Spener, Theologische Bedenken, 1-4, 1680-91
P. J. Spener, Letzte Theologische Bedenken und andere Briefliche Antworten, 3Bde, 1721
P. J. Spener, Pia Desideria, hrsg. v. K. Aland, 1964
シュペーナー『敬虔なる願望』堀孝彦訳，「世界教育宝典（キリスト教教育編）」玉川大学出版部，1969年
Speners Wiedergebutslehre. in : Zur neuern Pietismusforschung, hrsg. M. Greschat, 1977
P. J. Spener, Schriften, Bd. II, 2, hrsg. v. E. Beyreuther, 1982
P. J. Spener, Von der Wiedergeburt, Aus seiner Berliner Bibelarbeit, hrsg., v. H-G. Feller, 1963
Zinzendorf, Einundzwanzig Discurse über die Augusburgische Confession, 1747/48
Martin Schmidt, Pietismus, 1972. シュミット『ドイツ敬虔主義』小林謙一訳，教文館，1992年
A. Haizmann, Erbauung als Aufgabe der Seelsorge bei Philipp Jakob Spener, 1996

E. Hirsch, Geschichite der neuern evangelischen Theologie, Bd. II, 1950

S. Kierkegaard, Der LiebeTun, GW, 19 Abteilung, übersetzt von H. Gerdes, 1966

I.Kant, Die Religion innerhalb der Grenzen der blossen Vernunft, Phil. Bibl. Bd.45, 1956

Klaus Ebert, hrsg., Protestantische Mystik, 1966

E.Beyreuther, Nikolaus Ludwig Reichsgraf von Zinzendorf, in: RGG 3Auf. Bd.VI, 1964

ゲーテ『ゲーテ全集』第5巻，高橋義孝訳，1960年

第3節 ウェスレーとイギリス敬虔主義の人間観

Wesley, A Plain Account of Christian Perfection, 1966

John Wesley, The Works of Wesley, Sermons vol.1-2,（Zondervan Pub: Michigan, 1955）

Wesley, On Christian Beliefs. The standard Sermons in Modern English, vol.1. 2002

Wesley, The Works of John Wesley, vol.I~IX, Baker Book House: Michigan, 1978

L. M. Randy, Responsible Grace. John Wesley's practical Theology, 1994

ウィリアム・ロー『厳粛なる召命』蔦谷茂夫訳，福音文書刊行会，1997年

ウエスレー『キリスト者の完全』野呂芳男訳，『神学論文下』所収，新教出版社，1973年

ウエスレー『説教』3巻，野呂芳男訳，新教出版社，1961-72年

アドルフ・ケベルレ『宣義と聖化』岸千年，他訳，ルーテル文書協会，1956年

松本靖子「ジョン・ウエスレーにおける心の宗教」，『聖学院大学総合研究所紀要』30号，2004年

金子晴勇『恥と良心』教文館，1985年

ヴェーバー『プロテスタンティズムの倫理と資本主義の精神』大塚久雄訳，岩波文庫，1990年

第4章 啓蒙主義の人間観
第1節 宗教改革から啓蒙時代への時代の変化

Gibbon, The History of the Decline and Fall of the Roman Empire, ed. Bury, 1909

E. Troeltsch, Deismus, 1898, Gesammelte Schriften, Bd. IV, 1925

E. Troeltsch, Gesammelte Schriften, Bd., Ⅲ, 1922

Th. K. Rabb, The Struggle for Stability in Early Modern Europe, 1975

John Orr, Englisch Deism: its Roots and its Fruits, 1934

ウルリッヒ・ホーフ『啓蒙のヨーロッパ』成瀬治訳，平凡社，1998年

H.R.トレヴァー＝ローパー『宗教改革と社会変動』小川晃一他共訳，未来社，1978年

ディルタイ『ルネサンスと宗教改革』西村貞二訳，創文社，1978年

ヴィンデルバンド『西洋近世哲学史』第2巻，豊川昇訳，新潮文庫，1956年

B. ウイレー『17世紀の思想的風土』深瀬基寛訳，創文社，1958年

ポール・アザール『ヨーロッパ精神の危機』野沢協訳，法政大学出版局，1973年

カッシーラー『啓蒙主義の哲学』中野好之訳, 紀伊國屋書店, 1962年
桂寿一『西洋近世哲学史（一）』岩波書店, 1951年
金子晴勇『近代人の宿命とキリスト教』聖学院大学出版会, 2001年
　第2節　ホッブズ・ロック・ヒューム
ホッブズ『リヴァイアサン』永井・宗片訳, 世界の名著, 1971年
ロック『人間知性論』大槻春彦訳「世界の名著」1968年
ロック『キリスト教の合理性　奇跡論』服部知文訳, 国文社, 1980年
ヒューム『人性論』土岐邦夫訳,「世界の名著」1968年
ヒューム『宗教の自然史』福鎌・斉藤訳, 法政大学出版局, 1972年
ヒューム『自然宗教に関する対話』福鎌・斉藤訳, 法政大学出版局, 1975年
ウィチカット「道徳宗教格言集」『信仰と理性』新井明・鎌井敏和編, 御茶の水書房, 1988年
ウイレー『キリスト教と現代』武藤一雄・川田周雄訳, 創文社, 1955年
ジョン・ダン『ジョン・ロック ―― 信仰・哲学・政治』加藤節訳, 岩波書店, 1987年
トマス・リード『心の哲学』朝広謙次郎訳, 知泉書館, 2004年
楠正弘『理性と信仰　自然的宗教』未来社, 1974年
田中浩『ホッブズ』研究社, 1998年
　第3節　ルソー・ヴォルテール・ディドロー
ルソー『社会契約論』桑原・前川訳, 岩波文庫, 1954年
ルソー『エミール』全三冊, 今野一雄訳, 岩波文庫, 1975年
ヴォルテール『哲学書簡』中川信訳,「世界の名著」, 1970年
ディドロ「哲学者」野沢協訳, 著作集第2巻,「哲学Ⅱ」法政大学出版局, 1980年
ディドロ『基本原理入門』小場瀬卓三訳, 著作集第1巻,「哲学Ⅰ」法政大学出版局, 1986年
ピーター・ゲイ『自由の科学 ―― ヨーロッパ啓蒙思想の社会史』中川久定他訳, ミネルヴァ書房, 1982年
川合清隆『ルソーの啓蒙哲学 ―― 自然・社会・神』名古屋大学出版会, 2002年
グレトゥイゼン『ジャン・ジャック・ルソー』小池健男訳, 法政大学出版局, 1979年
　第4節　ライマールスとレッシング
H. S. Reimarus, Abhandlung von den vornehmsten Wahrheiten der natürlichen Religion, 1754
P. Lorentz, hrsg., Lessings Philosophie, 1909, Ph. B.
レッシング『理性とキリスト教』谷口郁夫訳, 新地書房, 1987年
レッシング『賢者ナータン』篠田英雄訳, 岩波文庫, 1985年
カント『啓蒙とは何か』篠田英雄訳, 岩波文庫, 1981年
バイアー『ヨーハン・ゲオルグ・ハーマン』宮谷尚美訳, 教文館, 2003年
A. Schweitzer, Geschichite der Leben-Jesu-Forschung, 1913

シュヴァイツァー『イエス伝研究史』全3巻，遠藤彰，森田雄三郎訳，白水社，1960-61年
エレミアス『新約聖書の中心問題』川村輝典訳，新教出版社，1966年
リューティ『昔話の本質』野村浩訳，ちくま学芸文庫，1994年
安酸敏眞『レッシングとドイツ啓蒙』創文社，1998年

第5章　カントとヘルダーの人間学

Kant, Kritik der Urteilskraft, Werke in 10 Bden, Bd. 8, 1968
I. Kant, Logik, ein Handbuch zu Vorlesungen. Ph. B. 1920
カント『純粋理性批判』高峯一愚訳，世界の大思想，河出書房，1965年
カント『実践理性批判』波多野・宮本・篠田訳，岩波文庫，1981年
カント『啓蒙とは何か』篠田英雄訳，岩波文庫，1981年
カント『人倫の形而上学の基礎づけ』(1785) 野田又夫訳，世界の名著「カント」1972年
カント『人間学』塚崎智訳，「世界の大思想カント」河出書房新社，1983年
カント『宗教論』飯島・宇都宮訳「カント全集」第9巻，理想社，1974年
パウル・メンツァー編『カントの倫理学講義』大修館，小西・永野訳，1972年
カント『人倫の形而上学』森口・佐藤訳，世界の名著，1972年
J. G. Herder, Ideen zur Philosophie der Geschichite der Menschheit, 2Bde, 1965
ヘルダー『人間史』全4巻，鼓常良訳，白水社，1948-49年
ヘルダー『人間性形成のための歴史哲学異説』小栗浩，七字慶紀訳，世界の名著，1979年
ヘルダー『言語起源論』木村直司訳，大修館，1972年
ヘルダー『旅日記』嶋田洋一郎訳，九州大学出版会，2002年
ハーマン『北方の博士・ハーマン著作選』川中子善勝訳，沖積舎，2002年
P. Tillich, Theonomie , RGG. 2Auf., Bd. 5. 1936
H. Henry, Herder und Lessing. Umrisse ihrer Beziehung, 1941
M. Scheler, Der Formalismus in der Ethik und die materiale Wertethik, 1919, GW. Bd.2, 1966
N. Hinske, Kants Idee der Anthropologie, in: H. Romback hrsg., Die Frage nach dem Menschen, 1966
J. H. Zammito, Kant, Herder, the Birth of Anthropology, 2002
P. R. Frierson, Freedom and Anthropology in Kant's Moral Philosophy, 2003
ショウペンハウアー『道徳に基礎について』前田・今村訳「白水社全集9」1973年
プレスナー『感覚の人間学』「現代の人間学7」「哲学的人間学」白水社，1979年
ハイデガー『カントと形而上学の問題』木場深定訳，理想社，1967年
ブーバー『人間とは何か』児島洋訳，理想社，1968年

ティリッヒ『キリスト教思想史Ⅱ』佐藤敏夫訳「ティリッヒ著作集」別巻3, 白水社, 1980年
宇都宮芳明『カントの啓蒙精神』岩波書店, 2006年
川中子善勝『ハーマンの思想と生涯』教文館, 1996年
バーリン『ヴィーコとヘルダー』小池銈訳, みすず書房, 1981年
ゲーレン『人間－その本性および世界におけるその位置』平野具男訳, 法政大学出版局, 1985年
フンボルト『言語と人間』岡田隆平訳, 冨山房, 1941年
フィヒテ『ドイツ国民に告ぐ』大津康訳, 岩波文庫, 1988年
バウマー『近現代ヨーロッパの思想』鳥越輝昭訳, 大修館書店, 1992年
バルト『十九世紀プロテスタント神学』中巻, 安酸敏眞他訳, 新教出版社, 2006年

第6章　近代哲学における霊性の復権
第1節　シュライアーマッハーの心情論と信仰論
Schleiermacher, Über die Relgion, Ph. B. 1958
Schleiermacher, Werke Auswahl in vier Bänden, hrsg. v. Braun, 1981
Schleiermacher, Glaubenslehre, Bd.1, 1960
Schleiermacher, Christliche Sittenlehre, nach den Grundsätzen der evangelischen Kirche im Zusammenhange dargestellt, 1884
Vetter, Die Predigten Taulers, 1968
K. Grunewald, Studien zu Johannes Taulers Frömigkeit, 1930
L. E. Wissmann, Religionspädagik bei Schleiermacher, 1934
Otto, Das Heilige über das Irationale in der Idee des Göttlichen und sein Verhältnis zum Rationalen, 1963
E. Brunner, Das Wort Gottes und Mystik, 1928
Ernst Benz, Die ewige Jugend in der christlichen Mystik von Meister Eckhart bis Schleiermacher, in: Urbild und Abbild. Der Mensch und die mythische , 1974
シュライヤーマッハー『キリスト教信仰』今井晋訳（部分訳），「現代キリスト教思想叢書1」白水社, 1974年
ベンツ『キリスト教神秘主義における永遠の若さ』山内貞男訳, エラノス叢書「時の現象学Ⅱ」, 平凡社, 1991年
石井次郎『シュライエルマッヘル研究』新教出版社, 1948年
武安宥『シュライエルマッヘル教育学研究』昭和堂, 1993年
武藤一雄『神学と宗教哲学との間』創文社, 1961年

第2節　シェリングとヘーゲルの三分法
F. C. Oetinger, Biblisches Wörterbuch, 1849

Schelling, Clara oder Über den Zusammenhang der Natur mit der Geisterwelt, Schellings Werke, Münchener Jubiläumsdruck Vierter Ergänzungsband, 1959.（シェリング『クララ』中井章子訳「キリスト教神秘主義著作集」16「近代の自然神秘思想」教文館, 1993年）

H. Fuhrmans, F. W. J. Schelling, über das Wesen der menschlichen Freiheit, Philipp Reclam. 1974

Elisabeth Zinn, Die Theologie des Friedrich Christoph Oetinger, 1932

E. Benz, Schellings theologische Geistesahnen, 1955

F. O. Kile, Die theologischen Grundlagen von Schellings Philosophie der Freiheit, 1965

パラケルスス『魔法について』岡部雄三訳「キリスト教神秘主義著作集」（前出）

エッカルツハイゼン『自然の魔法の力』中井章子訳「キリスト教神秘主義著作集」（前出）

ヘーゲル『精神哲学』上巻，船山信一訳，岩波文庫，1971年

ヘーゲル『小論理学』上巻，松村一人訳，岩波文庫，1968年

ヘーゲル『歴史哲学』上巻，武市健人訳，岩波文庫，1971年

ヘーゲル『歴史哲学講義』（上），長谷川宏訳，岩波文庫，1994年

ヘーゲル『宗教哲学講義』山崎純訳，創文社，2001年

フォイエルバッハ『将来の哲学の根本問題』村松・和田訳，岩波文庫，1971年

Iring Fetscher, Hegels Lehre vom Menschen, 1970

Murray Greene, Hegel on the Soul. A speculative Anthropology, 1972

Emil L. Fackenheim, The Religious Dimension in Hegel's Thought, 1967

シュルツ『近代形而上学の神』岩波哲男訳，早稲田大学出版部，1973年

細谷貞雄『若きヘーゲルの研究』未来社，1971年

山崎純『神と国家　ヘーゲル宗教哲学』創文社，1995年

　第3節　メーヌ・ド・ビランの人間学

メーヌ・ド・ビラン『人間学新論』増永洋三訳，晃洋書房，2001年

メーヌ・ド・ビラン『人間学新論』佐藤博之訳，開明書院，1981年

三輪正『身体の哲学』行路社，1977年

　第4節　キルケゴールの実存の三段階説

キルケゴール『単独者 ── わたしの著作活動についての二つの覚え書き』1846-47年（『わが著作活動の視点』所収）「キルケゴール選集」第8巻，田淵義三郎訳，創元社，1954年

キルケゴール『死にいたる病』桝田啓三郎訳「世界の名著」1966年

キルケゴール『不安の概念』田淵義三郎訳，「世界の名著」1966年

キルケゴール『愛のわざ』武藤一雄，芦津丈夫訳「キルケゴール著作集15」白水社，1967年

参 考 文 献

フォイエルバッハ『将来の哲学の根本問題』村松一人・和田楽訳，岩波文庫
Louis Dupré, Kierkegaard as Theologian, 1964
マランツク『キルケゴール・その著作の構造』藤木正三訳，ヨルダン社，1976年
武藤一雄『宗教哲学の新しい可能性』創文社，1974年
稲村秀一『キルケゴールの人間学』番紅花舎，2005年
K. Jaspers, Existenzphilosophie, 1964
ハイデガー『存在と時間』原祐・渡辺三郎訳，世界の名著，1971年
サルトル『実存主義とは何か』伊吹武彦訳，人文書院，1955年
ブーバー『かくれた神』三谷好憲・山本誠作，みすず書房，1968年

第5節　イマヌエル・ヘルマン・フィヒテの人間学

Fichte, I. H., Anthropologie. Die Lehre von der Menschlichen Seele, 1856
Fichte, I, H., Seelenfortdauer und die Weltstellung des Menschen, 1867
B. Groethuysen, Philosophische Anthropologie, 1909（2Aufl.）
R. Otto, Kantisch=Fries'sche Religionsphilosophie, 1909
F. Fries, Handbuch der Religionsphilosophie, 1832
R. Otto, Das Heilige, über das Irationale in der Idee des Göttlichen und sein Verhältnis zum Rationalen, 1963（1936），S.173f.（オットー『聖なるもの』山谷省吾訳，岩波文庫，1968年）
M. Landmann, De Homine. Der Mensch im Spiegel seines Gedankens, 1961
金子晴勇『人間学講義』知泉書館，2003年

人 名 索 引

アウグスティヌス　35, 72, 84, 94-107, 110-12, 115, 118, 121, 127, 129, 131, 140-43, 145, 167, 169, 171, 173, 174, 176, 208, 215, 219, 220, 223, 315, 367, 414
アザール, ポール　269
アリストテレス　4, 38, 39, 40, 48, 52, 111-13, 119, 140, 141, 144, 145, 199, 207, 220, 343
アリストパネス　28, 29
アルクイン　112
アルノー　229, 230
アンセルムス　115, 116, 129-33, 372
イヴァンカ　69
イエーガー　24
イエス・キリスト　12, 281, 282, 307
イマヌエル・ヘルマン・フィヒテ　406-14
ヴァイゲル　232-43
ウィチカット, ベンジャミン　276
ウイレー　267, 277
ヴィンデルバンド　268
ウェーバー, マックス　261, 341
ウェスレー　254-62
植村正久　11
ヴォルテール　266, 300
ヴォルフ　252
宇都宮芳明　339
エイレナイオス　71, 72, 132
エーティンガー　375-77
エッカルツハウゼン　376
エックハルト　171-77, 179, 258, 388
エピクロス　272
エラスムス　5, 8, 192-99, 234, 236, 264-66
エリウゲナ　110, 118, 120, 121, 123, 124, 127

エリザベート　212, 213
エルヴェシウス　302, 303
エレミア　312
エンペドクレス　238
オイディプス　25
オヴィディウス　24
オッカム　114, 166-70, 199, 326
オデッセウス　20
オットー　358, 373, 413
オリゲネス　5, 63, 69, 72, 82, 87, 89, 91, 92, 118, 127, 145, 173, 174, 176, 189, 196, 97
オルペウス　20, 24, 36

カール・バルト　355
ガスリー　19
カッシーラー　26, 269
桂寿一　212, 221
カフカ　189
カミュ　189
川合清隆　294
カント　6, 37, 130, 166, 182, 184, 190, 191, 225, 228, 235, 239, 240, 249, 252, 253, 291, 305, 308, 325-48, 355-57, 374, 380, 382, 390, 395, 397, 399, 410
ギボン　264, 265
キュンメル　59
ギョーム・ビュデ　192
キルケゴール　5, 9, 190, 246, 395-406, 414
楠正弘　269
グラープマン　103
クララ　378
グレトゥイゼン　299, 413
グレゴリウス　110
グレゴリオス, ニュッサの　89, 91, 92,

121
クレマー　57
クレメンス　76, 78, 87
グロティウス　186, 265, 275
クロムウェル　270
ケーゼルマン　57
ゲーテ　253, 319, 394
ゲーリッシュ　205
ゲーリンクス　214, 219, 224
ゲーレン　349
ケベルレ　259
コイレ　240
ゴーガルテン　183
コレット　193

サッカス　82
佐野勝也　59
サムエル・アンスリー　260
サルトル　405
シェラー　3, 7, 210, 211, 332
シェリング　374-80
ジェルソン　250, 251
シジェル, ブラバン　113
シュヴァイツアー　311, 312
シュヴェンクフェルト　244
シュヴェンクフルト　242
シューマン　314, 15
シュペーナー　243-50
シュペングラー　189
シュミット　244
シュライアーマッハー　115, 184, 253, 354, 357-73, 375, 386, 388, 413, 414
ジョン・スミス　277
ジョン・ダン　284
スコトゥス　159-68
スネル　21, 23
スピノザ　214, 227, 307, 384
ゼウス　20
セオドァ・K・ラブ　264
ソクラテス　31-33
ソフォクレス（ソポクレス）　24-27

高橋亘　162
タウラー　177-80, 200, 201, 203, 204, 344, 364, 388
ダニエル　204
ダビデ　148, 239
ダランベール　292
タレス　18
ツィンツェンドルフ　250, 253-55, 261
ディオニシウス・アレオパギタ　120, 121, 127, 148, 150, 155
ディドロ　266, 292, 295, 302-05
ティマイオス　36
ティンデル　289
デカルト　4, 37, 129, 130, 207-15, 217-20, 222, 223, 228, 295, 296, 301, 303, 384, 389, 391, 395
デモクリトス　18
テルトリアヌス　73, 74, 81, 114
ドーソン　184
トマス・アクィナス　3, 113, 115, 117, 131, 140-50, 157, 160-69, 171, 372
トマス・ア・ケンピス　193, 254, 261
トマス・モア　275
トマス・リード　291
ドルバック　295
トレヴァー＝ローパー　264
トレモンタン　10, 60, 63
トレルチ　131, 187, 188, 264, 269

ナータン　319-23
ナティアンスのグレゴリオス　89, 90
ニーチェ　189, 405
ニーブル　384
ニルソン　21
ノヴァーリス　254, 355

ハーヴェイ　210
バークリ　209
バーダー　376
ハーバート　186, 267, 268, 270
ハーマン　345-47, 349
バーリン　348

人名索引

ハイデガー　57, 335, 405
バウマー　188, 351
パウロ　56, 60, 61, 66, 100, 102, 133, 148, 201, 249
バシレイオス　93
パスカル　43, 215-18, 301, 302
ハスキンズ　128
波多野精一　115
パネンベルク　185, 186
バラクラフ　128
パラケルスス　238, 240, 375
バルタザール　88
ピーター・ゲイ　293
ビール，ガブリエル　170, 199
ヒューム　284-92, 325
ヒルシュ　245
フィヒテ　351, 374
フィヒテ，ゴットフリート　406
フィロン　63-69, 90, 93
フーゴー　237
ブーバー　406
フェステュジェール　43
フォイエルバッハ　381, 396
プラトン　4, 19, 28-34, 36, 39, 40, 42, 49, 52, 60, 64, 77, 80, 87, 89, 100, 112, 114, 116, 194, 195, 197, 315, 327, 387
フランク　234, 242, 247
フランケ　250, 251
フランチェスコ　151, 154, 155
フリードマン　328
ブルームハルト　12
ブルーメンベルグ　183
ブルックハルト　192
ブルトマン　56, 59
ブルンナー　373
フローテ　193
プロタゴラス　32
プロティノス　42-49, 68, 69, 83, 105, 108, 372
プロメテウス　20
フンボルト　350
ベイコン　113

ヘーゲル　106, 114, 130, 374, 378, 380-88, 395-99, 403, 411
ベーメ　375, 376, 388
ベール，ピエール　226, 227, 252
ヘシオドス　20
ペラギウス　107
ヘラクレイトス　23, 48
ヘルダー　348-56
ベルナール　117, 132-36, 138, 139, 145, 151
ベンツ　373, 377
ヘンリー八世　275
ホイジンガ　128
ボエティウス　119
ホーフ　263
ボッカッチョ　316, 317
ホッブス　186, 268, 270-77, 337
ホドヴィエツキ，ダニエル　263
ボナヴェントゥラ　113, 150-58, 161
ホメロス　17, 19-25, 27

マルブランシュ　209, 214, 218-24, 229
マイモニデス　171
マキシムス　125
マルキオン　83
マルクス　396, 397
マレー　17
ミシュレ　192
ミュンツアー　242, 247
武藤一雄　374, 403
メーヌ・ド・ビラン　9, 389-95
メランヒトン　243
メルロ＝ポンティ　219
モーセ　282
モムゼン　384
モリノス　251

ヤスパース　404
ユリアヌス　107
ヨハネ　315

ラ・メトリ　307
ラーナー　88

ライプニッツ　　224-31, 251, 265, 332
ライマールス　　305, 306, 309, 310, 313
ラウス　　35, 43, 88
ラクタンティウス　　79-81, 141
ラブ　　185
ランケ　　384
リーゼンフーバー　　165
リューティ　　318, 319, 322
ルカルドゥス　　149
ルクレール　　111, 133

ルソー　　273, 293-99, 349, 354, 357
ルター　　5, 8, 9, 114, 118, 190, 199-206, 232, 233, 235, 244-46, 249, 258, 265, 299, 344, 345, 388
レッシング　　305, 306, 309-23
ロー，ウィリアム　　254, 261
ロイスブルーク　　193
ロック　　225, 268, 278-84, 293, 295, 296, 300, 301
ロビンソン　　59

事項索引

ア　行

アウグスブルク宗教和議　186
悪への性癖　331
新しい敬虔　193
新しい方法　170
新しい霊性　318
アダム　281, 282
アダムの堕罪　101
在りて在る者　155
アレテー　32
イエス伝研究　311
息　61, 73
イギリス敬虔主義　260
イギリス啓蒙思想　270
イギリス理神論　252, 268, 286
意志　97, 160, 169
　　――の自由　139
　　――の自律　332
　　――の優位　167
　　――論　132
一元論　40
一神教　288, 296
一者　47, 48
一般意志　273
イデー　223, 330, 343, 344, 396
イデア　28, 32, 34, 36-38, 42, 60, 64, 145, 223
　　――的人間　121, 122
　　――の直観　89
　　――論　171
イデオロギー　188, 266
永遠と時間　407
永遠の理念　223

カ　行

エピクロス派　101
エロース　29, 42, 44, 45
遠隔感覚　328
演劇的筋道　315
奥義の伝授　92
オルペウス教　48
恩恵の光　148, 221

懐疑主義　284, 291
解体の時代　396
外的人間　98, 100, 101
快楽主義者　11
科学知　6, 329
活動的な恩恵　107
カテゴリー　328, 329, 343
カトリシズム　306
カトリック　233, 234
神　370
　　――と一体　392
　　――と合一する霊　86
　　――との合一　220, 221, 242, 250
　　――との超越的関係　401
　　――に対する感情　354
　　――の現われ　125
　　――の息　65, 371
　　――の観想　103, 111
　　――の観照　118, 147
　　――の痕跡　154
　　――の言葉　203
　　――の死　357, 406
　　――の触　189, 406
　　――の精神の原形　197

——の摂理　83
　　——の存在証明　114, 129, 226, 295, 386, 388
　　——の像　51, 64, 65, 71-74, 78, 85, 90, 93, 123, 138-40, 142, 143, 145, 151, 155, 174, 175, 177, 220, 256, 257, 353
　　——の誕生　174
　　——の内在　250
　　——の似姿　142, 152, 237, 238
　　——の本性としての霊　86
　　——の前　198, 343, 402
　　——の前に立つ個人　402
　　——の類似　139
　　——の霊　51, 62, 80, 85, 255, 373
　　——の霊感　391
「からだ」(soma)　56
カルト　11
カロリング・ルネサンス　112
感覚　124, 126, 213, 329
　　——性質　328
　　——・理性・知性　162
感受性　393
感情　214, 361, 366, 386
　　——移入　352
感性　327, 396, 402
　　——・理性・知性　144
感応作用　88
感歎　149
感得　374, 412
環境世界　408
関係としての自己　401
完全性　248
完全現実態　40
観照　96, 101, 103, 107, 155
観想　123, 148, 156
機械論　210
機会因論　219, 224, 230
聞き取る理性　323
帰趨性　178, 365
奇跡　280, 309
義認　245, 249, 259
　　——と聖化　259

　　——論　233, 244
義務と傾向性　334
旧来の方法　170
共存の感情　391
ギリシア宗教　17
ギリシア文化　3
キリスト　49, 99
　　——神秘主義　103, 242, 243
　　——との一致　258, 260
　　——の哲学　193, 194, 236
　　——の模倣　151, 152, 260
キリスト教　3, 395
　　——共同体　184
　　——神秘主義　147
　　——的共同体　185, 265
　　——的な三分法　77
　　——的な自然観　84
　　——的霊性　63, 106, 108
　　——人間学　89, 145, 373, 381
　　——の合理性　281
　　——批判　267
近接感覚　328
近代思想　191
近代的自由　165
寓意的解釈　87
偶有性　161
具身的な合一　241
グノーシス派　72, 76, 114
訓育　347, 353, 355
敬虔　368
　　——主義　183, 184, 224, 232, 233, 243, 244, 250, 255, 261, 365, 375
　　——主義の集会　244
　　——な心情　364
傾向性　341
啓示
　　——概念　280
　　——宗教　284, 294, 300, 308, 403
　　——的宗教　275
　　——認識　115
　　——の真理　323
形相　40

事項索引　　　　　　　　　　　　　　　　437

啓蒙　263
　――思想　190, 251, 300, 305, 357, 362
　――主義　183, 184, 224, 252, 263, 264, 266, 359
　――の定義　326
契約　273
ゲシュタルト　328
欠陥動物　349
ゲルマン社会　112
ケンブリッジ・プラトン主義　276
原義　146
原型　123
言語　347, 349
　――観　356
　――起源論　349
　――神授説　348
　――のない純粋理性　356
原罪　281
　――説　72, 302
原始宗教　296
原始的事実　389
原初事実　390
原初的諸原因　122, 123, 125
現実存在　397
現実の理由　216, 218
高次の実在主義　360
高揚　388
構想力　106
功利主義　303
合理主義　282, 284, 301, 308
個我意識　159
個人主義　350
個体化原理　157, 160, 161
個体的実体　158
個体的質料　142
国民思想　350,
心　99, 214, 246, 256, 268, 340, 401, 410
　――の奥底　254, 296
　――の根底　246, 256
　――の信仰　247
　――の神学　251
　――の宗教　254

　――の耳　105
　――の律法　99
コスモス　34, 49
悟性　329, 378
　――知　6
五体　56
言葉　346, 347
此性　161, 162
根底　10, 175-78, 203, 205, 238, 246, 363, 364, 375
　――の受容的性格　177
根本悪　334, 340

　　　　サ　行

再生　244, 245, 247-50
サタン　85
作用する理性　41, 42, 163
三分法　5-7, 9, 13, 59, 63, 66, 69, 70, 72, 85, 89, 91, 94, 124, 127, 140, 144, 162, 175, 180, 189, 190, 200, 219, 237, 327, 351, 359, 376, 377, 380, 395, 399, 400
三段階の図式　105, 107
三位一体　155
視覚　105, 135
自我　7, 208
　――の意識　386
自己　398-400
　――意識　209, 369, 370, 372
　――内関係　401
　――認識　235-37, 413
　――認識の地獄落ち　346
　――への超越　405
　――保存　272
自然
　――権　186, 271, 337
　――宗教　269, 283, 286
　――神学　295
　――状態　283, 294
　――的宗教　185, 226, 266, 268, 269, 275, 285, 286, 290, 299, 304, 306-08, 310, 333, 346, 357, 358, 403

——的情念　393
　　——的認識　239, 240
　　——認識　115, 278
　　——の区分　120
　　——の光　221, 278, 304
　　——本性　95, 100, 202
　　——法　186, 273
字義的な解釈　90
事実の真理　225, 226
実践理性　165
実存　397, 404
　　——主義　390
　　——の三段階　397
実定宗教　307, 313, 358
史的イエス　310
自動機械　271
至福　107
社会状態　294, 295
社会的関係　404
呪術　17
自由意志　81, 85, 119, 145, 146, 163, 165-67, 197, 199, 227
自由な原因性　165
習慣の強制　99
修道院　110
従属説　89
十二世紀ルネサンス　128
充足理由の原理　226
宗教
　　——感情　298, 299
　　——心　182, 290, 312, 387
　　——戦争　185, 265
　　——性　268, 295
　　——性A　403
　　——性B　403
　　——的な実存　402, 403
　　——の種子　274
　　——の真理　316
　　——の素質　366
　　——の本質　360
種子的ロゴス　84
主体性　397

主知主義　146
受動性　246
受動的生活　391
受動的能力　177
受動的理性　169
受肉　89
受容性　369, 372
純粋悟性　222
松果腺　214
象徴的な解釈　90
情念の世界　392
照明説　223
贖罪　132, 281
　　——論　131, 132
自律　326, 331, 332
　　——性　165
試練　12, 248
身体　95, 97, 137
神化　179
神学的人間学　102
神現　126
神性　67, 176, 195, 361
　　——の根底　176
　　——の似姿　228
神的理性　221
神殿　363
神秘
　　——神学　151
　　——主義　42, 69, 102, 108, 115, 116, 133, 154, 155, 193, 233, 251, 261, 394
　　——的合一　43, 47, 48, 68, 102, 103, 105, 133, 155, 172, 179, 233, 247, 328
　　——的体験　100
　　——的な霊性　102
　　——的超越　172
神律　412
神話　18, 19, 27, 36
人格　7, 169, 392
　　——性　338
　　——的自由　167
信仰　34, 59, 400
　　——義認　233

事項索引　439

――義認論　240, 242, 244, 245
――主義　114
―― - 神秘主義　248, 375
――的理性　323
――と理性　113, 115, 119, 131, 135
――の可信性　115
――の知性　111, 372
――の法　282
――のみ　114
――の理解　115, 131
身心結合　212, 213, 229
心身
　――合一　211
　――二元論　17, 31, 32, 52, 62, 70, 72, 93, 110, 209
　――の総合　399, 400, 404
　――の統一性　75
　――の統合体　153, 154
　――問題　207
　――論　4, 38, 64, 85, 94, 162, 168
　――を総合する精神　401
心術　340
　――における革命　249
心情　176, 178, 200, 205, 216-18, 339-41, 361-66, 368, 371, 386, 388, 409, 410
　――の機能　341
　――の直観　216, 217
　――倫理　341
身体
　――・魂・霊　52, 58, 59, 238
　――観　89
　――性　356
　――的感覚　135
　――的人間　200
　――と魂　211
　――と霊　173
　――の共存　391
新プラトン主義　102, 113, 120, 171
シンボル　18, 263, 264
人類史　352
人類の教育　352
人類の性格　336, 338

水平化　404
スコットランド啓蒙主義　291
スコラ思想　212
スコラ哲学　110, 115, 327
ストア主義　102, 395
ストア哲学　93
ストア派　65
スピリチュアリズム　6, 244
住まい　202, 203
聖化　255, 258
　――のわざ　247
精気　214
成義　233
精神　31, 66, 79, 86, 97, 126, 384, 398-401, 409, 410
　――と身体　228
　――と霊　67
　――の感受性　373
　――の習性　365
　――の深み　92
生命間の神秘　393
生命実体　85
聖書霊感説　314
聖なる暗闇　362
聖霊　204, 250, 367, 372
　――の照明　240
　――の証明　414
　――の器官　371
世界史の三段階　385
世界の永遠性　113
世界理性　395
責任倫理　341
世俗　189
　――化　4, 182-84, 186, 188, 189
　――主義　183, 189
　――内敬虔　183
絶対依存の感情　354, 358, 367-69, 386
先在説　72, 73, 78
先行する恩恵　258
先行的な恩恵　107
先験的統覚　329
先験的方法　326

選択の自由　164
宣義　233
宣教されたキリスト　310
漸次的改造　249
善のイデア　35
創造説　72, 73, 78, 141
創造の秩序　195
荘厳なる神　130
像　78, 84
想像力　150
ソーマ　23, 43, 46
ソーマ＝セーマ　32
ソフィスト　24
存在　157
　──論　132
　──論的証明　130

タ 行

ダイモーン　25, 26, 44
大宇宙と小宇宙　238
対向性　414
堕罪　281
多神教　287, 296
正しい理性　165-67
脱自　116, 134, 147
タブラ・ラサ　225, 268
魂　33, 39, 52, 58, 77, 80, 95, 96, 383
　──（ネヘシュ）　55
　──の奥底　297
　──の重荷　100
　──の起源　75, 80, 87
　──の嗅覚　88
　──の根底　92, 174-76, 178, 179, 233, 238, 258, 340, 364, 365
　──の先在説　89
　──の閃光　177
　──の七段階説　107
　──の味覚　88
　──の目　105
　──と身体　5, 20, 32, 33, 93, 145, 152, 195

　──と心と霊　255
知恵と知識　204
知性　43, 65, 97, 124, 126, 169, 171
　──機能　125
　──的認識　141
　──的本性　143, 145
　──認識　143
　──の優位　172
　──・理性・感性　118, 124, 190
　──・理性・感覚　127
　──・理性・身体　168
知的観照　68
知的直観　105
秩序の作用　345
抽象説　142
聴覚　105, 135
超越　98, 103
超自然的な賜物　260
超自然的認識　239
超人　189
直覚的知識　279
直観　149, 360, 366
　──知　106
ディアノイア　126
哲学的人間学　94, 200, 327
デミウルゴス　36, 37
天才　410, 411
伝播説　72, 73, 75
転嫁　241
　──される義　240
天地創造の物語　51
ドイツ観念論　374
ドイツ敬虔主義　326, 345, 359, 361
ドイツの敬虔主義者　261
ドイツ啓蒙主義　305-07, 331, 349
ドイツ神秘主義　10, 171, 235, 361, 364, 365, 387
統制　203
　──的原理　330
　──作用　343, 345
　──的使用　344
道徳法則　338

事項索引

同一哲学　375

ナ　行

内観の原初事実　390
内的人間　98, 100, 101, 117
内的法廷の意識　342
内面性　414
内面への命法　117
七つの自由学科　112, 120
七段階説　103, 104
肉　53-57, 60, 62, 95, 97, 198, 371
　——と霊　60
　——的誕生　106
二元論　4, 24, 30, 36, 37, 42, 55, 60, 63, 70, 76, 82, 114, 211, 333
二重創造説　70, 82, 90
二重真理説　113, 114, 166, 170
似姿　123, 143
二分法　61, 94, 201, 377
人間　33
　——学　186, 214, 285, 297, 334-36, 348, 349, 366, 367, 384, 389, 392, 400, 408, 412, 413
　——学的解体　396
　——学的三分法　92, 196, 201, 232, 338, 377, 378, 402, 404
　——学の課題　408
　——学の三分法　366, 376, 378, 391
　——性　161, 162, 287, 316, 319, 352, 353, 356
　——性，純粋な　355
　——知　382
　——知の学　336
　——の定め　338
　——の精神　93
　——の全体　95
　——の素質　338
　——の知恵　413
　——の地位　71
　——の本性　272
　——の霊　107, 136, 137, 277, 365

　——論　302
認識　34
　——機能　327, 330, 331
　——の形而上学　344
　——論　222, 239, 301
ヌース　36, 43, 45-47, 65, 88, 372
ネヘシュ　52
能動理性　41, 169
ノミナリズム　166, 170

ハ　行

バザール　53
花嫁－神秘主義　133
バビロン神話　51
汎神論　65, 127
万人の万人に対する戦い　271
被造物感情　358
否定神学　127
美のイデア　35
批判　325
　——哲学　325, 335
　——哲学の根本命題　325
非物質性　83
百科全書　292
ヒューマニズム　234, 264
表象像　149, 150
不安　414
　——な心　99
ファウスト　384, 394
フィロゾーフ　292, 293, 300
プシュケー　20, 21, 23, 35, 36, 40, 41, 43, 45-47, 49, 58, 86, 88
物質　84
物心二元論　219
プネウマ　57, 65, 66
フランシスコ会　154
フランス革命　265, 384, 395
フランス啓蒙　266, 303
　——思想　293
　——哲学　299
プラトン主義　104

プロテスタント　184
文化的統合　76
文化総合　187
分離派　234
併起説　229-31
ヘゲモニコン　75, 77, 86, 92
ヘルンフート　251-53, 359
ペルソナの三性　143
弁証法　133, 380
　——的唯物論　396

マ・ヤ　行

未決定性　166
密議宗教　24
三つの秩序　215, 216, 218, 302
無記中立的　197
無神論　274, 295
　——的実存主義　405
無底　375
無比の身体　76
メモリア　176
目的合理的　341
モナド　225, 227, 228

唯物論　295, 303
ユダヤ哲学　110
ヨーロッパ人間学　406
ヨーロッパ文化　3, 4
予覚　413, 414
　——能力　414
予感　411-14
予定調和　226-28

ラ　行

拉致　105, 106, 117, 134, 147, 149, 394
ラティオ論　116, 129
理解を求める信仰　131
理神論　266-70, 277, 278, 281-84, 286, 288, 289, 291, 293, 295, 299, 300, 309
理性　33, 97, 113, 124, 126, 205, 206, 330, 371, 372
　——魂　141, 163
　——宗教　268
　——信仰　339
　——的自律　305, 331, 332
　——的神学　277
　——的真理　314
　——的能力　96
　——と信仰　279
　——認識　125
　——の狡知　396
　——の宗教　313
　——の真理　225, 226, 323
　——の光　277
　——律　332
理念　357
離脱　116, 117, 134, 147, 148, 155, 394
リュミエール　264
良心　92, 256, 258-60, 268, 296-98, 333, 342, 343
　——感情　298, 299
　——現象　411
　——宗教　294
　——の声　412
　——論　297, 298
類似像　37
類同性　250
ルネサンス　140, 192, 193
霊　9, 10, 51, 52, 54, 55, 57-63, 65, 67, 73, 77, 81, 86, 95, 96, 107, 136, 137, 180, 190, 196-97, 201-04, 238, 242, 250, 344, 345, 371
　——（ルーアッハ）　52, 54, 55
　——と肉　5, 8, 61-63, 95, 97, 99, 190, 198, 201, 202, 400
　——・肉　101, 201
　——の習性　365
　——の世界　378
　——の注入　80, 81
　——の交わり　312
霊・魂・体　91
　——・魂・身体　5, 8, 13, 63, 66, 69, 89, 111, 118, 127, 175, 180, 189, 201, 351,

事項索引

　　　　379
霊感　　394, 412, 413
　——としての霊性　　411
霊魂起源論　　72
霊魂の高挙　　149
霊性　　7, 9-11, 48, 69, 87, 91, 92, 102, 113, 118, 133, 135, 150, 154, 155, 174-76, 182, 190, 191, 218, 232, 238, 244, 258, 259, 267-69, 277, 305, 312, 318, 322, 324, 330, 339, 340, 354, 357, 359, 366, 371, 373, 379, 394, 400, 402, 404, 405, 412-14
　——思想　　139, 248, 261
　——神学　　133
　——主義者　　234, 235, 247
　——的な宗教　　232
　——と理性　　111
　——に導かれた理性　　322
　——に裏打ちされた理性　　323
　——の運動　　389
　——の学　　133
　——の感得作用　　92
　——の機能　　343
　——の作用　　136, 328, 341, 358
　——の伝統　　387
　——の復権　　191, 356, 357, 359, 375, 389, 395
　——・理性・感性　　5, 13, 190, 258, 357

霊的　　199
　——感覚　　88
　——感受性　　88
　——次元　　189
　——質料　　156-58
　——身体　　85
　——実体　　100
　——生活　　389, 391
　——生命　　249
　——存在　　101
　——存在者　　91, 139
　——誕生　　106-07
　——な愛　　198
　——な合一　　151, 243
　——な実体　　144
　——な超越　　105
　——な道具　　206
　——な本性　　257
　——人間　　101, 123, 200
例外者　　398
怜悧　　337
歴史　　354
　——的命題　　314
　——哲学　　348, 385
ロゴス　　34, 36, 64, 66, 73, 79, 84, 85, 89, 93
ロマン主義　　184, 350, 355, 631, 397, 398

金子 晴勇（かねこ・はるお）

昭和7年静岡県に生まれる．昭和37年京都大学大学院文学研究科博士課程修了．現在聖学院大学大学院客員教授，岡山大学名誉教授，文学博士（京都大学）

〔著訳書〕『愛の思想史』『ヨーロッパの人間像』『人間学講義』『アウグスティヌスとその時代』『アウグスティヌスの恩恵論』ルター『生と死の講話』（以上，知泉書館），『ルターの人間学』『アウグスティヌスの人間学』『マックス・シェーラーの人間学』『近代自由思想の源流』『ルターとドイツ神秘主義』『倫理学講義』『人間学―歴史と射程』（編著）（以上，創文社），『宗教改革の精神』（講談社学術文庫），『近代人の宿命とキリスト教』（聖学院大学出版会），アウグスティヌス『ペラギウス派駁論集Ⅰ，Ⅱ，Ⅲ，Ⅳ』，『ドナティスト駁論集』『キリスト教神秘主義著作集2 ベルナール』（以上，教文館）ほか

〔ヨーロッパ人間学の歴史〕　　　　　　ISBN978-4-86285-034-8

2008年6月10日　第1刷印刷
2008年6月15日　第1刷発行

著　者　金子　晴勇
発行者　小　山　光　夫
製　版　野口ビリケン堂

発行所　〒113-0033　東京都文京区本郷1-13-2　　株式会社 知泉書館
　　　　電話 03(3814)6161　振替00120-6-117170
　　　　http://www.chisen.co.jp

Printed in Japan　　　　　　　　　　　　　　印刷・製本／藤原印刷